¡Qué gusto!

Robert J. Brett

Chief Consultants	Alicia Rodríguez Bower *Snider High School* *Ft. Wayne, Indiana*	Angel Bustelo *Hillsborough County* *Public Schools* *Tampa, Florida*	Raúl Varese *Universidad Nacional* *de San Juan* *San Juan, Argentina*
Consultants	John Boehner *Gibson City High School* *Gibson City, Illinois* Rosa María de la Cueva Peterson *Language Specialist*	Dennis Meredith *Intercultural Student* *Experiences* *Minneapolis, Minnesota* Karen Steadman *Gonzales Union High School* *Gonzales, California*	Charles S. Lawrence *Thomas A. Edison* *Middle School* *South Bend, Indiana*
Editor and Consultant	James F. Funston		

EMC Publishing, Saint Paul, Minnesota

ISBN 0-8219-0267-9
Library of Congress Catalog Number: 87-10089

Published by EMC Publishing
300 York Avenue
St. Paul, Minnesota 55101

Printed in the United States of America
0 9 8 7 6 5 4 3 2 1

Introductión

Amigos y amigas:

Having completed *¡Mucho gusto!*, you now have a solid foundation in skills necessary for communicating with others in Spanish. In addition to listening, speaking, reading and writing skills, you have learned how to react to situations because *¡Mucho gusto!* provided an overview of customs and life in the many different Spanish-speaking places in the world.

¡Qué gusto!, the second-level textbook will broaden the language skills you have acquired. If authentic communication is your motive, *¡Qué gusto!* will provide the necessary tools to help you attain that goal. You will find topics to be interesting and informative. Activities are enjoyable, as well as educational.

Generally, this book is similar in format to *¡Mucho gusto!* The first lessons in *¡Qué gusto!* review and add to what you have already learned. Many exercises provide an opportunity for creative self-expression. However, you will notice that you are using Spanish more often in the second-level book. The selected readings at the end of *¡Qué gusto!* will provide an opportunity to read shortened and simplified texts adapted from works of well-known Spanish authors. Through these readings you will gain a deeper insight into Hispanic life.

All in all, you can expect an exciting and fun year as you become proficient in using Spanish to communicate with others. **¡Qué gusto!**

Table of Contents

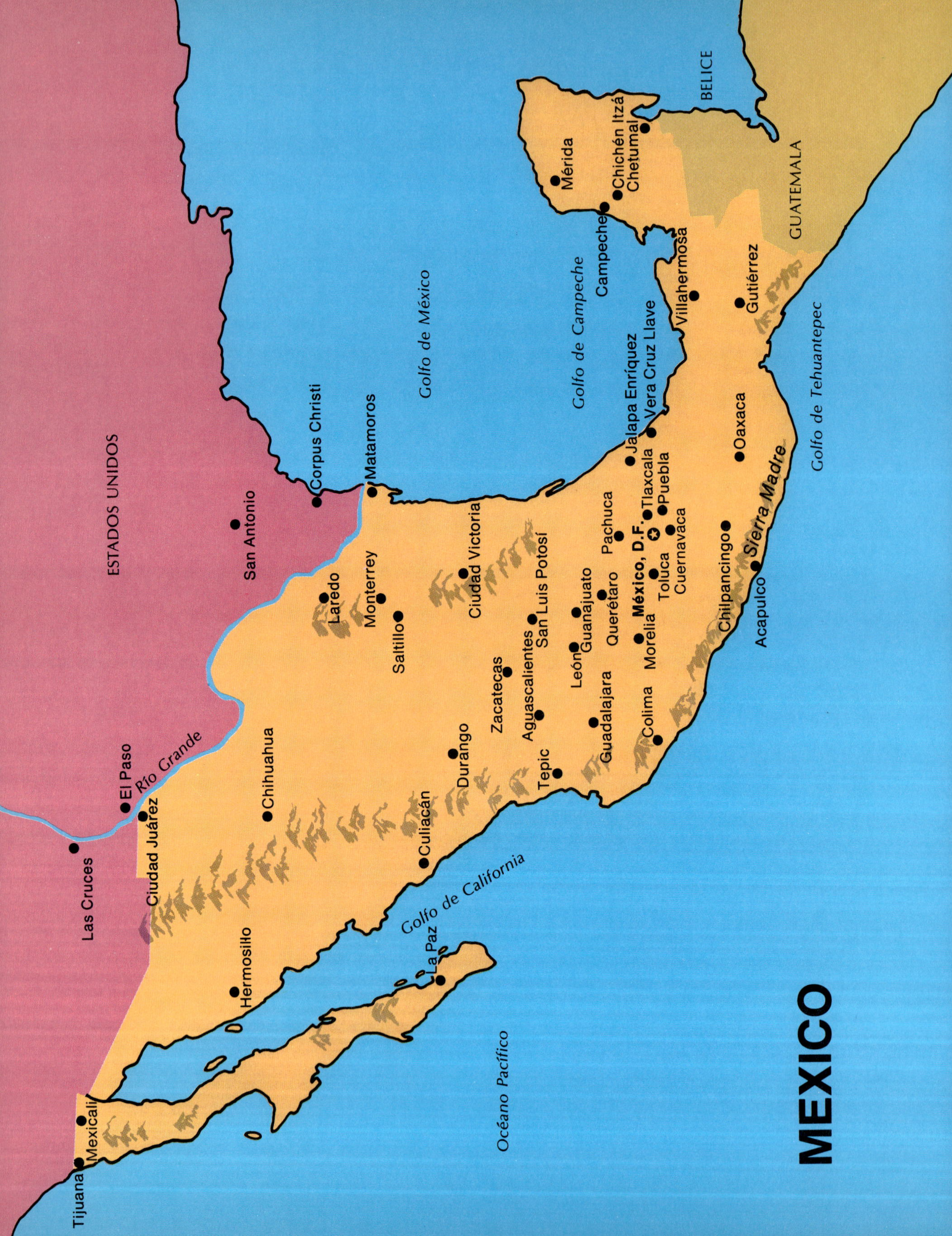

MEXICO
ESTADOS UNIDOS
BELICE
GUATEMALA
Golfo de México
Golfo de Campeche
Golfo de Tehuantepec
Golfo de California
Océano Pacífico
Río Grande
Sierra Madre
Tijuana
Mexicali
Las Cruces
El Paso
Ciudad Juárez
Hermosillo
Chihuahua
La Paz
Culiacán
Durango
Tepic
Zacatecas
Aguascalientes
San Luis Potosí
Guadalajara
León
Guanajuato
Querétaro
Morelia
Colima
México, D.F.
Toluca
Cuernavaca
Pachuca
Tlaxcala
Puebla
Chilpancingo
Acapulco
Oaxaca
Jalapa Enríquez
Vera Cruz Llave
Villahermosa
Gutiérrez
Campeche
Mérida
Chichén Itzá
Chetumal
Corpus Christi
Matamoros
San Antonio
Laredo
Monterrey
Saltillo
Ciudad Victoria

LA AMERICA CENTRAL
La Habana
ANTILLAS MAYORES
CUBA
REPUBLICA DOMINICANA
Puerto Príncipe
HAITI
Santo Domingo
PUERTO RICO
San Juan
Ponce
JAMAICA
Kingston
Océano Atlántico
ANTILLAS MENORES
MEXICO
BELICE
Belice
Golfo de Honduras
GUATEMALA
Guatemala
Laguna de Caratasca
HONDURAS
EL SALVADOR
Tegucigalpa
San Salvador
NICARAGUA
Lago de Managua
Managua
Lago de Nicaragua
Mar Caribe
Golfo de Los Mosquitos
COSTA RICA
San José
Canal de Panamá
Golfo de Darién
Panamá
PANAMA
Golfo de Panamá
Océano Pacífico

ESPAÑA
Mar Cantábrico
Golfo de Vizcaya
FRANCIA
La Coruña
ASTURIAS
Oviedo
Santander
Bilbao
S. Sebastián
VASCONGADAS
GALICIA
Lugo
Cordillera Cantábrica
Vitoria
Pamplona
NAVARRA
Pirineos
CATALUNA
Gerona
Pontevedra
Orense
LEON
León
Burgos
Logroño
Huesca
Lérida
Barcelona
Río Miño
Zamora
Palencia
CASTILLA LA VIEJA
Soria
Zaragoza
ARAGON
Río Ebro
Tarragona
Río Duero
Valladolid
Segovia
Sierra De Guadarrama
Montes Ibéricos
Teruel
Castellón
de la Plana
Salamanca
Avila
Guadalajara
Madrid
VALENCIA
PORTUGAL
Océano Atlántico
Cáceres
EXTREMADURA
Río Tajo
Toledo
CASTILLA LA NUEVA
Cuenca
Río Júcar
Valencia
I. Mallorca
I. Menorca
Palma
BALEARES
Lisboa
Badajoz
Río Guadiana
Ciudad Real
Sierra Morena
Albacete
MURCIA
Río Segura
Alicante
I. Ibiza
I. Formentera
Golfo de Cádiz
Huelva
Sevilla
Río Guadalquivir
Córdoba
Jaén
ANDALUCIA
Granada
Sierra Nevada
Almería
Murcia
Mar Mediterráneo
Cádiz
Estrecho de Gibraltar
Málaga
MARRUECOS
CANARIAS
Océano Atlántico
I. la Palma
I. Gomera
I. Hierro
I. Tenerife
Sta. Cruz de Tenerife
I. Gran Canaria
Las Palmas
I. Fuerteventura
I. Lanzarote

Mar Caribe
Cartagena
Maracaibo
Caracas
R. Orinoco
VENEZUELA
El Salto Angel
Georgetown
Paramaribo
GUYANA
SURINAM
Cayenne
GUAYANA FRANCESA
Bogotá
COLOMBIA
Ecuador
Islas Galápagos
Quito
ECUADOR
R. Amazonas
PERU
Los Andes
BRASIL
Lima
Machu Picchu
Cuzco
Brasilia
La Paz
BOLIVIA
Sucre
Océano Pacífico
Gran Chaco
R. Pilcomayo
R. Paraguay
Isla de Pascua
PARAGUAY
Itaipú
Las Cataratas del Iguazú
Asunción
R. Iguazú
Océano Atlántico
CHILE
Los Andes
ARGENTINA
R. Paraná
R. Uruguay
Pampas
URUGUAY
Viña del Mar
Aconcagua
Valparaíso
Santiago
Buenos Aires
Montevideo
Río de la Plata
LA AMERICA DEL SUR
Puerto Montt
San Carlos de Bariloche
Islas Malvinas
Tierra del Fuego
Cabo de Hornos
xiii

Catalina (República Dominicana)
Juan Carlos (España)
Gavi (Argentina)
Ana María (Panamá)
Felipe (Colombia)
Luis (México)

Un nuevo año escolar

¡Hola, amigos! Empezamos otro año escolar. Aquí tienen Uds. el horario de clases de Cecilia y Felipe Salazar. Tienen muchas materias, ¿no?

Colegio Sarmiento
San Juan, Argentina
Horario de Clases

Nombre: Cecilia Salazar
Año: cuarto

Dirección: Avenida San Martín No. 25
Edad: 16

período	hora	lunes	martes	miércoles	jueves	viernes
1	8:15– 9:05	inglés	español	inglés	inglés	español
2	9:10–10:00	química	química	costura	química	costura
3	10:05–10:55	filosofía	composición	filosofía	composición	filosofía
4	11:00–11:50	literatura	literatura	literatura	álgebra	álgebra
5	11:55–12:45	biología	gimnasia	biología	biología	geografía
6	12:50– 1:40	mecanografía	mecanografía	geografía	mecanografía	gimnasia

Colegio Sarmiento
San Juan, Argentina
Horario de Clases

Nombre: Felipe Salazar
Año: primero
Dirección: Avenida San Martín No. 25
Edad: 14

período	hora	lunes	martes	miércoles	jueves	viernes
1	8:15 – 9:05	geometría	geometría	composición	geometría	composición
2	9:10 – 10:00	literatura	filosofía	literatura	filosofía	literatura
3	10:05 – 10:55	dibujo	dibujo	trabajos manuales	geografía	trabajos manuales
4	11:00 – 11:50	español	inglés	español	inglés	inglés
5	11:55 – 12:45	gimnasia	biología	gimnasia	biología	gimnasia
6	12:50 – 1:40	historia	historia	historia	biología	geografía

¿Y tú? ¿También tienes muchas clases?

En el colegio de Cecilia y Felipe hay algunas actividades extracurriculares, pero no muchas. Cecilia escribe artículos para el periódico escolar y juega al baloncesto. Felipe juega al fútbol con sus compañeros° de clase.   *classmates*

¿Qué actividades hay en tu colegio? ¿Hay más o menos actividades que en el colegio de Cecilia y Felipe?

Cecilia y Felipe, como viven al sur del ecuador, empiezan las clases en el mes de marzo, a principios del otoño, y terminan en diciembre cuando empieza el verano. Así, pues, tienen clases en abril, mayo, junio, julio, agosto, septiembre, octubre, noviembre y diciembre. Pero no hay clases en enero y febrero, cuando hace más calor.

¿De qué hay clases en tu colegio? ¿En qué meses no tienes clases?

¡Hola!

Extensión

Materias escolares

Lenguas (Idiomas)

el español	Spanish
el francés	French
el alemán	German
el latín	Latin
el inglés	English

Música

el coro	choir, chorus
la banda	band
la orquesta	orchestra

Economía doméstica

la culinaria	cooking
la costura	sewing

Arte

el dibujo	drawing
la cerámica	ceramics

Estudios sociales

la historia	history
la geografía	geography

Clases comerciales

la mecanografía	typing
la taquigrafía	shorthand
el derecho comercial	business law
la programación de computadoras	computer programming

Ciencias

la biología	biology
la química	chemistry
la física	physics

Matemáticas

el álgebra	algebra
la geometría	geometry
el cálculo	calculus

Trabajos manuales

el dibujo técnico	mechanical drawing
los metales	metals
la carpintería	woodworking
la electrónica	electronics

Inglés

la literatura	literature
la composición	composition
la gramática	grammar
el teatro	drama
la declamación	speech

Educación física

Hora de estudio

Tenemos clases en julio.

¿Estudias química?

Somos niños cuando empezamos. ¿Dónde vives tú?

¿Cuál es tu clase favorita? ¿Te gusta la música?

A mí me gustan los trabajos manuales.

Estudiantes con computadores en la universidad.

Somos adultos cuando terminamos.

Para describir a los profesores o las clases

fácil	easy
difícil	difficult
interesante	interesting
divertido, -a	fun
regular	so-so
aburrido, -a	boring
exigente	demanding
inteligente	intelligent
favorito, -a	favorite
excelente	excellent
bueno, -a	good
malo, -a	bad
diferente	different
semejante a	similar to

Práctica

En parejas:

A. Make out your present class schedule in Spanish. Next, question each other in Spanish about beginning and ending times of each period, subjects studied and teachers' names. Then ask for a brief description of each class.

> **Modelo:** *¿Qué materias estudias?*
> *¿A qué hora empieza _______?*
> *¿A qué hora termina _______?*
> *¿Cómo se llama el profesor / la profesora?*
> *¿Cómo es la clase?*

B. Each student makes a calendar for the present month. Label the days and put in the correct dates. Write in Spanish at least one thing you plan to do each day this week, trying to include as many different activities as possible. Then discuss with your partner how you plan to spend this week.

C. Make a list in Spanish of the clubs and activities your school offers for students. You may have to use a dictionary or ask your teacher for some of the words. List the clubs and activities in categories such as sports, music, and so on.

D. Make a list of the subjects you have studied or plan to study at your school. Then talk with your partner about these classes, telling why you chose them.

E. Draw a sketch of the floor plan of your school. Then write in the names of the classes that are taught in the various parts of the building. Pretend that your partner is a new student. Use the sketch to show the new student where classes can be found in the school.

En grupos:

F. Describe for your group some teacher in your school without giving a name. Have others in your group guess who the person is.

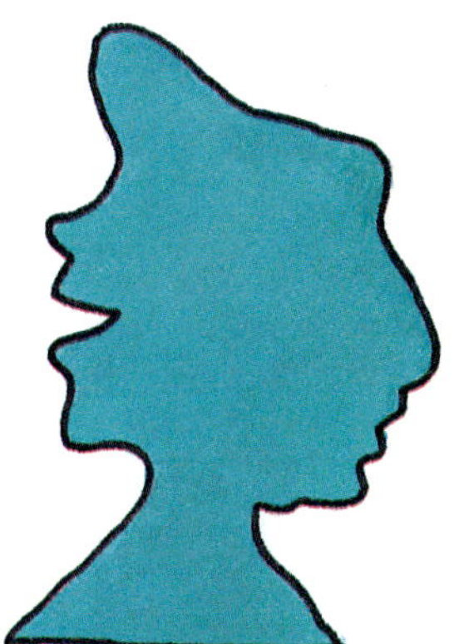

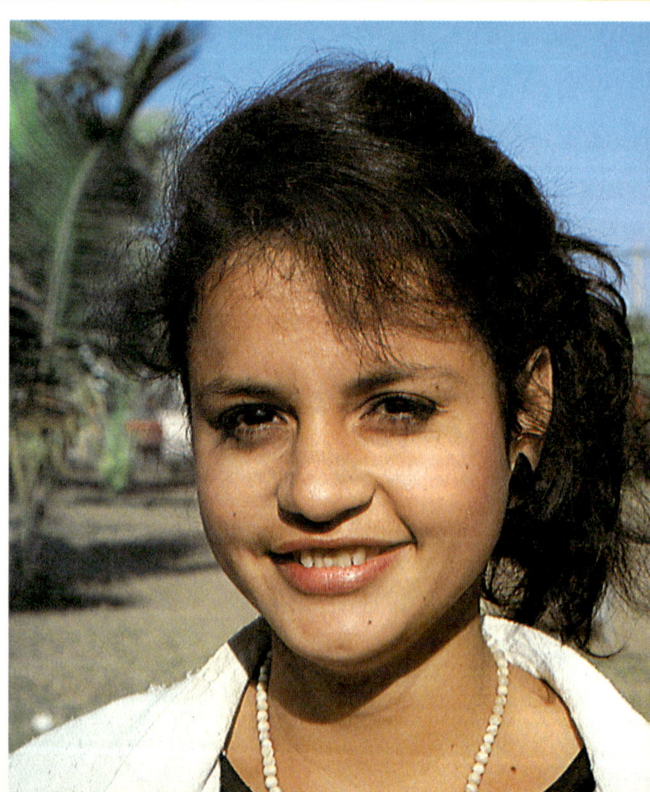

El mundo hispánico

¡Hola! Me llamo Ricardo Artigas. Vivo en Nueva York, pero soy de la hermosa isla° de Puerto Rico. Mi papá trabaja aquí en los Estados Unidos. Es médico.°

    beautiful island
doctor

    Hay muchos puertorriqueños en esta ciudad y por eso tengo muchos amigos que hablan español. Mi hermana mayor, Luisa, está en Puerto Rico, donde estudia para ser abogada.° Otra hermana, Silvia, es secretaria° en una empresa° grande en Puerto Rico. Ella está casada,° y su marido estudia en la universidad. Quiere ser ingeniero.° Mis otros hermanos son menores que yo y viven aquí con nuestra familia. El menor sólo tiene tres años.

    lawyer/secretary
company/married
engineer

    ¡Hola! Me llamo Rosa Guzmán y vivo en Miami, Florida. Mi familia es de Cuba, pero hace ya quince años que vivimos en los Estados Unidos. Mi papá es un hombre de negocios.° Tiene una tienda de radios y televisores. A veces yo trabajo en la tienda como empleada.° Es un trabajo muy divertido porque también vendemos° discos y me encanta escuchar los últimos éxitos. Muchos de nuestros clientes° son hispanohablantes° porque hay un gran número de cubanos en Miami. También vienen aquí de vacaciones muchos visitantes° de la América del Sur.

    businessman
clerk
sell
customers/Spanish-speaking
visitors

    ¡Hola! Soy Graciela Guerrero y vivo en el estado de Arizona. Soy de origen mexicano, pero ahora muchos miembros de mi familia viven aquí. Mi papá es dentista y mi mamá es trabajadora social.° Mi hermana Ana es enfermera° y mi hermano José es fotógrafo.° Yo quiero ser profesora de lenguas,° pero antes° necesito asistir a la universidad y estudiar mucho. Mis hermanos y yo vamos a visitar México este año porque queremos ver la tierra° natal° de nuestros padres y queremos visitar a nuestros

    social worker
nurse/photographer
languages/beforehand
land
native

parientes.° Vamos en coche de aquí a Culiacán y luego vamos a pasar dos semanas en la playa. Mi papá va a manejar.° ¡Imagínense° Uds.! ¡Qué divertido va a ser el viaje!°

Preguntas

1. ¿Dónde vive Ricardo?
2. ¿Dónde está Puerto Rico?
3. ¿Cuántas hermanas tiene Ricardo en Puerto Rico?
4. ¿Qué hace su hermana Luisa?
5. ¿En qué ciudad de los Estados Unidos hay muchos cubanos?
6. ¿Qué discos le gustan a Rosa?
7. ¿Qué quiere ser Graciela?
8. ¿De dónde vienen los papás de Graciela?

Mi familia es de Cuba, pero vivo en Miami, Florida.

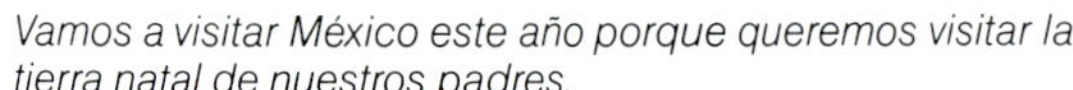

Vamos a visitar México este año porque queremos visitar la tierra natal de nuestros padres.

Mi hermana mayor, Luisa, está en Puerto Rico.

Extensión

empleos y profesiones	
el abogado, la abogada	lawyer
el vendedor, la vendedora	vendor, salesperson
el empleado, la empleada	employee, clerk
el oficinista, la oficinista	office worker
el obrero, la obrera	worker
el cocinero, la cocinera	cook
el mesero (el camerero)	waiter
la mesera (la camarera)	waitress
el telefonista, la telefonista	operator
el bibliotecario, la bibliotecaria	librarian
el farmacéutico, la farmacéutica	pharmacist
el recepcionista, la recepcionista	receptionist
el carpintero, la carpintera	carpenter
el gerente, la gerente	manager
el chófer, la chófer	driver
el taxista, la taxista	taxi-driver
el camionero, la camionera	truck-driver
el médico, la médica	doctor
el profesor, la profesora	teacher
el actor, la actriz	actor
el periodista, la periodista	newspaper reporter
el dentista, la dentista	dentist
el artista, la artista	artist
el doctor, la doctora	doctor
el secretario, la secretaria	secretary
el programador de computadores, la programadora de computadores	computer programmer

Práctica

En parejas:

A. Inquire about your partner's family: number of family members, names, ages and where each lives. Switch roles.

B. Ask each other about the occupations of your family members. Include relatives such as uncles, aunts, cousins and so forth.

C. Ask your partner what career she or he plans and why.

D. Name six occupations in Spanish. After each, your partner should tell whether she or he likes or dislikes the occupation and why. (degree of difficulty, working conditions, number of hours, etc.)

En grupos:

E. The first student names an occupation. The second person then tells where such a person works or what the person does and names another occupation. Continue for at least six additional occupations.

F. The first person says, *Quiero ser...* ("I want to be a..."), mentioning some profession, and then, turning to a classmate, asks *¿Y tú? ¿Qué quieres ser?* ("What do you want to be?"). The classmate answers and then asks the same question of a third person, who answers and keeps the questioning going. To avoid repetition, insist that each person mention a different occupation.

G. Each student chooses an occupation and names what that person must study. Continue around the room until everyone has had an opportunity to participate.

Modelo: *Para ser _______, debe estudiar _______.*

Estructura

Ser y estar

In Spanish, both *ser* and *estar* mean "to be."

<table>
<tr><td colspan="4" align="center">estar</td></tr>
<tr><td>estoy</td><td>I am</td><td>estamos</td><td>we are</td></tr>
<tr><td>estás</td><td>you (tú) are</td><td>estáis</td><td>you (vosotros, -as) are</td></tr>
<tr><td>está</td><td>you (Ud.) are; he, she, it is</td><td>están</td><td>you (Uds.) are; they are</td></tr>
</table>

<table>
<tr><td colspan="4" align="center">ser</td></tr>
<tr><td>soy</td><td>I am</td><td>somos</td><td>we are</td></tr>
<tr><td>eres</td><td>you (tú) are</td><td>sois</td><td>you (vosotros, -as) are</td></tr>
<tr><td>es</td><td>you (Ud.); he, she, it is</td><td>son</td><td>you (Uds.) are; they are</td></tr>
</table>

These verbs serve different functions in Spanish. Use a form of *estar* for "to be" if you are talking about the following:

- location

El cine está en el centro.	The theater is downtown.
Pedro y Luisa están con sus papás.	Pedro and Luisa are with their parents.

but:

Use *ser* when the verb means "to take place" rather than "to be located."

El baile es en la escuela.	The dance is (takes place) in the school.
La reunión es en septiembre.	The meeting takes place in September.

- a changeable condition (one that can change easily, or as the result of an action)

El cielo está nublado.	The sky is cloudy.
¿Cómo estás?	How are you?
El río está contaminado.	The river is polluted.
Mi hermana está casada.	My sister is married.

- a verb of perception

La sopa está buena.	The soup tastes good.
Mi mamá está muy bonita.	My mother looks very nice.
La música está muy buena.	The music sounds good.

Use a form of *ser* for "to be" . . .

- with adjectives that denote essential characteristics

Raúl es muy alto.	Raúl is very tall.
La leche es blanca.	The milk is white.

¿Qué hora es?

- when a form of *ser* is followed by a noun (Note that the definite article is not necessary after *ser* unless the noun is modified by an adjective.)

Soy médica.	I'm a doctor.
Son carpinteros.	They are carpenters.
Es una buena profesora.	She's a good teacher.

- to express origin

Soy de la Argentina.	I'm from Argentina.
¿Son de Nueva York?	Are they from New York?

- to tell time

¿Qué hora es?	What time is it?
Son las once.	It is eleven o'clock.

- with many impersonal expressions

Es necesario.	It is necessary.
Es cierto.	It is certain.

1. ¿Ser o estar? ¿Qué crees que se debe usar? Haz una frase completa usando las palabras indicadas. A veces hay que añadir otras palabras y cambiar la forma.

    Modelo: blusa / amarillo
              La blusa es amarilla.

1. Elvira / de Puerto Rico
2. casa de Luisa / calle Bolívar.
3. Señora Ruiz / ¿Ud. bien?
4. ¿dónde / práctica?
5. café / caliente
6. California / oeste
7. nosotros / de Cuba
8. biblioteca / lejos de mi casa

El artículo definido y los sustantivos

The definite article has four forms in Spanish: *el, la, los, las*. The nouns that they
accompany may be masculine or feminine, singular or plural. Nouns that end with
a vowel can be made plural by adding *-s*. Most nouns ending with a consonant can
be made plural by adding *-es*. If a noun is plural, the article must also be plural:

el libro	the book	*la casa*	the house
los *libros*	the book**s**	**las** *casas*	the house**s**

Remember that Spanish nouns are masculine or feminine. In general, nouns that
end in *-o* are masculine, and those that end in *-a* are feminine.

    el periódico   the newspaper   *la escuela*   the school

There are some exceptions, but they are not numerous.

    el día   the day   *la mano*   the hand

2. ¿Masculino o femenino? Escucha las palabras indicadas y di *el* si es una palabra masculina o *la* si es femenina.

> **Modelo:** servilleta
>
> la

1. lengua
2. médica
3. empleo
4. día
5. enfermero
6. historia
7. mano
8. secretario

Many nouns ending in *-ma* are derived from Greek. They are often masculine.

> *el problema*   the problem   *el poema*   the poem

Nouns that end in *-ción, -sión* and *-dad* are feminine.

> *la lección*   the lesson   *la expresión*   the expression   *la ciudad*   the city

Most nouns that end in *-ción* in Spanish are cognates of English words ending in *-tion*, and many nouns that end in *-dad* in Spanish are cognates of English words ending in *-ty*.

> *la nación*   the nation   *la actividad*   the activity

3. Di estas palabras. Incluye (*Include*) el artículo definido apropiado.

> **Modelo:** institución
>
> la institución

1. probabilidad
2. protección
3. problemas
4. médicos
5. mesero
6. canción
7. especialidad
8. aguas

If a noun does not end in *-o, -a, -ma, -ción,* or *-dad,* you must learn whether it is masculine or feminine as you practice it.

> *el papel*   the paper   *la clase*   the class

4. Usa la expresión *veo* para indicar lo que ves de la siguiente lista. Sigue el modelo.

> **Modelo:** carro
>
> Veo el carro.

1. taxi

2. zapato

3. banco

4. playa

5. plato

6. dormitorio

7. casa

8. agua

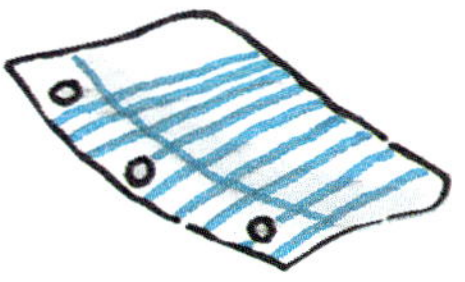

9. papel

10. pupitre

5. ¿Qué son? Cambia las siguientes frases a plural.

> **Modelo:** Es la clase.
> Son las clases.

1. Es la oficina.
2. Es el árbol.
3. Es el tenedor.
4. Es la ciudad.
5. Es el tren de Chile.
6. Es la taza de mi hermana.
7. Es el libro de mi amiga.

El artículo definido con *a* o *de*

Remember that the definite article *el* combines with the words *a* and *de* to produce *al* (to the) and *del* (of the, from the). These are the only two written contractions in Spanish.

6. Mis amigos van y vienen. Di de dónde vienen y adónde van tus amigos.

> **Modelo:** Jorge / escuela / lago
> Jorge viene de la escuela y va al lago.

1. Esteban / playa / casa de Luis
2. Marilú y Mercedes / restaurante / cine
3. Roberto / banco / parque
4. Anita / escuela / piscina
5. Marta y Dolores / oficinas / tiendas
6. Tomás / café / centro
7. Julia / museo / biblioteca
8. Carolina y Rosario / colegio / mercado
9. Antonio / universidad / hotel
10. Mario / comedor / cocina

El uso del artículo definido

Generally, the definite article is used in Spanish where "the" appears in English. There are some cases, however, in which the definite article is used in Spanish when it is not used in English. Use the definite article with the following:

- titles (*Sr.*, *Sra.*, *Dr.*, etc.), except in direct address

El Sr. Gómez vive aquí.	Mr. Gómez lives here.
El Dr. García es rico.	Dr. García is rich.

but:

Hola, Sr. Romero.	Hello, Mr. Romero.

- the names of meals

El desayuno se sirve en diez minutos.	Breakfast is served in ten minutes
¿Quieres sopa para la cena?	Do you want soup for supper?

- the seasons of the year

Hace calor en el verano.	It's warm in summer.

- the days of the week, except after a form of the verb *ser*

Voy a su casa el domingo.	I'm going to her house Sunday.
No trabajo los lunes.	I don't work on Mondays.

but:

Hoy es lunes.	Today is Monday.
Mañana es miércoles.	Tomorrow is Wednesday.

- the names of languages

El español es fácil.	Spanish is easy.

but:

The article is not used after the words *hablar*, *de*, or *en* and it is often omitted after other common verbs such as *estudiar*.

Hablamos español.	We speak Spanish.
Es un libro en español.	It's a book in Spanish.

- when telling time

Es la una.	It's one o'clock.
Son las dos.	It's two o'clock.

- when talking of something in a general sense or when including everything in a certain category

Me gustan las frutas.	I like fruit (all kinds).
Las lenguas son importantes.	Languages (all languages) are important.

7. **Información, por favor. Contesta las preguntas según las pistas (*clues*) entre paréntesis.**

> **Modelo:** ¿Cuándo sale Gerardo? (lunes)
> Sale el lunes.

1. ¿Qué comidas se sirven en este café?
   (desayuno, cena)
2. ¿Cuándo es el baile? (primavera)
3. ¿Quién es la profesora de tu clase? (Sra.
   Ramírez)
4. ¿Qué estudian en el colegio? (inglés)
5. ¿Qué no te gusta? (matemáticas)
6. ¿Cuándo tienen Uds. la lección de baile?
   (miércoles)
7. ¿Quién vive en esa casa? (Dr. Peña)
8. ¿Qué día es mañana? (viernes)

8. Datos personales. Contesta estas preguntas con frases completas.

1. ¿Cuándo tomas/comes . . .
   a. el desayuno?
   b. la comida?
   c. la cena?
2. ¿Cómo se llaman dos amigos de tus
   papás?
3. ¿Qué estación del año te gusta más?
4. ¿Qué lenguas quieres estudiar algún día?
5. ¿Qué días . . .
   a. vas a la escuela?
   b. no vas a la escuela?
6. ¿Qué lenguas son importantes hoy en
   día?
7. ¿Quién es el profesor (la profesora) de tu
   clase de español?
8. ¿Cuál es tu comida favorita?
9. ¿Qué día es hoy?
10. ¿Cuáles son tres cosas que son
    importantes para ti?

Los adjetivos

Spanish adjectives agree in gender and number with the nouns they describe. They
may be masculine or feminine and singular or plural and usually follow the noun
they modify.

*Es una casa **bonita**.*	It's a pretty house.
*Tengo un carro **nuevo**.*	I have a new car.
*Voy a ver dos películas **inglesas**.*	I'm going to see two English films.
*Susana quiere comprar dos vestidos **rojos**.*	Susana wants to buy two red dresses.

However, certain adjectives may not have four different forms.

*Su casa es **grande** y tiene un patio **grande**.*   Her house is large and it has a large patio.

9. Una descripción. Contesta las preguntas usando las palabras entre paréntesis y haciendo los cambios necesarios.

Modelo: ¿Qué compra Ud.? (silla / rosado)
Compro una silla rosada.

1. ¿Qué es? (carro / negro)

2. ¿Quién es? (chica / bonito)

3. ¿Qué son? (libros / interesante)

4. ¿Quiénes son? (amigos / guapo)

5. ¿Qué comen Uds.? (comida / español)

6. ¿Qué hay en el centro? (edificios / alto)

7. ¿Qué ves? (parque / grande)

8. ¿Quién va? (hombre / importante)

9. ¿Qué buscas? (pantalones / negro)

10. ¿Quiénes no te gustan? (personas / miedoso)

An adjective often is used alone to avoid repeating a noun. In such a case, the adjective is masculine or feminine and singular or plural, according to the noun referred to.

*¿Quieres esta camisa o **la** (camisa) blanca?*	Do you want this shirt or **the white one**?
*¿Quiero el coche grande, no **el** (coche) pequeño.*	I want the big car, not **the little one**.

10. Tu opinión, por favor. Contesta las siguientes preguntas, dando tu opinión.

Modelo: ¿Es Sara la hermana mayor o la menor?
Sara es la mayor. / Sara es la menor.

1. ¿Quieres comprar el coche azul o el rojo?
2. ¿Vive Gabriela en la casa amarilla o en la gris?
3. ¿Lleva Juliana el suéter verde o el azul?
4. ¿Es Mariana la chica alta o la baja?
5. ¿Te gustan las casas grandes o las pequeñas?
6. ¿Tiene Raúl la bicicleta anaranjada o la azul?
7. ¿Es Andrea la muchacha rubia o la morena?

11. ¿Qué hacen? Practica tu vocabulario. En una frase breve, di qué hacen estas personas.

Modelo: cocinera
Una cocinera prepara comidas.

1. profesora
2. vendedor
3. actor
4. periodista
5. telefonista
6. mesero
7. secretaria
8. fotógrafo

Para unir dos partes de una frase

The word *que* is the most common word used in Spanish to join two clauses. It can refer to persons or things, and it may mean who, whom, which, or that.

*Yo sé **que** Juan viene.*
I know **that** John is coming.

*El hombre **que** ves es mi tío.*
The man **whom** you see is my uncle.

*La chica **que** vive aquí se llama Esperanza.*
The girl **who** lives here is called Hope.

*Los libros **que** Uds. quieren cuestan mucho.*
The books **that** you want cost a lot.

12. Creo que comprendo. Haz una sola frase de las dos que se encuentran abajo.

Modelo: Veo a la chica. Lleva un vestido gris.
Veo a la chica que lleva un vestido gris.

1. Leo un libro. Es muy interesante.
2. Susana es una chica. Tiene mucho dinero.
3. Estamos en un hotel. Tiene una piscina grande
4. No comprendo las lecciones. Son muy largas.
5. Escribo a una amiga. Está en Puerto Rico.
6. Voy a hablar con mis amigos. Estudian en la universidad.
7. Miro los programas de televisión. Terminan antes de las diez.

8. Vamos a ver una película. Es una comedia
   española.
9. Estas son las lecciones. Tengo que estudiar
   esta noche.

Lectura

Los hispanohablantes en los Estados Unidos

En los Estados Unidos hay millones de personas de origen
hispano. Vienen de todos los países de habla española° y
viven en todas partes. El número de personas de origen
mexicano es grande, especialmente en los estados
del sudoeste° como California, Arizona, Nuevo México,
Colorado y Texas.

    Las ciudades de Chicago y Nueva York tienen una gran
población° de personas de descendencia° puertorriqueña.
Muchas de estas personas vienen a los Estados Unidos
buscando trabajo porque la isla de Puerto Rico tiene un
número limitado de empleos.° A veces vienen aquí para
vivir unos años, y luego regresan a su tierra natal. Como
son ciudadanos norteamericanos, no tienen problema de
visa, ni necesitan pasaporte para entrar a este país.

    Después de la revolución cubana de 1959, muchos
cubanos vinieron a los Estados Unidos a causa de° con-
flictos políticos en su país. Fueron a vivir en casi todos los
estados, pero un gran número se quedó en Miami, Florida.
Como resultado, esta ciudad ahora es una gran atracción
turística para muchos latinoamericanos que visitan los

Spanish-speaking

Southwest

population/origin

jobs

because of

Estados Unidos. En Miami hay tiendas, restaurantes y hoteles con dueños° o empleados que hablan español. Los turistas sudamericanos pueden vivir, comer y hacer compras, usando su propia° lengua, gracias al número de los cubanos que viven y trabajan allí.

En la actualidad,° los hispanohablantes son una de las minorías más grandes de los Estados Unidos. Se calcula° que para el año 2000 habrá° más de veinte millones de hispanohablantes en este país. Así, Uds. ven que es una lengua de gran utilidad° ahora y en el futuro de nuestro país.

Preguntas

1. ¿De dónde viene la gente de habla española que vive en los Estados Unidos?
2. ¿Por qué vienen muchos puertorriqueños a los Estados Unidos?
3. ¿Cuándo fue la revolución cubana?
4. ¿Dónde viven muchos cubanos en los Estados Unidos?
5. ¿Por qué van muchos turistas latinoamericanos a Miami?
6. ¿Quiénes forman una de las minorías más grandes de los Estados Unidos?
7. ¿Hay gente de habla española en tu escuela? ¿De dónde son?

Vocabulario

el **abogado, la abogada** lawyer
  antes beforehand
el **artista, la artista** artist
el **bibliotecario, la bibliotecaria** librarian
el **camionero** truck driver, bus driver (Mexico)
el **carpintero** carpenter
  casado, -a married
el **cliente, la cliente** customer
el **cocinero, la cocinera** cook
el **chófer,** driver
el **dentista, la dentista** dentist
el **dependiente, la dependiente**
el   clerk
el **doctor, la doctora** doctor
el **empleo** job
  empleado, la empleada employee, clerk
la **empresa** business
el **enfermero, la enfermera** nurse
  escuchar to listen to

el **farmacéutico, la farmacéutica** pharmacist
  fijarse (en) to notice
el **fotógrafo, la fotógrafa**
el   photographer
  gerente, la gerente manager
  hispanohablante Spanish-speaking, Spanish-speaker
  imaginarse to imagine
el **ingeniero, la ingeniera** enginee
la **isla** island
la **lengua** language, tongue
  manejar to drive, to manage
el **médico, la médica** doctor,
el   physician
  mesero, la mesera food server (waiter, waitress)
  natal native, of one's birth
el **negocio** business deal
  los negocios business
  hombre de negocios businessman

el **obrero, la obrera** worker
el **oficinista, la oficinista** office worker
el **origen** origin
  originalmente originally
el **pariente, la pariente** relative
  por eso for that reason; that's why
el **recepcionista, la recepcionista** receptionist
el **secretario, la secretaria** secretary
  social social
el **taxista, la taxista** taxi-driver
el **telefonista, la telefonista** telephone operator
la **tierra** land, earth
  último, -a last, latest
el **vendedor, la vendedora** vendor, salesperson
  vender to sell
el **viaje** trip
el **visitante, la visitante** visitor

Nº 25
PARADA
FARM

En San Juan

ELVIRA:	Me gusta mucho San Juan, sobre todo° El Morro.	*especially*
LORENZO:	¿La fortaleza?° Sí, prima, es una maravilla.	*fortress*
ELVIRA:	Pero también quiero conocer° otras partes de la isla.	*get to know*
LORENZO:	¿Sabes qué? Mañana podemos ir a Ponce con mi hermano Raúl. El va a hacer un viaje° a esa ciudad.	*take a trip*
ELVIRA:	¡Fantástico! ¿Vamos a tu casa ahora? Estoy cansada.°	*tired*
LORENZO:	Sí. La guagua para° en la próxima esquina.°	*stops/corner*
ELVIRA:	¿La guagua? ¿Qué es una guagua?	
LORENZO:	Ah, olvido° que eres mexicana. Una guagua es un autobús.	*I forget*
ELVIRA:	En Puerto Rico sí, pero nosotros decimos "camión".	

Preguntas

1. ¿Dónde están Elvira y Lorenzo?
2. ¿Qué es El Morro?
3. ¿Qué es Ponce?
4. ¿De dónde es Elvira?
5. ¿De dónde es Lorenzo?

Notas culturales

In colonial times, important seaports had fortresses for protection from pirate attacks. One such fort is *El Morro*, located in the old part of San Juan. Havana, Cuba, also has a fort called *El Morro*. Other port cities have similar structures. These forts were especially important to cities along the route from the Spanish colony in New Spain (Mexico) to Spain because of the many treasures shipped along this route.

Most people know the name San Juan because it is Puerto Rico's largest city. Ponce is the second largest city of Puerto Rico.

Cultura viva

¿Guagua? ¿Autobús? ¿Camión?

Guagua, *autobús*, *camión*, *ómnibus*, *bus*, *buseta*, *micro*. What do all these words have in common? They are all used for "bus" in different Spanish-speaking countries, and they show how Spanish can differ from one place to another.

Nineteen countries in the world use Spanish as their official language, and there is little difference in pronunciation among them. If you pronounce Spanish correctly, you will be understood — and you will be able to understand others — in any Spanish-speaking country. However, you may have trouble with vocabulary because the people of one country may use a different word for something you have learned another way.

- *Bueno*, *diga*, *hola*, *a ver* and *aló* all are ways to answer the telephone in different countries.
- *Manejar* means to drive a car, but so does *conducir*.
- A car can be called *coche*, *carro*, *automóvil* or *auto*.
- In some countries green beans are called *habichuelas*, in others, *ejotes*.
- *Toronja* (grapefruit) may be called *pomelo*.

- *Beber* means to drink, but many countries use *tomar* instead.
- Corn is called *maíz* in most places, but *elote* in others.
- *Alcoba*, *cuarto*, *dormitorio*, *habitación* and *recámara* are all used for bedroom in different countries.
- The word for apartment is *apartamento*, *apartamiento*, or *departamento*, depending upon where you live.
- *Menú*, of course, is very often a list of foods in a restaurant, but it is the meal-of-the-day in most Spanish-speaking countries whereas the meal-of-the-day in Mexico is called a *comida corrida*.
- A *mesero* or *mesera* waits on your table in some countries, but in others it's a *camarero* or *camarera*.
- If you don't understand what someone says, you might say *¿Cómo?* to have it repeated, or you might use *¿Mande Ud.?*, depending upon where you are.
- Some Spanish speakers call a swimming pool a *piscina*. Others call it an *alberca*.
- If you're a camera bug, you might take *transparencias* or *diapositivas* (slides) and show them to your friends.
- To get an omelet in Spain, order a *tortilla*. In Mexico and Central America you must order an *omelet* since there a *tortilla* is a corn meal or flour pancake-like bread.
- In school, you might write on the *pizarra* with *tiza* or perhaps on the *pizarrón* with *gis*. It all depends on where you are.

So what do you do as a student of Spanish? Do you have to learn two or three variations of every word you study? How do you know which words to learn? It isn't practical to study several different words for many items because you may not know which Spanish-speaking country or countries you will visit someday. Your best strategy is to learn the assigned vocabulary and expressions, but to be aware that you may hear different words in some countries. Keep an open mind and take new things in stride. Native speakers will probably understand the expressions you have learned and will be happy to help you learn the words they use.

So whether it's a *guagua*, a *camión*, a *bus*, a *buseta*, a *micro*, an *ómnibus* or an *autobús*, climb aboard and ride it as part of your Hispanic adventure. Be alert to new words and new ways of saying things. That is part of the fun and the adventure, and acquiring new expressions will be part of the enjoyment of using your new language. *¡Qué gusto!*

Extensión

En la cuidad:
el puente
la carretera
el auditorio
el apartamento
la Iglesia
el monumento
el bulevar
la torre
el camino
el centro comercial
FARMACIA
más barato imposible
el almacén
la catedral
el estadio

<table>
<tr><td colspan="2" align="center">para describir</td></tr>
<tr><td>rico, -a</td><td>rich</td></tr>
<tr><td>pobre</td><td>poor</td></tr>
<tr><td>joven</td><td>young</td></tr>
<tr><td>viejo, -a</td><td>old</td></tr>
<tr><td>delgado, -a</td><td>thin</td></tr>
<tr><td>gordo, -a</td><td>fat</td></tr>
<tr><td>alegre</td><td>happy</td></tr>
<tr><td>serio, -a</td><td>serious</td></tr>
<tr><td>pequeño, -a</td><td>small</td></tr>
<tr><td>regular</td><td>so-so</td></tr>
<tr><td>generoso, -a</td><td>generous</td></tr>
<tr><td>inteligente</td><td>intelligent</td></tr>
<tr><td>vivo, -a</td><td>lively</td></tr>
<tr><td>moreno, -a</td><td>brunet</td></tr>
<tr><td>rubio, -a</td><td>blond</td></tr>
<tr><td>pelirrojo, -a</td><td>redheaded</td></tr>
<tr><td>diferente</td><td>different</td></tr>
<tr><td>protestante</td><td>Protestant</td></tr>
<tr><td>católico, -a</td><td>Catholic</td></tr>
<tr><td>judío, -a</td><td>Jewish</td></tr>
<tr><td>liso, -a</td><td>smooth (texture)</td></tr>
<tr><td>tosco, -a</td><td>rough (texture)</td></tr>
<tr><td>pintoresco, -a</td><td>picturesque</td></tr>
<tr><td>feo, -a</td><td>ugly</td></tr>
<tr><td>cuadrado, -a</td><td>square</td></tr>
<tr><td>rectangular</td><td>rectangular</td></tr>
<tr><td>circular</td><td>circular</td></tr>
<tr><td>resbaloso, -a</td><td>slippery</td></tr>
<tr><td>corto, -a</td><td>short (not long)</td></tr>
<tr><td>moderno, -a</td><td>modern</td></tr>
<tr><td>principal</td><td>principal, main</td></tr>
</table>

Práctica

En parejas:

A. Using the descriptive words that can be applied to people, ask if your partner is rich, for example (¿Eres rico/rica?). The partner answers, "Yes, I'm rich (Sí, soy rico/rica)" or "No, I'm not rich (No, no soy rico/rica)." Your partner then chooses another word from the list and asks "Are you...?" Alternate until you have each used seven or eight of these words.

B. Think of a Spanish word you know for some object or place. Describe it as well as you can in Spanish without naming it. Your partner must guess what it is within three minutes. Switch roles.

C. Imagine that you are in San Juan. With your partner, plan a Spanish dialog of at least ten lines in which you talk about the old and new sections of the city, describing things you might see there. Remember to include *El Morro*. Present your dialog to the class.

En grupos:

D. The first person in the group says a descriptive word (words you have learned previously or from the list in this lesson). The second person must then say a word that means the opposite. If the second person cannot give the correct word, go on to the third and so on, until the correct answer is given. Continue until everyone starts the process at least once.

E. Half of the group is assigned number one, the other half, number two. Writing so that others cannot see, everyone with number one writes a noun in Spanish; everyone with number two writes an adjective. Make the nouns and adjectives agree in number and gender. Each pair of students then reads the combination of noun and adjective to find out whether they have created logical phrases. After all have given their phrases, switch roles. Share two or three of your most humorous combinations with the class.

F. The first person in the group names a place or building. A classmate then describes it or tells what happens there and then names another building or place, which a third person describes. Continue until everyone has mentioned two different places or buildings.

Estructura

El tiempo presente

Remember that Spanish verbs are "regular" — follow a set pattern — or are "irregular" — do not follow that pattern. Verbs may end in *-ar*, *-er*, or *-ir*. Form the present tense by dropping *-ar*, *-er*, or *-ir* from the infinitive and adding the present-tense endings:

	hablar	comer	vivir
yo	hablo	como	vivo
tú	hablas	comes	vives
él, ella, Ud.	habla	come	vive
nosotros, -as	hablamos	comemos	vivimos
vosotros, -as	habláis	coméis	vivís
ellos, ellas, Uds.	hablan	comen	viven

The present tense in Spanish may have the following English equivalents.

(Yo) como.

I eat.
I do eat.
I am eating.
I will eat.

1. **Pregúntale a otro estudiante si hace lo siguiente.** (*Ask if another student does the following.*) **La otra persona debe contestar.**

> **Modelo:** asistir a muchos conciertos
> ¿Asistes a muchos conciertos?
> Sí, asisto a muchos conciertos.
> No, no asisto a muchos conciertos.

1. *hablar* español
2. *comer* frecuentemente en la cafetería de la escuela
3. dónde *vivir*
4. *comprender* cuando el profesor / la profesora habla español
5. *escribir* muchas cartas
6. por qué *estudiar* español
7. *leer* mucho

2. **Pregunta si las personas indicadas hacen las siguientes cosas.**

> **Modelo:** Uds.: subir al autobús a las siete
> ¿Suben Uds. al autobús a las siete?

1. Mercedes: deber dinero a sus papás
2. tu mejor amigo: descansar después de jugar al fútbol
3. los jóvenes de tu escuela: leer mucho

4. tus primos: vivir en los Estados Unidos
5. nosotros: trabajar el viernes a las seis
6. tú: escuchar mucho la radio

Los verbos irregulares

Some Spanish verbs are irregular. That is, they do not follow the patterns you have learned for regular verbs. Irregular verbs that you should know include the following:

infinitivo	yo	tú	Ud. él ella	nosotros, -as	vosotros, -as	Uds. ellos ellas
dar (*to give*)	doy	das	da	damos	dais	dan
ir (*to go*)	voy	vas	va	vamos	vais	van
decir (*to say, to tell*)	digo	dices	dice	decimos	decís	dicen
oír (*to hear*)	oigo	oyes	oye	oímos	oís	oyen
poder (*to be able*)	puedo	puedes	puede	podemos	podéis	pueden
querer (*to want, to love*)	quiero	quieres	quiere	queremos	queréis	quieren
tener (*to have*)	tengo	tienes	tiene	tenemos	tenéis	tienen
venir (*to come*)	vengo	vienes	viene	venimos	venís	vienen

These important verbs are irregular only in the *yo* form of the present tense.

infinitivo	yo	tú	Ud. él ella	nosotros, -as	vosotros, -as	Uds. ellos ellas
caber (*to fit into*)	*quepo*	cabes	cabe	cabemos	cabéis	caben
hacer (*to make, to do*)	*hago*	haces	hace	hacemos	hacéis	hacen
poner (*to put, to set*)	*pongo*	pones	pone	ponemos	ponéis	ponen
saber (*to know*)	*sé*	sabes	sabe	sabemos	sabéis	saben
salir (*to leave*)	*salgo*	sales	sale	salimos	salís	salen
traer (*to bring*)	*traigo*	traes	trae	traemos	traéis	traen
ver (*to see*)	*veo*	ves	ve	vemos	veis	ven

3. **¿Qué haces tú? Di que haces lo siguiente** (*Say that you do the following*).

   Modelo: Oír la música de la banda.
   Oigo la música de la banda.

1. *Dar* los buenos días a los señores Suárez.
2. *Hacer* la comida y *poner* la mesa.
3. *Decir* la verdad a mis papás.
4. *Salir* ahora porque *tener* mucha tarea.

  5. *Ir* a la playa mañana.
  6. *Venir* al parque por la carretera nueva.
  7. *Ver* el nuevo centro comercial.
  8. *Querer* un traje nuevo pero no *poder* ir de compras ahora.
  9. *Saber* tocar la guitarra.
 10. *Traer* el radio a la playa.

Las palabras interrogativas

Review the question words in Spanish.

¿quién?	who(m)?
¿quiénes?	who(m)?
¿qué?	what?
¿cuándo?	when?
¿dónde?	where?
¿adónde?	(to) where?
¿por qué?	why?
¿cómo?	how?
¿cuánto?	how much?
¿cuántos?	how many?
¿cuál?	which (one)?
¿cuáles?	which (ones)?

Note the following:

- In Spanish, "who?" has two forms, singular and plural.

¿Quién es?	**Who** is it?
¿Quiénes van?	**Who** is going? (more than one)

- *¿Cuál?* and *¿cuáles?* mean "what" or "which" and imply that you are making a choice.

¿Cuál es tu trabajo?	**What** is your work? (Tell me which one you have chosen.)
¿Cuáles son las razones?	**What** are the reasons? (Choose the ones you know.)

but:

¿Qué seeks a definition rather than a choice.

¿Qué es una "ciudad"?	**What** is a city? (I don't understand the word. Define it.)
¿Qué son "pesos"?	**What** are "pesos"? (I don't understand. Define the word for me.)

- *¿Cómo?* means "how?" or asks for a description (what something or someone is like).

¿Cómo es tu novia?	**What**'s your girlfriend like?

- Whom? is *¿quién?* or *¿quiénes?* preceded by a preposition (*a, de, para, con,* etc.).

¿A quién ves?	**Whom** do you see?
¿Para quién son?	**Whom** are they for?

- *¿Dónde?* refers to location. *¿Adónde?* refers to a destination.

¿Dónde está El Morro?	**Where** is El Morro?
¿Adónde viaja tu familia?	**(To) Where** is your family travelling?

4. Un poco de práctica. Contesta cada pregunta con una frase completa.

> **Modelo:** ¿Qué es un "trolebús"?
> Es un autobús eléctrico.

1. ¿Cómo es tu casa?
2. ¿Cómo es tu clase de español?
3. ¿Cómo es la ciudad donde vives?
4. ¿Cuál es el número de tu casa?
5. ¿Cuál es la capital de España?
6. ¿Cuál es la lengua oficial de Chile?
7. ¿Qué es un "sillón"?
8. ¿Qué es un "cliente"?
9. ¿Qué son las "claves" y las "maracas"?

5. ¿Cuál es la pregunta? Haz una pregunta correcta para cada frase en este ejercicio.

> **Modelo:** Son las ocho y media.
> ¿Qué hora es?

1. Mi hermano trabaja en una oficina.
2. El amigo de Luis se llama Cristóbal.
3. Veinte y treinta son cincuenta.
4. Mi dirección es Avenida Rosas, número 240.
5. Estos señores son mis parientes.
6. Estudio español porque quiero visitar España.
7. Un anuario es un libro con muchas fotos.
8. Las chicas salen para Colombia mañana.
9. Mi mejor amigo es muy simpático.
10. Marta va a ver a sus primas en la fiesta.

El artículo indefinido

The Spanish indefinite articles are *un* (masculine) and *una* (feminine). The plural forms, which mean ''some'', are *unos* (masculine) and *unas* (feminine).

6. Un repaso breve. Di que tienes estas cosas, primero en la forma singular y luego en la plural.

Modelo: casa
Tengo una casa.
Tengo unas casas.

1. libro

2. lápiz

3. pluma

4. canción

5. papel

6. clase

7. pañuelo

Tengo una casa blanca.

El uso del artículo indefinido

In general, use *un* or *una* in Spanish where you would use "a" or "an" in English. Omit them, however, when talking about names, occupations, nationalities or religions.

Mi hermano es vendedor.	My brother is a salesman.
Lorenzo es puertorriqueño.	Lorenzo is a Puerto Rican.
La Sra. Vargas es católica.	Mrs. Vargas is a Catholic.

When nouns are described, however, use *un* or *una*.

*Mi hermano es **un buen vendedor**.*	My brother is **a good salesman**.
*Claudia es **una chica simpática**.*	Claudia is **a nice girl**.

7. ¿Quiénes son? Usando las palabras que se dan, di qué o quiénes son estas personas. Cambia la forma si es necesario.

> **Modelo:** Silvia / estudiante
> Silvia es estudiante.

1. Carlos / médico
2. Anita / español
3. Sara / actriz / famoso
4. Sr. Gómez / protestante
5. mi amigo / abogado / rico
6. Cristina / enfermera
7. Jorge / oficinista / diligente
8. Teresa / católico
9. David / carpintero / bueno
10. Lola / boliviano / amable

Saber y conocer

Just as there are two verbs in Spanish that mean "to be," there are two that mean "to know," *saber* and *conocer*. Both are irregular in the present tense *yo* form.

saber	
sé	sabemos
sabes	sabéis
sabe	saben

Saber means to know facts or to know how to do something.

¿Sabes la fecha?	Do you know the date?
Sabemos tocar la guitarra.	We know how to play the guitar.

<table>
<tr><td colspan="2">conocer</td></tr>
<tr><td>conozco</td><td>conocemos</td></tr>
<tr><td>conoces</td><td>conocéis</td></tr>
<tr><td>conoce</td><td>conocen</td></tr>
</table>

Conocer means to be familiar with, to meet or to be acquainted with people, places or things.

Conozco la ciudad.	I'm acquainted with the city.
Quiero conocer a tu mamá.	I want to meet your mother.

8. ¿Saber o conocer? Usa una forma de *saber* o *conocer* para completar las siguientes frases.

> **Modelo:** Yo no _______ si Luis _______ a tu prima.
> Yo no sé si Luis conoce a tu prima.

1. Yo _______ las respuestas.
2. Juan no _______ al papá de Silvia.
3. ¿Tú _______ esa ciudad?
4. Nosotros no _______ a tu profesora.
5. ¿No _______ Ud. adónde vamos?
6. Los estudiantes _______ que es necesario estudiar para esta clase.
7. Quiero _______ mejor la capital porque es una ciudad muy interesante.

9. Forma diez frases empleando elementos de las tres columnas.

A	B	C
Eduardo	saber	hablar español
yo	conocer	a las primas de Federico
nosotros		al profesor de matemáticas
tú		el vocabulario
Cecilia y Rosa		mi número de teléfono
		Buenos Aires
		cuándo sale Rogelio
		a Guillermo
		dónde trabajan

La división de palabras en sílabas

To write and pronounce words correctly in Spanish, it is important to know how to divide them into syllables.

- Spanish has two kinds of vowels, strong (*a, e, o*) and weak (*i, u*). The combination of a strong and a weak vowel or of two weak vowels produces a diphthong, two vowels pronounced as a single syllable.

dia rio   suer te   ciu dad   cui da do   sie te   seis

- A Spanish word has as many syllables as it has vowels or diphthongs.

  al gu nas   en te ro   tra ba jar   pa la bra   no ve la
  cie lo   viu da   bui tre   co me dia   sua ve

- A single consonant (this includes *ch*, *ll*, and *rr*) goes with the following vowel.

  a mi ga   fa vo ri to   ca rro   mu cha cho   cu chi llo

- Two consonants are generally separated unless the second is *l* or *r*.

  quin ce   an tes   ter mi nar   en tu sias mo   ban co

but:

  ma dre   pa la bra   ta ble ro   te a tro

- If three consonants occur together, the last one (or an inseparable combination) with *l* or *r*) goes with the following vowel.

  trans por te   ins tan te   mien tras   som bre ro

10. **En sílabas, por favor.** Divide las siguientes palabras en sílabas. Al terminar, pronuncia las palabras en voz alta (*aloud*).

> **Modelo:** hermanas
> her / ma / nas

1. cuadrado
2. perla
3. abrir
4. pelirrojo
5. apartamento
6. pintoresco
7. estatua
8. bailando
9. abecedario
10. resbaloso

11. **Describe estas personas.** Pregunta (*Ask*) cómo son las personas de abajo. Luego contesta la pregunta usando un adjetivo de la Extensión.

> **Modelo:** tú
> ¿Cómo eres tú? Soy inteligente.

1. tus hermanos
2. tu abuela
3. tu amigo favorito
4. el presidente
5. tu profesora favorita
6. tu primo
7. tu amiga favorita

12. **Lugares que tú conoces.** Contesta estas preguntas con frases completas. Describe los lugares, si es posible.

1. ¿En qué calle está tu escuela?
2. ¿Qué iglesia está cerca de tu escuela?
3. ¿Qué carretera pasa cerca de tu escuela?
4. ¿Qué centro comercial está cerca de tu casa?
5. ¿Qué monumento hay en tu ciudad?
6. ¿Cómo es el almacén principal de tu ciudad?
7. ¿Cuántos edificios de apartamentos hay en tu ciudad?

Lectura

Puerto Rico

¿Qué saben Uds. de Puerto Rico? ¿Qué tiene de particular? ¿Dónde está? ¿Qué lengua se habla allí? ¿Es un país, un estado, un territorio, una posesión o qué? Nos habla Graciela Andujar, natural° de Puerto Rico.

    ¡Buenos días! Me llamo Graciela, y soy de Puerto Rico, una hermosa isla en el Mar Caribe. El Caribe, la parte del Océano Atlántico entre° la Florida y el norte de la América del Sur es famoso por sus aguas cristalinas. Aquí los deportes acuáticos tienen una gran importancia, y el buceo es una de las actividades favoritas.

    Los puertorriqueños somos ciudadanos° de los Estados Unidos y tenemos casi todos los derechos° que tienen los otros norteamericanos. Además° tenemos una ventaja° muy grande porque no tenemos los impuestos° que los otros norteamericanos pagan al gobierno° federal. Puerto Rico no es ni posesión ni territorio de los Estados Unidos. Su título oficial es Estado Libre° Asociado a los Estados Unidos. Algunos puertorriqueños quieren obtener la independencia de los Estados Unidos mientras que otros quieren hacer de Puerto Rico un estado de ese país.

    ¿Cómo es mi tierra? Es un lugar pintoresco y cálido.° Siempre hace calor porque está en la zona tropical. Los puertorriqueños pasamos mucho tiempo al aire libre° porque casi siempre hay sol. Nuestra tierra produce azúcar y frutas deliciosas como la naranja° y el limón.°

    Puerto Rico no es muy grande, y es posible conocer toda la isla en unos dos o tres días. Pero quédense Uds. más tiempo porque hay mucho que ver y las playas son muy bonitas.

    Una de las atracciones principales es el viejo San Juan, es decir la parte antigua de la ciudad de San Juan. Tiene

native

between

citizens
rights
besides/advantage
taxes
government

Commonwealth

warm

out-of-doors

orange/lemon

edificios coloniales como la catedral, monumentos interesantes y, por supuesto, la fortaleza de El Morro. Visitamos esta sección de la ciudad frecuentemente porque es una parte importante de nuestra historia. Además de San Juan existen las ciudades de Ponce y Mayagüez. Famosos también son los bosques lluviosos° del interior como El Yunque.

rain forest

Nuestra isla es como un jardín,° y es un lugar muy popular por los turistas que nos visitan. Llegan en avión o en barco, y encuentran todo tipo de atracciones turísticas: buenos hoteles y restaurantes, sol, playas, lugares interesantes y gente amable y simpática.

garden

Vengan a Puerto Rico. Les va a gustar.

Preguntas

1. ¿Dónde está Puerto Rico?
2. ¿Por qué es popular el buceo en el Caribe?
3. ¿De qué país son ciudadanos los puertorriqueños?
4. ¿Qué ventaja tienen los puertorriqueños?
5. ¿Cómo es la isla de Puerto Rico?
6. ¿Cuáles son tres ciudades principales de Puerto Rico?

Puerto Rico es una hermosa isla en el Mar Caribe.

El Morro en San Juan, Puerto Rico.

Vocabulario

alegre happy
el **almacén** department store; grocery store
el **auditorio** auditorium
el **bulevar** boulevard
cansado, -a tired
la **carretera** highway
la **catedral** cathedral
católico, -a Catholic
el **centro comercial** shopping center
circular circular
conocer to know, to be acquainted with, to meet (acquaintance)
corto, -a short
cuadrado, -a square
delgado, -a thin
diferente different
la **esquina** corner, outside corner, street corner

el **estadio** stadium
feo, -a ugly, unpleasant
la **fortaleza** fort, fortress
generoso, -a generous
gordo, -a fat
la **guagua** bus (in Puerto Rico and Cuba)
inteligente intelligent
joven young; **jóvenes** pl.
judío, -a Jewish
liso, -a smooth, even
moreno, -a brunette
olvidar to forget
parar to stop, to come to a halt
pelirrojo, -a redhead
pequeño, -a small
pintoresco, -a picturesque

pobre poor
principal principal, main
protestante Protestant
puente bridge
rectangular rectangular
regular regular
resbaloso, -a slippery
rico, -a rich
rubio, -a blond
serio, -a serious
sobre on, upon, over, above
   sobre todo above all, especially
torre tower
tosco, -a rough
viaje: hacer un viaje to take a trip
vivo, -a lively, vivid, alive

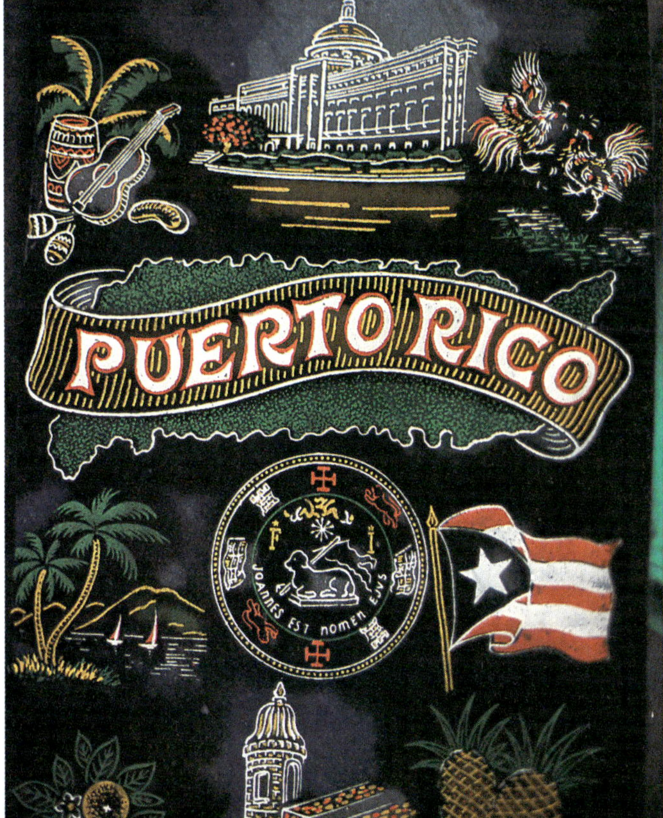

Nuestra isla es un lugar muy popular entre los turistas que nos visitan.

Vengan a Puerto Rico.

A. *¿Ser* o *estar?* Usa la forma correcta del presente de *ser* o *estar.*

> **Modelo:** ¡Cuidado, amigo! Las olas _______ muy altas hoy.
> ¡Cuidado, amigo! Las olas están muy altas hoy.

1. ¡Ay! Este café _______ muy caliente.
2. Dime, Cecilia, ¿Dónde _______ ahora?
   Puedo encontrarte en quince minutos.
3. La película _______ en el Cine Diana esta
   noche a las ocho.
4. Esta playa _______ muy bonita.
5. Te lo digo, Luis, porque tú _______ mi
   mejor amigo.
6. Después de la práctica yo siempre _______
   muy cansado.

B. Busca en la columna B una palabra que se relacione con (*that relates to*) otra de
   la columna A.

A	B
1. estadio	pirata
2. iglesia	parque
3. plaza	tienda
4. camino	cine
5. calle	catedral
6. almacén	fútbol
7. fortaleza	apartamento
8. película	carretera
9. casa	bulevar

Hablan inglés y español en Puerto Rico.

C. Contesta estas preguntas como quieras (*as you wish*).

1. ¿Haces la tarea o los tacos esta tarde?
2. ¿Vas a casa o al centro después de las clases?
3. ¿Quieres un refresco o leche?
4. ¿Vienes a mi casa en carro o a pie?
5. ¿Pones esta silla en la cocina o en el comedor?
6. ¿Oyes la radio o discos?
7. ¿Sales para el parque ahora o después?
8. ¿Puedes trabajar esta tarde o esta noche?

D. Contesta estas preguntas según (*according to*) las indicaciones entre paréntesis.

> **Modelo:** ¿Qué te gusta? (leche)
> Me gusta la leche.

1. ¿A qué hora es la clase de español? (nueve)
2. ¿Qué lenguas son importantes para Uds. (inglés y español)
3. ¿Quién es el profesor de la clase? (Sr. Peña)
4. ¿Qué no te gusta comer por la mañana? (cereal)
5. ¿Cuál es el baile más importante del año? (de Año Nuevo)
6. ¿Cuándo tienen Uds. que terminar este trabajo? (miércoles)

¿Tienes hambre?

La isla es como un jardín.

¿Qué saben Uds. de Puerto Rico?

E. **¿Saber o conocer? Con las palabras que se dan abajo, haz una frase completa con la forma correcta de *saber* o *conocer*.**

> **Modelo:** mi cuñado / carretera a Madrid
> Mi cuñado conoce la carretera a Madrid.

1. María / respuestas
2. yo / papá de Andrés
3. tú / dirección de mi casa
4. Sara / dónde vivimos
5. las chicas / a qué hora tenemos que salir
6. Mario / mi prima Alicia
7. tus padres / el sur de España
8. los chicos / jugar al fútbol

F. **¿Cuál es? Contesta con una frase completa.**

> **Modelo:** ¿Vas a comprar la bicicleta roja o la azul?
> Voy a comprar la roja / la azul.

1. ¿Silvia es la chica alta o la baja?
2. ¿Tu casa está en la primera cuadra o la segunda?
3. ¿Van Uds. en el coche nuevo o en el viejo?
4. ¿Te gustan más las películas largas o las cortas?

Es una clase divertida.

¿Hay actividades extracurriculares en tu escuela?

5. ¿La familia de Juanita vive en la casa
   grande o en la pequeña?
6. ¿Tu tío es el hombre gordo o el delgado?

G. Expresa en español.

1. Does she know that they're coming here on Saturday?
2. What's his girlfriend like? Is she short or tall?
3. Breakfast is at eight o'clock tomorrow.
4. Is their apartment on the third floor? No, it's on the fourth.
5. The man who is over there is a famous actor.
6. What is your telephone number?

H. A nivel personal

1. Practice this with a partner: One of you names a place or building in a city you both know. The other then tries to describe it in Spanish. Switch roles several times.

2. Describe someone in your class to your partner, who will try to guess who it is. Besides giving characteristics (nice, tall, slender, etc.), you may describe what this person is wearing. Your partner then takes a turn and you guess who the person is.

3. Say a Spanish word and ask your partner to spell it in Spanish. Your partner then says another word and you spell it. Continue until you each have spelled five words.

4. Review Spanish numbers with your partner by counting by ones from zero to thirty, by fives from five through 100 and by hundreds from 100 through 1,000.

5. Name a day of the week. Your partner must then say something she or he does on that day. The partner then names another day and you say something you do on that day. Continue until each has given two or three days.

6. Say to your partner in Spanish, "I know a . . . (doctor, for example). His name is . . . He works in . . ." Your partner then tells about someone else, using another occupation. Continue until each of you has spoken about at least three people.

7. With your partner, plan a dialog with two people on a street in San Juan talking about things they see and are going to see in Puerto Rico. Mention such things as the old section of town, El Morro, the other cities on the island and the beaches.

8. Find more information about Cubans, Puerto Ricans, or Mexicans in the United States and write a report on what you learn. Limit your report to one group only. Present this report to your class or hand it in.

9. Do some research on one of the following and prepare a three-minute class presentation:

   a. the island of Puerto Rico
   b. the Cuban revolution
   c. the role of Chicanos in the United States

10. Talk to a travel agent about things to see and do on the island of Puerto Rico. Present this information to your class.

David es un buen carpintero.

NUEVA ACROPOLIS
Banco Guipuzcoano
IS medinabi-IRU-
M·5182·BV
O·0161·M

¡Qué tráfico!

DIEGO: ¿Por qué no avanzamos?°   *advance*

LUPE: ¿No ves cómo está el tráfico? Es el peor embotella-
miento° de la ciudad.   *bottle-neck*

DIEGO: Y todo a causa del tráfico de° la siesta. ¿Pero no hay
policía de tráfico?   *because*

LUPE: Sí, pero ¿qué puede hacer él? La gente no le hace
caso.°   *pay attention*

DIEGO: ¡Caray!° ¿Ya es tarde para la fiesta del día del santo°
de Marcelo.   *Darn!* *Saint's Day*

DIEGO: Cálmate. Lo bueno es que poco a poco° estamos
avanzando.   *little by little*

DIEGO: ¡Mira a ese muchacho! ¡Está caminando entre° los
vehículos!   *between*

LUPE: Pues, sí. A él las señales° de tráfico no le importan.   *signs*

DIEGO: Y nosotros aquí nos morimos° de la contaminación
ambiental.°   *die* *air pollution*

Preguntas

1. ¿Por qué no avanzan Diego y Lupe?
2. ¿Qué hora del día es?
3. ¿Por qué no puede hacer nada el policía de tráfico?
4. ¿Cómo avanzan Lupe y Diego?
5. ¿Qué hace el muchacho que ve Diego?

Notas culturales

Many large Hispanic cities have traffic jams, just as in the United States. Air pollution is common and is reaching serious levels in places such as Santiago, Chile. As their cities continue to grow, Hispanic leaders are attempting to solve the problems of air and noise pollution.

Much of the traffic in Hispanic cities is controlled by police officers because automated signals alone are inadequate for the large number of vehicles. Signals and signs exist, of course, but rush hour often demands the presence of traffic police to keep vehicles moving.

Although the car is a luxury item in Spanish-speaking countries, many privately owned cars can be seen on the streets. However, many people must depend on public transportation to move about their cities. The transit systems need to be very good because so many people must use them. The large number of city buses contributes to the overall volume of traffic.

El día del santo is an important day for many Hispanic people. In some homes it is as important as birthdays, and is often celebrated with gifts and a party that friends and family attend.

Es el peor embotellamiento de la cuidad.

En la parada.

Extensión

Las señales de tráfico

Alto (Stop)
Despacio (Slow)
Curva (Curve)
Mantenga Su Derecha (Keep to the Right)
Velocidad Máxima: 100 kilómetros por hora (Speed Limit: 100 kilometers per hour)
Escuela (School)
No Hay Paso (Do Not Enter)

La siesta

- **¿Cuándo empieza la siesta?**

En algunos países o regiones la siesta comienza° a las dos y termina a las cuatro.   *begins*

- **¿Qué pasa durante la siesta?**

Las tiendas y las oficinas están cerradas por dos o tres horas, y muchos empleados van a casa para comer con su familia. Las calles están casi desiertas,° pero los restaurantes continúan abiertos.°   *deserted* / *open*

- **¿Y las tiendas?**

Los escaparates° de las tiendas están cubiertos° de rejas metálicas.° Las tiendas se cierran, pero los grandes almacenes quedan abiertos.   *windows/covered* / *metal security gates*

Las calles están casi desiertas durante la siesta.

Los escaparotes de las tiendas tienen rejas metálicas.

- **¿Qué se come?**

En unos países la comida principal del día se llama *comida*, y consiste en uno o dos platos principales que comen al mediodía durante las horas de la siesta.

- **¿A qué hora regresan al trabajo los empleados?**

Regresan al trabajo entre las cuatro y las cinco, y las tiendas y oficinas se cierran° a las ocho de la noche.

- **¿Se cierran las tiendas y las oficinas en todas las ciudades?**

En las ciudades hispánicas más grandes no se cierran las tiendas y las oficinas al mediodía a causa del mucho tráfico y los embotellamientos. Todavía se come la comida principal del día frecuentemente durante las horas de la siesta.

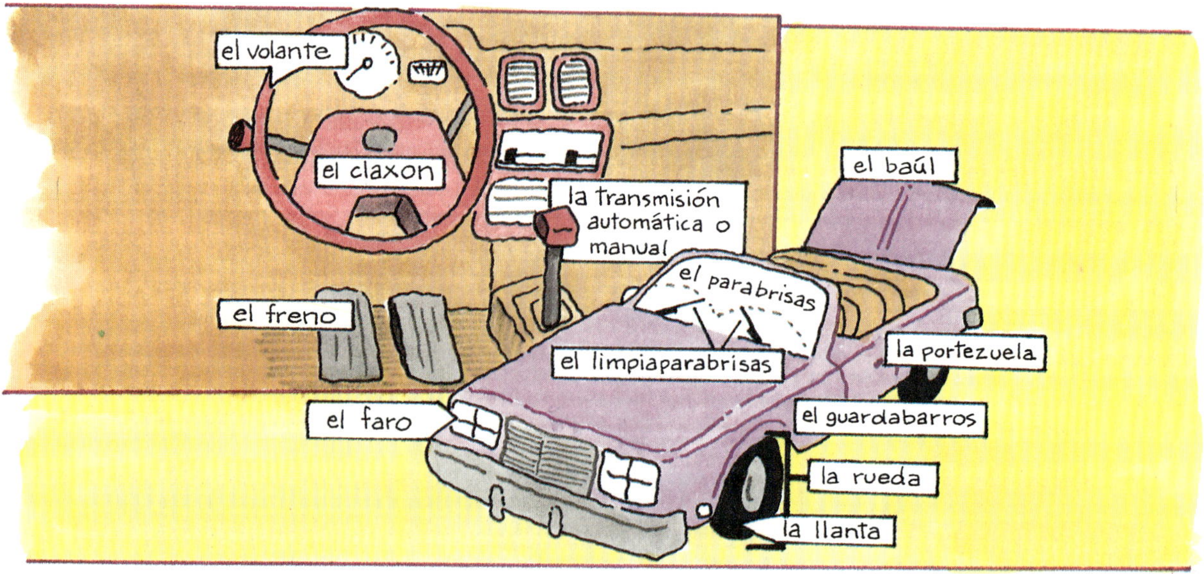

Práctica

En parejas:

A. Discuss your family car. Ask each other about the color, the year, the make (*la marca*) and the body style: *camioneta* (station wagon), *combi* (van), *sedán*, *cupé*. Ask whether it has automatic or manual transmission, how many speeds (*velocidades*) it has, and who drives it.

B. Ask about the main meal of the day at your partner's house. Who prepares it? Who eats it? What time does it take place? Where is it eaten? Does it always include meat?

C. Talk about the jobs of members of your family: what they do, where they work and what their work hours are.

D. Make a simple map of your neighborhood. Include four signs. (Change them to the Spanish equivalent). See if your partner can trace a route from one place to another on the map as you give directions in Spanish. Switch roles.

E. Prepare a dialog in Spanish in which one of you is a visitor to a Spanish-speaking country and the other a native of that country. Discuss what happens during the *siesta* and contrast it with the workday in the United States. Include references to meal times and office and shop hours.

En grupos:

F. The first person names a part of an automobile. The second person must tell how many of these a car has and then name another part. The third person says how many of this part a car has, and so on. Continue around the group more than once, if possible.

G. The first person in the group says something about the *siesta*. The second person then tells whether or not the same thing takes place in the United States ("Stores are closed from 2:00 to 4:00.") The second person makes another statement about the *siesta* and the third tells whether or not this is true in the United States. Each person must say at least one thing about the *siesta*.

Estructura

La acentuación

You may sometimes wonder where to place the stress on Spanish words. By following these simple rules, you can be sure that you are placing the proper stress on any Spanish word:

- If a word in Spanish ends in *a, e, i, o, u, n,* or *s,* pronounce it with the main stress on the next to last syllable. Most Spanish words are of this type and no written accent mark is necessary.

    *ca*sa   cu*chi*llo   *dien*te   *ha*blan   co*me*mos

- If a Spanish word ends with a consonant (except *n* or *s*), main stress is on the last syllable. No written accent mark is necessary.

    pa*pel*   ciu*dad*   escri*bir*   ac*triz*

- Words in Spanish that are not stressed according to these rules must have a written accent mark.

    *lá*piz   a*zú*car   nata*ción*   me*nú*   ves*tí*bulo   inte*rés*

There are also a few pairs of words in Spanish that are pronounced identically, but that have different meanings. In these cases a written accent mark is used to distinguish between the two words.

sí / *si*   *cómo* / *como*   *dé* / *de*   *dónde* / *donde*   *sólo* / *solo*

1. **¿Con o sin acento? Copia las siguientes palabras en otra hoja. Luego, pon el acento escrito si lo necesitan.**

    Modelo: lapiz
    lápiz

    1. ciudad
    2. fotografo
    3. jovenes
    4. condicion
    5. bicicleta
    6. dependiente
    7. medica
    8. millon
    9. arboles
    10. lecciones

Los pronombres directos

The pronouns used as the direct object of a verb in Spanish are shown here for review.

los pronombres directos	
me	me
te	you (*tú*)
lo	him, it, you (*Ud.*)
la	her, it, you (*Ud.*)
nos	us
os	you (*vosotros, -as*)
los	them, you (*Uds.*)
las	them, you (*Uds.*)

You will recall that these words are generally placed before the verb.

Mario nos invita mucho a su casa.	Mario invites us to his house a lot.
Yo te veo.	I see you.

2. Una respuesta, por favor. Contesta estas preguntas cambiando el objeto a un pronombre.

    Modelo: ¿Lees este libro?
              Sí, lo leo. / No, no lo leo.

1. ¿Tienes los papeles?

2. ¿Estudias español?

3. ¿Traes el dinero?

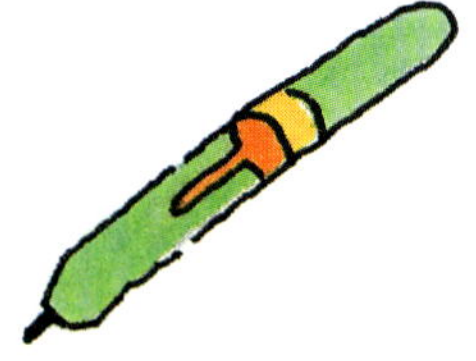

4. ¿Buscas esta pluma?

5. ¿Sabes las respuestas?

6. ¿Quieres estas corbatas?

Los pronombres indirectos

The indirect object pronouns in Spanish are very similar to the direct object pronouns.

<table>
<tr><td colspan="2">los pronombres indirectos</td></tr>
<tr><td>me</td><td>to me, for me</td></tr>
<tr><td>te</td><td>to you, for you (tú)</td></tr>
<tr><td>le</td><td>to him, for him,
to her, for her,
to it, for it,
to you, for you (Ud.)</td></tr>
<tr><td>nos</td><td>to us, for us</td></tr>
<tr><td>os</td><td>to you, for you (vosotros, -as)</td></tr>
<tr><td>les</td><td>to you, for you (Uds.),
to them, for them</td></tr>
</table>

Like the direct object pronouns, the indirect object pronouns are usually placed before the verb.

Les doy el dinero.

I give the money **to them**. (I give them the money.)

3. ¡Qué problema! Estas personas no prestan (*pay*) atención. Usando las palabras que se dan, di quién no le presta atención a quién.

> **Modelo:** Marta / al profesor
> Marta no le hace caso.

1. mi amigo / a su papá
2. los niños / a nosotros
3. el médico / a la enfermera
4. nosotros / a la bibliotecaria
5. Uds. / a sus primos
6. yo / a ese señor
7. tú / a mí

If a sentence contains both a direct and an indirect object pronoun, the indirect object pronoun comes first in Spanish. When both of these pronouns begin with the letter *l*, the first changes to *se*. Add *a Ud., a él, a ella, a Uds., a ellos* or *a ellas* if they are needed to make the meaning of the sentence clear.

Mario me lo dijo. Mario said it to me.
*Pedro **se** los da (**a ella**).* Pedro gives them **to her**.
*Pedro **se** los da (**a Uds.**).* Pedro gives them **to you**.

4. ¿Me dices la verdad? Contesta estas preguntas con un pronombre directo y un pronombre indirecto.

> **Modelo:** ¿Me dices la verdad?
> Sí, te la digo. / No, no te la digo.

1. ¿Le escribes la carta a Luis?
2. ¿Lees el periódico a los niños?
3. ¿Nos das el dinero ahora?
4. ¿Te traen el café ahora?
5. ¿Te debo el dinero?
6. ¿Me dejas todas estas cosas?
7. ¿Te da mucha tarea la profesora?

Los pronombres con mandatos

When used with affirmative commands, object pronouns follow the verb and are attached to it. You will often have to add a written accent mark to show that the main stress remains the same as for the original verb.

Escríbeme, por favor. **Write me**, please.
Llévalos a tus papás. **Take them** to your parents.
Dímelo ahora. **Tell it** to me now.

but:

> *Dime* la verdad.   **Tell me** the truth.

5. ¿Qué hago? Enrique quiere saber si debe hacer estas cosas. Usando mandatos familiares, dile que sí.

> **Modelo:** ¿Compro el carro?
> Sí, cómpralo.

1. ¿Escribo la carta?
2. ¿Termino el trabajo?
3. ¿Uso los platos nuevos?
4. ¿Marco el número?
5. ¿Toco la guitarra?
6. ¿Olvido las preguntas?

6. ¿Y Ud., Sr. Martínez? El señor Martínez trabaja con una fábrica (*company*) de productos para la casa. No puede decidir qué hacer con un producto nuevo. Usando mandatos formales, ayudalo.

> **Modelo:** ¿Se lo voy a vender a él?
> Sí, señor. Véndaselo.

1. ¿Se lo voy a dar a Ud.?
2. ¿Se lo voy a regalar a ellos?
3. ¿Se lo voy a enseñar a ella?
4. ¿Se lo voy a dedicar a Uds.?
5. ¿Se lo voy a presentar a ellas?
6. ¿Se lo voy a traer a él?

El mandato negativo

When a command is negative, the object pronouns precede the verb.

*No **me** hables ahora.* — Don't talk **to me** now.
*No **nos lo** traiga Ud.* — Don't bring **it to us**.

7. **Por favor, no. Tu amigo les da órdenes a todos, pero tú no estás de acuerdo. Usando mandatos negativos, diles que no deben hacer estas cosas.**

   Modelo: Ponlo aquí, Jorge.
   No lo pongas aquí, Jorge.

   1. Ciérralo ahora, Celia.
   2. Señora, marque el número.
   3. Amigos, lean la revista.
   4. Luis, háblale en inglés.
   5. Pepita, ¡dánoslo!
   6. Señor, dígaselo a ellos.
   7. Escríbanos una tarjeta.

La *a* personal

The *a personal* precedes direct objects that refer to specific people, except after the verb *tener*, which usually does not require an *a personal*.

*Veo **a** mi amigo.* — I see my friend.
*¿No conoces **a** Marta?* — Don't you know Marta?
Tengo dos amigos en mi clase. — I have two friends in my class.

8. **¿Adónde van? Di qué o a quién visitan estas personas.**

   Modelo: mi mamá / su hermana
   Mi mamá visita a su hermana.

   Modelo: ¿nosotros / la Casa Rosada en Buenos Aires?
   ¿Visitamos nosotros la Casa Rosada en Buenos Aires?

1. Felipe / su novia
2. los turistas / el museo
3. ¿tú / tus primos?
4. los cocineros / el restaurante
5. nosotros / Puerto Rico
6. yo / los estudiantes extranjeros
7. mi profesora de español / España
8. Emilia / el Sr. Fernández

Lo con adjetivo o adverbio

You have already used the word *lo* as a direct object meaning "him," "it," or "you." *Lo* can also be used with an adjective or adverb to mean "what" or "how."

Lo bueno es que estamos avanzando.	The good thing (What is good) is that we're advancing.
Tú sabes lo pobres que son.	You know how poor they are.
¿No ven Uds. lo alta que es?	Don't you see how tall she is?
¡Oiga lo bien que habla!	Hear how well he speaks!

Note that the adjective may change, but the *lo* remains the same in each example.

9. **Tú sabes. Usando la palabra *lo* con un adjetivo, di que sabes que estas cosas son verdad.**

   Modelo: Son buenos.
   Yo sé lo buenos que son.

1. Cecilia es inteligente.
2. Tus tíos son generosos.
3. Ese chico es alto.
4. La señora es joven.
5. Anastasia está cansada.
6. Tus amigos son felices.
7. Jorge trabaja mucho.

El participio presente

In English, the present participle is a verb form that ends in *-ing*. The Spanish present participle is formed by replacing the infinitive ending with *-ando* for *-ar* verbs or *-iendo* for *-er* and *-ir* verbs.

hablar	*hablando* (speaking)
comer	*comiendo* (eating)
vivir	*viviendo* (living)

The present participle always ends in *o*. Sometimes its meaning is "while . . .-ing" or "by . . .-ing."

Caminando por el parque, admiro las flores.	**While walking** through the park, I admire the flowers.
Allá está ella, hablando con tu prima.	There she is, **talking** with your cousin.
Tomando el tren, llegan en treinta minutos.	**By taking** the train, you'll arrive in thirty minutes.

El presente progresivo

An important use of the present participle is to form the progressive tenses. The present progressive is simply a combination of the present tense of the verb *estar* and a present participle.

hablar	comer	escribir
estoy hablando	estoy comiendo	estoy escribiendo
estás hablando	estás comiendo	estás escribiendo
está hablando	está comiendo	está escribiendo
estamos hablando	estamos comiendo	estamos escribiendo
estáis hablando	estáis comiendo	estáis escribiendo
están hablando	están comiendo	están escribiendo

The present progressive is used less in Spanish than in English because it is only used to indicate what is actually going on at the moment someone is speaking.

Estoy comiendo.	I'm eating (right now.)
Están estudiando.	They're studying (right now).

10. **Más tarde, no ... ahora.** Ricardo pregunta si estas cosas van a ocurrir más tarde. Dile que no, que están ocurriendo ahora mismo.

> **Modelo:** ¿Julián trabaja esta noche?
> No, está trabajando ahora.

1. ¿Comen tus papás en el restaurante esta noche?
2. ¿Canta el coro mañana?
3. ¿Escribes los artículos a las tres?
4. ¿Estudia María las palabras más tarde?
5. ¿Abren la tienda en enero?
6. ¿Compra tu mamá la comida esta tarde?
7. ¿Estudian Uds. las lecciones esta noche?
8. ¿Trabaja Ud. en la oficina el miércoles?

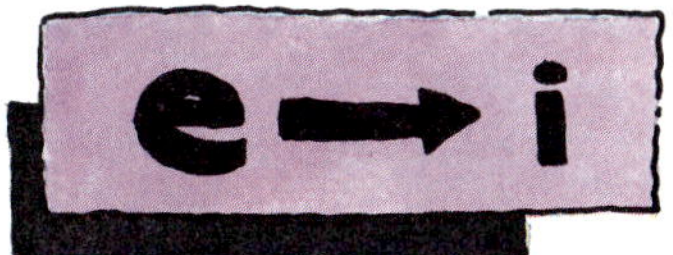

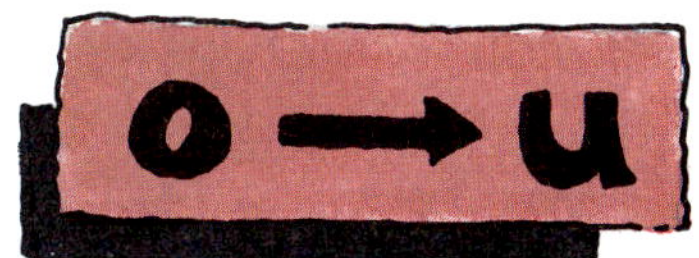

The present participle of *-ir* stem-changing verbs undergoes the second stem change shown in parentheses:

*dormir (ue, **u**)*	*durmiendo*	*sleeping*
*sentir (ie, **i**)*	*sintiendo*	*feeling*
*pedir (i, **i**)*	*pidiendo*	*requesting*

Some frequently-used verbs haver irregular present participles.

decir	di**c**iendo	*telling*
venir	v**i**niendo	*coming*
leer	le**y**endo	*reading*
traer	tra**y**endo	*bringing*
ir	**y**endo	*going*
oír	o**y**endo	*hearing*
poder	p**u**diendo	*being able*

11. **Cambia el verbo al presente progresivo para indicar que está pasando en este momento.**

> **Modelo:** Mi hermano duerme en el segundo piso.
> Mi hermano está durmiendo en el segundo piso.

1. Ellos dicen la verdad.
2. Traigo los refrescos.
3. Mi hermana lee otro libro.
4. No vienen en taxi.
5. Silvia sirve a los clientes.
6. La clase repite las palabras.

Lectura

El día del santo°

¿Cómo te llamas? ¿Sabes quién es tu santo patrón o tu santa patrona? ¿Sabes qué día del año es el día de tu santo?

Si te llamas Pablo o Paula, tu santo patrón es San° Pablo, y el día de tu santo es el quince de enero. Si te llamas Bárbara, tu santa patrona es Santa Bárbara y el día de tu santo es el cuatro de diciembre.   *Saint*

¿Cómo lo sabemos? Los calendarios hispanos llevan el nombre de algún santo en casi todos los días del año. Muchos hispanos reciben su nombre en honor de un santo, y para ellos el día de este santo es muy especial. En algunas familias se celebra el día del santo con una fiesta muy semejante° a la del cumpleaños, y la persona recibe regalos.° Otras veces la celebración del santo es más importante que la del mismo cumpleaños, pero eso depende de la familia.   *similar* *gifts*

A veces la fecha de nacimiento° determina el nombre de la persona. Por ejemplo, el veinte y cinco de agosto es el día de San Luis. Así,° muchos niños que nacen° en esta fecha se llaman Luis o Luisa. En este caso el cumpleaños es el mismo día que el día del santo.   *date of birth* *so/are born*

Preguntas

1. ¿Quién es el santo patrón de Pablo y Paula?
2. Si Santa Bárbara es la santa patrona de una persona, ¿cuál es la fecha del día de su santo?
3. ¿Cómo se celebra el día del santo en algunas familias?
4. ¿Qué determina el nombre de una persona algunas veces?
5. ¿Cuál fecha es el día de San Luis?
6. ¿Sabes cuál es el día de tu santo?

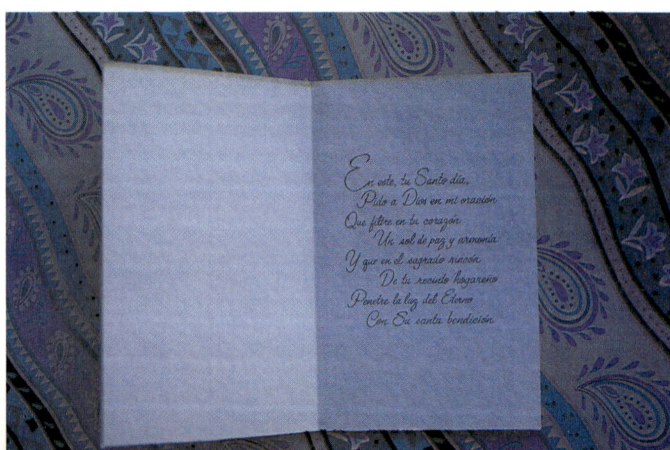

Una tarjeta para el día del santo.

Vocabulario

abierto, -a open
alto stop
automático, -a automatic
avanzar to advance, to go forward
el **baúl** trunk
calmarse to calm down
¡caray! darn it!
caso: hacer caso a to pay attention to
la **causa** cause
  a causa de because of
cerrar (ie) to close
el **claxon** horn (automobile)
comenzar (ie) to begin
consistir (en) to consist (of)
continuar to continue
la **contaminación ambiental** air pollution
cubierto, -a (de) covered (with)

la **curva** curve
desierto, -a deserted
despacio slow(ly)
el **embotellamiento** bottle-neck, traffic jam
entre between, among
el **escaparate** show window (of a store)
el **faro** headlight (automobile)
el **freno** brake
el **guardabarros** fender (of a car)
hispánico, -a Hispanic
el **kilómetro** kilometer
el **limpiaparabrisas** windshield wiper
la **llanta** tire
mantener (like tener) to maintain
manual manual
máximo, -a maximum
metálico, -a metallic

morirse (ue, u) to die
el **parabrisas** windshield
el **paso** step, pass
peor worse, worst
poco a poco little by little
la **policía** police force; policewoman
el **policía** policeman
la **portezuela** door (of a car)
la **región** region
la **rueda** wheel
la **señal** sign, signal
la **siesta** afternoon hours for going home to eat and rest
el **tráfico** traffic
la **transmisión** transmission
el **vehículo** vehicle
la **velocidad** speed
el **volante** steering wheel

En una fiesta

CRISTINA: Yo no sabía que ibas a venir a la fiesta.

MARILU: Vine con mi hermano. Mi primo, Julio, nos invitó.

CRISTINA: Ah, por eso. ¡Qué buena está la música, ¿verdad?

MARILU: ¡Fantástica! ¿Ya probaste° los entremeses?°   *tried/appetizers*

CRISTINA: Todavía no.° Estaba bailando° con Mario. Baila   *not yet/dancing*
requetebien.°   *very well*

MARILU: Sí, bailé con él en la quinceañera° de Patricia la   *fifteenth birthday*
semana pasada.°   *party/last*

CRISTINA: ¡Mira! ¿Ves a Carlos y Lucía? ¡Qué pareja° más   *couple*
simpática!

MARILU: Perdóname un momentito, Cristina. Quiero
saludar° a mis tíos.   *greet*

CRISTINA: Bueno. Te platico° más tarde. Entretanto,   *chat*
guárdame° un bocadillo.°   *save me/sandwich*

Preguntas

1. ¿Dónde están Cristina y Marilú?
2. ¿Con quién vino Marilú?
3. ¿Quién es Julio?
4. ¿Qué hay de comer en la fiesta?
5. ¿Cómo sabe Marilú que Mario baila bien?
6. ¿Qué quiere hacer Marilú?

Notas culturales

The *fiesta de los quince años*, or fifteenth birthday party, is known as *la quinceañera* in Mexico.

Many social activities in Hispanic countries, including parties for young people, take place in private homes. Since casual acquaintances are seldom invited to private homes in Spanish-speaking countries, guests are often close friends and family members.

Cousins, uncles, aunts and grandparents are frequently invited to parties and social gatherings in many Hispanic countries. The feeling of family is very strong, and relatives who live nearby are commonly included.

Re- and *requete-* can be used before adjectives or adverbs in informal conversation to mean "very": *rebien, requetebien.*

Cultura viva

The Hispanic family

Are families closer in the United States than in other parts of the world? What is family life like in Spanish-speaking countries? Are there important differences between families in the United States and elsewhere? Here are the observations of some foreign exchange students about Hispanic family life.

Lucía (Uruguay): In general, I think our families are very close. Teenagers in Uruguay don't have part-time jobs and they spend more time at home. We have to study more because our classes are more difficult. Also, we carry many subjects — about ten or twelve — and many schools have end-of-the-year exams that we have to pass in order to continue in school.

Una familia en Reñaca, Chile.

Our parents want us at home more, too, and this is especially true of girls. But even boys are less free to go out on school nights. Most of my friends don't have their own cars, so we can't travel around as much as teenagers in the United States.

Susana (Argentina): Argentine social life is different, too. Going out on dates isn't nearly so common as it is in the United States because our parents don't approve and because it's just not the custom. Of course we have boyfriends and girlfriends, but larger mixed groups of friends are common at movies and parties. We get together at someone's home and we sing, dance and eat. Our parents are home, of course, but they don't interfere with our fun. When we go to the movies, we usually go in the afternoon or early evening. We eat dinner late in my country, so we get home from our dates in time to eat with the family.

Jorge (Chile): That's right. Another difference is that our schools have very few extra-curricular activities. For us, school is a place to study and learn and prepare for going to the university. There are some athletic competitors between schools, but they aren't big events like football, basketball and hockey games here.

I've also noticed that you invite lots of people to your houses. In Chile we guard our privacy and only invite relatives or very close friends to our homes. Because of this, we often meet friends at cafés and restaurants. I think you're much more open about having people come to your house than we are.

Pilar (Spain): Another thing I've noticed is that we seem to talk much more than you. I don't mean just idle chatter. For us, conversation is an art. From a very young age we sit around the table with our family and talk about our activities and what's going on in the world. We consider conversation very important.

Simón (Puerto Rico): I think that the family is more important to us, or maybe it's just that we spend more time with our family — I mean aunts, uncles and cousins as well as parents, brothers and sisters. Our birthday and saint's day parties are shared with all relatives who live nearby, and the *fiesta de los quince años*, or ''coming-out-party'' is a big family occasion. We invite close friends, too, but family first.

Simón. (Puerto Rico)

Jorge. (Chile)

In fact, when children are young, every Sunday is family day, and the entire family does things together all day long: We go to the park, a movie, for a walk or ride, or on a picnic — anything, as long as the whole family can take part.

Carmen (Mexico): I think all of this is important, but nobody has mentioned something that I noticed right away. For us, it seems odd that a woman has to change her name when she marries. I know that some women are keeping their own names now, but most go by their husband's name. We've always kept our own name, even after marriage.

Let me explain what I mean. My name is Carmen Peña. If I marry Felipe Rosas, my name is then Carmen Peña de Rosas, so I'm still Carmen Peña. Our children keep my family name as part of theirs. My daughter, Cecilia, would be called Cecilia Rosas Peña. Then, let's imagine that she marries Jaime Rodríguez. Her full name would be Cecilia Rosas Peña de Rodríquez. In very traditional families, people can have a whole list of names, but we frequently use only the names of our father and mother. Sometimes I have problems with this in the United States because people don't know which name is my family name, and documents like driver's licenses often list the wrong last name.

Ramón (Colombia): I've noticed something we have in common: We like the same kind of music and dances that you do. In fact, music and musical groups from the United States are very popular in my country. Sometimes the songs are translated into Spanish, but often we like to hear the words in English. It gives us some practice in your language, and learning English is very important for us — especially in the world of business. There are many differences among us, but there are similarities, too. And I know, at least for me, I would never have learned as much about life outside of Colombia if I hadn't had the opportunity to live here and share daily experiences with you. I guess that's the whole thing: To learn what other people are like, you have to speak their language and live among them so that you become a part of their culture. It's a great experience, and now it's your turn to come live with us.

Estudiantes de la Universidad Javieriana. (Colombia)

Extensión

- **¿Qué es la fiesta de los quince años?**
La fiesta de los quince años (la quinceañera en México) es un acontecimiento° muy importante en la vida° de la chica hispánica. A la edad° de quince años las chicas entran en el mundo° social, y muchas veces hay una gran celebración.

happening/life
age
world

- **¿Cómo es la fiesta?**
Generalmente es una fiesta a la que están invitados un gran número de parientes y amigos.

La fiesta de los quince años es un acontecimiento muy importante.

- **¿Qué pasa en la fiesta?**

La muchacha° se presenta con un vestido largo de color *girl*
blanco o algún tono pastel. Se sirven entremeses, golosinas,° *sweets*
refrescos y bebidas especiales. Un conjunto° o una orquesta *musical group*
toca música para bailar.

- **¿Qué más?**

La chica recibe muchos regalos° y tarjetas.° Naturalmente *gifts/cards*
hay fotógrafos, y ella hace un álbum con las fotografías para
recordar° la ocasión. Los periódicos publican° fotos de estas *remember/publish*
fiestas en la página° social. La fiesta de los quince años es *page*
un suceso° que todos esperan con mucho entusiasmo. *event*

En la fiesta

el bocadillo

el juego

el pastel

la conversación

el chisme

el chiste

Para expresar tiempo

anteayer	day before yesterday
ayer	yesterday
anoche	last night
hoy	today
mañana	tomorrow
mañana por la mañana	tomorrow morning
mañana por la tarde	tomorrow afternoon / evening
mañana por la noche	tomorrow night
pasado mañana	day after tomorrow
la semana pasada	last week

la semana que viene	next week
a eso de las dos	at about two o'clock
el lunes (los lunes)	on Monday (on Mondays)
el lunes por la mañana	Monday morning
el lunes por la tarde	Monday afternoon / evening
el lunes por la noche	Monday evening / night

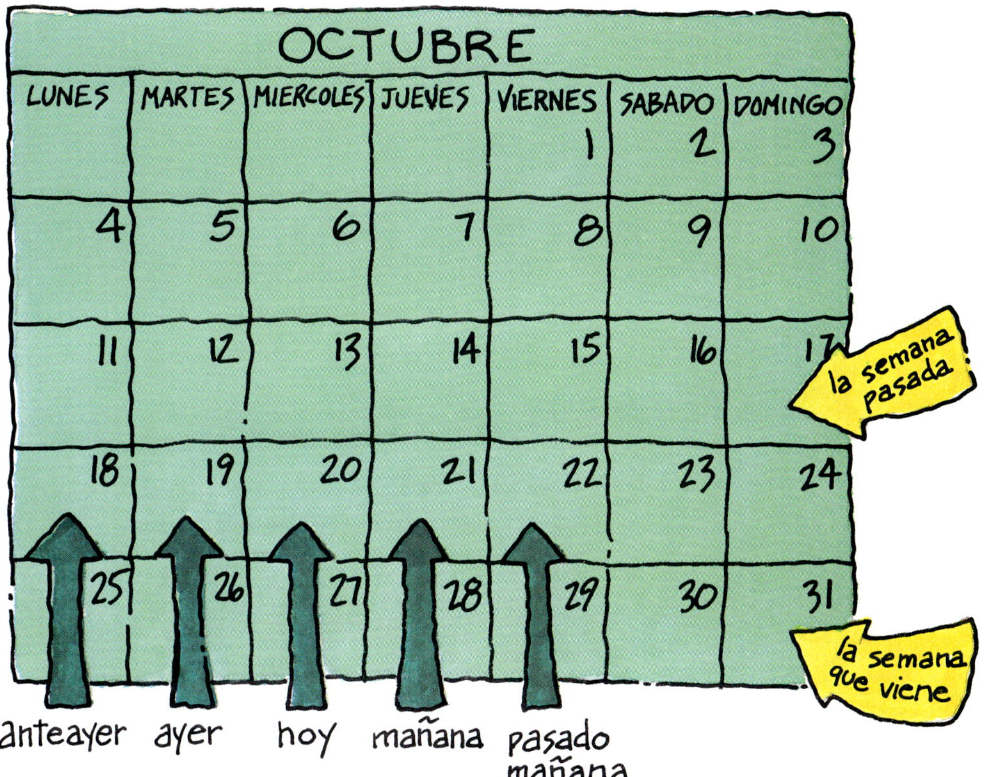

Práctica

En parejas:

A. With your partner, discuss what takes place at parties you attend. Talk about the music (live or recorded), the food, the activities (conversations, dancing, eating), where the parties are held, who attends, and so on. Question each other so that you both obtain information.

B. Tell a classmate at least four things you did yesterday or last night. Then have your partner tell you at least four different things that she or he did. (Remember to use the preterite for simple past actions.)

C. Name at least five things you used to do in school each day last year and ask if your partner also did them. Then switch roles. Because you are talking about repeated or customary past actions, use the imperfect tense introduced in this lesson.

D. With your partner, discuss how your family celebrates birthdays. Tell whom you invite, when the parties usually take place, what foods are served and what gifts are given.

E. Prepare an original dialog in which you discuss a birthday party you have attended or are going to attend. Include such things as how many people were or will be there, location of the party, food, gifts and entertainment.

En grupos:

F. The first student tells when her or his birthday is and asks when the next person's birthday is and how old she or he is. The second person answers and then asks the third and so on.

G. Each person tells the group one or two things she or he hopes to receive as a birthday gift. Be specific as to color and other details as well.

Estructura

El pretérito

The preterite tense is used to state a simple, definite action in the past, such as "I spoke" or "I ate." Note that regular *-er* and *-ir* verbs use the same set of endings in the preterite.

hablar	comer	vivir
hablé	comí	viví
hablaste	comiste	viviste
habló	comió	vivió
hablamos	comimos	vivimos
hablasteis	comisteis	vivisteis
hablaron	comieron	vivieron

Look at these examples:

Hablé con mi mamá.　　I talked with my mother.
¿Dónde comiste?　　Where did you eat?
Vivieron en el sur.　　They lived in the South.

El pretérito de los verbos ortográficos en *-car*, *-gar* y *-zar*

Verbs ending in *-car*, *-gar*, and *-zar* change their spelling in the first form of the preterite to preserve the original sound of the infinitive.

llegar	yo llegué (*g → gu*)
buscar	yo busqué (*c → qu*)
empezar	yo empecé (*z → c*)

¡Feliz cumpleaños!

1. Una corta historia. Ayuda a tu amigo Roberto a contar qué pasó en su cumpleaños, cambiando los infinitivos por la forma correcta del pretérito.

Hoy mi familia *celebrar* mi cumpleaños. Mis hermanos y mi mamá *preparar* la fiesta. Ellos *invitar* a muchos de mis amigos, quienes *llegar* a eso de las seis de la tarde. Yo los *saludar* a la puerta. Varios de ellos *conocer* a mis papás por primera vez. Nosotros *tocar* discos y *bailar*. Después *comer* y tomamos refrescos. Todos *probar* los entremeses y los bocadillos que mi mamá *preparar*. Yo *recibir* y *abrir* muchos regalos y tarjetas durante la fiesta. A las ocho, la fiesta *terminar* y mis amigos *regresar* a sus casas.

Verbos irregulares en el pretérito

Some verbs are irregular in the preterite tense.

infinitivo	yo	tú	Ud. él ella	nosotros, -as	vosotros, -as	Uds. ellos ellas
ser (*to be*)	fui	fuiste	fue	fuimos	fuisteis	fueron
ir (*to go*)	fui	fuiste	fue	fuimos	fuisteis	fueron
oír (*to hear*)	oí	oíste	oyó	oímos	oísteis	oyeron
leer (*to read*)	leí	leíste	leyó	leímos	leísteis	leyeron
dar (*to give*)	di	diste	dio	dimos	disteis	dieron
ver (*to see*)	vi	viste	vio	vimos	visteis	vieron

The verbs *ser* and *ir* have identical forms in the preterite. The verb *ver* is irregular only because it does not use accent marks.

2. El día de la quinceañera. El domingo pasado tu amiga Mónica asistió a la fiesta de los quince años de su prima Constanza. Di cinco cosas que ella hizo ese día.

> **Modelo:** *Salir* de la fiesta a las once.
> Salió de la fiesta a las once.

1. *Leer* el periódico antes de ir a la fiesta.
2. *Ver* un artículo sobre la quinceañera de Constanza Martín.
3. *Ir* en carro con su familia a la fiesta.
4. *Oír* la música en la fiesta.
5. *Dar* un regalo a Constanza.

Otros verbos irregulares en el pretérito

A number of Spanish verbs use a different set of endings to form the preterite tense.

infinitivo	yo	tú	Ud. él ella	nosotros, -as	vosotros, -as	Uds. ellos ellas
andar (*to walk*)	anduve	anduviste	anduvo	anduvimos	anduvisteis	anduvieron
caber (*to fit into*)	cupe	cupiste	cupo	cupimos	cupisteis	cupieron
decir (*to say*)	dije	dijiste	dijo	dijimos	dijisteis	dijeron
hacer (*to make*)	hice	hiciste	hizo	hicimos	hicisteis	hicieron
poder (*to be able*)	pude	pudiste	pudo	pudimos	pudisteis	pudieron
poner (*to put*)	puse	pusiste	puso	pusimos	pusisteis	pusieron
querer (*to want*)	quise	quisiste	quiso	quisimos	quisisteis	quisieron
saber (*to know*)	supe	supiste	supo	supimos	supisteis	supieron
tener (*to have*)	tuve	tuviste	tuvo	tuvimos	tuvisteis	tuvieron
traer (*to bring*)	traje	trajiste	trajo	trajimos	trajisteis	trajeron
venir (*to come*)	vine	viniste	vino	vinimos	vinisteis	vinieron

Notice that the last ending is only *-eron* when the stem of the verb ends with the letter *j* (*decir* and *traer*). The preterite of *saber* often means "I found out" and the preterite of *querer* may mean "I tried" (affirmative) or "I refused" (negative).

3. Unas respuestas, por favor. Contesta estas preguntas usando las palabras entre paréntesis.

> **Modelo:** ¿Cómo viniste a la escuela? (a pie)
> Vine a la escuela a pie.

1. ¿Por dónde anduviste ayer? (por el parque)

2. ¿Qué le dijiste hoy a tu profesor de
   español? (buenos días)

3. ¿Qué hiciste hoy en tu primera clase?
   (nada)

4. ¿Pudiste terminar todas tus lecciones para
   hoy? (no)

5. ¿Quién puso la mesa anoche para la cena?
   (yo)

6. ¿Tuviste hoy tarea para la clase de
   español? (sí, mucha)

7. ¿Trajiste hoy tu libro de español a clase?
   (sí)

El pretérito de los verbos de cambio radical

Stem-changing verbs that end in *-ar* and *-er* have no stem change in the preterite
tense. Stem-changing verbs ending in *-ir* use the second of the two changes shown
here in parentheses for the *él* and *ellos* forms.

infinitivo	yo	tú	Ud. él ella	nosotros, -as	vosotros, -as	Uds. ellos ellas
sentir (ie, **i**)	sentí	sentiste	sintió	sentimos	sentisteis	sintieron
dormir (ue, **u**)	dormí	dormiste	durmió	dormimos	dormisteis	durmieron
pedir (i, **i**)	pedí	pediste	pidió	pedimos	pedisteis	pidieron

4. **Un día en la vida de Ramón. Describe el día de ayer de Ramón Gutiérrez,
   cambiando los infinitivos por la forma correcta del pretérito.**

   Modelo: Ramón *desayunarse* a las seis y media.
   Ramón se desayunó a las seis y media.

1. Ramón *despertarse* a las seis y media.
2. Ramón *desayunarse* con su hermana.
3. Ramón *vestirse* para ir la escuela.
4. Ramón *despedirse* de sus papás.
5. Ramón *ir* a la escuela con sus amigos.
6. Ramón *empezar* el día con la clase de
   español.
7. Ramón *almorzar* con su novia.
8. Ramón *volver* a la casa a las tres.
9. Ramón *servir* la cena a las ocho.
10. Ramón *sentir* no tener tiempo para
    estudiar.

El imperfecto

Spanish has two past tenses. You have already learned the forms of the preterite tense, which is used for simple past actions. The other past tense is called the imperfect, and is one of the easiest tenses to learn.

To form the imperfect tense of any *-ar* verb, drop the *-ar* from the infinitive and add these endings: *-aba, -abas, -aba, -ábamos, -abais, -aban.* Notice that the *yo* and *él* forms are the same in the imperfect.

hablar	
hablaba	hablábamos
hablabas	hablabais
hablaba	hablaban

This tense may have several uses. *Hablaba* may mean "I was talking," "I used to talk" or something like "I often (or habitually) talked." To form the imperfect tense of all *-er* and *-ir* verbs, except *ser, ir* and *ver,* drop the *-er* or *-ir* from the infinitive and add the endings *-ía, -ías, -ía, -íamos, -íais* and *-ían.*

comer	vivir
comía	vivía
comías	vivías
comía	vivía
comíamos	vivíamos
comíais	vivíais
comían	vivían

El uso del imperfecto

Although the imperfect often means "I was . . .-ing" or "I used to . . .," it is best to learn the three circumstances in which it is used, rather than depend on any particular translation.

- repeated past action

Comía muchas veces allí.	I ate there often.
Nos visitaban todos los días.	They used to visit us every day.

- past action that was in progress (that was going on)

Comíamos a esa hora.	We were eating at that time.
Miraba la televisión cuando . . .	I was watching TV when . . .

- description or background information in the past

Ese verano yo tenía doce años.	I was twelve years old that summer.
Era alta y atractiva.	She was tall and attractive.
Esa semana hacía mucho frío.	It was very cold that week.

5. ¿Qué hacían? Pregunta a las personas indicadas si hacían las cosas indicadas el año pasado.

> **Modelo:** hablar mucho con tu amigo argentino (tú)
> ¿Hablabas tú mucho con tu amigo argentino?

1. comer en la escuela (tú)

2. hablar mucho por teléfono (tu amiga)

3. vivir en Costa Rica (el presidente)

4. estudiar español (tus amigos)

5. desayunarse (Uds.)

6. servir postres en la cafetería (ellos)

7. mirar la televisión cuando estudiar (tú)

8. tener que estudiar mucho (ella)

El imperfecto de *ser*, *ir* y *ver*

Only three verbs in Spanish are irregular in the imperfect: *ser*, *ir* and *ver*.

ser	ir	ver
era	iba	veía
eras	ibas	veías
era	iba	veía
éramos	íbamos	veíamos
erais	ibais	veíais
eran	iban	veían

6. **Usa las palabras en el orden dado (*given*) para formar una frase completa en español, poniendo el verbo en el tiempo imperfecto. Puedes cambiar formas y añadir (*add*) palabras.**

> **Modelo:** ellos / me / ver / camión
> Me veían en el camión.

1. película / ser / divertido
2. clase / español / ser / interesante /
   porque / profesor / ser / inteligente
3. mi / amigo / ser / alto / guapo
4. nosotros / ir / mercado / carro / Julián
5. yo / ir / centro / lunes / mañana
6. ellos / ir / tienda / ropa / viernes
7. Marta / ver / Pedro / todo / mañanas

7. Un día hermoso. Cambia esta historia al pasado, usando el imperfecto.

Es un día hermoso. *Hace* buen tiempo. El cielo
está azul. *Hace* calor y un poco de viento. Mis
amigos y yo *vamos* a la playa a nadar y a
bucear. *Queremos* tomar el sol y divertirnos.
Es lindo pasar así la tarde.

8. ¿Imperfecto o pretérito? En la historia que sigue, pon el verbo en la forma correcta del imperfecto o del pretérito según la idea que se expresa.

Todos los días yo *ir* al trabajo en autobús,
pero el lunes pasado yo *ir* con un amigo en su
coche. Nosotros *ir* al centro en sólo veinte
minutos y yo *llegar* a la oficina antes de las
ocho.

El gerente de la oficina no *estar* durante
toda la semana pasada y nos divertimos
mucho porque no *tener* que trabajar mucho.
El viernes, después del trabajo, mis amigos
de la oficina y yo *ir* a comer en un restaurante
y luego *ver* una película que *ser* divertida,
pero *ser* muy larga y yo no *regresar* a casa
hasta las once y media. Cuando yo *entrar* en
la casa, mis padres *mirar* la televisión y yo les
platicar un poco antes de acostarme. Yo
acostarme muy pronto y *dormirme* en dos o tres
minutos.

Los adjectivos demostrativos

Demonstrative adjectives are words that point out something: this, that, these, and
those. Use the group of demonstrative adjectives that includes *este* to refer to what

is near the speaker. Forms of the word *ese* refer to what is relatively close to the person spoken to. Forms of the word *aquel* refer to what is relatively far away from the speaker.

este libro (aquí)	*this* book	**esta** casa (aquí)	*this* house
estos libros (aquí)	*these* books	**estas** casas (aquí)	*these* houses
ese libro (allí)	*that* book	**esa** casa (allí)	*that* house
esos libros (allí)	*those* books	**esas** casas (allí)	*those* houses
aquel libro (allá)	*that* book (over there)	**aquella** casa (allá)	*that* house (over there)
aquellos libros (allá)	*those* books (over there)	**aquellas** casas (allá)	*those* houses (over there)

In addition to the masculine and feminine forms, these words also have a neutral form, used when the speaker does not name the object being discussed. These forms are *esto*, *eso* and *aquello*.

¿Qué es esto?	What is this?
¿Qué es eso?	What is that?
¿Qué es aquello?	What is that?
¿Cómo se dice esto?	How is this said?
¿Cómo se llama eso?	What is that called?

9. Yo quiero estas cosas. Di que tú quieres lo siguiente.

    Modelo: libro
        Quiero este libro.

1. pantalón

2. camisa

3. corbatas

4. zapatos

5. periódico

6. tarjetas

7. bocadillos

10. Yo voy allí. Usando una forma de la palabra *ese*, di que vas a los siguientes lugares.

    Modelo: hotel
           Voy a ese hotel.

1. restaurantes
2. escuela
3. edificios
4. mercado

5. casas
6. tiendas
7. lago

11. ¿Pero tú no lo ves? Usando una forma de la palabra *aquel*, pregúntale a tu amiga si no ve las siguientes cosas.

   Modelo: edificio
          ¿No ves aquel edificio?

1. casa
2. hotel
3. tableros
4. fotos
5. escuela
6. discos
7. coche

Lectura

Una familia hispana

Hay varias diferencias importantes entre la vida familiar° hispana y la norteamericana. Para ver cuáles son, vamos a visitar a una familia hispana más o menos típica.

   Rodolfo y Mercedes Andújar viven con su familia en una colonia° de la clase media° en la ciudad de Guadalajara, México. No son muy ricos ni tampoco muy pobres. Su familia consiste en tres hijos: Raúl, el mayor, tiene diez y siete años; sus hermanas Clara y Natalia tienen respectivamente quince y once años. Los tres hijos asisten a tres diferentes colegios de la ciudad.

   El señor Andújar es hombre de negocios, y tiene su oficina en el centro de la ciudad. La señora de Andújar cada mañana tiene una criada° quien le ayuda en los quehaceres° de la casa. Así, por la tarde tiene tiempo para ir a visitar a sus amigas o ir de compras.°

   A las dos de la tarde el Sr. Andújar sale de su oficina en el centro para ir a su casa para comer con su familia. Los tres hijos sólo tienen clases por la mañana y ellos también están en la casa para la comida. La comida se sirve a las dos y media y consiste en dos o tres platos principales. La criada sirve la comida.

family

section/middle

maid/chores

go shopping

Más o menos a las tres y media, el Sr. Andújar tiene
que salir otra vez para la oficina donde trabaja hasta las
ocho. Por la tarde los hijos estudian o pasan el tiempo con
sus amigos, pero tienen que regresar a la casa a las seis y
media o a las siete. A veces Raúl acompaña a sus hermanas
al cine, al parque o a la casa de algunos amigos, pero otras
veces juega al fútbol.

A las ocho y media o poco después, la familia se reúne°   *gets together*
en el comedor de la casa, donde la Sra. Andújar sirve una
cena ligera° que consiste en una sopa y un plato de carne   *light*
con legumbres. Después hay un postre. Durante la cena la
familia habla acerca del día y comparten° sus experiencias y   *share*
actividades del día. Se quedan hablando en la mesa de una
a dos horas porque la hora de la cena es exclusivamente
para la familia.

La comida se sirve a las dos y
media.

La familia es muy importante.

Durante los fines de semana, todos tienen actividades individuales, pero también hacen cosas con la familia. Algunos sábados por la noche la familia tiene fiesta en su casa o asiste a las fiestas de sus amigos. El domingo todos juntos van a la iglesia y después de la comida gozan de° una *enjoy* actividad en la que todos puedan° participar. Este es un día *can* familiar y todos los miembros de la familia se dedican exclusivamente a estar juntos. La vida familiar es muy importante para los hispanohablantes.

Preguntas

1. ¿Cuántos hijos tienen los Sres. Andújar?
2. ¿Cómo se llaman sus hijos? ¿Cuántos años tienen?
3. ¿A qué se dedica el Sr. Andújar?
4. ¿A qué se dedica la Sra. Andújar?
5. ¿Quién ayuda a la señora con los quehaceres de la casa?
6. ¿Adónde va el Sr. Andújar a las tres y media de la tarde?
7. ¿Qué hace la familia a las ocho y media?
8. ¿Qué hace la familia durante los fines de semana?

Vocabulario

el **acontecimiento** happening
a eso de at about (time)
el **álbum** album
anoche last night
anteayer day before yesterday
aquello that (neuter form of **aquel**)
bailar to dance
el **bocadillo** sandwich
la **celebración** celebration
el **color** color
el **conjunto** musical group
la **conversación** conversation
el **chisme** gossip
el **chiste** joke
divertirse (ie, i) to have a good time, to have fun
la **edad** age
la **emoción** emotion, excitement
el **entremés** appetizer
el **entusiasmo** enthusiasm

especial special
expresar to express
la **forma** form
generalmente generally
la **golosina** sweet, candy
guardar to keep
invitar to invite
el **juego** game, set
la **muchacha** girl
el **mundo** world
la **música** music
naturalmente naturally
la **ocasión** occasion
la **orquesta** orchestra
la **página** page
la **pareja** couple
pasado, -a past, last
pasado mañana day after tomorrow
pastel pastel (color)
el **pastel** cake, pastry

platicar to chat
probar (ue) to try, to prove, to taste
publicar to publish
que viene which is coming, next
la **quinceañera** party to celebrate a girl's fifteenth birthday (Mexico)
recordar (ue) to remember, to remind
el **regalo** gift
saludar to greet
la **sociedad** society
el **suceso** event
la **tarjeta** card
todavía still, yet
todavía no not yet
el **tono** tone
la **vida** life

B

A. Contesta cada pregunta, usando el pronombre indirecto indicado por la frase entre paréntesis.

> **Modelo:** ¿A quién hablas? (a Juan)
> Le hablo (a él).

1. ¿A quién haces caso? (a mi papá)
2. ¿A quién escribes? (a Clara)
3. ¿A quién lees? (a los chicos)
4. ¿A quién dices la verdad? (a mis amigos)
5. ¿A quién traes el libro? (a la bibliotecaria)
6. ¿A quién das el dinero? (a los pobres)
7. ¿A quién debes cincuenta pesos? (a mí)
8. ¿A quién llevas los refrescos? (a Uds.)

B. Con las palabras que se dan, forma frases completas. Luego, repite la frase cambiando el objeto directo por un pronombre.

> **Modelo:** Juan / conocer / Pedro y Luis
> Juan conoce a Pedro y a Luis. Juan los conoce.

1. Juan / ver / María
2. Luis / presentar / primos
3. Cintia / buscar / amigas
4. Arcelia / invitar / chicos

Me gusta hablar con mis amigos.

5. Tomás / llevar / hermanos menores /
   cine
6. Sara / entender / mis
   papás
7. Berta / saludar / las
   señoras

C. Usando la palabra entre paréntesis y dos pronombres, contesta cada pregunta.

    Modelo: ¿Quién le escribe la carta a Verónica? (el novio)
               El novio se la escribe.

1. ¿Quién te da el regalo? (Carlos)

2. ¿Quién me dice la dirección? (Blanca)

3. ¿Quién nos debe tanto dinero? (Tomás)

4. ¿Quién le trae la comida a Silvia? (Carlota)

5. ¿Quién les lleva los periódicos a los hombres? (el niño)

6. ¿Quién nos contesta la carta? (sus nietas)

D. Cambia el verbo al presente progresivo.

    Modelo: ¿Quién lee este libro?
               ¿Quién está leyendo este libro?

1. Desayuno ahora.
2. Estudiamos en casa de Patricia.
3. Mi hermano trabaja en su oficina.
4. El coro de la escuela canta en la televisión.
5. Mis tíos viajan por la América del Sur.
6. ¿Qué haces aquí?
7. Marta trae regalos para todos.
8. Tocamos los discos de Raúl.

E. Añade a cada frase el adjetivo demostrativo apropiado según las pistas.

aquí: este, esta, estos, estas
allí: ese, esa, esos, esas
allá: aquel, aquella, aquellos, aquellas

    Modelo: Quiero el libro. (allá)
                 Quiero aquel libro.

1. Veo el edificio alto. (allá)
2. Asisto a la escuela. (aquí)
3. Conozco a la muchacha. (allí)
4. Tomamos el autobús al centro. (aquí)
5. Recuerdo bien la recepción. (allá)
6. El hombre es un doctor famoso. (allí)
7. Mis abuelos viven en la ciudad. (allá)
8. No me gusta el tráfico. (aquí)

F. Usando el sujeto entre paréntesis, contesta las preguntas.

    Modelo: ¿Quién llegó tarde a su casa? (Pepe)
                 Pepe llegó tarde a su casa.

1. ¿Quién celebró su fiesta de los quince años? (Luisa Gómez)
2. ¿Quién fue a la playa? (Luis y yo)
3. ¿Quién visitó el museo en la capital? (la Sra. Peña)
4. ¿Quién saludó a tus papás? (mis amigos)
5. ¿Quién vivió en el sur durante dos años? (nosotros)
6. ¿Quién leyó este libro? (Silvia)

G. Cambia estas frases al pretérito.

    Modelo: Sé la verdad.
                Supe la verdad.

1. Tengo que trabajar por la noche.
2. Escuchamos los discos de José.
3. ¿No pueden Uds. ir a la fiesta?
4. Mi prima hace el trabajo sin ayuda.
5. Los turistas caminan de su hotel al mercado.
6. ¿Dónde pone Ud. las servilletas y el mantel?
7. Queremos asistir pero no tenemos tiempo.
8. ¿Qué le dices a tu profesora?

H. Di que estas cosas ocurren y que también ocurrieron ayer. Sigue el modelo.

> **Modelo:** Juan / despertarse / tarde
> Juan se despierta tarde. También se despertó tarde ayer.

1. María / dormirse / once
2. mis hermanos / despedirse de / mí
3. la mesera / servir / café / señores
4. yo / encontrar / amigos / biblioteca
5. ellos / volver / casa
6. Luis / pedir / huevos / restaurante
7. tú / almorzar / casa / Cristina
8. Carlos / dormirse / clase / inglés

I. Di cuándo hacías las siguientes cosas la semana pasada. Usa una de estas expresiones: *todas las mañanas, todas las tardes, todas las noches.*

> **Modelo:** bañarse
> Me bañaba todas las mañanas / tardes / noches.

1. desayunarse con huevos y tocino
2. asistir a la práctica
3. cenar con la familia
4. hablar con los amigos
5. aprender las palabras de la lección
6. lavarse las manos y la cara
7. dormir ocho horas
8. manejar el carro a la escuela
9. ver a los amigos en las clases
10. ir a las clases

J. Expresa en español.

1. You know how important the reception is for her.
2. She doesn't know what this is called in English.
3. Do they live in this house or that house over there?
4. I got up early this morning, at five-thirty.
5. He went to sleep at nine last night and he's still sleeping.

K. A nivel personal

1. With a partner, prepare a ten-line description of teenage gatherings that take place in your community, noting what the activities usually are, what foods are served, how many people attend and where the activities are held. Be as inclusive as possible so that a foreign visitor would have an accurate idea of what these occasions are like.

2. Prepare a speech or composition telling how your family life resembles or differs from Hispanic family life. Present the speech to your teacher or hand it in as a composition.

3. Make a list of the birthdays your family observes in a year. Include dates, names of persons celebrating their birthdays, ages of the persons, where the celebrations are held, what takes place at them.

4. In your own words, describe what happens during the afternoon in Hispanic countries. Make your description complete enough so that someone unfamiliar with this custom would understand what it is, when it takes place and how it affects life in these countries.

5. Make a list of five ideas about the *siesta*, telling what you like and don't like about this custom.

6. Tell four things you like and four things you dislike about family life in Spanish-speaking countries and in the United States.

7. Describe a social function you have attended in the past two years. Tell why it was held, who were there, what took place and whether or not you enjoyed it. Remember to use the preterite and imperfect tenses.

8. If you can find a calendar with saints' days printed on it, make a list of dates of the saints' days for common names in a specific month. If others in your class select different months, you can post a list of common saints' days for an entire year on the bulletin board.

9. Describe an automobile you have or would like to have, including such details as color, make (*la marca*), year, body style and accessories.

¿No te gusta aquel coche rojo?

5

En la feria

NATALIA:	Apuesto a que° no puedes dar° en el blanco.°	*bet/hit/target*
VICENTE:	A que sí.° Apunto° así y luego disparo.°	*bet 1 can/aim/shoot*
NATALIA:	¡Lo hiciste! ¡Diste en el centro del blanco!	
VICENTE:	¿No te dije que iba a ganar° un premio?°	*win/prize*
NATALIA:	Ahora tienes que escoger° algo.	*choose*
VICENTE:	¿Qué quieres? ¿Un animal de peluche?°	*stuffed*
NATALIA:	¡Ay, sí! ¡Ese perro° es precioso!° Lo voy a poner en mi tocador.	*dog/beautiful*
VICENTE:	Tómalo. Es tuyo.° Ahora te toca° a ti.	*yours/it's your turn*
NATALIA:	Sí, vamos a otro puesto.°	*stand*
VICENTE:	¡Allí! Vamos a tratar de romper° los globos° con dardos.°	*break/balloons* *darts*

Preguntas

1. ¿Dónde están Natalia y Vicente?
2. ¿Qué apuesta Natalia?
3. ¿Qué gana Vicente?
4. ¿Qué premio quiere Natalia?
5. ¿Dónde va a poner el perro Natalia?
6. ¿Adónde van Vicente y Natalia?

Notas culturales

The carnival that accompanies many religious events is an occasion for celebration and joy. Fireworks are an important part of these celebrations, and the displays are often lavish.

In Spanish, the first prize in the lottery is known as *el premio gordo.*

Although the verb *apostar* means "to bet," the expression "I'll bet (something happens)" is often simply *A que sí.* Likewise, "I'll bet (something doesn't happen)" is just *A que no.*

Although *tocar* usually means "to touch" or "to play (an instrument)" it is also used with an indirect object pronoun to translate "It's (someone's) turn." *Me toca* means "It's my turn." *Te toca* means "It's your turn." *Le toca* is "It's his (her, your) turn."

Extensión

Una celebración

los juegos de destreza	games of skill
los fuegos artificiales	fireworks
los juegos mecánicos	carnival rides
el desfile	parade
la procesión	procession
la alegría	joy
la solemnidad	solemnity
la reverencia	reverence
la estatua	statue
el castillo (construcción de fuegos artificiales)	castle (made of fireworks)
las danzas folklóricas	folk dances
los arcos de flores	arches of flowers
las carrozas	floats
las banderas	flags

Las personas . . .

marchan	march
rezan	pray
observan	watch
tiran de las corrozas	pull the floats
queman el castillo	burn the fireworks castle

Práctica

En parejas:

A. Make a list of six things you have to do this afternoon and evening. Using this list, ask if your partner has to do the same things. Alternate asking each other until both lists have been discussed.

B. Prepare a description of a carnival or fair you have both attended. Tell of the various activities and attractions, the prizes offered, where the carnival took place, who attended and when it was held.

C. Make a list of five or more things you do each morning to prepare yourself for going to school. Using this list, ask how long your partner takes to do each of these things. Your partner then uses her or his list to ask you how long you take to do the things she or he has outlined.

D. Prepare an original dialog (of at least ten lines) in which you are watching a parade for some civic event. Tell about the bands, the floats, the beauty queen (*la reina*) and the marchers. Give as complete a description as possible of the parade as it passes. Include comments about how attractive the floats are, what they represent, which ones you like best, the colors used in their decoration and so forth.

E. Ask how your partner's family celebrates the Christmas season. Include such things as shopping for presents, sending Christmas cards, house decorations, family customs, holiday meals and parties. Switch roles so that both of you have the chance to ask and answer questions.

En grupos:

F. The first person says a Spanish word that denotes something in the religious or the carnival part of a celebration in Hispanic countries. The next person must then tell whether this word belongs more logically in the *parte religiosa* or the *carnaval*. If everyone in the group agrees, a second student then continues the game by mentioning something else, and the next student says *parte religiosa* or *carnaval*, and so on. Continue until all have given at least one word.

G. The first person tells what happens first in a religious celebration in a Hispanic country. The next person continues with the next logical action, and each succeeding person continues to tell what happens until the entire celebration has been described. As an alternative to this exercise, the class as a whole can write a summary on the chalkboard of such a celebration. For this purpose, students go to the board one-by-one, and each writes one sentence to develop the complete description.

Estructura

Expresiones verbales

Five expressions that you have studied are shown here. Note that the verb in each case must correspond to the subject the speaker is using.

tener que + infinitive	to have to (do something)
acabar de + infinitive	to have just (done something)
ir a + infinitive	to be going to (do something)
tardar en + infinitive	to delay in (doing something)/to take a long time to (do something)
tratar de + infinitive	to try to (do something)

Look at these examples:

Tengo que salir.	I **have to** leave.
Acabo de salir.	I **have just** left.
Voy a salir.	I'**m going to** leave.
Tardo cinco minutos en salir.	I'**ll delay** five minutes **before** leaving.
Trato de salir.	I **try to** leave.

The expression *acabar de* + infinitive is generally used in the present tense (I have just done something) or the imperfect (I had just done something). The other expressions are used in any of the tenses.

Acabo de terminar el trabajo.	I **have just finished** the work.
Acababa de terminar el trabajo.	I **had just finished** the work.

1. **¿Qué tienen que hacer? Usando la forma correcta de** *tener que*, di qué tienen que hacer estas personas.

   Modelo: Uds. / esperar en la biblioteca.
   Uds. tienen que esperar en la biblioteca.

1. yo / trabajar tres horas esta noche

2. nosotras / comer en casa de nuestros abuelos

3. Luisa / escribir un artículo para el periódico escolar

4. los Sres. Sánchez / venir a mi casa

5. tú / estar en la capital todo el día

6. Ramón / ganar un premio en la feria

7. Uds. / apuntar para dar en el blanco.

8. yo / romper dos globos para ganar

2. Acaban de hacer esto y van a hacer eso. Di que estas personas acaban de hacer la primera cosa y que van a hacer la segunda.

> **Modelo:** Llegan. Preparan la comida.
> Acaban de llegar y ahora van a preparar la comida.

1. Sara termina el trabajo. Oye la radio.

2. Desayunamos. Salimos para el centro.

3. La chica recibe una carta. Se la lee a su amiga.

4. Ves la película. Vas a casa de tu amiga.

5. Marcho en la procesión. Me divierto en la feria.

6. Uds. visitan el museo. Regresan a su hotel.

7. Ud. se baña. Se acuesta.

3. ¿Cuánto tiempo tardan? Usando las frases entre paréntesis, di cuánto tiempo tardan estas personas en hacer estas cosas.

> **Modelo:** Contesta las cartas. (mucho tiempo)
> Tarda mucho tiempo en contestar las cartas.

1. Llego a la escuela. (veinte minutos)

2. Mi amigo anda por el parque. (media hora)

3. Terminamos la tarea. (dos horas)

4. Virginia prepara
la comida. (una hora)

5. Me desayuno.
(cinco minutos)

6. Las porristas se
visten (quince minutos)

7. Decides qué vas
a comprar. (todo el día)

8. Viajamos a España. (un día)

4. Tratamos de . . . Di que estas personas tratan de hacer las cosas mencionadas.

    Modelo: Salimos antes de hablar con esos señores.
                Tratamos de salir antes de hablar con esos hombres.

1. María es sincera.
2. Mi mamá maneja un camión.
3. Soledad habla por teléfono.
4. Termino todo el trabajo antes de salir.
5. Cantamos en español.
6. Haces un poco de todo.
7. Las chicas ponen la mesa sin tener las
cosas necesarias.
8. Compro un regalo de cumpleaños.

5. Dos acciones. Di que la primera acción acababa de pasar cuando la segunda ocurrió (*happened*).

    Modelo: Terminé la cena. Tú me llamaste.
                Yo acababa de terminar la cena cuando tú me llamaste.

1. Cristina puso la mesa. Su mamá sirvió la
comida.

2. Regresamos a casa. Empezó la celebración.
3. Pablo cerró la ventana. Empezó a llover.
4. Conociste a mis padres. Nosotros tuvimos que salir.
5. La banda tocó. Ellos quemaron el castillo.
6. Uds. rompieron los globos. Yo di en el blanco.

6. Un día típico. Alguien te hace las siguientes preguntas. Contéstalas usando las palabras entre paréntesis.

> **Modelo:** ¿Qué lección acabas de terminar? (cinco)
> Acabo de terminar la lección cinco.

1. ¿Cuánto tiempo tardas en vestirte por la mañana? (unos diez minutos)
2. ¿Tratas de aprender español? (sí)
3. ¿Qué tienes que hacer para la clase de español mañana? (mucha tarea)
4. ¿Adónde vas a ir hoy después de las clases? (a la casa de un amigo)
5. ¿A quién acabas de ver? (a mi amiga favorita)
6. ¿Qué acababas de hacer cuando salieron? (salir de la tienda)
7. ¿Qué tuviste que estudiar para hoy? (inglés)
8. ¿Cuánto tiempo tardaste hoy en llegar a la escuela? (veinte minutos)

Los adjetivos posesivos

Possessive adjectives show who owns or has something. The short forms shown here are used most frequently. Only the words *nuestro* and *vuestro* have four variations. The others have only a singular and a plural form.

mi(s)	my	nuestro(s), nuestras(s)	our
tu(s)	your (informal)	vuestro(s), vuestra(s)	your (informal)
su(s)	your (formal), his, her, its	su(s)	your (formal), their

7. ¿De quién es? Contesta estas preguntas, usando el adjetivo posesivo lógico.

> **Modelo:** Lola viene en su carro. ¿Y tú?
> Vengo en mi carro también.

1. La casa de Clara es grande. ¿Y la casa de María?
2. Encuentro mis libros. ¿Y tú?

3. Celebramos nuestros cumpleaños juntos. ¿Y ellos?

4. Asisto a todas mis clases. ¿Y Ud.?

5. Podemos hablar con nuestros amigos. ¿Y Uds.?

6. Manejo mi carro al teatro. ¿Y Uds.?

7. La clase de Pablo es muy grande. ¿Y la clase de ellas?

8. Uds. compran sus boletos aquí. ¿Y él?

Besides the short form of the possessive adjective, there is also a long form, which is placed after the noun.

Es un amigo **mío**.	He's a friend **of mine**.
Es una amiga **mía**.	She's a friend **of mine**.
Son amigos **míos**.	They are friends **of mine**.
Son amigas **mías**.	They are friends **of mine**.

These possessive adjectives all have four forms and they agree with the thing possessed, not the possessor.

mío, mía, míos, mías	(of) mine
tuyo, tuya, tuyos, tuyas	(of) yours (*tú*)
suyo, suya, suyos, suyas	(of) yours (*Ud.*), his, hers, its
nuestro, nuestra, nuestros, nuestras	(of) ours
vuestro, vuestra, vuestros, vuestras	(of) yours (*vosotros, -as*)
suyo, suya, suyos, suyas	(of) yours (*Uds.*), theirs

8. **¿De quién es? Repite estas frases, cambiando la forma corta del posesivo a la forma larga.**

> **Modelo:** Es mi lápiz.
> Es el lápiz mío.

1. Es tu libro.

2. ¿Me das tu pluma?

3. Conocimos a su hermana en la fiesta.

4. Mi hermano trabaja aquí.

5. Nuestra prima no vive muy lejos.

6. Los señores hablan con su amiga.

7. No puedo encontrar mi corbata.

8. ¿No ven Uds. a sus hermanos?

9. Tu clase va a visitar el museo.

10. Su profesora viaja a España el mes que viene.

As you probably have noticed, the meaning of the words *su* and *suyo* is not always clear. If there is confusion about the exact meaning, you may substitute a phrase introduced by *de* for clarity as shown here:

*La casa **de él** es grande.*	**His** house is big.
*Conozco a una hermana **de ella**.*	I know a sister **of hers**.
*El coche **de ellos** es nuevo.*	**Their** car is new.

9. **Más claro, por favor. Haz más claras estas frases, usando una frase con *de* en vez de *su* o *suyo* para indicar de quién es.**

   Modelo: No conocimos a su papá. (Marta)
   No conocimos al papá de ella.

1. ¿Dónde está su casa? (Pancho)
2. Su carro es muy bonito. (los Sres. Pérez)
3. Una hermana suya está casada con un español. (Luis)
4. No encuentro sus boletos. (Uds.)
5. Su cumpleaños es este viernes. (Lola)
6. Vamos a venir con unos parientes suyos. (Esperanza)
7. Sus clases me parecen muy interesantes. (Ud.)
8. No pudimos ir a su fiesta de los quince años la semana pasada. (Esperanza)

El imperfecto y el pretérito

It is common for one sentence to contain both past tenses. This happens if one action occurred while another was going on.

Yo leía el periódico cuando tú regresaste a casa.	I was reading the newspaper when you returned home.
Luisa se cayó mientras caminaba.	Luisa fell down while she was walking.

10. **Haz una combinación. Cambia el verbo de la primera frase al imperfecto y el de la segunda al pretérito.**

    Modelo: Yo hablo. Tú entras.
    Yo hablaba cuando tú entraste.

1. Ellos celebran. Nosotros llegamos a su casa.
2. Mis amigos marchan en el desfile. Los veo.
3. Hace mucho viento. Empieza a llover.
4. Trato de dar en el blanco. Gano un premio.
5. Marisela escribe una carta. Yo la llamo.
6. Celia va al centro. La encuentro.
7. Los chicos juegan al fútbol. Las porristas pasan por el parque.
8. Mi hermana se maquilla. Salgo para la escuela.
9. Mis amigos y yo estudiamos. El teléfono suena.
10. Elena y yo platicamos. Jorge compra los boletos.

Lectura

Las celebraciones religiosas

Bandas, desfiles, solemnidad, comida, bebidas, alegría, feria — todas estas cosas son los componentes de una celebración religiosa hispana. Y hay gran número de estas fiestas en todos los países hispánicos.

    ¿Por qué hay tantas fiestas? Pues, por varias razones. En primer lugar, cada ciudad o pueblo° tiene un santo patrón, y la celebración de este día es muy importante. Además° hay días especiales en el calendario religioso, tales

town

besides/Christmas

como la Navidad° (el 25 de diciembre), carnaval° (en febrero
o marzo), Semana Santa° y la Pascua° (en marzo o abril), el
día de Todos los Santos (el primero de noviembre) y otros.

    ¿Cómo es una celebración religiosa hispana? Gracias a
las observaciones de Carmela Salceda, quien nos explica°
una fiesta en su ciudad, podemos saber un poco más.

    Carmela: Hoy es el día del santo de mi pueblo, y lo
celebramos de una manera típica. Primero tenemos una
procesión religiosa que pasa por las calles principales del
pueblo. Una banda toca música y muchas personas marchan en la procesión. Hay muchas banderas y las casas
tienen adornos de papel de colores. Hay arcos de flores por
donde pasa la procesión. Los hombres de la parroquia°
llevan la carroza o tiran de ella. En la carroza está la estatua
de nuestro santo patrón con muchas flores y velas. La
procesión empieza en la iglesia, pasa por las calles y luego
regresa a la iglesia, donde la estatua se guarda° otra vez. Mi
hermano mayor está muy contento porque es una de las
personas que llevan la carroza y nosotros creemos que esto
es un gran honor.

Bandas, desfiles, solemnidad, comida, bebidas,
alegría, feria — todas estas cosas son los
componentes de una celebración religiosa
hispana.

Celebramos el día del santo de mi ciudad.

La procesión es solemne.° Muchas personas observan el desfile y entran en la iglesia para rezar y cantar himnos.° Pero también hay otra parte muy importante de la fiesta. En las calles cerca de la iglesia hay una feria, donde la gente pasa mucho tiempo. La banda municipal toca, y hay puestos de comida y bebidas. También hay puestos con varios juegos de destreza: se rompen globos con dardos y se disparan rifles. Naturalmente hay premios para los que ganan en los juegos. Mi novio ganó un gran perro de peluche el año pasado y me lo regaló. Todavía lo tengo en mi dormitorio.

Luego, a las diez de la noche, hay una exhibición de fuegos artificiales que termina cuando se quema el castillo. Es una cosa muy bonita, y cada año nuestra iglesia hace más grande el castillo. Uds. pueden ver que por muchas horas la celebración es el centro de la vida, y todos nos divertimos mucho.

¡Ay! Les pido perdón porque ya es tarde, y mis amigas y yo vamos al desfile y luego a la feria. ¡Hasta luego!

Preguntas

1. ¿Cuáles son algunas de las cosas que forman parte de una celebración religiosa en los países hispanos?
2. ¿Cuáles son algunas celebraciones religiosas en los países hispanos?
3. ¿Cuándo es la Navidad?
4. ¿Cuándo es la Pascua?
5. ¿Dónde empieza la procesión religiosa?
6. ¿Dónde termina la procesión religiosa?
7. ¿Qué hay en las calles cerca de la iglesia?
8. ¿Qué celebraciones religiosas conoces tú?

Muchas personas marchan en la procesión.

Hay fuegos artificiales.

Nos divertimos mucho.

Vocabulario

la **alegría** joy
el **animal** animal
   animal de peluche stuffed animal
  apostar (ue) to bet
  apuntar to aim
  a que no I'll bet you can't
  a que sí I'll bet you can
el **arco** arch
la **bandera** flag
el **blanco** target
   dar en el blanco to hit the target
la **carroza** float
el **castillo** castle
la **construcción** construction
la **danza** folk dance

el **dardo** dart
el **desfile** parade
la **destreza** skill, dexterity
  disparar to shoot
  escoger to choose
la **estatua** statue
la **feria** fair
  folklórico, -a folkloric, regional
el **fuego** fire
   fuegos artificiales fireworks
  ganar to gain, to earn, to win
el **globo** globe, balloon
   juego: juego mecánico carnival ride
  marchar to march
  mío, -a of mine
  observar to watch, to observe

el **perro, la perra** dog
  precioso, -a beautiful, precious
el **premio** prize
la **procesión** procession
el **puesto** stand, still
  quemar to burn
la **reverencia** reverence, bow
  rezar to pray
  romper to break
la **solemnidad** solemnity
  suyo, -a of his, of hers, of its, of yours, of theirs
  tirar to shoot
  tirar de to pull
  tocarle a uno to be one's turn
  tuyo, -a of yours

NAVIDAD
JUAN

Una celebración especial

Habla Gabriela Salazar ...

¡La temporada de Navidad!° Es una parte favorita del año para mí. Hace mucho tiempo que la espero, y por fin° casi está aquí. En mi ciudad, la celebración de la Navidad empieza a principios de° diciembre con un desfile que pasa por las calles del centro. El gobierno° municipal lo patrocina° y atrae° a miles de espectadores.

 También hay payasos° chistosos° presentes, una reina° de la celebración vestida de° blanco con sus damas° y bandas que tocan música y hacen formaciones muy bonitas. Varias carrozas tienen los adornos° típicos de la temporada: árboles de Navidad con focos° de colores y otras decoraciones en las ramas° como nieve° artificial, estrellas° y velas.

 En las calles y en las plazas hay gran número de luces° que adornan° los árboles y los edificios y se oyen villancicos.° En todas partes se ve el rojo brillante de la flor de Nochebuena.°

 Todos compran regalos para sus parientes, y hay programas especiales en la televisión. Algunas familias tienen un árbol de Navidad, pero lo más típico son los nacimientos° con sus figurillas° que representan el establo, las personas, las vacas° y los burros.°

 ¿Cómo es la Navidad en tu ciudad? ¿Es como en la mía?

Christmas season

finally

at the beginning of
government
sponsor/attracts
clown/amusing/queen
dressed in/attendants

decorations
light bulbs
branches/snow/stars

lights
decorate
Christmas carols
Christmas Eve

crèches/small figures
cows/donkeys

Preguntas

1. ¿Cuándo es la Navidad?
2. ¿Cuándo es el desfile de Navidad en la ciudad de Gabriela?
3. ¿Cómo son los payasos?
4. ¿Qué adornos tienen las carrozas?
5. ¿Cómo se llaman las canciones de Navidad en español?
6. ¿Qué decoración es la más típica en la ciudad de Gabriela?
7. ¿Cómo es la Navidad en tu ciudad?

Cultura viva

Hispanic celebrations

The Spanish-speaking world has an almost endless number of celebrations throughout the year, but some of them are more noteworthy than others. Here is what some people have to say about celebrations in their countries:

Ricardo Montoya (Costa Rica): New Year's Day is celebrated in my country just about the same as in the United States. The family gets together for dinner and it is a day for relaxing. The relaxation is necessary because of the night before. In Spanish, we call New Year's Eve *la Noche Vieja*. We celebrate it with parties, dances, food and fireworks. People walk around the central square and through the downtown streets and then watch the skyrockets over the square; but parties are the thing now. A party in our country doesn't end until three or four in the morning. So we need New Year's Day (*Año Nuevo*) just to relax.

Manuel Rossi (Argentina): Probably the biggest celebration of the year in my country — I'm from Argentina — is called *Carnaval*. Here in the United States you call it by its French name, *Mardi Gras*. This fiesta is in February or March, the weekend before the beginning of Lent. People dress in costumes, they dance in the streets, they go to masquerade balls. This is like a national holiday, and everyone takes part to celebrate before the more serious period of the Lenten season. The parades are great, and many of the costumes would really amaze you. My country is not the only one that celebrates *Carnaval* — it's a big celebration in many Spanish-speaking countries.

Jorge Alba (Spain): In *Sevilla*, my city, we have two very big celebrations each year. I'm going to talk about *Semana Santa*, Holy Week. This is the week just before Easter, so it comes in March or April, and our celebration is famous all over the world. Long processions go through the streets of town, and for many miles people carry heavy platforms with the images of saints. Other people dress in costumes with tall, pointed caps that only have openings for their eyes. They walk in the procession, too. Thousands come to see the celebration. Holy Week in *Sevilla* is difficult to describe. You almost have to be there to know what it's like. This year I'm going to take part in one of the processions!

Pilar Salazar (Spain): I'm from *Sevilla*, too, and I'd like to tell you about another festival we have right after Easter. It's called *Feria*, and thousands of people come to *Sevilla* to see it. There are carnival rides and food and beverages; but the big thing is to have a tent for your family and friends. These are set up along the streets and people entertain others in them during this week. At the

Ricardo Montoya. (Costa Rica)

Bailan en las calles.

¡Los desfiles son fantásticos!

Dorotea Tello. (Venezuela)

Carnaval. (Venezuela)

same time, people ride around town on their horses. Many women wear typical costumes of *Andalucía* — long skirts with row upon row of ruffles. *Feria* is a week of celebration and entertaining. It's one of the main attractions of my city and, really, of all Spain.

Dorotea Tello (Venezuela): We have national holidays, too, like Independence Day. However, our Independence Day is July 5. Celebrations are very much like national holidays in the United States. Soldiers march, there are parades, politicians give speeches and crowds gather to see what's going on. Celebrating for us usually means there will be fireworks, bands, music, noise, carnival rides, parades, food, drink, and just a lot of fun.

Extensión

Los personajes (*characters*) en la celebración de la Navidad

Práctica

En parejas:

A. In Spanish, discuss the preparations by your family for a special occasion, including such things as decorations, shopping, meal preparations, sending of cards and so forth.

B. Discuss the ways in which your families celebrate Christmas, Hanukkah or the New Year. Especially ask about who celebrate together, where and how many people are present. Find out if there are any special activities that may or may not be part of the celebration in your partner's house.

C. Ask about the way your partner spends the school vacation in December and January. Is the time spent travelling, working, visiting with friends, going to parties or preparing school work? Switch roles. When answering questions, be as specific as possible to keep the conversation going.

D. Prepare an original dialog in Spanish in which one of you is from the United States and the other is from one of the Spanish-speaking nations. Discuss the similarities and differences in the holiday customs of your two countries. Present this dialog to your class.

En grupos:

E. The first person describes in Spanish some holiday in the United States without giving its name. Others in the group must then guess which celebration is being described. The second person then describes another holiday, and so on.

F. The first person mentions something that happens in her or his house in preparation for Christmas, Hanukkah or the New Year. The next person repeats this and adds something else. Each succeeding person continues to build until no one can think of anything to add.

Estructura

Los mandatos

Commands in Spanish have informal and formal forms — *tú, Ud.*, or *Uds.* — depending upon the person you are addressing. Affirmative commands in the familiar (*tú*) form are normally the same as the third form of the present tense.

Alicia, espera aquí.	Alicia, wait here.
Roberto, come las legumbres.	Roberto, eat the vegetables.
Margarita, escribe a tu tía.	Margarita, write your aunt.

Eight verbs, however, have an irregular affirmative command for *tú.*

decir	di (*say, tell*)
hacer	haz (*do*)
ir	ve (*go*)
poner	pon (*put*)
salir	sal (*leave*)
ser	sé (*be*)
tener	ten (*have*)
venir	ven (*come*)

Object pronouns follow and are attached to affirmative commands. To keep the original stress of the verb form, a written accent mark will usually be necessary.

*Sara, **escríbeme** una carta.*
*Horacio, **dinos** la verdad.*

Sara, **write me** a letter.
Horacio, **tell us** the truth.

1. Usando las palabras que se dan abajo, da instrucciones a otro estudiante. La otra persona debe hacer lo que le pides.

> **Modelo:** *Caminar* a la pizarra.
> Camina a la pizarra.

1. *Tomar* la tiza.
2. *Decir* tu nombre.
3. *Escribirlo* en la pizarra.
4. *Esperar* un momento.
5. *Mirar* la puerta.
6. *Ir* a la puerta.
7. *Abrirla*.
8. *Regresar* a tu pupitre.

El mandato con *Ud.* y *Uds.*

To form the affirmative formal (*Ud.*) command, substitute the *-o* of the *yo* form of the present tense with *-e* for *-ar* verbs and *-a* for *-er* or *-ir* verbs. Make the plural (*Uds.*) command by adding the letter *-n* to the *Ud.* verb form.

*Señora, **espere Ud.** aquí.*
*Señorita, **coma Ud.** la ensalada.*
*Señor y señora Vargas, **esperen
Uds.** aquí, por favor.*

Madame, wait here.
Miss, eat the salad.
Mr. and Mrs. Vargas, wait here,
please

The following verbs have irregular commands because their *yo* form does not end in *-o*. Note that the singular formal command for *dar* requires a written accent, but the plural form does not.

infinitive	*Ud.* command	*Uds.* command
dar	dé Ud.	den Uds. (*give*)
ir	vaya Ud.	vayan Uds. (*go*)
ser	sea Ud.	sean Uds. (*be*)
estar	esté Ud.	estén Uds. (*be*)
saber	sepa Ud.	sepan Uds. (*know*)

2. Ahora da las siguientes instrucciones a dos estudiantes. Los dos deben hacer lo que le pides.

> **Modelo:** *Ir* al frente de la clase.
> Vayan al frente de la clase.

1. *Levantar* su libro de español.
2. *Abrir* el libro en la página doscientos.
3. *Leer* la primera palabra que ven.
4. *Decir* esta palabra en voz alta.

5. *Poner* el libro aquí.
6. *Escribir* la palabra en la pizarra.
7. *Regresar* a sus pupitres.

El mandato negativo

The negative *tú* command requires the word *no* before the verb. It is formed by adding *-s* to the formal (*Ud.*) command.

*Rosa, **no** hables ahora.*	Rosa, don't talk now.
***No** comas ahora.*	Don't eat now.
***No** escribas en el libro, por favor.*	Don't write in the book, please.

Negative commands for *Ud.* and *Uds.* are the same as affirmative commands, but they require *no* before the verb.

***No** hable Ud. ahora.*	Don't talk now.
***No** vayan Uds. hoy al centro.*	Don't go downtown today.

3. **No lo hagas, mi amigo. Tu amigo no debe hacer lo siguiente. Díselo, usando un mandato negativo familiar.**

   Modelo: romper / figurilla / Teresa
   No rompas la figurilla, Teresa.

1. salir / fiesta / temprano / Jorge
2. poner / árbol / allá / Cristóbal
3. escribir / tarjeta / Cecilia
4. disparar / ahora / Juan
5. hacer / tarea / ahora / Marta
6. repetir / chisme / Ana
7. poner / aquí / nacimiento / Luisa

4. Ahora, prepara una lista de siete cosas que tus amigos no deben hacer.

El mandato con *nosotros*

To say "let's . . .," add *-mos* to the *Ud.* command (except for stem-changing verbs).

Hablemos ahora. Let's talk now.
Comamos después. Let's eat later.
Escribámosle una tarjeta. Let's write her a card.

Only one verb has an irregular *nosotros* command. "Let's go" is *vamos*. "Let's not go" uses the regular form, *no vayamos*.

5. Celebremos una fiesta. Di que tú y tus amigos hacen o no hacen estas cosas para celebrar una fiesta.

    Modelo: Comprar regalos.
              Compremos regalos.
              No compremos regalos.

1. *Romper* los globos
2. *Ganar* un premio
3. *Observar* la procesión
4. *Entrar* en la iglesia
5. *Ver* los fuegos artificiales
6. *Marchar* en el desfile
7. *Ir* a la feria

Las acciones que continúan en el presente

hace + time expression + *que* +
present tense verb

To describe an action that began in the past and continues on into the present time, Spanish requires a sentence containing four parts: the word *hace*, an expression of time, and word *que* and the present tense of the verb.

Hace cinco minutos que esperamos.	We have been waiting for five minutes.
Hace un mes que vivo aquí.	I have been living here for a month.

6. **¿Cuánto tiempo hace? Di cuánto tiempo hace que estas cosas pasan, usando las pistas entre paréntesis.**

   Modelo: nosotros / mirar la televisión (media hora)
   Hace media hora que miramos la televisión.

1. nosotros / estar en casa (dos horas)
2. yo / les platicar (cinco minutos)
3. los chicos / mirar / desfile (una hora)
4. el coro / cantar villancicos (quince minutos)
5. nosotros / comer (45 minutos)
6. yo / estudiar / español (dos años)
7. ellos / asistir / esta / escuela (tres años)

Las acciones que continuaban en el pasado

The idea that something continued in the past may also be expressed by using the word *hacía*, an expression of time, *que* and the imperfect tense of the verb.

Hacía 45 minutos que esperábamos.	We had been waiting for 45 minutes.

Hacía tres semanas que trabajaba aquí.   He had been working here for
three weeks.

7. ¿Cuánto tiempo hacía? Cambia estas frases al pasado.

> **Modelo:** Hace tres años que trabajo aquí.
> Hacía tres años que trabajaba aquí.

1. Hace quince años que mi familia vive en
   esta ciudad.
2. Hace seis meses que Antonio trabaja en el
   restaurante español.
3. Hace veinte minutos que observamos el
   desfile.
4. Hace dos años que no al veo.
5. Hace media hora que juegan al fútbol
6. Hace una hora que Miguel practica la
   guitarra.

Los pronombres posesivos

You have already learned the possessive adjectives in Spanish, such as *mi amigo, tu
amigo, su amigo* and so on. Remember that the words *nuestro* and *vuestro* have four
forms. The other short-form possessive adjectives have only a singular and a plural
form. You have also learned the long form of the possessive adjective: *un amigo mío,
un amigo tuyo, un amigo suyo* and so on. All of these words have four forms.

Sometimes a possessive word takes the place of a noun. In such a case, it is
called a possessive pronoun. The possessive pronoun in Spanish is simply the long
form of the possessive adjective preceded by the appropriate definite article.

*Veo a su amigo y **al mío**.*	I see his friend and **mine**.
*Veo a su amiga y a **la mía**.*	I see his friend and **mine**.
*Veo a sus amigos y a **los míos**.*	I see his friends and **mine**.
*Veo a sus amigas y a **las mías**.*	I see his friends and **mine**.

los pronombres posesivos			
yo	el mío	la mía	los míos	las mías
tú	el tuyo	la tuya	los tuyos	las tuyas
él, ella, Ud.	el suyo	la suya	los suyos	las suyas
nosotros, -as	el nuestro	la nuestra	los nuestros	las nuestras
vosotros, -as	el vuestro	la vuestra	los vuestros	las vuestras
ellos, ellas, Uds.	el suyo	la suya	los suyos	las suyas

The definite article is not used after a form of the verb *ser*.

Esa chaqueta es suya.	That jacket is hers.
¿Cuáles son tuyos?	Which ones are yours?

All possessive pronouns have four forms and, like other possessives in Spanish,
they agree with the thing possessed, not the possessor. Since the word *suyo* has a

variety of meanings, it may be necessary to substitute a prepositional phrase introduced by *de* to make the meaning clear.

*Mi hermana y **la** (hermana) **de él** se van.*	My sister and **his** (sister) are leaving.

8. ¿De quién son? Usa un pronombre posesivo para terminar cada frase.

> **Modelo:** Yo presento a mi prima y tú . . .
> Yo presento a mi prima y tú presentas a la tuya.

1. Yo tengo mi suéter y tú . . .
2. Nosotros buscamos nuestro coche y ella . . .
3. Ella recibe su regalo y él . . .
4. Uds. van a su casa y ellos . . .
5. Ellos salen en su coche y nosotros . . .
6. Tú les haces caso a tus papás y yo . . .
7. Yo celebro mi cumpleaños y Clara . . .
8. Sara recuerda su fiesta de los quince años y sus hermanas . . .
9. Pablo trabaja con su papá y yo . . .
10. Los Sres. Gómez saludan a sus amigos y nosotros . . .

Los pronombres demostrativos

Demonstrative adjectives are the words that demonstrate or point out something: this, that, these those. You practiced using them in *Lección 4*.

los adjetivos demostrativos	
este libro (*this book*)	**estos** libros (*that books*)
esta casa (this house)	**estas** casas (these houses)
ese libro (that book)	**esos** libros (those books)
esa casa (that house)	**esas** casas (those houses)
aquel libro (that book)	**aquellos** libros (those books)
aquella casa (that house)	**aquellas** casas (those houses)

These same words are also used with a written accent mark when they take the place of a noun. With a written accent mark, they are demonstrative pronouns. The written accent mark is placed on the next to the last syllable of each of these forms (the word *aquél* is the only exception).

*Veo este libro y **ése**.*	I see this book and **that one**.
*Veo esta casa y **ésa**.*	I see this house and **that one**.
*Veo estos libros y **ésos**.*	I see these books and **those**.
*Veo estas casas y **ésas**.*	I see these houses and **those**.

9. ¿Este, ése o aquél? Estas preguntas están incompletas. Termínalas con la forma apropiada de *éste*, *ése* o *aquél*.

Modelo: Hay dos libros. ¿Quieres _______ o _______?
Hay dos libros. ¿Quieres éste o ése (aquél)?

1. Presentan dos películas muy buenas. ¿Vas
   a ver _______ o _______?
2. Hay tres blusas, ¿Cuál quieres comprar,
   _______, _______ o _______?
3. ¿Cuál de los carros manejas, _______ o
   _______?
4. ¿Qué deportes son más importantes en tu
   escuela, _______ o _______?
5. Aquí vienen dos muchachas. ¿Conoces a
   _______ o a _______?
6. ¿En qué casa vives, en _______ o en _______?
7. ¿Qué premio quieres ganar, _______ o
   _______?
8. ¿Qué figurillas quieres comprar, _______ o
   _______?

Más acerca de *gustar*

You know that *gustar* is used in Spanish to express the idea of liking. You also know that it means "to be pleasing" and that it is used with the indirect object pronouns.

Me gusta la leche.	I like milk. (Milk pleases me.)
Nos gustan las películas.	We like movies. (Movies please us.)

Since the words *le* and *les* can mean more than one thing, they must often be explained with an *a* phrase.

*A **él** le gusta el fútbol, pero a **ella** no le gusta.*	**He likes** soccer, but **she doesn't like** it.

Using both *a él* and *le* not only makes the meaning clear, it also gives the sentence more emphasis. To emphasize something in Spanish, you often say the same thing twice in slightly different ways. This same thing can be done with all the indirect object pronouns, used with an *a* phrase. Sentences such as the following are relatively common in Spanish.

A mí me gusta la clase.	**I like** the class.
¿Te gusta la clase a ti?	**Do you like** the class?
A nosotros nos gusta la nieve.	**We like** snow.

10. Claridad y énfasis. Contesta las preguntas con el objeto indirecto y una frase con *a* también.

> **Modelo:** A mí me gusta la película. ¿Y a ti?
> A mí también me gusta.

1. A ella le gustan los deportes. ¿Y a él?
2. A nosotros nos gustan las celebraciones. ¿Y a Uds.?
3. A ti te gusta nadar. ¿Y a ellos?
4. A él le gusta ir al centro. ¿Y a Ud.?
5. A mí me gustan estos pantalones. ¿Y a ti?
6. A ellos les gusta el fútbol. ¿Y a Uds.?
7. A nosotros nos gustan los refrescos. ¿Y a ti?

Often, you will want to use a name or a noun with "to like" in Spanish. If you remember that you are really saying something "is pleasing to" someone, you will have no difficulty. Notice that you must say the same thing (to Luis and to him) twice in Spanish. This *a* phrase may come at the beginning or at the end of the sentence.

*A **Luis** le gusta tocar la guitarra.*	Luis likes to play the guitar.
*Le gusta tocar la guitarra a **Luis**.*	(Playing the guitar is pleasing to Luis.)

11. ¿Le gusta o no? Haz una frase completa de las palabras que se dan, diciendo si la cosa mencionada le gusta o no a la persona indicada.

> **Modelo:** fútbol / Juan / sí
> A Juan le gusta el fútbol.

1. tortillas / Carolina / no

2. escribir artículos / Carlota / sí
3. las fiestas / Pedro / sí
4. la temporada de Navidad / Juana y sus
    amigas / sí
5. las clases / Pablo / no
6. las películas / Cristina y Marta / no

7. la televisión / los chicos / sí

Lectura

La celebración de la Navidad

La Navidad se celebra en los países hispanos como en muchas otras partes del mundo, pero algunos aspectos de la celebración son diferentes.

Alicia (Montevideo, Uruguay): En los países al sur del ecuador, la Navidad cae en medio del° verano, y hace mucho calor. Así, pues, esta fiesta no es tan importante como en otros países donde hace más fresco. Después de todo, es un poco ridículo tener adornos con nieve artificial en pleno° verano.

Raúl (Madrid, España): La decoración típica en la casa hispánica es el nacimiento con figurillas de José, María, el Niño Jesús, los ángeles, los pastores, los Reyes y muchos animales. Cada año las familias añaden° más figurillas. Estos nacimientos son muy importantes para la familia. Hoy, sin embargo,° el árbol de Navidad es muy común, y se ve en las casas en varios países.

Esteban (Lima, Perú): El 24 de diciembre se llama la Nochebuena en español. Las familias generalmente tienen una comida esa noche, y después van a la iglesia a la misa del gallo.° El día 25 hay otra comida especial para la familia y, en algunas familias, los regalos se dan ese día. En las familias más tradicionales, sin embargo, solamente los adultos reciben sus regalos el día de Navidad. Los niños tienen que esperar hasta el seis de enero, el día de los Tres Reyes Magos.

Marisela (Guatemala, Guatemala): El día de los Reyes es el seis de enero. Hay una fiesta familiar con una comida y un pan dulce° que se llama la Rosca° de Reyes. Dentro de° la Rosca hay una pequeña muñeca,° y la persona que la recibe tiene que dar una fiesta para todos los presentes el dos de febrero. Esta es una costumbre° muy típica.

Luz María (Puebla, México): México ha contribuido° mucho a la celebración de la Navidad. La flor de Noche-

falls in the middle

mid

add

however

midnight Mass

coffee cake/ring
inside/doll

custom

has contributed

Alicia. (Uruguay)

Algunos aspectos de la celebración son diferentes.

La Navidad se celebra como una temporada de alegría.

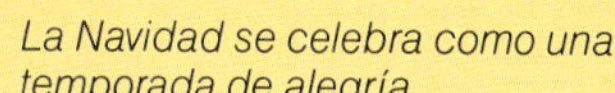

Las familias generalmente tienen una comida esa noche.

Se dan regalos a los miembros de la familia.

buena es originalmente de México igual que el pavo.° En *the same as turkey*
México el pavo se llama *guajolote*, el nombre indio. También
de México vienen las costumbres de las posadas y la piñata.
Las posadas empiezan el 16 de diciembre y se celebran
durante nueve días.

En esta celebración, grupos de amigos se reúnen para
conmemorar el viaje de José y María a Belén.° Una parte del *Bethlehem*
grupo representa a José y María, y la otra parte representa
al dueño de la posada. José y María piden posada cantando
y, cuando finalmente la encuentran, todos los presentes
tienen una fiesta. Naturalmente hay una piñata para los
niños y a veces para los adultos. Es una fiesta de gran
alegría para todos.

Jaime (Caracas, Venezuela): El mandar° tarjetas de *sending*
Navidad no es una costumbre tan popular en los países
hispánicos como en los Estados Unidos, pero sí se mandan.
También se dan regalos, pero esta práctica se limita° casi *is limited*
exclusivamente a los miembros de la familia.

Clara (Panamá, Panamá): Total,° la Navidad es una *all in all*
fiesta importante en los países hispánicos. Se celebra
especialmente entre la familia como una temporada de
alegría y unidad.

Preguntas

1. ¿Por qué no hay mucha celebración para la Navidad en Uruguay?
2. ¿Qué decoración tienen casi todas las casas hispánicas para la Navidad?
3. ¿Hay árboles de Navidad en los países hispanos?
4. ¿Cómo se llama el 24 de diciembre en español?
5. ¿Qué día es el seis de enero?
6. ¿Qué comida especial hay para el día de los Tres Reyes?
7. En las familias tradicionales, ¿cuándo reciben sus regalos de Navidad los
   niños?

Hay piñatas.

Una tarjeta de Navidad.

La Navidad es una fiesta importante en los países hispanos.

Vocabulario

adornar to decorate
el **adorno** decoration
el **ángel** angel
aquél, aquélla that one
artificial artificial
atraer to attract
brillante brilliant
el **burro, la burra** donkey
el **camello** camel
chistoso, -a funny, amusing
la **dama** lady, attendant
la **decoración** decoration
ése, ésa that one
el **espectador** spectator
el **establo** stable
éste, ésta this one
la **estrella** star
la **figurilla** small figurine

el **foco** light bulb
la **formación** formation
el **gobierno** government
el **nacimiento** birth, Christmas crèche
la **Navidad** Christmas
la **nieve** snow
la **Nochebuena** Christmas Eve
flor de Nochebuena poinsettia
la **oveja** sheep
Papá Noel Santa Claus
el **pastor** shepherd, pastor
patrocinar to sponsor
el **payaso** clown
el **personaje** character (in a play, etc.)
por fin finally

presente present, in attendance
el **principio** beginning
a principios de at the beginning of
el **programa** program
la **rama** branch
la **reina** queen
el **reno** reindeer
representar to represent
el **rey** king
los Reyes Magos Wise Men
la **temporada** season, time of year
el **trineo** sleigh, sled
la **vaca** cow
vestido, -a (de) dressed (in)
el **villancico** Christmas carol

A. Contesta estas preguntas con una respuesta apropiada.

1. ¿Cuánto tiempo hace que vives en esta ciudad?
2. ¿Cuánto tiempo hace que asistes a esta escuela?
3. ¿Cuánto tiempo hace que estudias español?
4. ¿Cuánto tiempo hace que manejas un carro?
5. ¿Cuánto tiempo hace que estudias inglés?
6. ¿Cuánto tiempo hace que sabes leer?
7. ¿Cuánto tiempo hace que vives en tu casa?
8. ¿Cuánto tiempo hace que trabajas?

B. Di por cuánto tiempo pasaba lo siguiente.

> **Modelo:** Mi hermano vivía en la capital. (diez años)
> Hacía diez años que mi hermano vivía en la capital.

1. Mi amiga me esperaba. (media hora)
2. Los chicos practicaban el fútbol. (dos horas)
3. Teníamos hambre. (una hora)
4. El teléfono sonaba. (tres minutos)
5. Su papá dormía. (doce horas)
6. Mi mamá nos buscaba. (veinte minutos)
7. La banda tocaba. (tres horas)

¡Qué bonito!

C. Usa la forma correcta del posesivo.

> **Modelo:** ¿Cómo se llama el gerente de *his* oficina?
> ¿Cómo se llama el gerente de su oficina?

1. ¿Es ésta tu casa o *his*? Es *mine*.
2. *Her* primas y *ours* asisten a la misma escuela.
3. Yo traje *my* libros. ¿No trajiste *yours*, Pedro?
4. Un tío *of theirs* es el profesor de una de *our* clases.
5. ¿Quién adorna *your* árbol de Navidad, Señora Salceda?
6. *Their* nacimiento es mucho más grande que *mine*, pero *hers* tiene las figurillas más bonitas.

D. Usa una frase con la palabra *de* para clarificar las formas de *su* o *suyo*, según las pistas entre paréntesis.

> **Modelo:** Su carro está en el garaje. (Juan)
> El carro de él está en el garaje.

1. Su hermana se llama Susana. (Lola)
2. Su carro tiene transmisión automática. (los Sres. Moreno)
3. Una tía suya vive en Chile. (Luis)
4. No encuentro sus libros. (mis amigos)
5. Sus pantalones están en el lavadero. (Ud.)
6. Vamos a visitar una clase suya. (nuestras hermanas)
7. Unos artículos suyos se publicaron en el periódico. (mi prima)
8. Su casa es muy bonita. (Uds.)

¡Feliz Navidad!

> **Modelo:** ¿Quieres *this* libro o *that one*?
> ¿Quieres este libro o ése / aquél?

1. Trabajamos en *that* oficina.
2. *That* día hacía mucho calor.
3. Nos gustan *these* refrescos.
4. El compró *this* camisa, y yo compré *that one*.
5. *These* son los platos que mi mamá preparó.
6. ¿Conoces a *that* señora?
7. *This* es el libro que quiero leer.

F. En las frases siguientes, cambia el primer verbo al imperfecto y el segundo al pretérito.

> **Modelo:** Voy a casa cuando veo a Jorge.
> Iba a casa cuando vi a Jorge.

1. La banda toca cuando la procesión llega.
2. Nosotros vamos al centro cuando el desfile pasa.
3. Yo estudio cuando me llamas.
4. Hace sol cuando los chicos van a la playa.
5. Son las cuatro cuando salimos de la escuela.

6. Platicamos con nuestros amigos cuando
   Marta viene.
7. Yo camino por las calles cuando me
   saludan.
8. Carolina y Tomás bailan cuando la pieza
   termina.

G. Indica a quién le gustan o no las cosas mencionadas.

> **Modelo:** él / fiestas / sí
> A él le gustan las fiestas.

1. ella / estudiar / no
2. yo / desfiles / sí
3. Uds. / temporada de Navidad /
   sí
4. tú / fútbol / no
5. nosotros / celebraciones nacionales /
   sí
6. él / este restaurante / no
7. Ud. / escribir los ejercicios / no
8. ellos / ir en auto a la escuela / sí

H. Cambia la frase al mandato apropiado.

> **Modelo:** venir aquí / Sr. Leal
> Venga Ud. aquí, Sr. Leal.

1. subir al cuarto / Mario
2. regresar mañana / señoras
3. poner la mesa / Carlota
4. saludar a tus padres / Virginia
5. salir antes de las doce / mis amigos
6. ir a casa ahora / Sara

I. Cambia estas frases a la forma correspondiente de la expresión que se da entre paréntesis.

> **Modelo:** Compro un regalo para el cumpleaños de Jorge. (tener que)
> Tengo que comprar un regalo para el cumpleaños de Jorge.

La celebración del Cinco
de Mayo. (México)

1. Salimos a las diez de la mañana. (tener que)
2. Lorenzo tira de la carroza. (ir a)
3. Las porristas no vienen a la fiesta. (tardar en)
4. Vemos un programa especial en la televisión. (acabar de)
5. Mi papá comprende por qué van a salir mañana. (tratar de)

J. Expresa en español.

1. They weren't at home when we called them this afternoon.
2. Do you want to buy this figurine or that one?
3. Her birthday is next week, and mine is next month.
4. Angelica, finish these cards and then give them to me.
5. We had been living in the capital for five years.
6. Are these books his or hers?

K. A nivel personal

1. Using a calendar for this year, make a list of five holidays observed by your school. Write a one-line description of each in Spanish.

2. Prepare a description in Spanish of the holiday decorations in your city. Tell where they are located, what they consist of and the colors used. Present this description to your class.

3. Imagine that you have to tell a group of Spanish-speaking people about the celebration of July 4 in the United States. Describe the activities that take place in your area and in parts of the country other than your own. Make this report as complete as possible and present it to your class or hand it in as a composition.

4. Prepare an original conversation in which you discuss a civic celebration you attended during the past year. Tell of the events that took place and describe as many of the activities as possible.

5. Make a piñata of papier maché and bring it to class for display. The piñata can take any form you wish: an animal, a person, a flower or fruit, a vehicle and so forth.

6. Create a list of four or five things you like about holidays and celebrations, and another list about what you dislike.

7. Choose any of the Spanish-speaking countries and find out five holidays and celebrations it observes. Make a list of these days, including the dates, where the major observance takes place and what happens during the celebration.

8. Find out more information about one of the following and prepare a two-minute presentation for the class. Write a one-page summary of what you find out.
    a. *Carnaval* celebrations in Spanish-speaking countries
    b. *Feria* in *Sevilla*
    c. Holy Week practices in *Sevilla* or any city in which Spanish is spoken

En el mercado

GASPAR:	¿Cuánto pide Ud. por este juego de ajedrez,° señor?
VENDEDOR:	Mire Ud.° Es de muy buena calidad.° Se lo doy por cuatro mil pesos.
GASPAR:	¡Cuatro mil pesos! Ni en broma.°
CONSUELO:	Vimos unos iguales° en otro puesto, y no pidieron tanto dinero.
VENDEDOR:	Pues, es que éste está hecho a mano.° Pero para Uds., les doy un precio especial: tres mil pesos.
GASPAR:	No es para mí. Es para mi hermano, y no quiero pagar° más de° mil quinientos.
VENDEDOR:	¡Mil quinientos! Me costó° más que eso a mí. Tres mil, y no regateemos° más.
CONSUELO:	Nos gusta mucho, pero apenas tenemos dos mil pesos entre los dos.
VENDEDOR:	No puedo. Imagínense Uds. lo poco que gano.
CONSUELO:	Quedemos° en dos mil quinientos. Es un buen precio.
VENDEDOR:	Buenísimo.° Muy bien. Escojan Uds. cualquiera° de estos.

chess set

look/quality

Not on your life.

same

made by hand

pay/more than

cost
bargain

Let's agree

Very good.
any one

Preguntas

1. ¿Qué quieren comprar Gaspar y Consuelo?
2. ¿Para quién es el juego de ajedrez?
3. ¿Cuánto pide el vendedor al principio?
4. ¿Cuánto ofrece Gaspar?
5. ¿Dónde vieron otros juegos de ajedrez iguales?
6. ¿Cómo es el trabajo en el juego de ajedrez?

Está hecho a mano.

Notas culturales

Bargaining (*el regateo*) is an accepted practice in most markets. Here are some general guidelines:
- Inform yourself about fair prices by comparison shopping.
- Keep the tone of your bargaining friendly.
- Offer to pay a sum that is less than the first price offered. Do not offend the vendor by offering too low a price.
- Admire the article you want to buy, but mention your reservations (something about it you don't like or lack of money) in order to lower the price.
- If the vendor will not lower the price enough, say *"No, gracias,"* and head for another stand.
- If you are good at bargaining, you may lower the price substantially, but be sure that you pay a fair price. Often, vendors will sell merchandise below cost just to obtain some cash to buy food for that day.

Although bargaining is the accepted method of purchasing in a market, shops and stores have fixed prices (*precio fijo*), and no discussion over price is possible.

The money in some Spanish-speaking countries is called the *peso*, but the *peso* of each country has a different value in terms of dollars. In addition to *peso*, other countries use *pesetas* (Spain), *lempiras* (Honduras), *colones* (Costa Rica), *quetzales* (Guatemala), *sucres* (Ecuador) or *australes* (Argentina).

Although the word "than" is normally *que* in Spanish, before a number you must use *de*: *Tengo más de 500 australes.* (I have more than 500 australes.)

The ending *-ísimo* means "extremely" or "very." Replace the final vowel of the adjective with *-ísimo* or, if the adjective ends in a consonant, add *-ísimo* to the entire word: *buenísimo, grandísimo, riquísimo.*

Extensión

¡Es un robo!	That's highway robbery!
Es carísimo.	It's very expensive.
Algo más barato.	Something cheaper.
¿Está hecho a mano?	Is it hand made?
Necesito otro tamaño.	I need another size.
Me queda demasiado apretado.	It's too tight on me.
Me queda pequeño.	It's small for me.
Me queda flojo.	It's too loose.
Está roto.	It's broken. It's torn.
Está rayado.	It's scratched.
Está desteñido.	It's faded.
Me parece usado.	It looks used to me.
Es mi última oferta.	It's my last offer.
Muy bien. Lléveselo.	Okay. Take it away.

Algunas tiendas

una papelería	=	la tienda donde se vende papel
una librería	=	donde se venden libros
una zapatería	=	donde se venden zapatos
una mueblería	=	donde se venden muebles
una churrería	=	donde se venden churros
una frutería	=	donde se venden frutas
una refresquería	=	donde se venden refrescos.
una lechería	=	donde se vende leche
una maderería	=	donde se vende madera
una sombrerería	=	donde se venden sombreros
una florería	=	donde se venden flores
una panadería	=	donde se vende pan
una carnicería	=	donde se vende carne

Práctica

En parejas:

A. Discuss clothing with your partner, asking what sizes each wears, preferred colors and where items are purchased.

B. Write six numbers in the hundreds. Say the numbers out loud while your partner writes the numeral that represents each number. Switch roles.

C. Write an original dialog called *En el mercado*. One of you is a customer and the other is the vendor. Buy a shirt or a blouse and go through the entire process of bargaining.

D. Imagine that you are in a shoe store, trying to find a pair of shoes. Your partner is the salesperson. Prepare a conversation in which the clerk asks what you want, then brings it and asks how it fits. You must give appropriate answers to all the clerk's questions or comments. Since this is a store, there is no bargaining. Finish the dialog by making a purchase after asking the price and agreeing to it.

En grupos:

E. The first person asks the second where one goes to buy shoes. The second person gives the answer and asks the third where to buy something else (paper, for example). The third answers and asks a similar question of the fourth, and so on. Use as many of the *-ería* words as you can.

F. The first person says in Spanish, "I'm going to the market to buy . . . (*Voy al marcado para comprar . . .*)," mentioning some item and asking the next person "*¿Y tú?*" The second person answers using a different item. You can use clothing, food or other merchandise.

G. Practice bargaining in this way: The first person plays the role of the customer and asks the price of some item. The second person, playing the vendor, gives an extremely high price. The third person plays another customer and makes a counter-offer. See if you can complete the entire bargaining process and agree on a price.

Estructura

Los verbos reflexivos

Reflexive verbs reflect action back upon the subject. These verbs have the word *se* attached to the infinitive, and all their forms have two parts: the verb itself and the reflexive pronoun. Here are the present, preterite, and imperfect tenses of one such verb, *lavarse* (to wash oneself).

lavarse		
presente	**pretérito**	**imperfecto**
me lavo	me lavé	me lavaba
te lavas	te lavaste	te lavabas
se lava	se lavó	se lavaba
nos lavamos	nos lavamos	nos lavábamos
os laváis	os lavasteis	os lavabais
se lavan	se lavaron	se lavaban

1. **¿Cuándo se hacen estas cosas? Estas preguntas se refieren al presente, o al pasado. Contéstalas según la lógica.**

   Modelo: ¿Te diviertes todos los días?
   Sí, me divierto todos los días.

   Modelo: ¿Te divertías mucho los fines de semana?
   Sí, me divertía mucho los fines de semana.

   Modelo: ¿Te divertiste anoche?
   Sí, me divertí anoche.

1. ¿Te peinaste ayer?
2. ¿Te despertabas temprano durante las vacaciones también?
3. ¿Te acostaste tarde anoche?
4. ¿Te desayunabas todas las mañanas?
5. ¿Te bañaste ayer?
6. ¿Te cepillas los dientes todas las noches?
7. ¿Te apuraste para ir a la escuela ayer?
8. ¿Te dormías tarde los sábados?

El mandato con los verbos reflexivos

Command forms of reflexive verbs must also use the correct reflexive pronoun. If the command is affirmative, the pronoun goes on the end of the verb, usually requiring a written accent mark to maintain the original stress of the spoken word. If the command is negative, the pronoun precedes the verb.

Lávate las manos, mi hijo. — Wash your hands, son.
Levántese Ud., señorita. — Get up, Miss.
No te apures, Lola. — Don't hurry, Lola.
No se preocupen, señores. — Don't worry, gentlemen.

In the affirmative *nosotros* command, the letter *s* of the verb is omitted. In the negative form, the *s* must be used.

Apurémonos, amigos. (Apuremos + nos) — Let's hurry, friends.
No nos apuremos tanto. — Let's not hurry so much.

2. Usa la forma apropiada del mandato para decirles a las personas indicadas qué deben o no deben hacer.

Modelo: afeitarse / Samuel
Aféitate, Samuel.

1. levantarse / compañeros
2. lavarse la cara / Cintia
3. despertarse / Juana
4. no maquillarse aquí / Lola
5. no desayunarse ahora / señora
6. dormirse ya / niña
7. no bañarse ahora / Memo
8. quedarse diez minutos más / Luis
9. levantarse temprano mañana / nosotros
10. no quedarse más / nosotros

Los verbos ortográficos

Sometimes, a verb may require a spelling change in order to maintain the original sound of the infinitive. To demonstrate this, consider for a moment how you have learned to pronounce *que* in Spanish. Now, consider how you have learned to pronounce the *ce* of *cero*. Notice that *que* produces the hard /k/ sound and *ce* produces the soft /s/ sound. Verbs such as *marcar* require a spelling change before endings that would change their original pronunciation. The following chart may help you organize letter combinations that produce similar sounds.

ca	que	qui	co	cu
za	ce	ci	zo	zu
ga	gue	gui	go	gu
ja	ge	gi	jo	ju

To keep the sound of the infinitive, verbs ending in *-car*, *-gar* and *-zar* change their spelling before endings beginning with *-e* to *-que*, *-gue* or *-ce*.

marcar: Marqué el número dos veces. — I dialed the number twice.
llegar: Llegué a las diez. — I arrived at ten o'clock.
almorzar: Almorcé con mi novia. — I ate lunch with my girl friend.

3. **¿Qué hiciste ayer?** Da la forma *yo* del pretérito de estas frases para indicar qué hiciste ayer.

> **Modelo:** *Platicar* con los amigos.
> Platiqué con los amigos.

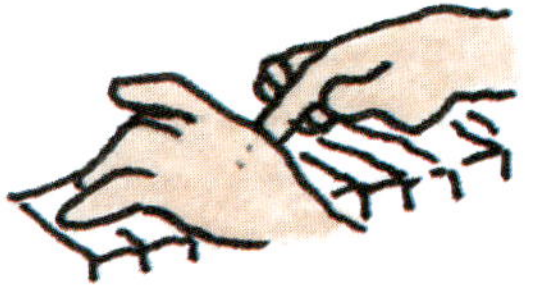

1. *Llegar* a casa tarde.
2. *Practicar* el piano.
3. *Empezar* a estudiar.
4. *Buscar* mis libros por una media hora.

5. *Marcar* el número de teléfono de una amiga.
6. *Platicar* con la amiga.
7. *Tocar* la guitarra.
8. *Comenzar* a estudiar otra vez.

4. **Usa el mandato apropiado para decir estas cosas a las personas indicadas.**

> **Modelo:** tocar los discos / amigos
> Amigos, toquen Uds. los discos.

1. no marcar ese número / señor
2. buscar el periódico / señorita
3. no llegar tarde / Manuel
4. practicar un poco más / chicas
5. no pescar aquí / chicos
6. empezar ahora / Uds.

For verbs that end in *-ger* and *-gir*, the *g* changes to *j* before *-a* or *-o*; for verbs that end in *-guir*, change the *gu* to *g* when you add *-a* or *-o* to the verb; for verbs that end in a vowel followed by *-cer* or *-cir*, change the *c* to *zc*; and for verbs that end in a consonant followed by *-cer*, change the *c* to *z*. The verb *cocer* (to cook, to stew) is an exception. It becomes *cuezo* in the *yo* form of the present tense.

Some verbs that require these changes include the following:

escoger		to choose
proteger		to protect
dirigir	**g → j**	to direct, to drive
fingir		to pretend
corregir		to correct
seguir (i, i)	**gu → g**	to follow, to go on
conseguir (i, i)		to obtain
conocer	**c → cz**	to know
producir		to produce
convencer	**c → z**	to convince
torcer (ue)		to twist

Look at these examples:

Escojo el verde.	I choose the green one.
No corrijo sus errores.	I'm not correcting their errors.
Sigan Uds. este camino.	Continue on this road.
No la conozco.	I don't know her.
¡Convénzame!	Convince me!

5. Yo lo hago. Ahora, hágalo Ud. Di primero que haces estas cosas y luego cambia la frase a un mandato formal.

    Modelo: escoger el ajedrez
                Escojo el ajedrez. Ahora escoja Ud. el ajedrez también.

1. dirigir la banda
2. corregir los ejercicios
3. seguir este camino
4. conseguir el permiso del hombre
5. convencer al estudiante que es verdad
6. torcer el brazo así
7. cocer las legumbres

Para y por

Spanish has two words that are commonly confused by non-native speakers, *para* and *por*. Usa *para* if the meaning is as follows:

- destination

Salen para España mañana.	They're leaving for Spain tomorrow.

- used for, intended for

Es una taza para té.	It's a cup for tea.

- in spite of being

    Para ser peruano, sabe mucho de la historia norteamericana.

    For a Peruvian, he knows a lot about United States history.

- in the employ of

    Mi tía trabaja para el Sr. Peña.

    My aunt works for Mr. Peña.

- in order to

    Comemos para vivir.

    We eat in order to live.

- by a time in the future; deadline

    Voy a terminar el trabajo para mañana.

    I'm going to finish the work for tomorrow.

    Debes terminarlo para las diez.

    You should finish it by ten.

Use *por* in the following situations:

- for the sake of

    Lo hago por mi primo.

    I'm doing it for my cousin.

- in exchange for

    Te doy cuarenta pesos por el libro.

    I'll give you forty pesos for the book.

- because

    Por ser tú, te presto el dinero.

    Because it's you, I'll lend you the money.

- to take for

    La toman por doctora.

    They take her for a doctor.

- in the place of

    Trabajo por mi amigo esta noche.

    I'm working for my friend tonight.

- along, through

    Caminaron por el bulevar.

    They walked along the boulevard.

- per

    Ganamos cuatro dólares por hora.

    We earn four dollars an hour.

- extent of time

    Estuvimos en el Perú por dos semanas o más.

    We were in Peru for two weeks or more.

Salen para España mañana.

6. **¿Por o para? Decide si se necesita *por* o *para* en estas frases y usa la palabra correcta.**

> **Modelo:** ¿Cuánto te pagan _______ día?
> ¿Cuánto te pagan por día?

1. Hablas inglés muy bien _______ ser un estudiante extranjero.
2. Porque tengo que estudiar, Jaime trabaja _______ mí esta noche.
3. ¿Cuándo sales _______ el centro?
4. Mi tío trabaja _______ el gobierno.
5. Me tomaron _______ español.
6. Les pagamos 10.000 dólares _______ el carro.
7. Esta es una cuchara _______ sopa.
8. Es necesario estudiar _______ aprender.
9. Estas flores son _______ mi profesora.
10. Vamos a dar un paseo _______ esta calle.

7. **El tiempo que pasé en Chile. Daniel Clemente nos habla de sus tres años en Chile. Completa su historia, usando *por* o *para* en cada raya.**

Cuando yo vivía en Chile, me tomaban _______ chileno porque yo trabajaba _______ un negocio chileno y siempre hablaba español. Todas las mañanas yo salía _______ la oficina a los ocho, y caminaba _______ un bulevar que pasaba _______ el centro de la ciudad. No necesitaba un coche _______ ir al trabajo porque mi casa no estaba lejos. Me pagaban veinte pesos _______ hora en esos días, y tenía que ir a un banco _______ cambiar los pesos en dólares. Creo que me daban treinta y cinco pesos _______ un dólar. Me decían en el banco que _______ ser norteamericano, yo hablaba español muy bien.

Fue una experiencia muy buena, y quiero regresar algún día _______ visitar a mis amigos chilenos. No sé si ahora me van a tomar _______ chileno, y creo que ahora no puedo trabajar _______ el gobierno. Pero ¡qué gusto poder caminar _______ las calles de la ciudad otra vez!

8. **En el mercado. Imagínate que estás en un mercado latinoamericano y que oyes todas estas frases. Da una respuesta apropiada para cada una.**

1. ¿No le gusta el color?
2. ¿De qué tamaño necesita la camisa?
3. ¿Le quedan bien los zapatos?
4. Se lo vendo por cinco mil pesos.
5. Mire Ud. este sombrero.
6. ¿Quiere Ud. algo más barato?
7. Lléveselo por setecientos pesos.
8. ¿Cuál es su última oferta?
9. Está hecho a mano.
10. ¿Quiere Ud. un juego de ajedrez?

Lectura

Las tiendas especiales

En español, *-ería* al final° de una palabra se usa para indicar   *at the end*
la tienda donde se vende la cosa indicada por la primera
parte de la palabra. Hay un gran número de estas palabras
en la lengua española.

Ya hemos visto° que el papel se vende y se compra en   *we have seen*
una papelería y que los libros se venden en una librería.
Uds. saben también que los sombreros se venden en una
sombrerería y que los muebles se venden en una mueblería.

Generalmente las palabras que terminan con *-ería* se
forman fácilmente° con la simple adición de la terminación°   *easily/ending*
a la palabra en cuestión. En algunos casos es necesario

cambiar un poco la palabra, como por ejemplo° en el caso de panadería (pan), carnicería (carne) y verdulería (verduras). Con las palabras que terminan con una vocal° hay que quitar° la vocal antes de añadir° *-ería*. Pero no es difícil saber qué se vende en una tienda si se sabe la palabra básica.

for example

vowel

it is necessary to remove/adding

Preguntas

1. ¿Qué significa *-ería* en español?
2. ¿Dónde se compran los libros?
3. ¿Qué se vende en una zapatería?
4. ¿Adónde va uno para comer los churros?
5. ¿En qué tienda hay una gran selección de refrescos?, ¿pescado?, ¿camisas?, ¿pasteles? y ¿juguetes?

¿Qué venden aquí? (Perú)

¿Necesitas un libro? (Argentina)

En una florería se venden flores.

Una librería en Madrid. (España)

Vocabulario

el **ajedrez** chess
apretado, -a tight-fitting
barato, -a cheap, inexpensive
la **broma** joke
la **calidad** quality
la **carnicería** butcher shop
caro, -a expensive
cocer (ue) to cook
conseguir (i, i) to obtain
convencer to convince
corregir (i, i) to correct
costar (ue) to cost
cualquier form of **cualquiera** before a singular noun
cualquiera any at all, anyone
la **churrería** shop for selling **churros**
demasiado, -a too, too much, too many
desteñido, -a faded

dirigir to direct, to drive
fingir to pretend
flojo, -a loose-fitting
la **florería** flower shop, florist
la **frutería** fruit store
igual equal, the same
la **lechería** milk store, dairy store
la **librería** bookstore
llevarse to take away
la **maderería** lumber yard
mano: a mano by hand
más de more than (before a number)
mirar to look (at), to watch
la **mueblería** furniture store
la **oferta** offer
pagar to pay (for)
la **panadería** bakery
la **papelería** stationery store

parecer to seem
el **precio** price
proteger to protect
quedar en to agree to, to agree on
quedarle a uno to fit
rayado, -a scratched
la **refresquería** soft drink store
regatear to bargain, to haggle
el **robo** robbery
roto, -a broken, torn
seguir (i, i) to follow, to continue, to go on, to keep on
la **sombrerería** hat shop
el **tamaño** size
torcer (ue) to twist
usado, -a used
la **zapatería** shoe store

BAÑOS
MEDIAS 
ZAPAT

De compras°

shopping

GRACIELA: Estaba pensando probarme° estos vestidos.   *try on*

DEPENDIENTE: Los vestidores° están allá, pero hay un límite de tres prendas,° señorita.   *fitting room / garment*

GRACIELA: Muy bien. Me limitaré a éstas.

GRACIELA: ¿Qué tal° le parece este modelo?   *How*

DEPENDIENTE: Le cae muy bien,° sobre todo con esos aretes.° Se ve Ud. muy linda.°   *It looks good / earrings/beautiful*

GRACIELA: Gracias, señorita. Me gusta el estilo° y también el patrón.°   *style / pattern*

DEPENDIENTE: La tela° es de poliéster pero parece seda.° Será fácil° de cuidar.°   *fabric/silk / easy/care for*

GRACIELA: Bueno, me lo llevo. Póngalo en una bolsa,° por favor.   *bag*

DEPENDIENTE: Se lo envuelven° en la caja,° señorita. También se paga allí. Aquí tiene Ud. el recibo.° Muchas gracias.   *wrap/cashier's / receipt*

Preguntas

1. ¿Dónde está Graciela?
2. ¿Qué quiere comprar?
3. ¿Dónde se prueban los clientes los vestidos?
4. ¿Cuántas prendas es posible llevar al vestidor?
5. ¿Cómo se ve Graciela?
6. ¿Por qué le gusta a Graciela este vestido?
7. ¿Necesitas tú ir de compras? ¿Qué quieres comprar?

Notas culturales

Although large Hispanic cities have department stores, specialty shops are generally preferred as places to buy almost everything. Some of these shops sell only two or three different types of items, so a shopping trip can take you to many stores in order to complete all your purchases.

In most shops in Spanish-speaking countries, you do not pay the clerk who waits on you. Instead, the clerk writes out a receipt that you take to a cashier's window, where you receive your merchandise. This is true in clothing stores, drugstores, bookstores, and many other stores, as well.

Aquí tiene Ud. is the common way of saying "Here is . . ." or "Here are . . ." in Spanish. Depending upon the circumstances, you may say *Aquí tienes* or *Aquí tienen Uds.*, too.

Cultura viva

Shopping

Shopping, of course, is a common activity for visitors in any country. In recent years, specialty shops and boutiques, many of which are designated by a word ending in *-ería*, have become very popular. Their small size often surprises the visitor, because some seem scarcely large enough to stock an assortment of items.

Many stores tend to be grouped according to the merchandise they offer. Major shoe stores, for example, are usually found in one section of the city. The obvious advantage is that a large assortment of any one item is close-at-hand, and it is easy to check quality and price within an area of just a few city blocks. The suburban-type shopping center has been slow to develop in Spanish-speaking countries, in part due to the convenience of this grouping of similar stores together. The housing of a large variety of shops in one location in malls — often called *galerías* — is fairly recent, and people are only now becoming used to the concept. For this reason, the downtown area is still very vital and important in most cities.

Especially with regard to foods, stores that sell the same thing may have different names because each carries a variety of additional items. A shop that sells bread may be called a *panadería*, for example. It might also be called a *bizcochería* (biscuits), a *pastelería* (cakes), or a *repostería* (desserts). Other shops include the *carnicería* (meat), *tocinería* (bacon), *salchichonería* (sausage), *pescadería* (fish), *pollería* (chicken) and *mantequería* (butter).

Speaking of food stores, you can find a small local grocery store almost everywhere in Hispanic countries. It is unusual to have to walk more than three blocks before coming across one. Often these stores are simply one room in a private home, but the variety of foods they have available is surprising. These stores carry a good supply of cold beverages that day workers in the area buy. They also have a limited supply of fresh fruits and vegetables and many canned and packaged goods. If you forget to buy something at the store or the supermarket, you can usually find it at the local *tienda*.

Supermarkets are now a common sight in cities, and they are very much like supermarkets in the United States. The frozen food section is usually much smaller than in North American stores because food freezers are not very common. Fresh

¿Te gustan las fresas?

Una galería en Buenos Aires. (Argentina)

food is common in Hispanic countries because their favorable climates provide a good supply of fresh fruits and vegetables all year. However, the market, not the supermarket, is still the main source of this fresh food, since the selection is far greater, and the quality is usually better.

Hispanic countries use the metric system of measures. Pounds and ounces give way to kilos and grams, pints and quarts become liters and milliliters, and feet and yards are replaced by meters and centimeters. In many countries, clothing and shoe sizes are completely different from those you may use. Imagine wearing a size forty-one shoe!

In some cities, you can buy many things you want from street vendors who can be found nearly everywhere. Often, they will follow along with you as you walk and they try to make a deal. In many beach towns, nearly everything you want to buy may be available from a vendor as you lie on the sand in the sun!

You will certainly want to spend time shopping when you visit a Spanish-speaking country. Remember that products will be new to you, and even the method of making the purchase may be different from what you are accustomed to where you live.

Extensión

Es difícil decidir con tanta selección.	It's difficult to decide with such a large selection.
Sí, tenemos un buen surtido.	Yes, we have a good supply.
¿Lo quiere Ud. de seda o de algodón?	Do you want silk or cotton?
Prefiero lana, si la hay, pero de otro diseño.	I prefer wool, if there is any, but in another design.
¿Me sienta mejor el modelo a cuadros o el de rayas?	Do I look better in the plaid one or the striped one?
Le sientan bien todos, inclusive el modelo a cuadritos.	They all look good on you, including the checked model.
¿Dónde está el departamento de niños?	Where's the children's department?
Está arriba, en el primer piso.	It's upstairs, on the second floor.

¿Le muestro algo del mostrador, señorita?	Shall I show you something from the showcase, Miss?
Gracias, pero sólo estoy mirando.	Thank you, but I'm just looking.

La joyería y las joyas (*jewels*)

Práctica

En parejas:

A. Describe a store in your area without naming it. Your partner must try to guess what store it is from your description. Change roles.

B. Tell when you last bought some item of clothing. Mention what you bought, describe it and tell how many different articles you tried on or looked at before making your purchase.

C. Without naming the person, describe what someone in your class is wearing. Your partner tries to guess whom you have described. Switch roles.

D. Prepare an original dialog in which one of you is a customer in a clothing store and the other is the store clerk. The customer names an article of clothing, asks for the correct size, pattern and color and asks to try on the garment. The clerk indicates where the fitting rooms are and answers questions about prices. The customer agrees to take at least one item and is told to pay at the cashier's.

E. Try a game of Hangman, using some of the vocabulary from this lesson. To make the game more challenging, draw in a part of the figure for every vowel guessed, whether it is correct or not.

En grupos:

F. The first person mentions in Spanish an apparel item that someone in the class is wearing. The second says what color it is. A third student then points to someone in the room who is wearing that item while stating what the person is wearing. (*Julia lleva una blusa azul.*) Continue around the group at least once.

G. All students bring three pictures of articles of clothing. Set up shops discussed in this lesson or learned previously. Class is divided into shoppers and clerks. Then act out shopping for various items. Take turns asking *¿Quieres comprar el ...?* (*sombrero* for example). The second person then says in Spanish, *Sí, quiero comprarlo/los.* (Yes, I want to buy it/them.), using the correct object pronoun. Continue using vocabulary for other apparel until everyone has participated.

H. The first person says in Spanish, *Voy a comprar ...* (I'm going to buy ...) and mentions an article of clothing. A classmate answers where you can buy the item: downtown, in a shopping center, at a market or at some specific store. Continue around the group until you return to the first person who participated.

> **Modelo:** *Voy a comprar un sombrero.*
> *Puedes comprarlo en una sombrerería.*

Estructura

Más acerca de los pronombres directos e indirectos

Usually direct and indirect object pronouns are used before the conjugated form of the verb.

***Lo** conozco muy bien.*	I know **him** very well.
*Su prima **se lo** dijo.*	Her cousin told **it to her**.

However, object pronouns follow and are attached to an affirmative command. A written accent may be required to maintain the stress of the original verb form.

*Díga**selo**, por favor.*	Tell **it to them**, please.
*Lée**selos** a ella.*	Read **them to her**.

In some instances, the speaker has a choice of where to put an object pronoun. If the conjugated verb form is followed by an infinitive or a present participle, it may be placed before the conjugated verb, or on the end of the infinitive or present participle. Either position for the pronouns is correct. It is simply a matter of choice. A written accent is required when a pronoun is attached to the present participle.

*Queremos ver***lo**. **Lo** *queremos ver*.	*We want to see* **him**.
*Está escribiéndo***les**. **Les** *está escribiendo*.	She is writing **to them**.

1. Dorotea oye estas frases cuando está de compras. Haz el papel (*role*) de tutor y cambia las frases para mostrarle otra manera de decirlas en español.

> **Modelo:** Sí, me las acaba de mostrar.
> Sí, acaba de mostrármelas.

> **Modelo:** ¿La pulsera? Voy a comprarla.
> ¿La pulsera? La voy a comprar.

1. Quiero probármelo ahora.
2. La empleada me está mostrando este anillo.
3. Quiero llevármelos.
4. ¿Puede Ud. decirme dónde está la caja?
5. ¿Va a darme un recibo?
6. Marta se lo está probando en el vestidor.
7. Le acaba de comprar el collar.

2. Las siguientes personas están de vacaciones en España. Usa un mandato afirmativo o negativo para recomendar si la persona debe o no debe comprar la cosa indicada como recuerdo de su viaje.

> **Modelo:** la señora Vargas: una falda bonita
> Señora Vargas, cómprela Ud.

> **Modelo:** La señora Vargas: una falda fea
> Señora Vargas, no la compre Ud.

1. el señor Vargas: un anillo de plástico

2. la hija de los señores Vargas, Rosa: una bolsa sucia

3. la madre del señor Vargas, doña Ana: un collar de oro

4. el hijo de los señores Vargas, Carlos: un reloj roto

5. La señora Vargas y Rosa: unas blusas de seda

6. el señor Vargas: unos zapatos negros

7. todos: un suéter de lana

Para clarificar *le, les* o *se*

The words *le, les* and *se* are sometimes unclear in Spanish since they can mean a variety of things. Clarify their meaning by adding *a*, and a noun or a pronoun, to form what some people refer to as the redundant construction.

*Le escribo **a María**.*	I'm writing **to Mary**.
*¿Cúando va a hablar**les a Uds.**?*	When is he going to talk **to you**?
***Se lo** dije **a ellos** ayer.*	I told **it to them** yesterday.

3. **Regalos para mis amigos. Imagina que estás en la América del Sur y que compras las siguientes cosas. ¿A quién? o ¿a quiénes se las vas a dar?**

> **Modelo:** un reloj
> Voy a darle un reloj a mi mamá.
> Le voy a dar un reloj a mi mamá.

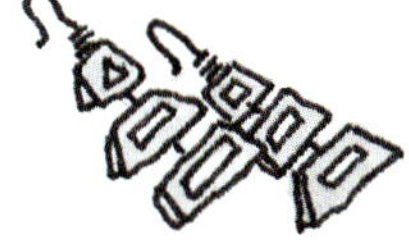

1. un collar muy lindo

2. unos aretes de plata

3. un sombrero

4. dos prendedores con joyas

5. un suéter de algodón

6. una chaqueta negra

7. unas pulseras con dijes

8. tres corbatas de poliéster

9. una corbata de seda

El futuro

In conversation, the present tense is often used instead of the future tense to express something yet to happen.

Te veo esta noche.	I'll see you tonight.
Nos hablamos pronto.	We'll talk to each other soon.

The construction consisting of a subject + *ir* + *a* + an infinitive is also commonly used to refer to what is going to happen in the future.

Vamos a viajar a Puerto Rico.　We are going to travel to Puerto Rico.

Marta va a tomar un taxi.　Marta is going to take a taxi.

The true future tense also refers to what is going to happen. It is a simple tense to learn because the stem usually consists of the infinitive and the future tense endings are the same for all verbs.

é	emos
ás	éis
á	án

Look at how simple the future tense is to form:

*Yo **hablaré** contigo mañana.*　**I'll talk** with you tomorrow.

*¿**comerás** tú algunos postres costarricenses durante las vacaciones?*　**Will you eat** any Costa Rican desserts during your vacation?

*Irene **estudiará** en San Juan el año próximo.*　Irene **will study** in San Juan next year.

*Nosotros **viviremos** en Perú por tres años.*　**We'll live** in Peru for three years.

*¿**Iréis** vosotros en tren o en coche?*　**Will you go** by train or by car?

*¿**Serán** Uds. famosos algún día?*　**Will you be** famous some day?

4. **Estas personas van a ir al centro mañana. Usa el futuro para decir adónde irá cada una y para qué.**

   Modelo: mi hermana / papelería / comprar
   Mi hermana irá a la papelería. Comprará papel.

1. mi hermana / zapatería / buscar
2. yo / librería / comprar
3. Raúl y Olga / churrería / comer
4. tú / florería / trabajar hasta las ocho
5. Irene y yo / cine / ver
6. mis hermanos / parque / jugar al fútbol
7. mi amiga / escuela / estudiar
8. mis papás / Puerto Rico / estar de vacaciones
9. yo / cuarto / leer y escuchar la radio
10. mi prima / Santo Domingo / vivir allí un año

El futuro de los verbos reflexivos

The future tense of reflexive verbs is formed in the regular way, except that the appropriate reflexive pronoun must precede the verb form. Look at the verb *lavarse* (to wash oneself) conjugated in the future tense.

lavarse	
me lavaré	**nos** lavaremos
te lavarás	**os** lavaréis
se lavará	**se** lavarán

5. **¿Qué pasará mañana? Las personas mencionadas van a hacer estas cosas mañana. Usa el futuro para decir cuándo.**

   Modelo: Luis / levantarse temprano
   Luis se levantará temprano.

1. Jorge / bañarse / a las seis
2. Clara y María / maquillarse / a las ocho
3. Tomás / afeitarse / antes de comer
4. nosotros / desayunarse / a las siete
5. tú / cepillarse los dientes / después del desayuno
6. Uds. / vestirse de blanco / por la mañana
7. ellos / acostarse tarde / a las once

El futuro de los verbos irregulares

Some verbs use a modified form of the infinitive in the future tense. Their endings remain the same as for regular verbs. However, note that the future tense endings are always preceded by the /r/ sound whether the verb is formed regularly or not.

The following verbs drop the letter *e* from the infinitive ending:

caber (*to fit*)	poder (*can, to be able*)	querer (*to want, to love*)	saber (*to know*)
cabré	podré	querré	sabré
cabrás	podrás	querrás	sabrás
cabrá	podrá	querrá	sabrá
cabremos	podremos	querremos	sabremos
cabréis	podréis	querréis	sabréis
cabrán	podrán	querrán	sabrán

The vowel of the infinitive ending is changed to *d* in these verbs:

poner (*to put*)	salir (*to leave*)	tener (*to have*)	venir (*to come*)
pondré	saldré	tendré	vendré
pondrás	saldrás	tendrás	vendrás
pondrá	saldrá	tendrá	vendrá
pondremos	saldremos	tendremos	vendremos
pondréis	saldréis	tendréis	vendréis
pondrán	saldrán	tendrán	vendrán

The letters *c* and *e* are dropped from the infinitive of *decir* and *hacer*.

decir (*to say, to tell*)	hacer (*to do, to make*)
diré	haré
dirás	harás
dirá	hará
diremos	haremos
diréis	haréis
dirán	harán

6. En el futuro ... Di qué harán estas personas mañana.

> **Modelo:** nosotros / tener una fiesta
> Tendremos una fiesta mañana.

1. Ernesto / tener que estudiar para un examen
2. yo / saber quiénes vienen a la fiesta
3. mi amiga y yo / salir para el centro a las tres
4. tú / decir la verdad a tus papás
5. mis primos / venir a mi casa
6. tú / poder ir con nosotros al pícnic

7. Gregorio / querer ir a un baile por la
noche

7. Una encuesta (*poll*). Contesta estas preguntas, usando el tiempo futuro.

1. Después de terminar el colegio, ¿a qué
universidad irás?
2. ¿Qué trabajo tendrás?
3. ¿Dónde vivirás el año que viene?
4. ¿Qué países visitarás en los próximos diez
años?
5. ¿Dónde estarás en cinco años?
6. ¿Cuándo comprarás tu primera casa?
7. ¿Qué clase será de más ayuda para ti en el
futuro?
8. ¿Qué parte de tu vida recordarás más?

El imperfecto progresivo

The imperfect progressive tense is used to tell what was going on at a specific time, often when something else happened. It is formed by combining the imperfect tense of *estar* with the present participle.

Estaba estudiando ayer a las cinco.	**I was studying** yesterday at five.
Estaban trabajando cuando llamé.	**They were working** when I called.

8. Ayer en la tarde mis amigos y yo estábamos juntos. Estábamos haciendo varias cosas. ¿Estaban haciéndolas otras personas también? Contesta las preguntas según las indicaciones, usando el imperfecto progresivo.

Modelo: Jugábamos al fútbol. ¿Y ellos? (no)
No, no estaban jugando al fútbol.

1. Estudiábamos español. ¿Y tú? (sí)
2. Practicábamos para la clase de banda. ¿Y
Uds.? (no)
3. Comíamos unos bocadillos. ¿Y tú? (no)
4. Tomábamos refrescos. ¿Y ellos? (sí)
5. Hacíamos la tarea. ¿Y Ud.? (no)
6. Almorzábamos en la cafetería. ¿Y Uds.?
(no)

Más acerca de los tiempos progresivos

The two most commonly used progressive tenses are the present and imperfect progressive. As you have seen, they usually consist of a form of the verb *estar* plus the present participle.

Estoy comiendo ahora.	I'm eating now.
Estaba hablando con mi amiga.	I was talking with my friend.

In addition to *estar*, several other verbs can be used to form the progressive tenses.

The most common are *ir* (to go), *andar* (to walk), *seguir* (to go on), *venir* (to come), and *continuar* (to continue). When it is logical, a form of any of these verbs can be used instead of a form of *estar*.

9. ¿Qué palabra es lógica? Usa la forma correcta del verbo indicado en lugar de *estar* para añadir la idea de movimiento a las siguientes frases.

> **Modelo:** Estoy hablando con Luisa. (venir)
> Vengo hablando con Luisa.

1. Chela está leyendo mientras nosotros hablamos. (seguir)
2. Aquí están manejando el carro por el parque. (venir)
3. Estamos estudiando para la clase de español. (continuar)
4. María está pensando en el día pasado. (andar)
5. Allí están los chicos tirando de la carroza. (ir)

10. Hablemos de tu ciudad. Da una respuesta correcta a estas preguntas acerca de tu ciudad.

1. ¿Hay muchas o pocas tiendas de ropa en tu ciudad?
2. ¿Dónde están las tiendas más importantes de tu ciudad?
3. ¿Hay un centro comercial en tu ciudad? ¿Tiene más de veinte tiendas o menos de veinte?
4. ¿Qué tela prefieres usar en el invierno?
5. ¿Qué tienda de tu ciudad tiene el surtido más grande de ropa?
6. ¿Usas un anillo? ¿Es de oro o de plata?
7. ¿Tienes un reloj? ¿Quién te lo dio?
8. ¿Te gusta ir de compras?

Lectura

La artesanía°

handicrafts

En la mayoría de los países hispanos, la artesanía produce gran número de cosas de interés. Sobre todo los artículos hechos o decorados a mano son muy populares. Mucha gente se gana la vida° produciendo guitarras, cerámica, *earn a living* tejidos° y muchos otros productos. Su trabajo es muy bueno *woven goods* y muchas veces el precio es bajo si le interesa a uno comprar algo.

Los artículos hechos a mano son populares.

Mucha gente se gana la vida produciendo tejidos y otros productos.

La artesanía produce gran número de cosas de interés.

Los artículos de cuero y de ropa son buenos recuerdos.

¿Cuáles son algunos de los productos que encontrarás en tus viajes por los países hispanos? Entre las cosas más conocidas,° podemos mencionar los huaraches° y los sarapes° de México. De Guatemala vienen los tejidos con colores vivos. Otros países de la América Central también producen tejidos y móviles con diseños fascinantes. En varios lugares los artesanos producen collares, dijes, prendedores, pulseras y anillos. Muchos son de oro o de plata. A veces tienen diamantes, rubíes, turquesas y varias piedras° preciosas y semi-preciosas que se producen en muchos países de la América Central. Claro que son muy lindos.

Los artículos de cuero° están entre los productos populares de la América del Sur y en particular en Uruguay y Argentina. Hay billeteras,° maletas, sacos, y aún° alfombras que se hacen de cuero en estos países. La gran producción de carne permite que haya° tanto cuero para vender en esta parte de las Américas.

Probablemente lo más típico de España son los productos hechos de damasquinado,° un trabajo muy fino que combina el oro, la plata y el acero.° Ofrecen artículos pequeños, como joyas; los hay grandes como, por ejemplo,° una espada.° Otras cosas tradicionales de España que querrás ver incluyen los abanicos° y las mantillas.°

Además de° esto, cada país produce prendas de ropa de muchas clases. Si la ropa es típica del país, es un buen recuerdo de tu viaje. Al mismo tiempo es una compra práctica y útil° que uno puede guardar por mucho tiempo.

Hay una gran variedad de otros productos de artesanía en el mundo de habla hispana. Cada país y cada región le ofrece al turista productos diferentes. Además, la industria que resulta es muy importante para la economía de estos países.

Hay una gran variedad de productos de artesanía en el mundo de habla española.

¿Quieres comprar algo?

Preguntas

1. ¿Qué artículos de artesanía son populares en los países hispanos?
2. ¿Cómo se ganan la vida muchas personas en los países hispanos?
3. ¿Cuáles son algunos productos de México?
4. ¿Cuáles son algunos productos de la América Central?
5. ¿Qué metales preciosos se producen en las Américas?
6. ¿Qué productos de artesanía son populares en la América del Sur?
7. ¿Cuáles son algunos de los productos de España?
8. ¿Cuáles son algunas piedras preciosas o semi-preciosas?

Vocabulario

el **algodón** cotton
el **anillo** ring
el **arete** earring
la **bolsa** bag, sack, purse
caer to fall
caerle a uno to be becoming to one, to fit
la **caja** box, cashier's cage
el **collar** necklace
la **compra** purchase
   de compras shopping
cuadritos: a cuadritos checked
cuadros: a cuadros plaid
cuidar to care for
el **departamento** department, apartment
difícil difficult
el **dije** charm (for a bracelet)

el **diseño** design
envolver (ue) to wrap
el **estilo** style
fácil easy
inclusive including
la **joya** jewel
la **joyería** jewelry, jewelry store
la **lana** wool
limitarse to limit oneself
el **límite** limit
lindo, -a beautiful
el **modelo** model
el **mostrador** counter, showcase
mostrar (ue) to show
el **oro** gold
el **patrón** pattern
la **plata** silver
el **poliéster** polyester

la **prenda** garment
el **prendedor** brooch
probarse (ue) to try on
la **pulsera** bracelet
¿Qué tal? how?
la **raya** stripe
el **recibo** receipt
el **reloj** watch, clock
la **seda** silk
la **selección** selection
sentar (ie) to seat
sentarle (ie) a uno to be becoming to one, to fit
el **surtido** assortment, supply
la **tela** fabric
el **vestidor** fitting room

CÓMPRAME AQUÍ

A. Cambia al tiempo progresivo correspondiente.

> **Modelo:** Sigue este camino.
> Está siguiendo este camino.

> **Modelo:** Hablaban durante la clase.
> Estaban hablando durante la clase.

1. Los estudiantes leen la lección.
2. Las porristas practicaban después de las clases.
3. Le pago el dinero ahora.
4. ¿Manejas el carro nuevo de tu papá?
5. Mis amigos miraban la televisión.
6. Luz compraba unos zapatos nuevos.
7. Te decimos la verdad.
8. ¿Olvida Ud. algo?

B. Forma frases, usando las pistas que siguen.

> **Modelo:** yo / peinarme / todas las mañanas / la semana pasada
> Me peinaba todas las mañanas la semana pasada.

1. nosotros / dormirse tarde / anoche
2. Marilú / maquillarse / cada día
3. ellos / quedarse / dos horas / ayer
4. ¿tú / despertarse temprano / esta mañana?
5. ¿no / bañarse / tú / ayer?
6. ella / apurarse para ir al trabajo / cada mañana
7. ¿a qué hora / acostarse / él / anoche?

C. Contesta la frase con el tiempo futuro.

> **Modelo:** ¿Sabes cuándo vienen?
> No, no sé cuándo vendrán.

1. ¿Sabes adónde va María mañana?

2. ¿Sabes cuánto tiempo tiene ella aquí?
3. ¿Sabes quién viene con Carlos?
4. ¿Sabes qué lengua hablan en su casa?
5. ¿Sabes a qué hora comemos esta noche?
6. ¿Sabes qué película quiere ver?
7. ¿Sabes cuántas camisas compra?
8. ¿Sabes cuándo salimos para el mercado?

D. Cambia estas frases al mandato apropiado.

Modelo: Juan no llega tarde.
Juan, no llegues tarde.

1. El señor escoge el ajedrez más bonito.
2. Anastasia no platica con esas chicas.
3. Las señoras empiezan a trabajar en quince
   minutos.
4. Guillermo no marca el número de mi casa.
5. La señorita nos sigue en su carro.
6. Los chicos practican diez minutos más.
7. La señora tiene cuidado.
8. Los señores no pescan en este lago.

E. ¿Por o para? Escoge *por* o *para* y completa las siguientes frases.

Modelo: Esta taza es (por, para) té.
Esta taza es para té.

1. ¿(Por, Para) quién son estos regalos?
2. Mi hermana salió (por, para) el parque en
   el carro de su novio.
3. Jorge no puede trabajar hoy, y yo voy a
   trabajar (por, para) él.

El mercado Libertad en
Guadalajara. (México)

¿Te interesan los computadores?

4. (Por, Para) ser niño, comprende muy bien estas palabras.
5. Los jóvenes trabajan (por, para) tener dinero (por, para) pagar su carro.
6. Te pagaré ochocientos pesos (por, para) tu bicicleta.
7. Quiero trabajar (por, para) un negocio en España.

F. Di qué trabajo hacen estas personas.

Modelo: Julián / camionero
Julián es camionero.

1. mis primos / carpintero.
2. la hermana de Pablo / dependiente
3. Andrés / taxista
4. mi tía / abogada famosa
5. el papá de Luis / médico
6. mi hermano mayor / hombre de negocios
7. Sra. Ruiz / enfermera buena
8. mi hermana casada / secretaria
9. Catalina / cocinera
10. Cecilia / artista famosa

G. ¿Qué palabra interrogativa se usa en estas frases?

Modelo: ¡Hola, amiga! ¿... estás hoy?
¡Hola, amiga! ¿Cómo estás hoy?

1. Yo no sé _______ viven tus abuelos.
2. Dime _______ son treinta y cinco y setenta y dos, por favor.
3. ¿Pueden Uds. decirnos _______ es la respuesta correcta a esta pregunta?
4. Mario quiere saber _______ es una guagua.
5. Tenemos que decir _______ queremos aprender español.
6. Margarita, ¿_______ es tu cantante favorito?
7. En su carta nos escriben _______ van a venir a nuestra casa.
8. No sé _______ tiempo hace que Alicia y yo somos amigas.
9. ¿_______ son las personas más importantes de tu vida?
10. ¿_______ son las películas que quieres ver este fin de semana?

H. Expresa en español.

1. I looked for Teodoro because I wanted to study with him.
2. What time did they go to sleep?
3. We'll be there, but I don't know if we'll come with him or with her.
4. She wanted to finish it before this morning.
5. Lola wasn't with him when he left for school.
6. These exercises are for tomorrow.
7. When we arrived at Pedro's house, his family was eating.

I. A nivel personal

1. In Spanish, compare shopping for clothing in Hispanic countries and in the United States. Point out the similarities and differences. Present this report to your class.

2. List ten Spanish-speaking countries. Consult the business section of a daily paper to find out what the currency in that country is called and what it is worth in dollars. Share this information with the class, giving the price of one or two common items in terms of these currencies.

3. Using a metric conversion chart, find out the following information and share it with your class:
   a. your height in centimeters
   b. your weight in kilograms
   c. the temperature today in Celsius
   d. the distance to a neighboring town or city in kilometers
   e. the weight of some canned or packaged food in grams

Necesito unas flores para mi mamá.

La artesanía en Costa Rica.

4. Make a list of the major departments in a store you know. List these sections in Spanish, using *-ería* words where possible.

5. In Spanish, list the types of stores in a shopping center or mall near you.

6. Draw a rough sketch of *La plaza de la luna,* a shopping mall you are planning to build. Label in Spanish the types of stores that will be in your shopping center.

7. Choose three Spanish-speaking countries. Find out some of the most important products and handicrafts of these countries. Share this information with your class. If you can, make sketches of some or all of them.

8. Draw a rough floor plan of some supermarket you know. Indicate in Spanish where specific items are located, including as many foods as you know.

9. With a partner, prepare one of these original dialogs:
   a. A tourist is in a market, bargaining for a guitar. The final price will be the equivalent of fifty dollars.
   b. A tourist is in a department store, looking for the shoe section and purchasing a pair of shoes for the equivalent of thirty dollars.

En el restaurante Palacio Real

ROSA:	¡Qué comida más rica! Estoy llena.°	*very full*
RAUL:	Me gustó mucho el coctel de camarones.°	*shrimp cocktail*
ROSA:	Y la sopa de cebolla° estaba muy sabrosa. Toda la comida estaba deliciosa.	*onion*
RAUL:	¿Piensas° pedir algo más?	*intend*
ROSA:	No sé si aguanto° probar un bocado° más.	*can stand/mouthful*
RAUL:	¿No te gustaría un helado° o un pastel?°	*ice cream/cake*
ROSA:	¡Ay, Raúl! Vas a engordarme° con tantos dulces. Ya comí bastante.°	*fatten* / *enough*
RAUL:	Un flan,° nada más. Sería ideal para festejar° la ocasión.	*custard/celebrate*
ROSA:	Bueno, estoy resuelta° a complacerte.°	*determined/please*
RAUL:	Excelente. Vas a ver que no es demasiado.° ¡Mesero!	*too much*
MESERO:	Sí, señor. A sus órdenes.°	*At your service.*

Preguntas

1. ¿Dónde están Raúl y Rosa?
2. ¿Qué comió Raúl?
3. ¿Qué comió Rosa?
4. ¿Por qué no quiere comer más Rosa?
5. ¿Qué postres hay?
6. ¿Cómo se llama la persona que sirve la comida?
7. ¿Qué te gusta comer?

Extensión

Para preparar una ensalada

Las legumbres y las verduras

La carne

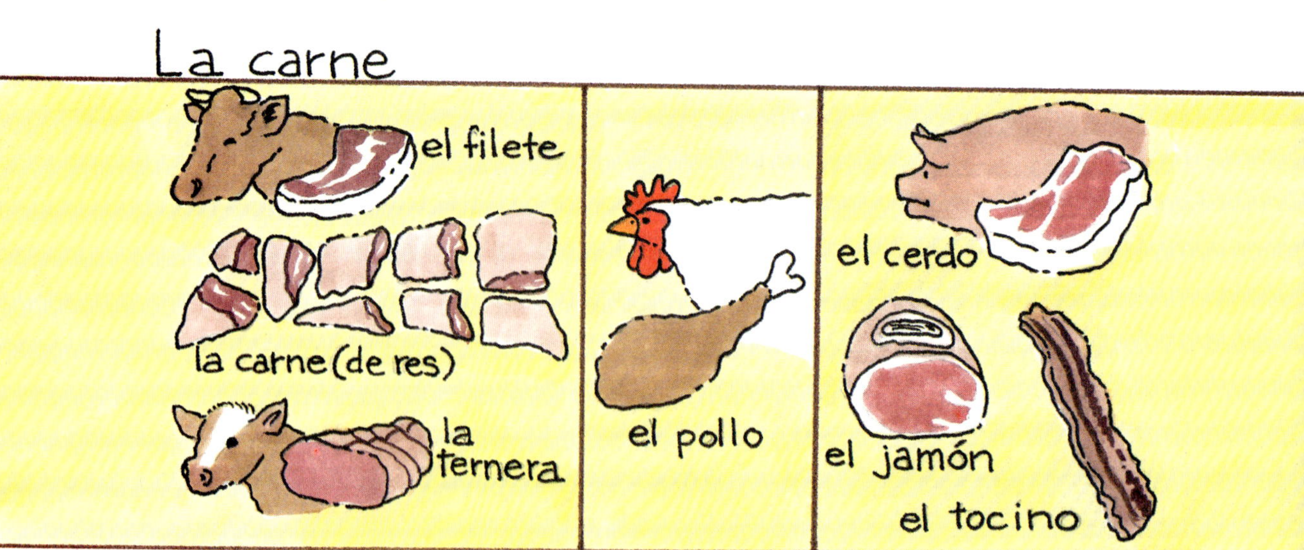

Los mariscos

Los postres

Práctica

En parejas:

A. Talk with each other about food likes and dislikes. Ask if your partner likes specific vegetables. Alternate asking and answering.

> **Modelo:** ¿Te gustan las papas?
> No, no me gustan las papas, pero me gustan los guisantes.

B. Describe to your partner your favorite meal. Be as specific as possible.

C. Imagine that you are the operators of a restaurant. Prepare a written menu of dinner offerings for your establishment.

D. Using the menu you have prepared, alternate playing the role of two people in a restaurant. The customer orders a complete dinner from the menu; the food server must take the order while suggesting some of the specialties of the house.

E. Bring several fresh vegetables to class and prepare a salad for your classmates, describing in Spanish the ingredients.

En grupos:

F. With two other people, prepare an original dialog in which two customers enter a restaurant to eat a complete dinner. Each customer must order a soup or salad, an entrée with some vegetable, a beverage and a dessert. The third person plays the food server and makes suggestions and comments on the quality of the food. Start by selecting a table, and end by paying the bill.

G. The first person asks if the second likes a certain food. The second answers and asks the third about another food. Continue around the group at least twice.

H. Each person says *"Voy a hacer una ensalada. Necesito . . .,"* and in Spanish names a food that can be found in a salad. A classmate continues by saying, *"Voy a hacer una ensalada. Necesito . . .,"* and names another food that is used in a salad. Anyone in the group who names an ingredient not found in a salad is out of the game. Continue until nobody can name another salad ingredient.

Estructura

La *a* entre verbos

In Spanish, an infinitive may usually be used immediately after another verb.

Quiero salir temprano.	I want to leave early.
José no puede ir hoy.	José isn't able to go today.

However, an untranslatable *a* must be used after these verbs:

- verbs of motion such as *ir, salir* and *venir*

*Voy **a** estudiar esta noche.*	I'm going to study tonight.
*¿Sales **a** estudiar?*	Are you going out to study?
*Vienen **a** estudiar.*	They come to study.

- *empezar (ie)* and *comenzar (ie)*

*Comienzan **a** trabajar a las ocho.*	They begin working at eight.
*Empiezo **a** estudiar a las seis.*	I begin to study at six.

- *invitar*

*Carlota les invitó **a** venir a su casa.*	Carlota invited them to come to her house.

- *aprender*

*Aprendemos **a** hablar español.*	We're learning to speak Spanish.

- *enseñar*

*Carla enseña al niño **a** nadar.*	Carla is teaching the child to swim.

- *ayudar*

*¿Me ayudas **a** terminar esto?*	Will you help me finish this?

1. ¿Qué haces? Decide si las siguientes frases necesitan o no necesitan una *a*.

Modelo: ¿Te gusta _______ comer en los restaurantes mexicanos?
¿Te gusta comer en los restaurantes mexicanos?

1. ¿Me puedes ayudar _______ contestar estas
   preguntas?
2. ¿Aprendes _______ hablar español?
3. ¿Deseas _______ ir el sábado a las nueve?
4. ¿Sales _______ buscar a tu amiga a las ocho
   y media?
5. ¿Puedes _______ llegar un poco más tarde?
6. ¿Prefieres _______ comer carne o pescado?
7. ¿Empiezas _______ comprender un poco
   más?

**2. Haz una frase completa con las palabras que se dan, usando el tiempo
presente.**

Modelo: Clara / ayudar / José / terminar / lección
Clara ayuda a José a terminar la lección.

1. los Sres. Pérez / invitar / mis padres / su
   casa / comer
2. mi profesora / enseñarnos / leer /
   artículos / español
3. mi hermana / aprender / bailar
4. nosotros / empezar / estudiar / pronto
5. ¿cuándo / comenzar / Uds. / marchar /
   desfile?
6. ¿quién / ayudarte / hacer / este /
   trabajo?
7. Luis / venir / mi casa / esta tarde /
   jugar / fútbol

**3. ¿Cuál es la pregunta? Estas frases son las respuestas. Da una pregunta
apropiada para cada una de ellas.**

Modelo: Marta los invitó a venir a su fiesta.
¿Quién los invitó a venir a la fiesta?

1. Ibamos a salir antes de las seis.
2. Pepe siempre la ayuda a lavar el carro.
3. Mi primo vino aquí para estar cerca de su
   familia.
4. Los invité a ir porque son personas muy
   interesantes.
5. La Sra. Ruiz les enseñó a tocar el piano.
6. Comencé a estudiar el español el año
   pasado.
7. Jorge aprendió a manejar el camión en una
   escuela del gobierno.

Pensar

The verb *pensar (ie)* means "to think." When followed directly by another verb, however, it means "to intend" or "to plan."

Pienso salir mañana.	I intend to leave tomorrow.
No pensábamos salir tan tarde.	We didn't plan to leave so late.

4. ¿Quién piensa hacer esto? Di quién piensa hacer estas cosas según las pistas.

> **Modelo:** estudiar más (Julia)
> Julia piensa estudiar más.

1. pedir un postre grande (Cintia)
2. desayunarse primero (yo)
3. probarse los pantalones (Miguel)
4. contestar todas estas cartas (nosotros)
5. ¿corregir todos estos papeles ahora (Ud.)?
6. ¿bailar con tu novio? (tú)
7. ¿no acostarse temprano? (tú)
8. ¿mirar la televisión esta noche? (Uds.)

Los verbos reflexivos

Reflexive verbs consist of an infinitive and a reflexive pronoun. Almost every reflexive verb may also stand alone, without the reflexive pronoun. This non-reflexive form often has a slightly different meaning.

*La señora **se lavó** la cara.*	The lady washed her face.
*La señora le **lavó** la cara al niño.*	The lady washed the child's face.

Compare the following pairs of verbs:

verbo		verbo reflexivo	
levantar *Levanta tus libros.*	to lift, raise Lift your books.	*levantarse* *Levántate.*	to get up Get up.
despertar (ie) *Despiértela Ud.*	to awaken Wake her up.	*despertarse (ie)* *Despiértese Ud.*	to wake up Wake up.
llamar *Llámalos mañana.*	to call Call them tomorrow.	*llamarse* *¿Cómo te llamas?*	to be named What's your name?
sentar (ie) *Siéntelos allá.*	to show to a seat Seat them over there.	*sentarse (ie)* *Quiero sentarme aquí.*	to sit down I want to sit down here.
acostar (ue) *Acueste Ud. al niño.*	to put to bed Put the child to bed.	*acostarse (ue)* *Acuéstese Ud.*	to go to bed Go to bed.

Some verbs have very different meanings when they are made reflexive:

verbo		verbo reflexivo	
ir	to go	*irse*	to go away
Ve a la pizarra.	Go the board.	*¡Vete!*	Get out of here!
llevar	to take, to wear	*llevarse*	to take away
Llévalas contigo.	Take them with you.	*Llévatelo.*	Take it away.
comer	to eat	*comerse*	to eat up
Ana comió poco.	Ana ate very little.	*Ana se lo comió todo.*	Ana ate it all up.

Not all verbs become reflexive, of course, but some have interesting changes in use and meaning. Watch and listen for them as you continue your study of Spanish.

5. **En mi familia. Usa el presente de los verbos indicados para decir qué hacen las siguientes personas.**

> **Modelo:** Clara *ir* mañana, pero yo *irse* ahora mismo.
> Clara va mañana, pero yo me voy ahora mismo.

1. Muchas veces mi mamá *bañarse* y luego *bañar* a mi hermano menor.
2. Siempre yo *despertarme* a las seis, y luego la *despertar* a mi hermana.
3. Si yo no *despertarme* cuando el reloj suena, mi mamá me *despertar*.
4. En el cine, nosotros *sentarnos* porque los empleados no *sentar* a los clientes.
5. Esta noche cuido a mi hermano menor. A las nueve yo lo *acostar*, y a las once yo *acostarme*.
6. Mi hermana no *comer* las legumbres, pero *comerse* el helado porque le gusta mucho.
7. ¿Me *cepillar* Ud. el pelo, por favor? ¿O *cepillarse* Ud. primero?
8. Cada semana *lavar* el perro y después *lavarme* las manos.

¿Comerías tú carne?

El condicional

The conditional tense means "I would (do something)." Conditional tense verbs usually depend on something happening or some condition. Look at this example: "What would you do (under certain conditions)?"

In Spanish, to form the conditional tense, use the same stem you learned for the future tense. With few exceptions, that will be the infinitive. Only one set of endings exists for any verb in the conditional tense. They are added to the stem of the verb.

ía	íamos
ías	íais
ía	ían

These are the same as the *-er* and *-ir* endings for the imperfect tense. Notice how the conditional tense compares in Spanish and in English in these examples:

Yo **hablaría** español.	I **would speak** Spanish.
¿**Comerías** tú carne?	**Would** you **eat** meat?
Viajaría más.	She **would travel** more.
Nosotros **escribiríamos** una carta.	We **would write** a letter.
Iríais vosotros en tren o en avión.	**Would** you **go** by train or by plane?
¿**Serían** Uds. ricos ahora?	**Would** you **be** rich now?

6. ¿Qué dijeron? Di qué dijeron estas personas según las pistas.

> **Modelo:** Julián dijo que no *trabajar* esta noche.
> Julián dijo que no trabajaría esta noche.

1. ¿A qué hora dijiste que *estar* en casa esta tarde?
2. Maruca dijo que *pedir* un filete término medio.
3. Mis abuelos dijeron que no *vivir* en esa parte de la ciudad.
4. Justo dijo que *lavarse* las manos antes de comer.
5. Yo dije que *ir* al pícnic con tu familia.

6. La cliente dijo que *escoger* otro juego de
   ajedrez.
7. Dijimos que *adornar* el árbol después de
   regresar.
8. ¿Dijeron Uds. que *mirar* el programa de
   televisión o no?

El condicional irregular

Verbs that are irregular in the future tense are also irregular in the conditional.

**7. Una encuesta. Vamos a imaginar que este sábado por la noche vas a un
restaurante elegante para comer. Di qué harías en esta circunstancia.**

> **Modelo:** ¿Qué harías tú?
> Vendría con un amigo.

1. ¿A qué hora saldrías a comer?
2. ¿A quién invitarías a ir contigo?
3. ¿Qué ropa usarías?
4. ¿Cuánto tiempo pasarías en el
   restaurant?
5. ¿Qué carne ordenarías del menú?
6. ¿Comerías papas con la carne?
7. ¿Qué legumbre comerías con esta
   comida?

8. ¿Qué bebida tomarías?
9. ¿Qué postre preferirías?
10. ¿Pagarías al mesero o en la caja?

8. En ese caso. Di qué harían estas personas en cada uno de los siguientes casos.

> **Modelo:** Ricardo tiene que quedarse en casa. (no salir)
> En ese caso, Ricardo no saldría.

1. Alguien me da mucho dinero. (poner el dinero en el banco)
2. Marcos es el marido de Isabel. (lo querer mucho)
3. No sabemos leer. (tener que practicar más)
4. Sabes qué contestar. (decir la respuesta)
5. Dos estudiantes no estuvieron en clase. (no poder hacer la tarea)
6. Marcelo no tiene coche. (venir con sus hermanos)
7. No sé la repuesta. (no saber qué contestar)
8. Son las ocho ya y tienen clase. (salir sin comer)

Caer

The verb *caer* (to fall, to look good/bad on, to please) is an irregular present-tense verb. It is most commonly used as a reflexive verb, *caerse* (to fall). Here are its forms in the present, imperfect and preterite tenses.

caer		
presente	**imperfecto**	**pretérito**
caigo	caía	caí
caes	caías	caíste
cae	caía	cayó
caemos	caíamos	caímos
caéis	caíais	caísteis
caen	caían	cayeron

9. ¿Me cae bien? Di que estos artículos de ropa les caen bien a todas las personas que los compraron.

> **Modelo:** José compró zapatos.
> Los zapatos le caen bien a José.

1. Compré un suéter
2. Silvia compró un vestido y una blusa.
3. Las niñas compraron sombreros.
4. Compraste un abrigo.

5. Nosotros compramos chaquetas.
6. Uds. compraron anillos.
7. Ud. compró un traje de baño.
8. Mi mamá compró un reloj y un collar.

10. **¿Se cayeron? Di cuándo o dónde estas personas se cayeron, según las pistas.**

> **Modelo:** yo / en la práctica
> Yo me caí en la práctica.

1. Jorge / al caminar por el parque
2. los niños / al jugar al fútbol
3. nosotros / en la playa
4. tú / en la calle
5. mi amigo / en el corredor
6. Uds. / al dar un paseo
7. yo / delante de la casa
8. Ud. / al regresar del centro

Lectura

La comida hispánica

Es interesante notar que algunas comidas que nosotros conocemos muy bien no se originaron en los Estados Unidos. El tomate se llamaba *tomatl* en náhuatl, la lengua de los aztecas, y se originó en México. El chocolate se conocía como *chocolatl*. El aguacate° se decía *aguacatl* y el chicle,° que es tan popular entre los norteamericanos, también vino de México.

avocado/
chewing gum

Muchas personas creen que la papa (o la patata, como se llama en España) es de Irlanda.° En realidad, la papa es un producto nativo de los Andes, en la América del Sur, donde existe una variedad muy grande. Asimismo,° el maíz es otra cosecha° americana. No se sabe si se originó en la América del Sur o en México, pero los nativos mexicanos usaban el maíz como base de toda su comida. Sería casi imposible describir todas las comidas regionales de los diez y nueve países de habla hispana, pero sí podemos mencionar algunas.

Ireland

likewise

crop

En los países tropicales hay algunas frutas no muy conocidas en nuestro país. Entre ellas están los mangos y la papaya. También hay casi todas las frutas que conocemos bien, además° de las más exóticas.

Las carnes que comemos en nuestro país también se consumen en los países hispánicos. Hay otras que no se comen aquí o que, por lo menos° no se comen mucho. El cabrito° tiene gran popularidad en algunos lugares y hasta° se comen las iguanas en otras partes.

Además de los mariscos que se consumen en los Estados Unidos, el pulpo° y el calamar° son muy populares, sobre todo en España. Allí es costumbre comer bocadillos de pulpo o de calamar por la tarde. Son unas de las tapas° populares, y mucha gente va a los restaurantes a eso de las seis de la tarde para platicar y comer tapas.

Sea° comida conocida o comida más exótica, el probar los platos típicos de otros lugares es parte de la aventura de viajar y conocer otras naciones. Como° se dice en español: ¡Buen provecho!°

besides

at least

kid (goat)/even

octopus/squid

hors d'oeuvres

whether it be

as

Enjoy your meal!

Preguntas

1. ¿Qué lengua hablaban los aztecas?
2. ¿Cómo se llama el chocolate en *náhuatl*?
3. ¿De dónde vienen las papas?
4. ¿Dónde se originó el maíz?
5. ¿Qué frutas exóticas se comen mucho en los países tropicales?
6. ¿Qué carnes se comen en los países hispanos?
7. ¿Cuáles son unas tapas? ¿Cuándo se comen?
8. ¿Comes alguna comida hispánica? ¿Qué es?

Granadas. (México)

Las tortillas se hacen de maíz.

El mango es una fruta tropical.

Vocabulario

el **aceite** oil
acostar (ue) to put to bed
aguantar to bear, to stand
el **apio** celery
ayudar to help
bastante enough, quite, rather
el **bocado** mouthful
el **camarón** shrimp
el **cangrejo** crab
carne: carne de res beef
la **cebolla** onion
el **cerdo** pork, pig
cocido, -a cooked, boiled
el **coctel** cocktail
la **col** cabbage
comerse to eat up
complacer to please
delicioso, -a delicious
despertar (ie) to awaken
(someone else)
engordar to make fat

excelente excellent
festejar to celebrate
el **filete** steak
el **flan** custard
el **guisante** pea
la **habichuela** green bean
el **helado** ice cream
ideal ideal
irse to go away, to leave
la **langosta** lobster
lavar to wash
la **lechuga** lettuce
levantar to raise, to lift
lleno, -a full
el **maíz** corn
el **marisco** seafood
la **orden** order
el **ostión** oyster
peinar to comb (someone else's
hair)
pensar (ie) to think, to intend

el **pepino** cucumber
el **pimiento** pepper (vegetable)
el **pollo** chicken
el **rábano** radish
resuelto, -a resolved, determined
sentarse (ie) to sit down
el **término** term
término medio medium
(doneness of meat)
la **ternera** veal
el **tomate** tomato
la **verdura** green, leafy vegetable
el **vinagre** vinegar
la **zanahoria** carrot

La paella

¿Qué es la paella? Es una maravilla española. Es un plato típico de Valencia que contiene° una variedad de ingredientes: carne, mariscos, legumbres y arroz.° ¿Quieres aprender a prepararla? Aquí tienes una receta.°

¡Buen provecho!°

contains

rice

recipe

Enjoy your meal!

Paella
(*para ocho personas*)

Ingredientes:
un tercio° de taza de aceite de oliva°
medio kilo de costillas° de cerdo partidas°
450 gramos de chorizo°
dos dientes de ajo° picados°
tres tomates pelados° y cortados°
seis tazas de agua
dos cucharaditas° de sal
un cuarto de cucharadita de pimienta
una o dos docenas° de almejas°
medio o tres cuartos de kilo de camarones o langosta
dos tazas de arroz sin cocer
una lata° pequeña de pimientos rojos
una taza de guisantes frescos
media taza de zanahorias picadas
un cuarto de taza de perejil° picado

one-third/olive oil
ribs/cut apart
sausage
garlic cloves/minced
peeled/cut

teaspoonfuls

dozen/clam

can

parsley

Direcciones
En una sartén° grande se calienta° el aceite y se dora° el cerdo y el chorizo. Se añaden° el ajo, los tomates, el agua, la sal y la pimienta. Se hierve° a fuego lento° por veinte minutos.

Se añaden el arroz y los mariscos y se hierven a fuego lento por otros veinte minutos. Se añaden las legumbres y el perejil, hirviéndose a fuego lento por unos diez minutos más.

pan/heat/brown
add
boil/slow

Preguntas

1. ¿Qué carne se usa en esta paella?
2. ¿Qué mariscos contiene esta paella?
3. ¿Qué legumbres hay en esta paella?
4. ¿De dónde viene la paella?
5. ¿Cuántos minutos se tarda en cocer esta paella?

Cultura viva

Dining out

One of the delights of any tourist is dining out, especially when the restaurants and meals are out-of-the-ordinary. Visitors to Hispanic countries will not be disappointed with the culinary experiences that await them.

It's important to know that there are different types of restaurants in Spanish-speaking countries. A *restaurante* or *restorán* is an establishment that features international cuisine. A *fonda*, or *mesón*, on the other hand, features typical dishes of the country and is an excellent place to taste regional cooking. A *café* is usually a more casual place to eat and offers light meals, sandwiches or snacks. The word *cafetería* is now used in some places for a hotel-type coffee shop. In many parts of South America, the *confitería* is the place to go for a quick bite to eat, but other names — such as *sandwichería*, *coctelería*, and *whiskería* — are also used for the same type of restaurant. The word *bar* in Spain can simply mean *café*.

Wherever you go in Spanish-speaking countries, street vendors offer a variety of foods. Many sell soft drinks and fruit-flavored beverages. Others peddle fresh fruit, vegetables, ice cream or popsicles. Some even offer hot food prepared on the spot. Clearly, there are many alternatives to established restaurants. However, established restaurants provide more controlled food preparation and sanitary conditions.

¿Qué comida internacional se sirve aquí?

Venden esta bebida tradicional en las calles de Santiago. (Chile)

El chateo. (España)

You may have some difficulty becoming used to meal hours and foods in Hispanic countries. Breakfast is normally served at about the same hour as in the United States, but without the packaged cereals, bacon and eggs to which we are accustomed. Breakfast in most Spanish-speaking nations is very light and may consist of nothing more than juice, bread and coffee.

In Spanish-speaking countries, the biggest and most important meal of the day, the *comida* or *almuerzo*, is commonly eaten in the early afternoon. It often consists of soup, one or two main courses, dessert such as fruit or cheese, and coffee. In many places, businesses close during these afternoon hours so that workers can go home to eat with their families. This is also a time for entertaining friends. In some countries, a special meal-of-the-day is offered by some restaurants. This meal is called the *menú del día* in Spain and the *comida corrida* in Mexico.

In the late afternoon, usually after 3:00 P.M., people return to their jobs and continue working until 8:00 or 9:00 P.M. A late afternoon or early evening snack is enjoyed by those who have the time. These people fill small cafés and bars where they drink, eat *tapas* (hot snacks), discuss events of the day and relax. In Spain, *chateo* is the custom of going from café to café during this time period.

The last meal of the day is called *cena*. It is a light supper. In some countries it consists of soup and cold cuts; in others it may consist of sweet bread (*pan dulce*) and coffee with milk (*café con leche*). The *cena* can be eaten at 9:00 P.M. or later.

Most restaurants in Hispanic countries employ waiters only. Waitresses are more common in small cafés and in fast-food outlets, but rarely in restaurants. Waiting on tables is considered a profession and is taken very seriously. Diners are allowed to occupy their tables as long as they wish without having to order anything more. The check is not brought to the table until specifically requested by the customer. To do otherwise would be considered impolite.

Tipping is an inevitable part of eating out. In some countries, a tip is automatically added to the bill. In other countries, as in the United States, the customer determines the amount. At present, a tip of ten to fifteen per cent is considered correct, but you may give more or less, depending on the quality of the service you received.

A menu in a foreign language can be mystifying. Use your Spanish to ask for explanations. Waiters and waitresses will be happy to describe foods to you. This exchange will offer you the opportunity to practice communicating in Spanish. Eating out is always a pleasure. You will find dining out in Hispanic countries a delight and a challenge. *¡Qué gusto!*

Extensión

Las frutas

Ingredientes para la comida

la mayonesa	mayonnaise
la mostaza	mustard
la salsa de tomate	ketchup, tomato sauce
el aderezo	salad dressing

En la mesa

el salero	salt-shaker
el pimentero	pepper-shaker
la azucarera	sugar bowl

Práctica

En parejas:

A. Describe a fruit in Spanish without giving its name. Your partner guesses what you have described. Switch roles so that each person describes four or five items.

B. Imagine that you are preparing a fruit salad for your friends. Discuss what fruits you will put in it, how many of each, when and where you will serve it.

C. Look up the recipe for a food from any Spanish-speaking country. Write out this recipe in Spanish and share it with your class.

D. Find a picture or illustration of five different foods and label them in Spanish. As an alternative, you may wish to sketch the foods in an interesting collage, and label them.

E. *Una receta loca.* Just for fun, invent a recipe of something that no one has ever heard of. Give instructions, in Spanish, on how to prepare the dish. Share the recipes with other pairs of students.

En grupos:

F. The first person names any food or beverage in Spanish. A classmate must give the category of that food: *fruta*, *legumbre*, *carne* or *bebida*. Continue around the group until everyone has participated.

G. The first person says a color. Each succeeding person names a food that is that color. Continue until no one in the group can name a food of that color. Use the colors *rojo*, *azul*, *anaranjado*, *amarillo* and *verde*.

H. Divide among your group the list of ingredients from the beginning of the chapter for making *paella*. Prepare the *paella* according to the recipe. The quantities given in this lesson will allow each person to have a small taste.

Estructura

El futuro de probabilidad

The future tense can be used in Spanish to indicate what is probable at the present time. Note that this can be expressed several ways in English.

Vendrán en el carro de Juan.	**They're probably (They must be) coming** in Juan's car.
Estará en Guatemala ahora.	**I imagine he's** in Guatemala now.
Consuelo sabrá la respuesta.	**Consuelo probably knows (must know)** the answer.

1. **No está seguro. Indica que estas cosas probablemente son ciertas (*true*), cambiando el verbo al futuro de probabilidad.**

   Modelo: Los chicos comen en la cafetería.
   Los chicos comerán en la cafetería.

1. Son las dos y media.
2. Los Sres. Pérez hablan español en casa.
3. Viven cerca del centro.
4. ¿Cuántas tarjetas de Navidad escriben Uds.?
5. Van en el carro de Pablo.
6. Juan llega después de las ocho.
7. Es muy famosa y tiene mucho dinero.

2. **Usa el futuro de probabilidad para expresar una observación sobre cada una de las siguientes situaciones.**

   Modelo: Son las once y Paco todavía duerme.
   Paco estará muy cansado.

1. La señora Gómez está en el hospital.
2. ¡Roberto estudia para ser médico!
3. Compran regalos y ponen un árbol con adornos.
4. Lupe y Rosario están en el desierto.
5. El hermano de Lupe y Rosario no come mucho.
6. Sus amigos están en París en este momento.
7. Es verano.

El condicional de probabilidad

Just as the future tense is used in Spanish to express what is probable at the present time, the conditional tense is used for what was probable in the past. In this usage, the conditional tense replaces either the preterite or imperfect.

Serían las ocho cuando salieron.	**It must have been (probably was)** eight when they left.
*José **hablaría** a su novia.*	**José was probably talking** to his girlfriend.
***Irían** solos.*	**They probably went (must have gone)** alone.

3. **Vamos a imaginar qué les pasó a estas personas. Di lo que probablemente pasó.**

   Modelo: El chico *acostarse* tarde porque tenía sueño.
   El chico se acostaría tarde.

1. Lucía *regresar* a casa con ellos porque no tenía coche.
2. Sara *vivir* cerca de nuestra oficina porque salió de su casa a las ocho menos diez y llegó aquí a las ocho.
3. Dora *tener* que quedarse en la oficina aquella noche porque tenía mucho trabajo.

4. Miguel *desayunarse* porque me dijo que
   tenía hambre.
5. La Sra. Ruiz *ir* al cine anoche porque le
   gustan las películas.
6. Mis padres *comprar* zapatos porque fueron
   a una zapatería.
7. Virginia *saber* las respuestas porque es
   muy inteligente.

Haber de

The verb *haber* (to have) is an irregular verb that is used only in special cases in Spanish. For example, it is used as an auxiliary verb, or helping verb, to form other verb tenses: *He/Había estudiado por cuatro horas.*(I have/ had studied for four hours.)

haber	
presente	**imperfecto**
he	había
has	habías
ha	había
hemos	habíamos
habéis	habíais
han	habían

The expression *haber de* means "to be (supposed) to."

Hemos de estudiar esta noche.	**We're supposed to** study tonight.
Habíamos de estudiar anoche.	**We were supposed to** study last night.

4. ¿Qué han de hacer? Estas personas han de hacer las cosas indicadas.

   Modelo: Juan / estudiar / hoy
   Juan ha de estudiar hoy.

1. nosotros / estar / teatro / cinco
2. Juanita / trabajar / esta noche
3. yo / comprar / regalo / papá
4. chicos / jugar / fútbol / mañana
5. casa / estar / próxima cuadra
6. tú / escribir / artículo / periódico
   escolar
7. Uds. / preparar / paella / clase

5. No es necesariamente cierto. No sabemos si pasaron estas cosas o no. Di que habían de pasar.

   Modelo: Estudié mucho para esta clase.
   Había de estudiar mucho para esta clase.

1. Estaban en casa todo el día.
2. Roberta corrigió los ejercicios para su profesor.
3. Preparamos una típica comida española.
4. Fui al teatro en el coche de Jaime.
5. Añadimos el perejil al último momento.
6. Memo se afeitó antes de salir para la escuela.
7. Uds. vieron la película que se da en el cine Diana.

El comparativo

In the sentence, "Eugenio is tall, but Luis is taller," "taller" makes a comparison between two people. To make such a comparison in Spanish, *más* (more) or *menos* (less) precedes and *que* follows the adjective or adverb.

> **más/menos** + **adjective/adverb** + **que**

Look at these examples:

*Eugenio es **más alto que** Luis.*	Eugenio is **taller than** Luis.
*Susana llegó **más tarde que** Lola.*	Susana arrived **later than** Lola.
*Antonio es **menos serio que** tú.*	Antonio is **less serious than** you.

There are only a few adjectives and adverbs that have irregular comparative forms.

adjetivo	forma comparativa
malo (*bad*)	peor (*worse*)
grande (*big*)	mayor (*bigger*)
viejo (*old*)	mayor (*older*)
pequeño (*small*)	menor (*smaller*)
joven (*young*)	menor (*younger*)
bueno (*good*)	mejor (*better*)

adverbio	forma comparativa
bien (*well*)	mejor (*better*)
mal (*bad, badly, poorly*)	peor (*worse*)

6. Completa la frase en español con la palabra indicada.

> **Modelo:** Clara es *shorter* que su hermana.
> Clara es más baja que su hermana.

1. ¿Quién es *nicer*, Gilda o Carmen?
2. Este mantel está *dirtier* que ése, ¿no?
3. Jorge juega bien al fútbol, pero su hermano Pedro juega *better*.
4. Pedro es *younger* que Jorge, ¿no?
5. ¿Es *newer* tu casa o la de Lila?
6. Estos artículos son *longer* que los artículos que yo leí.
7. Estas niñas son *brighter* que las otras.
8. Hoy hace *worse* tiempo que ayer.

El superlativo

In English, the superlative is marked by the expression "the most" or by the ending *-est*. It is used to compare a person or object with a group of people or objects. In Spanish, the superlative is expressed by using the following:

> **definite article + (noun) + *más/menos* + adjective/adverb + (*de*)**

The noun and *de* (usually meaning "in" when used with the superlative) may not be necessary in some instances.

*Juan es **el chico más alto de** la clase.*	Juan is **the tallest boy in** the class.
*Juan es **el más alto de** todos.*	Juan is **the tallest of** all.
*Marta es **la chica más alta**.*	Marta is **the tallest girl**.
*Marta es **la más alta**.*	Marta is **the tallest**.

The irregular comparative forms are also used for superlatives.

mayor	older, oldest, bigger, biggest
menor	younger, youngest, smaller, smallest
mejor	better, best
peor	worse, worst

Look at these examples:

*Luis es mi hermano **menor**.*	**comparative**	Luis is my **younger** brother.
*Luis es **el menor de la** familia.*	**superlative**	Luis is **the youngest in the** family.

7. **Tu opinión, por favor. Usando el superlativo, da tu opinión y contesta las siguientes preguntas.**

    Modelo: ¿Cuál es el salto (*waterfall*) más alto del mundo?
           El Salto Angel es el salto más alto del mundo.

1. ¿Quién es el chico más alto de la clase?
2. ¿Qué edificio es el más nuevo de tu ciudad?
3. ¿Quién es la persona más famosa del mundo?
4. ¿Cuál es el cuarto más limpio de tu casa?
5. ¿Qué postre es el más dulce que conoces?
6. ¿Cuál es la ciudad más grande de Costa Rica?
7. ¿Quién es la mejor atleta que conoces?
8. ¿Cuál es la comida más picante que comes?

8. **La comida. Describe estas comidas según las pistas que se dan.**

    Modelo: leche/blanco
           La leche es blanca.

1. guisantes / verdes
2. helado / dulce
3. fresas / rojo
4. agua / frío
5. limas / verde
6. legumbres / sabroso
7. limón / amarillo
8. té / caliente

9. ¿Puedes decir cuáles son estas comidas? Da la respuesta correcta.

1. Esta legumbre es pequeña y verde y tiene la forma circular.
2. Esta fruta es pequeña y es de color rojo, verde o azul.
3. Este líquido es de color blanco y es muy bueno para los jóvenes.
4. Esta carne es del cerdo y se come mucho en la mañana con huevos.
5. Estas dos cosas se usan mucho para hacer más sabrosa la comida.
6. Esta cosa se pone en la comida para hacerla más dulce.
7. Este líquido se sirve caliente, pero también es muy popular frío cuando hace mucho calor.
8. Este postre se hace de crema y es frío.
9. Esta comida se llama el pan mexicano y se usa en tacos, enchiladas y tostadas.
10. Este plato es una combinación de muchos ingredientes y es muy típico de España.

Lectura

En un restaurante de categoría°

high class

Las mesas están muy bien puestas. Todas tienen manteles y servilletas de tela, probablemente de un color bonito. Los platos son de buena calidad, y los cubiertos son de plata. Probablemente hay pinturas° en la pared, y el comedor está decorado con muy buen gusto°. ¿Dónde estamos? Pues,

paintings
tastefully

estamos en un restaurante de categoría, y hay muchos en las ciudades hispanas.

Los meseros están vestidos de smoking° negro. Son expertos en servir la mesa. Para ellos, este empleo es una profesión, y se ganan la vida° sólo si hacen bien su trabajo. Ellos y sus ayudantes° sirven a los clientes a la perfección y hacen todo lo posible para asegurar° que la comida sea° una experiencia agradable.° *tuxedo* / *earn a living* / *assistants* / *assure/is* / *pleasant*

Primero, sientan a los clientes a la mesa. Luego les traen algo de tomar y unos bocadillos antes de ofrecerles el menú. Después, cuando han tenido° tiempo para estudiar la lista de platos, les toman la orden, poniendo atención a las preferencias de cada persona. Contestan preguntas, si las hay, y ofrecen sugestiones acerca de la comida y las especialidades del restaurante. *they have had*

Los clientes pueden gozar de° su comida porque el servicio es bueno y les da bastante tiempo para comer y platicar sin apurarse. Los meseros están presentes cuando es necesario para dar servicio, pero no siempre rodean° la mesa. Les dan a los clientes la cortesía de una conversación íntima y privada. *enjoy* / *surround*

En algunos restaurantes hay tríos o cuartetos que tocan guitarras y violines y cantan canciones románticas. Son un buen acompañamiento° para la comida, y los clientes pueden pedir sus canciones favoritas. *accompaniment*

Cuando los clientes terminan de cenar, una persona le pide la cuenta° al mesero. Sólo entonces se la trae. Si el servicio fue bueno, el mesero y sus ayudantes reciben una buena propina° de los clientes. *bill* / *tip*

¿Conoces un restaurante de esta clase? Son caros, pero es muy agradable cenar allí, y te los recomendamos mucho.

Preguntas

1. ¿Cómo están puestas las mesas en un restaurante de categoría?
2. ¿De qué son los cubiertos?
3. ¿De qué son las servilletas?
4. ¿Cómo visten los meseros?
5. ¿Qué hacen los meseros si hay preguntas?
6. ¿Qué grupos musicales hay en estos restaurantes?
7. ¿Qué se le da a un mesero bueno cuando se paga la cuenta?
8. ¿Cuál es el mejor restaurante de categoría que conoces?
9. ¿Qué sirven allí para comer?

Los clientes pueden gozar de su comida.

Ofrecen sugestiones acerca de las especialidades del restaurante.

Vocabulario

el **aderezo** (salad) dressing
el **ajo** garlic
la **almeja** clam
añadir to add
el **arroz** rice
la **azucarera** sugar bowl
calentar (ie) to warm
la **ciruela** plum
contener to contain (like **tener**)
cortar to cut
la **costilla** rib
la **cucharadita** teaspoonful
el **chorizo** spicy sausage
el **diente** tooth, clove (of garlic)
la **docena** dozen
dorar to brown, to make golden
el **durazno** peach
la **fresa** strawberry

el **gramo** gram
haber to have (auxiliary verb)
haber de to be (supposed) to
hervir (ie, i) to boil
el **ingrediente** ingredient
la **lata** tin can
lento, -a slow
la **lima** lime
el **limón** lemon, lime
la **manzana** apple, city block
la **mayonesa** mayonnaise
el **melón** canteloupe
la **mostaza** mustard
la **naranja** orange
la **oliva** olive
la **paella** typical Spanish dish with rice, vegetables, meat, seafood

partir to cut
pelar to peel
la **pera** pear
el **perejil** parsley
picar to chop
picado, -a chopped
el **pimentero** pepper-shaker
el **provecho** benefit, profit
¡Buen provecho! Enjoy your meal!
la **receta** recipe, prescription
el **salero** salt shaker
la **salsa de tomate** ketchup, tomato sauce
la **sartén** pan, frying pan
el **tercio** one-third
la **toronja** grapefruit
la **variedad** variety

CAFETERIA
Joype
ESPECIALIDAD
DESAYUNOS
APERITIVOS
Y
MERIENDAS

A. Usando el tiempo futuro, haz una frase completa con las palabras que se dan.

> **Modelo:** Sara / venir / fiesta / con / hermano
> Sara vendrá a la fiesta con su hermano.

1. nosotros / preparar / sopa / cebolla / comida / esta noche
2. Jorge y Luis / regatear / vendedora / guitarras
3. yo / salir / para / trabajo / quince / minutos
4. mi mamá / servir / paella / padres / Silvia
5. ¿pedir / tú / langosta / o / querer / comer / carne?
6. ¿adónde / ir / Uds. / después de / hablar / periodistas?

B. Estela se pregunta (*wonders*) acerca de muchas cosas. Ayúdale a expresar sus ideas en español, usando el futuro de probabilidad.

> **Modelo:** Me pregunto dónde está José.
> ¿Dónde estará José?

1. Me pregunto a qué hora llegan mis
   primas.
2. Me pregunto qué hora es.
3. Me pregunto si Silvia está en casa hoy.
4. Me pregunto cuántas personas vienen al
   club mañana.
5. Me pregunto si hace buen tiempo en
   España ahora.
6. Me pregunto por qué tantas personas
   comen en este café.

C. ¿Qué harían? Di qué dijeron estas personas, usando las pistas entre paréntesis.

> **Modelo:** ¿Qué dijo Rico? (regresar antes de las seis)
> Dijo que regresaría antes de las seis.

1. ¿Qué dijo tu papá? (dejarme usar el coche
   esta noche)
2. ¿Qué dijiste tú? (no gustar ir al cine con
   ellos)
3. ¿Qué dijeron las porristas? (no querer
   practicar en la mañana)
4. ¿Qué dijeron Uds.? (salir en la tarde)
5. ¿Qué dijo el profesor? (darnos un ejercicio
   muy fácil)
6. ¿Qué dijo Ud.? (llevar refrescos al pícnic)

D. Probablemente pasó. Estas frases indican algo que probablemente pasó. Indica esta probabilidad, usando el tiempo condicional del verbo.

> **Modelo:** Probablemente eran las diez y media cuando llegaron.
> Serían las diez y media cuando llegaron.

1. Dolores probablemente vino aquí con su
   novio.
2. Probablemente hacía sol durante sus
   vacaciones.
3. La señora probablemente no sabía donde
   estaban los vestidores.
4. Las chicas probablemente prepararon una
   paella típica.
5. Mis amigos probablemente estaban
   ocupados ese día.
6. Yo probablemente tenía unos ocho o
   nueve años aquel verano.

E. Han de hacerlo, pero no sé. Estas personas no están seguras (*certain*) si las personas indicadas van a hacer estas cosas o no. Ayúdales a expresar sus

dudas, usando una forma de la expresión *haber de.*

    Modelo: ¿Irás al baile?
            He de ir al baile, pero no sé si iré.

1. ¿Estará en la fiesta tu hermana?
2. ¿Comerán en este restaurante tus papás?
3. ¿Verán Uds. la película en el cine Palacio?
4. ¿Compra Julio un regalo para su novia?
5. ¿Celebra su cumpleaños tu mamá?
6. ¿Preparan un plato típico en la clase los estudiantes?

F. **Decide si se necesita un verbo reflexivo o no en estas frases y da la forma correcta.**

    Modelo: Mi mamá *washed* his face.
            Mi mamá le lavó la cara.

1. Yo *woke up* a mi hermano a las seis.
2. Tina *combed her hair* antes de salir con su novio.
3. Los chicos *brush their teeth* dos veces cada día.
4. Miguel *washed* su perro.
5. Mañana nosotros *are going away* temprano en la mañana.
6. Bárbara *put to bed* a su hermana y después *went to bed.*
7. ¿A qué hora *did you get up* Ud. hoy?
8. A Anita le gusta *put makeup on* a su amiga.

G. Rico … más rico … el más rico. Sigue el modelo.

    Modelo: Juan es alto. (Ricardo, Carlos)
            Juan es alto. Ricardo es más alto. Carlos es el más alto.

1. Cintia es baja. (Clara, María)
2. Esta casa es nueva. (ésa, aquélla)
3. Este carro es grande. (el negro, el azul)
4. Estas chicas son listas. (ésas, aquéllas)
5. José es joven. (Samuel, Raúl)

H. Usa la palabra *a*, si es necesario.

> **Modelo:** Voy platicar con los Sres. Gómez.
> Voy a platicar con los Srez. Gómez.

1. No podemos ir con Uds. porque no tenemos el dinero.
2. En la clase aprendemos leer los periódicos en español.
3. Las chicas salen dar un paseo por el bulevar.
4. ¿A qué hora empiezan mostrar la película?
5. Mi amigo quiere saber por qué Margarita no está aquí.
6. José nos ayudó regatear con el vendedor.
7. ¿Los invitaste hacer un viaje con nuestra familia?
8. Sara viene esta noche estudiar conmigo.
9. Ibamos practicar ayer.
10. ¿Cuándo piensan Uds. volver?

I. Expresa en español.

1. I wonder why she left the house so early this morning.
2. We didn't want to see them before this evening.
3. She combed her hair, and then she combed the child's hair.
4. I don't intend to move from this city for a long time.

5. They're probably at home now, eating supper or sleeping.

6. This lesson is easier than that one, don't you think?

J.   A nivel personal

1. In Spanish, tell a partner what you ate yesterday, including all three meals. Give any details you can about size of portions, quality of food, where you ate each meal and so forth.

2. In Spanish, describe a restaurant you have visited. Tell what kind of food it serves, what the atmosphere is like and what the service is like. If there are any special dishes served there, describe them. Give the price range of the food.

3. Imagine you are talking to a group of young Spanish-speaking people. In Spanish tell them about the eating habits of your section of the United States: meal hours, favorite or common foods, size of meals, types of restaurants, eating habits of your group of friends and the role of the family in eating customs.

4. Imagine that you and a classmate are going to establish a full-service restaurant. Make out a menu in Spanish, including appetizers, soups, salads, entrees, beverages and desserts. In addition to listing the foods available, note what other items are served with each entrée.

5. In Spanish, make a list of six complaints a customer in a restaurant might have. ("There isn't any salt in the salt shaker.") Compare your list with those of other students.

6. Make a list of at least ten foods you have not learned to say in Spanish. Use a dictionary to find out how to say these things. Check with your teacher to make sure they are correct.

7. Find out more information about five typical foods of a Spanish-speaking country and report your findings to your class. If some exotic foods are commonly eaten, describe them as well as you can or use sketches to help your classmates know what they are.

¿Tienes hambre?

11

Un programa de televisión

JAIME: Pon el canal° seis, por favor. Hay un programa de variedades.°   *channel / variety show*

PACO: ¿Cómo se enciende° este aparato?°   *turn on/apparatus*

JAIME: Empuja° ese botón° a la derecha, ése de arriba.   *push/button*

PACO: ¿Cuál? Hay más de uno.

JAIME: No importa. Lo hago yo. Puedo usar el control remoto. ¡Ya!

PACO: Este no es de variedades, sino° una telenovela.°   *but (on the contrary)/ soap opera/have made*

JAIME: Ay, me he equivocado.° Estaba mirando el horario° de mañana.   *a mistake/schedule*

PACO: En el canal diez presentan *El nuevo mundo de los animales salvajes.°*   *wild*

JAIME: ¡Ay sí! Una gran parte se ha fotografiado en el jardín zoológico° cercano.° Voy a poner ese canal.   *zoo/nearby*

PACO: Pero es en inglés. Tradúcemelo.°   *Translate it for me.*

Preguntas

1. ¿Qué quieren mirar en el canal seis?
2. ¿Cómo se enciende esta televisión?
3. ¿Qué programa hay en el canal seis?
4. ¿Qué programa hay en el canal diez?
5. ¿Qué es un jardín zoológico?
6. ¿Cuál es tu programa favorito?

Notas culturales

Television is as popular in Hispanic countries as in the United States. Many programs produced in the United States are seen in these countries. Some have dubbed-in sound tracks while others use Spanish subtitles. Each country produces programs with local talent as well.

Extensión

¿Qué hacen algunos de los animales?

Los perros *ladran*.   bark
Los pájaros *vuelan*.   fly
Los caballos *corren*.   run
Los leones y los tigres *rugen*.   roar

Partes de un animal

la pata   paw
el cuerno   horn
el rabo   tail
el hocico   nose

La cabeza

Práctica

En parejas:

A. Describe a television set in your home. Tell if it has remote control, if it is black and white or color (*a colores*), where it is and who uses it.

B. Talk with your partner about the programs you watch on television: what days they are on, how long they are, who the stars are and what some of the plots (*tramas*) are.

C. Discuss pets you or your neighbors have: kinds of animals, names, ages, colors and characteristics.

D. Prepare an original conversation in which the two of you are trying to agree on what television program or channel to watch. Mention several programs that are being broadcast at the time of your conversation and discuss them. End up by agreeing on a certain channel to watch.

En grupos:

E. The first person gives the name of some animal in Spanish. The second describes it as fully as possible (size, color, what it eats, etc.). Go around at least once.

F. Name an animal in Spanish. A classmate tells whether it is usually found in a zoo, on a farm (*finca*) or in a house. Continue around the group so that everyone participates at least once.

G. The first person says in Spanish, "I have a zoo, and in my zoo I have a ...," mentioning some animal. The second repeats all this and adds the name of another animal. As you go around the group, each person repeats everything said by the previous person and adds the name of another animal. Keep going until no one can add anything more.

Estructura

El participio pasivo

The past participle of the verb in Spanish is often equal to English words ending in *-ed*. To form the past participle of *-ar* verbs, change the *-ar* of the infinitive to *-ado*. For most *-er* and *-ir* verbs, change the infinitive ending to *-ido*.

*habl**ar***	*habl**ado*** (talked/spoken)
*aprend**er***	*aprend**ido*** (learned)
*viv**ir***	*viv**ido*** (lived)

At times, the past participle is used like an adjective. Notice that it agrees in number and gender with the noun it modifies.

Tome dientes de ajo, picados.	Take cloves of garlic, chopped.
Añada tres tomates pelados y cortados.	Add three tomatoes peeled and cut.

1. Da la forma correcta de la palabra entre paréntesis.

> **Modelo:** La muchacha es ______ al mundo social en su fiesta de los quince años. (presentar)
> La muchacha es presentada al mundo social en su fiesta de los quince años.

1. ¿Está ______ la tienda? (cerrar)
2. Yo quisiera un filete poco ______. (cocer)

3. La paella todavía no está ______.
   (preparar)
4. Los animales fueron ______ en nuestro
   jardín zoológico. (fotografiar)
5. Mi hermana mayor está ______. (casar)
6. Todos los estudiantes ya están ______.
   (sentar)
7. Son las once, y los niños ya están ______.
   (acostar)

El pretérito perfecto (El presente perfecto)

The present perfect tense normally tells what has happened recently. Use the present tense of *haber* plus the past participle of any verb to form the present perfect tense.

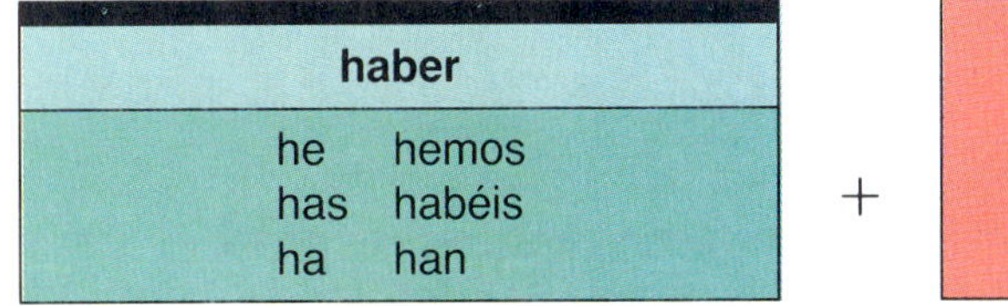

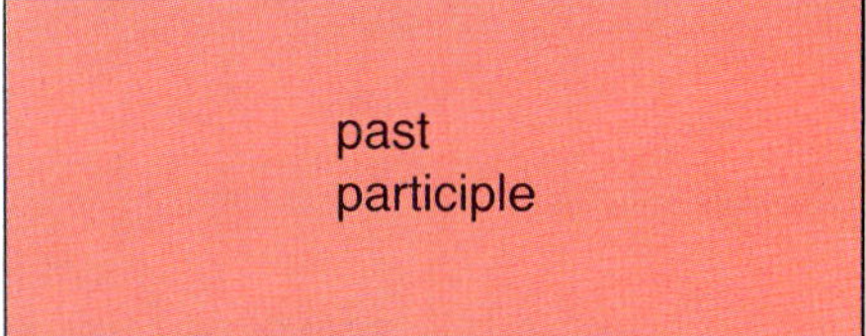

He tocado el piano dos veces hoy.
Hemos comido mucho hoy.
Las niñas han jugado todo el día.

I have played the piano two times today.
We've eaten a lot today.
The girls have played all day long.

2. **¿Qué ha pasado? Completa las siguientes frases indicando qué ha pasado en cada lugar.**

   Modelo: Margarita ______ a la ciudad esta mañana. (llegar)
   Margarita ha llegado a la ciudad esta mañana.

1. Mis papás ______ en el restaurante.
   (comer)
2. Jorge ______ en la oficina todo el día.
   (trabajar)
3. Yo ______ a toda la familia de Luis.
   (conocer)
4. Tú ______ en la capital. (vivir)
5. Pilar ______ en el mar. (nadar)
6. Nosotros ______ mucho en la clase de
   español. (aprender)
7. Uds. ______ esa telenovela. (mirar)

El pretérito perfecto de los verbos reflexivos

When using reflexive verbs, remember that the reflexive pronoun precedes the verb. Look at the verb *lavarse* (to wash oneself).

lavarse	
me he lavado	**nos** hemos lavado
te has lavado	**os** habéis lavado
se ha lavado	**se** han lavado

3. **Pues, ha pasado ya. Contesta cada pregunta diciendo que las siguientes cosas ya han pasado.**

   Modelo: ¿Te vas a lavar la cara, Juan?
   Pues, me he lavado la cara ya.

1. ¿Julio va a acostarse?
2. ¿Se apura el señor Suárez para llegar a su oficina esta mañana.
3. ¿Los chicos van a divertirse en la feria?
4. ¿Cuándo vas a bañarte?
5. ¿Elena se va a levantar pronto?
6. ¿Emilio se está afeitando?
7. ¿Van Uds. a desayunarse antes de las siete?

Participios pasivos irregulares

Some verbs have an irregular past participle.

abrir	abierto (opened)
cubrir	cubierto (covered)
decir	dicho (said, told)
escribir	escrito (written)
hacer	hecho (done, made)
morir	muerto (died)
poner	puesto (put, placed)
romper	roto (broken, torn)
ver	visto (seen)

Although not irregular, past participles of these verbs require a written accent mark.

caer	caído (fallen)
leer	leído (read)
oír	oído (heard)
traer	traído (brought)

4. Dime una mentira. Usando el pretérito perfecto di algo absurdo (*absurd*) con los verbos indicados.

   Modelo: escribir
   He escrito un libro de mil páginas.

1. hacer un viaje
2. leer
3. ver
4. romper
5. poner en el escritorio del profesor/de la profesora
6. morir
7. traer a la clase
8. correr
9. oír
10. volar

Traducir

The verb *traducir* (to translate) is typical of all Spanish verbs ending in *-ducir*. The present and preterite tenses have irregularities.

traducir	
presente	**pretérito**
traduzco	traduje
traduces	tradujiste
traduce	tradujo
traducimos	tradujimos
traducís	tradujisteis
traducen	tradujeron

All commands of this verb (except the affirmative *tú* and *vosotros* forms) use the *zc* spelling.

traduce	tú	no traduzcas
traducid	vosotros	no traduzcáis
traduzca	Ud.	no traduzca
traduzcan	Uds.	no traduzcan
traduzcamos	nosotros	no traduzcamos

Other verbs like *traducir* are *conducir* (to conduct, to drive), *deducir* (to deduce), *introducir* (to introduce) and *producir* (to produce).

5. **Da el verbo que falta. Escoge el verbo apropiado de la siguiente lista y da la forma correcta para terminar cada frase. Usa el presente o el pretérito del verbo *conducir, deducir, introducir, producir* o *traducir*.**

   Modelo: Yo _______ esta carta para mi papá ahora.
   Yo traduzco esta carta para mi papá ahora.

1. Ayer en la clase nosotros _______ un artículo al español.
2. Hoy México _______ mucha plata, pero en el pasado _______ mucho más.
3. Mario _______ el carro de su hermano al pícnic ayer.
4. Yo _______ que ellos no tienen interés en ver el jardín zoológico de la ciudad.
5. Sara _______ todos estos ejercicios antes de venir a la clase hoy.
6. ¿Por qué _______ el autor personajes nuevos en la última parte del libro?
7. Yo no _______ al centro mañana.

8. Mi amigo y yo _______ a la capital la
   semana pasada.

Más de

The word "than" is usually the equivalent of *que* in Spanish. To express "more than" before a number, however, use the expression *más de*.

*He trabajado **más de diez** horas.* — I've worked **more than ten** hours.
*Ellas conocen a **más de cien** vecinos.* — They know **more than one hundred** neighbors.

6. ¿De o que? Añade la expresión *más de* o *más que* a cada frase.

Modelo: ¿Tienes cincuenta pesos?
¿Tienes más de cincuenta pesos?

1. Hace quince años que conozco a su abuelo.
2. Vivían en una ciudad del sur por once meses.
3. Para nosotros, Patricia es una amiga especial.
4. Julian comió bastante.
5. Sus tíos van a estar aquí media hora.
6. Nuestro parque central es un jardín zoológico.
7. En esta clase tenemos dos o tres pruebas cada semana.

¿Para qué?

The word for "why" is usually *¿por qué?* It becomes *¿para qué?*, however, when the expected answer contains the word *para*.

*¿**Para qué** estudian los chicos?* — Why are the boys studying?
*Estudian **para** recibir una A.* — They're studying to get an 'A'.

7. ¿Por qué? o ¿Para qué? Da una pregunta apropiada para cada frase.

Modelo: Estudio porque quiero aprender.
¿Por qué estudias?

1. Berta está aquí para ver el surtido de blusas.
2. La señora no puede decidir qué pedir porque hay muchos platos sabrosos.
3. Vinieron a esta ciudad para estar cerca de sus primos y sus tíos.
4. Preparamos este plato para regalarlo a la profesora.

5. El vestidor es para probarse la ropa.
6. Hacemos el viaje para estudiar la manera
   de vivir de la gente.
7. Mi amigo trabaja tanto para poder irse de
   vacaciones la semana que viene.

8. ¿Qué animal es? Identifica qué animal tiene todas las características mencionadas.

1. Es grande, de color gris, con orejas muy
   grandes.
2. Tiene un cuello muy, muy largo y dos
   cuernos.
3. Tiene dos patas y puede volar.
4. Es grande y nos da leche.
5. Es muy grande, y le gusta estar en el agua.
6. Es un gato grande con rayas.
7. Este pájaro produce los huevos que
   comemos.
8. Es el hijo de la gallina y el gallo.

Lectura

¿Animales salvajes o amigos nuestros?

El zoológico en las ciudades hispánicas no es muy diferente de un zoológico en los Estados Unidos. Hay la misma variedad de animales. Es interesante saber sus nombres en español y cómo se describen los sonidos° que producen. *sounds*

Vamos a empezar con los perros y los gatos. Estos son animales domésticos° que muchas personas tienen en sus *pets* casas y que no se ven por lo general en los jardines zoológicos. Al perro se le llama "el mejor amigo del hombre", y da gran satisfacción a sus dueños.° El gato *owners* también es muy popular como animal doméstico, pero es mucho más independiente que el perro.

Algunos animales que se encuentran° con frecuencia *are found* en las fincas° son las vacas, los toros, las ovejas, los *farms* puercos, las gallinas, los gallos y los pollos. Las vacas, por supuesto,° nos dan leche, y hay muchas fincas lecheras en *of course* todos los países. Las gallinas son importantes, naturalmente, porque producen los huevos.

El "rey de la selva"° es el león, y todos admiran su *jungle* tamaño y su grandeza,° así como° todos respetan° los *grandeur/just as/* dientes enormes y su rugido.° El león es un gato grande, *respect/roar* por supuesto, y hay otros parientes suyos en el zoológico.

Los monos son chistosos.

El elefante es uno de mis animales favoritos.

¿Hablas español?

Hay una gran variedad de animales en el zoológico.

Debemos mencionar entre otros a los tigres y a las panteras.

Varios animales grandes se encuentran en el zoológico. Uno de los favoritos es el elefante, por su buena disposición. Muchas veces es posible montar° el elefante y dar un paseo, pero eso depende del zoológico. Otro animal grande es el hipopótamo, famoso principalmente por ser muy feo. Le gusta estar en el agua, abrir la boca y no hace casi nada más.

El jardín zoológico siempre tiene una gran variedad de monos,° desde° los muy pequeños hasta los gorilas grandes. Son chistosos porque son unos acróbatas excelentes.

Además, siempre hay una colección de serpientes° que nos fascinan con sus colores y sus movimientos° furtivos.° Otra atracción son los pájaros de diferentes clases, aunque° son los tropicales con sus plumas de colores brillantes los que más nos atraen. Siempre nos interesa° lo exótico.

Todas las lenguas tienen su propia manera de describir los sonidos que producen los animales. Aquí tienen Uds. unos pocos que se usan en español para describir el lenguaje° de los animales: El perro ladra *guau-guau* en español, los gatos dicen *miauuu*; la vaca se expresa con *muuu*, la gallina dice *cocorocó* y el gallo cada mañana canta *quiquiriquí*.

Ahora no sólo sabes cómo se llaman algunos animales en español, sino que también sabes qué dicen.

Preguntas

1. ¿Qué animales generalmente no se encuentran en el zoológico?
2. ¿Qué animal es el mejor amigo del hombre?
3. ¿Qué animales generalmente se encuentran en las fincas?
4. ¿Qué gatos grandes se encuentran en el zoológico?
5. ¿Qué animales grandes hay en un zoológico?
6. ¿Qué animal dice *miauuu*? ¿Y cuál *quiquiriquí*?
7. ¿Cuál es tu animal favorito?

El zoológico en las ciudades hispánicas no es muy diferente de los zoológicos en los Estados Unidos.

¿Qué tal?

Vocabulario

el **aparato** apparatus, appliance
la **boca** mouth
el **botón** button, knob
el **caballo** horse
el **canal** canal, channel
la **cebra** zebra
la **ceja** eyebrow
cercano, -a nearby
conducir to drive, to conduct
el **control** control
correr to run
el **cuerno** (animal) horn
deducir to deduce
el **elefante** elephant
empujar to push
encender (ie) to light, to turn on
    (appliance)

equivocarse to be mistaken
fotografiar to photograph
la **gallina** hen
el **gallo** rooster
el **gato, la gata** cat
el **hipopótamo** hippopotamus
el **hocico** animal nose
el **horario** schedule
introducir to introduce
el **jardín** garden
      jardín zoológico zoo
la **jirafa** giraffe
ladrar to bark
el **león** lion
la **nariz** nose
el **ojo** eye
la **oreja** ear

el **pájaro** bird
¿para qué? why?
la **pata** paw, leg (of furniture)
el **puerco** pig
el **rabo** tail
el **ratón** mouse
remoto, -a remote
rugir to roar
salvaje wild (animal)
sino but (on the contrary)
la **telenovela** soap opera (on
    television)
el **tigre** tiger
el **toro** bull
traducir to translate
volar (ue) to fly

Querida Mercedes,
Había pensado
escribirte

Una carta

Lima, Perú
5 de mayo

Querida° Mercedes: *Dear*
¡Saludos!° Había pensado escribirte antes, pero decidí   *Greetings!*
esperar hasta ahora para saludarte e° informarte acerca de   *and*
mi vida desde que° regresé a mi país.   *since*

    Los extraño° mucho a todos Uds., a ti y a todos tus   *I miss*
parientes que me aceptaron como otro miembro° de la   *member*
familia. ¡Qué días tan gratos° para mí en tu hermosa tierra!   *pleasant*
¡Cómo me habría gustado prolongar mi estancia° allá con   *stay*
Uds. en Panamá!

    Desde que volví a casa he estado muy ocupada° —   *busy*
ocupadísima — tratando de volver a establecerme° aquí.   *re-establish myself*
Mis vecinos° habían cuidado muy bien de° mi casa. El jefe°   *neighbors/had cared for/boss*
de mi trabajo me había guardado el empleo que me
prometió° en las oficinas de la lotería.° Así, pues, todo   *promised/lottery*
estaba esperándome en buenas condiciones, lo que° me   *which*
agradó° mucho.   *pleased*

    ¿Cómo va todo° por allá? Diles a todos que los echo   *everything*
mucho de menos.° Ahora les toca a Uds. viajar aquí y   *miss*
conocer mi hogar.° Siempre serán bienvenidos,° y mi   *home/welcome*
familia tiene muchas ganas° de conocerlos, ojalá° algún día   *desires/I hope*
no muy lejano.°   *distant*

    El otro día, unos amigos y yo fuimos en tren a unas de
las zonas arquelógicas° de mi país. Serían de gran interés   *archeological*
para ti compararlas° con las que vimos en tu tierra. Real-   *compare them*
mente son fascinantes,° y el visitarlas me recordó aquellos   *fascinating*
ratos felices° que pasamos con tus compañeros° en Teoti-   *happy times/friends*
huacán. ¿Recuerdas el programa de luz y sonido?°   *sound*

    ¡Caramba! No me queda más tiempo. Esta nota ha sido
muy breve,° y me disculpo° por no haber escrito más. Te   *brief/I apologize*

mandaré° otra carta dentro de° unos pocos días. Entretanto, *will send/within*
te repito mi cariño.° *affection*

Un abrazo muy fuerte,° *a big hug*

Inés

Preguntas

1. ¿Dónde vive Inés?
2. ¿Dónde vive Mercedes?
3. ¿Para qué escribe Inés a Mercedes?
4. ¿Dónde vivió Inés por un rato?
5. ¿Quiénes cuidaron de su casa cuando no estaba presente?
6. ¿Dónde trabaja ahora Inés?
7. ¿Por qué a Inés le gustan las zonas arqueológicas?

Notas culturales

May 5 is a national holiday in Mexico. It commemorates the defeat of the French forces in Puebla in 1861. Many Mexican restaurants in the United States celebrate the *Cinco de mayo* with special meals and special bargains on that day.

Before a word beginning with *i* or *hi*, the Spanish word *y* becomes *e*: *Juan e Isabel, venir e ir, madre e hija.*

Peru has many archaeological zones of Indian ruins. The most well-known is Machu Picchu, an Incan city that is located on a mountain peak in the jungle near Cuzco. It can be reached by a train ride through the mountains.

Teotihuacán is a famous archaeological zone in Mexico. It is located about thirty miles from Mexico City and is the site of the famous Pyramid of the Sun, Pyramid of the Moon and Temple of Quetzalcóatl. The popular Sound and Light Spectacle held at Teotihuacán recalls a number of Indian legends and uses dramatic music and lighting to illustrate these legends.

Cultura viva

Daily life and occupations

Have you ever considered what daily life is like in another country? Do you think that lifestyles and living conditions are the same all over the world? There are similarities, of course, but you will also find many differences as you look at the lifestyles and working conditions in Spanish-speaking countries.

The same occupations found around the world are well represented in Hispanic countries. Doctors, dentists, lawyers, teachers and engineers undergo nearly the same academic training necessary to enter one of these professions as in the United States: a university education plus an internship.

Commercial and trade schools exist to train secretaries, office managers, accountants, carpenters, mechanics and technicians of all kinds. In many Hispanic countries vocational instruction is very often a function of secondary schools. Other jobs such as being a store clerk do not require any specific training.

Domestic servants have a special role in Hispanic culture. Although this pattern is changing rapidly, many families in middle and upper class homes count on the services of one or more maids. There may be a maid for cleaning the house, a maid for doing the laundry and still another for watching the young children. These and other servants often come from small towns seeking employment in the city. It is common for families to provide living quarters as part of their wages. Servants almost become part of the family, to the extent that they may even be included in family vacations to take care of the children.

The workday can extend until eight P.M. or later. This leaves very little time to take care of a lawn, a garden or a patio. The job of gardener is therefore a common occupation in Hispanic countries. Depending upon the size of the home and the yard, the gardener may work exclusively for one family or for several employers.

A somewhat unusual occupation for U.S. standards is that of the *cajero* or *cajera*, whose job it is to account for all the money taken in during the day at a store or restaurant. This person has a small area to work in, called the *caja*, where all payments are made. The *cajero*, or *cajera*, is the only person who can make change for customers. Consequently, individual clerks, waiters or waitresses have no responsibility for financial transactions. The system provides more strict accountability.

Another unusual Hispanic occupation for U.S. standards is that of night watchmen, called *veladores*, or *serenos*. Many hotels and apartments lock their doors at a predetermined hour. Anyone seeking entrance after that time must ring a bell to summon the *velador*, who will then verify identification and unlock the door. The *velador* is on duty all night to watch for unwanted activity and to assure that the neighborhood is safe. In some smaller apartment buildings, this job is taken over by the custodian.

Many occupations require workers to travel from one home to another. Shoemakers often call door-to-door to repair footwear. Knife sharpeners ring doorbells to see if cutlery or scissors need honing. There are repairmen to meet many needs, from removing dents from cars to fixing a leaky faucet. Food vendors bring fresh fruit, vegetables and even chickens right to the door.

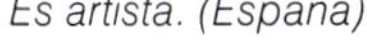
Se paga en la caja.

Es artista. (España)

¿Qué haces?

¿Quién está preparando las tortillas?

Some people are surprised by the large number of manual laborers in Spanish-speaking countries. Because fewer large machines are used than in the United States, people can be seen sweeping streets, cutting public park grass with hand tools, digging holes, making road repairs by hand and sometimes even using buckets on their heads to perform the work of a bulldozer!

Street vendors are common and can be found anywhere peddling almost anything, including jewelry, clothing, food, chewing gum, lottery tickets and even paper products! They may be men, women or small children, and they are part of a work system that is similar to ours in many ways, and yet also very different.

Extensión

Para usarse en una carta

Estimado ______:
Te mando un beso,
Atentamente,
Cariñosamente,

Dear ______:
I send you a kiss,
Sincerely,
With love,

Práctica

En parejas:

A. Imagine that both of you have a pen pal in a Spanish-speaking country. Write a brief letter of two or three paragraphs to that person, telling about your activities in recent days.

B. Discuss some of your travels with your partner. Give details about what places you visited, when, with whom, how long you spent there and what you most remember about them. By asking each other questions, you can extend the conversation and find out more information.

C. Tell your partner at least five things you have done in the past day or two. Switch roles. Then try telling one another several things you had done previous to that time.

D. Discuss what occupations two or three members of your family have, where they work and how long they have been working. If your family is small, include aunts, uncles and cousins.

E. Discuss with your partner your plans for the future: what work you hope to do, what schooling it will require, why you chose this work and what the good and bad aspects of this job are.

> **Modelo:** *Quiero ser profesor de lenguas.*
> *Necesito asistir a la universidad.*

En grupos:

F. The first person mentions some occupation in Spanish. The second person tells where such a person works and gives another occupation. The third person tells where such a person works, and so on. Go around the group at least once.

G. Each person in the group names some place she or he has visited or wants to visit. Anyone in the group who knows this place should comment about it, and all should feel free to ask questions about the place being discussed.

Estructura

Haber

You have already seen the present and imperfect tenses of the irregular verb *haber* (to have). Here are all five tenses of this verb.

haber				
presente	**imperfecto**	**pretérito**	**futuro**	**condicional**
he	había	hube	habré	habría
has	habías	hubiste	habrás	habrías
ha	había	hubo	habrá	habría
hemos	habíamos	hubimos	habremos	habríamos
habéis	habíais	hubisteis	habréis	habríais
han	habían	hubieron	habrán	habrían

The perfect tenses (or compound tenses) consist of a form of *haber*, combined with a past participle.

present perfect	he hablado	I have spoken
past perfect	había hablado	I had spoken
preterite perfect	hube hablado	I had spoken
future perfect	habré hablado	I will have spoken
conditional perfect	habría hablado	I would have spoken

1. **Una carta. Esta carta habla de lo que habías hecho en el pasado. Termínala, usando la forma correcta del pluscuamperfecto (*past perfect*).**

Querido José:

Yo *pensar* escribirte antes, pero no *encontrar* el tiempo
necesario. Perdóname, por favor.

Quería decirte lo que *hacer* mis amigos y yo la semana
pasada. Nosotros *visitar* una ciudad cercana que tiene
unas ruinas interesantes. La ciudad *abrir* un museo
nuevo cerca de las ruinas, y nosotros queríamos pasar
unas horas allí, pero no pudimos porque los oficiales lo
cerrar a causa de problemas con los empleados, pero no
se lo *decir* a nadie. ¡Qué pena!

Bueno, como no era posible visitar el museo,
pensamos ir a nadar a una piscina cercana. No lo vas a
creer, pero el guardavidas no *ir* ese día, ¡y *cerrar* la
piscina!

No te escribo más por ahora, pero quería informarte
sobre ese día tan interesante.

Con cariño,

Raúl

**2. ¿Qué habrían hecho? Ayúdales a estas personas a decir qué habrían hecho,
usando el condicional perfecto.**

    Modelo: Juan dijo que *venir* a ayudarnos.
                Juan dijo que habría venido a ayudarnos.

1. Mi papá dijo que *leer* el periódico antes de
   acostarse.
2. Yo dije que *ir* con los otros.
3. Dijeron que *abrir* la tienda temprano ese
   día.
4. ¿Por qué no les dijiste qué *hacer* tú?
5. Mi hermano y yo dijimos que *pasar* por
   Uds. con mucho gusto.
6. Uds. nos dijeron que *salir* una hora antes.
7. Dije que *afeitarme* antes de ir a verlos.
8. Mi mamá dijo que *preparar* una comida
   especial para mis amigas.

3. ¡Escoge con cuidado! Cambia las palabras de inglés al español.

    Modelo: Yo no sé si ellos *have arrived* o no.
                Yo no sé si ellos han llegado o no.

1. ¿Qué *would have done* tú en ese caso?
2. ¿No sabes adónde *has gone* Pablo?

3. Sara todavía no *has finished* de hablar con
   su novio.

4. Era muy claro que Uds. no *had prepared*
   bien la lección.

5. Yo no sé qué les *I would have said*.

6. Ellos *had had* un día muy difícil y no
   querían ver a nadie.

7. Pero, Silvia, ¿qué *have you done* con la
   ropa?

8. Ellos *would have known* adónde ir para
   buscar ayuda.

4. Un poco de historia. Digamos que tú fuiste una de las siguientes personas. Usa el condicional perfecto para decir qué habrías o qué no habrías hecho si hubieras sido (*if you had been*) esa persona.

> **Modelo:** Beethoven
> Yo habría escrito otra sinfonía.

1. Ricitos de Oro (Goldilocks)
2. Elvis Presley
3. el presidente Lincoln
4. Martin Luther King
5. Frankenstein
6. la persona más rica del mundo
7. la persona más inteligente del mundo
8. tu hermano / a (la semana pasada)
9. tu papá (a los veinte años)
10. tu mamá (a los veinte años)

Lo que

If the word "what" means "that which", and it is not a question, its equivalent in Spanish is *lo que.*

> *Yo sé* **lo que** *estás pensando.*
>
> I know **what (that which)** you're thinking.
>
> **Lo que** *ella dijo es una mentira.*
>
> **What** she said is a lie.

5. Una combinación. Abajo hay grupos de dos frases. Combínalas con la expresión *lo que.*

> **Modelo:** Yo sé lo que. Tú piensas.
> Yo sé lo que tú piensas.

1. Mis papás no entienden. Sara quiere.
2. No sabemos. Uds. acaban de ver.
3. La profesora no permite. Los estudiantes tratan de escribir.
4. Traducimos al español. La profesora escribe en la pizarra.
5. No sabemos. Presentan en el teatro Diana.
6. No recuerdo. Ocurrió.
7. Estamos esperando aquí. Va a pasar en cinco minutos.

Los pronombres relativos

Relative pronouns relate or join two parts of a sentence.

> *El hombre* **que** *ves es mi tío.*
>
> The man **whom** you see is my uncle.
>
> *El libro* **que** *lees es largo.*
>
> The book **that** you're reading is long.

The most common relative pronoun in Spanish is the word *que.* It may mean "who," "whom," "which" or "that."

> *El chico* **que** *está allá es un buen amigo mío.*
>
> The boy **who** is over there is a good friend of mine.
>
> *No me gusta el perro* **que** *tiene mi amiga.*
>
> I don't like the dog **that** my friend has.

The words *quien* and *quienes* may also be used as relative pronouns to refer to people especially after a preposition.

*El chico **quien** está allá es un buen amigo mío.*	The boy **who** is over there is a good friend of mine.
*Las chicas **con quienes** voy a ir son mis primas.*	The girls **with whom** I am going to go are my cousins.

The word *cuyo* means "whose" and agrees in gender and number with the word that follows.

	singular	plural
masculine	cuyo	cuyos
feminine	cuya	cuyas

*La mujer **cuyo** gato es negro vive en el primer piso.*	The woman **whose** cat is black lives on the first floor.

If there are two words to which the relative pronoun could refer, use a form of *el que* or *el cual*.

*La tía de José, **la cual (la que)** vive en San Juan, es una actriz famosa.*	José's aunt, **who** lives in San Juan, is a famous actress.

6. Usa un pronombre relativo para terminar cada frase.

> **Modelo:** Las ruinas _______ vimos son fascinantes.
> Las ruinas que vimos son fascinantes.

1. ¿Cómo se llama el señor _______ casa es tan grande?
2. La persona _______ conociste en casa de Luis es médico.
3. La hermana de Ricardo, _______ es secretaria, no puede venir esta noche.
4. No vemos el reloj _______ te gusta tanto.
5. El compañero _______ acompañamos al cine anoche va a hacer un viaje a la América Central.
6. ¿No han hablado Uds. con el hombre _______ artículos tratan de la vida de los días pasados?
7. Ese collar _______ compraste en el mercado es de plata, ¿no?
8. Los abuelos de Marta, _______ son muy viejos, todavía trabajan.

-ísimo/-ísima

The ending *-ísimo, (ísima, ísimos, ísimas)* on an adjective means "very," "most" or "extremely." If the adjective ends with a vowel, the ending replaces the vowel. If the adjective ends with a consonant, the ending is placed at the end of the word.

*He estado ocupad**ísima**.*
*Este examen es dificil**ísimo**.*

I've been **very** busy.
This test is **extremely** difficult.

7. Más énfasis, por favor. En lugar de usar un adjetivo con *muy* en estas frases, usa la forma que termina en *-ísimo.*

Modelo: He estado muy cansada.
He estado cansadísima.

1. Guillermo es muy alto.
2. Estas lecciones son muy fáciles.
3. Ese señor parece ser muy viejo.
4. Los discos que tienes son muy populares.
5. Mi amigo José cree que estos ejercicios son muy difíciles.
6. Virginia sabe preparar una paella muy buena.
7. Las olas del mar están muy grandes hoy.
8. Mucho gusto en conocerlo, señor.

La forma diminutiva

The endings *-ito, -ita, -itos* and *-itas* are used in Spanish to make something smaller, or to show affection. The ending replaces the final vowel of a noun. If the noun ends with a consonant, the ending *-cito, -cita, -citos* or *-citas* is added to the complete word.

mi hermano
*mi herman**ito***

my brother
my **little** brother
my **dear** brother

el examen
*el examen**cito***

the exam
the **quiz** (little exam)

8. ¿Cómo se hacen pequeñas estas cosas? Da la forma diminutiva de los nombres en cada frase.

Modelo: Hablaron con mi hermano.
Hablaron con mi hermanito.

1. Compré una silla.

2. Roberto recibió un papel rojo.

3. Ella vive en una casa roja.

4. Sólo quiero comer una ensalada.

5. Samuel tiene dos animales.

6. Señorita, tengo una pregunta para Ud.

There are also other endings used for the diminutive. They are *-illo, -illa, -uelo* and *-uela*. It is best to listen and watch for these forms and to imitate them because there is no way to guess which ending will be used on which word.

9. Hablando de las cartas. En una carta, ¿cómo se expresarían estas ideas?

1. ¿Cómo escribes la fecha de hoy en español?
2. ¿Con qué palabras empiezas una carta a tu amiga que se llama Catalina?
3. ¿Cómo dices que la extrañas?
4. ¿Cómo dices que querías escribir antes?
5. ¿Qué preguntas para saber cómo está la familia de tu amiga?
6. ¿Cómo dices que has estado muy ocupado/a?
7. ¿Cómo dices que tu familia manda saludos a tu amiga?
8. ¿Cómo dices que no tienes más tiempo para escribir?
9. ¿Cómo dices que quieres tener una foto de tu amiga?
10. ¿Cómo terminas la carta?

Lectura

La lotería

Casi todos los países hispánicos tienen una lotería nacional que se usa para varios proyectos del gobierno. Como ejemplo° vamos a examinar la Lotería Nacional en México.

El gobierno nacional está a cargo de° la lotería en México. Hay dos sorteos° cada semana. Toman lugar en el edificio de la Lotería Nacional en la capital, y los premios muchas veces llegan a ser muchos millones de pesos.

example

in charge of

drawings

La lotería da trabajo a muchas personas: vendedores, oficinistas y oficiales. Las ganancias° se usan para crear empleos para beneficio° público. Además° muchos de los vendedores son pobres o inválidos que tienen así la oportunidad de ganarse la vida° vendiendo billetes.

Cada billete de lotería tiene un número, y los números que ganan se publican° en listas que se encuentran por todo el país. La persona que gana un premio tiene un año para reclamarlo.° Casi todos participan en la lotería porque es divertido y porque se puede ganar desde una cantidad pequeña hasta millones de pesos.

Se le da mucha publicidad a la lotería. Hay cartelones,° posters, y muchos anuncios° en los periódicos y las revistas° del país. Estos anuncios invitan a las personas a comprar un billete, ganar una fortuna y cambiar° su vida.

Además de los premios grandes, hay muchos otros premios menores que son una atracción para los que compran los billetes. Los extranjeros también pueden comprarlos y participar en este juego nacional.

¿Quiere un billete? ¡Juegue para hoy! ¡Veinte millones de pesos! ¡Hágase rico!

Preguntas

1. ¿Quién patrocina la lotería?
2. ¿Qué empleos crea la lotería?
3. ¿Para qué se usan las ganancias de la lotería?
4. ¿Quiénes son muchos de los vendedores de boletos de lotería?
5. ¿Cuánto tiempo tiene una persona para reclamar su premio?
6. ¿Qué publicidad se le da a la lotería?
7. ¿Qué es un sorteo?
8. ¿Pueden los extranjeros también jugar a la lotería?

Casi todos los países hispánicos tienen una lotería.

¡Lotería para hoy!

Vocabulario

el **abrazo** embrace, hug
aceptar to accept
agradar to please
arqueológico, -a archaeological
atentamente sincerely, attentively
el **beso** kiss
bienvenido, -a welcome
breve brief
el **cariño** affection
cariñosamente affectionately
el **compañero, la compañera** classmate, colleague
comparar to compare
la **condición** condition
dentro de inside of, within
desde que since
disculpar to excuse
e and (used instead of **y** before a word beginning with **i** or **hi**)

echar de menos to miss (feelings)
establecer to establish
la **estancia** stay; estate, ranch (in Argentina and Uruguay)
estimado, -a esteemed, dear
extrañar to miss (feelings)
fascinante fascinating
feliz happy; **felices (pl.)**
fuerte strong
la **gana** desire
tener ganas de to feel like
grato, -a pleasing
el **hogar** home
informar to inform
el **jefe** boss, chief
lejano, -a distant
lo que what, that which
la **lotería** lottery
mandar to send, to order
el **miembro, la miembra** member

la **nota** note, grade
ocupado, -a busy, occupied
ojalá if only, I hope, would that
prolongar to prolong
prometer to promise
querido, -a dear
el **rato** short while
realmente really
el **saludo** greeting
el **sonido** sound
todo everything
el **vecino, la vecina** neighbor
volver (ue) a to do (something) again
la **zona** zone

A. Cambia el verbo en estas frases al pretérito perfecto.

> **Modelo:** *Hablamos* con las otras personas en la fiesta.
> Hemos hablado con las otras personas en la fiesta.

1. ¿Quién *viene* a tu casa esta tarde?
2. Marilú *escribe* un artículo muy interesante para el periódico.
3. Los estudiantes *comparan* la vida aquí con la vida hispánica.
4. Nunca *van* a la feria.
5. ¿*Dices* tú la verdad a Verónica?
6. *Hacemos* una comida muy sabrosa para nuestros parientes.

B. Completa las frases con un pronombre apropiado.

> **Modelo:** ¿Para _______ son estos papeles?
> ¿Para quién son estos papeles?

1. Yo no sé _______ quieres hacer.
2. Este es el hombre _______ conociste en casa de Jorge.
3. La mujer _______ perro ladra tanto es una vecina mía.
4. ¿_______ puede decirme la verdad acerca de esto?
5. Mi amigo, _______ es estudiante de segundo año, va a estudiar un año en España.
6. ¿Sabes _______ quieren comer para la cena mañana?

Siempre nos intersan los pájaros exóticos.

El restaurante "Il Gatto" en
Córdoba, Argentina.

C. Contesta estas preguntas con una frase completa, según las pistas en paréntesis.

> **Modelo:** ¿Para qué estudias tanto? (ser abogado)
> Estudio para ser abogado / abogada.

1. ¿Por qué vinieron hoy tus tíos? (tener negocios en la ciudad)
2. ¿Por qué no juegan Uds. al fútbol? (no tener tiempo)
3. ¿Para qué sirve esta taza? (tomar té)
4. ¿Para qué se apuran esos señores? (comer con la familia)
5. ¿Por qué no vas con nosotros? (no tener tiempo)
6. ¿Para qué trabajan a esta hora los oficinistas? (terminar el trabajo)

D. ¿Cuál es tu excusa? Termina las siguientes frases, dando una excusa. Trata de ser original.

> **Modelo:** Habría salido temprano pero . . .
> Habría salido temprano pero me divertía mucho.

1. Habría bailado contigo pero . . .
2. Habría comprado un coche nuevo pero . . .
3. Habría recibido una "A" en español pero . . .
4. Habría estudiado más pero . . .
5. Habría vuelto a tiempo pero . . .
6. Te habría mandado una carta pero . . .
7. Habría comprado un billete de lotería pero . . .
8. Te habría llamado anoche por teléfono pero . . .

E. **¿Qué habías hecho tú? Di que sí, habías o que no habías hecho ayer lo siguiente antes de las seis de la tarde.**

> **Modelo:** estudiar tres horas
>> Sí, había estudiado tres horas.
>> No, no había estudiado tres horas.

1. ir a la tienda
2. hacer la cama
3. comer el desayuno
4. poner la mesa
5. decir una mentira
6. romper una ventana
7. ver un programa interesante
8. acostarse
9. despedirse de los amigos
10. lavarse el pelo

F. **En estas frases, usa la forma superlativa del adjetivo.**

> **Modelo:** Mi papá me dio un regalo caro para mi día del santo.
>> Mi papá me dio un regalo carísimo para mi día del santo.

1. Es una plaza sencilla.
2. En su jardín hay un árbol pequeño.
3. Te escribí una nota breve.
4. Me han ofrecido un boleto barato.
5. Compraron un perro negro.
6. Pasamos un rato interesante con ellos.
7. Me sirvieron un pollo sabroso.

G. **Termina las siguientes frases con una respuesta apropiada. Escoge entre** *más que/más de* **o** *menos que/menos de.*

> **Modelo:** Sé _______ el profesor / la profesora de español.
>> Sé más que el profesor / la profesora de español.
>> Sé menos que el profesor / la profesora de español.

El trabajo manual es común en todas partes del mundo. (España)

1. Hay _______ diez chicos en esta clase.
2. Necesitamos _______ veinte dólares para comprar un coche nuevo.
3. Esta clase trabaja _______ las otras clases.
4. Sabemos _______ mil verbos en español.
5. Estudio _______ cinco horas cada día.
6. Miro la televisión _______ mis amigos.

J. Expresa en español.

1. Why hadn't they come to help us?
2. She has never seen our house.
3. Would you talk to them in that case?
4. I wonder what time it was when she arrived.
5. They wouldn't have done anything.
6. It's more than the money. It's the idea.

¿Hasta qué hora tienes que trabajar?

Hay varias maneras de ganarse la vida.

K. A nivel personal

1. Imagine that you have just been given the name of a pen pal in a Spanish-speaking country. Write a letter of introduction to this person, telling about yourself, your family, your school and your social life.

2. With a partner, prepare an interview. One of you is a foreign student from a Hispanic country, and the other is conducting the interview. Ask about the foreign student's name, family, home, city, interests, activities, school and daily life. Present this interview to your class.

3. Tell of some zoo you have visited, describing its size, the kinds of animals it has and any other features you remember.

4. With a partner, make a list of the positive and negative points of a state or national lottery. Present your report to your class in the form of a ten-minute debate about whether there should or should not be a lottery in your state.

6. Choose any Spanish-speaking country and find out what its chief industries are. Write a report which tells the sources of income of this country, indicating how much of that income was earned in a recent year and comparing this with the income of the United States for the same year. Use encyclopedias, almanacs and atlases to help you gather this information.

7. Imagine that you are addressing a school group in a Spanish-speaking country. You have been asked to describe the chief occupations of your area of the United States. Investigate the major occupations of your region and summarize this in Spanish. Present your report to your class orally or hand it in as a written report. Check with your teacher about any new vocabulary words about which you are uncertain.

Un partido° de fútbol

game

ENRIQUE: ¡Híjole!° ¡Qué tiro!° ¿No te dije que Alvarez sabe chutar?°

Wow!/shot
kick (the ball)

ALBERTO: ¡Gol! ¡Caramba! ¡Qué buen equipo° el nuestro! Les vamos ganando dos a uno.

team

ENRIQUE: No, mi amigo, el escor° es tres a uno.

score

ALBERTO: Tienes razón. Bueno, entonces, que hagan otro gol. A mí me da igual.°

It's all the same to me.

ENRIQUE: Pero no queremos que se acerquen tanto.

ALBERTO: No te preocupes.° Nuestro portero° es un jugador° fantástico. ¿No has visto cómo detiene° los tiros?

worry/goalie
player/stop

ENRIQUE: ¡Ay! ¡Los Marineros tienen la pelota!°

ball

ALBERTO: ¡Pero allá va nuestro defensor!°

fullback

ENRIQUE: ¡Todos están de pie!° Oye los gritos.° ¡Vivan° los Rojos!

standing/Listen to shouts/Hurray for

ALBERTO: ¡Se acabó el juego! ¡Hemos ganado el campeonato° de la liga!° ¡Olé!°

championship
league/Yeah!

Preguntas

1. ¿Dónde están Enrique y Alberto?
2. ¿Cómo se llaman los dos equipos?
3. ¿Qué jugador de los Rojos es fantástico?
4. ¿Cuál es el escor final?
5. ¿Qué equipo gana?
6. ¿Por qué es importante este partido?
7. ¿Sabes jugar al fútbol? ¿Tiene tu escuela un equipo de fútbol?

Notas culturales

The word *¡caramba!* is an all-purpose exclamation that can be used for yeah!, wow!, darn!, gosh! and almost any other expression of strong feeling.

The interest in soccer among people in Spanish-speaking countries is just short of fanatical. Huge stadiums are filled to capacity for these games. They are broadcast and telecast just like major sports events in the United States.

Sport fans in Hispanic countries have cheers that they use for their teams, just as Americans do for their teams.

Extensión

El campo de fútbol

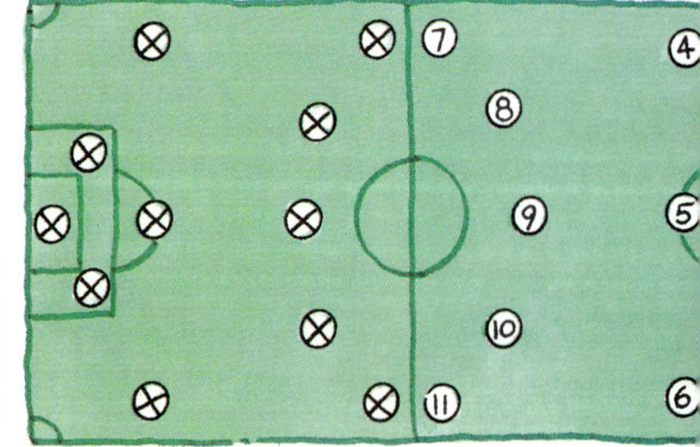

1 = portero
2, 3 = defensores
4, 5, 6 = mediocampistas (centros)
7, 8, 9, 10, 11 = delanteros

Los deportes

el baloncesto (el básquetbol)	basketball
el béisbol	baseball
el hockey	hockey
el tenis	tennis
el golf	golf
el volibol	volleyball
el patinaje sobre ruedas	roller-skating
el patinaje sobre hielo	ice-skating
el esquí	skiing
el esquí acuático	water skiing
la natación	swimming
el atletismo	track
(pista y campo)	(track and field)
el frontón	handball, jai alai
el frontenis	raquetball
la gimnasia	gymnastics
la lucha libre	wrestling
el boxeo	boxing
la raqueta	racquet
el windsurf	windsurfing
la red	net
la pista de hielo	ice rink
el estadio	stadium
el árbitro	umpire, official
la carrera	race, track (path)

Práctica

En parejas:

A. Discuss the major sports in your school: what they are, when they take place, who the coaches (*el entrenador*) are, how many players are on each team and whether your teams usually win or lose.

B. Discuss the sports in which you participate: when you play, with whom you play, what league (if any) and how long you have been playing.

¿En qué deportes participas tú?

C. Discuss the sports you like to watch, either in person or on television: what they are, where they take place, favorite teams and players.

D. Prepare an original dialog in which the two of you are at an athletic contest. Give the names of the two teams and describe what is going on in the game. The dialog should begin during the last few minutes of the game and continue until the contest ends.

En grupos:

E. The first person says the name of some sport. The second must tell during what season it is usually played. The second then names another sport and the third tells the season. Continue around the group at least once.

F. The first person names a sport, and anyone in the group tells where that sport is normally practiced (*campo, cancha, pista, agua, nieve, hielo*). If there is agreement that the answer is correct, continue around the group until all have given at least one sport.

G. The first person names a sport in Spanish. The second says whether or not she
   or he likes it and why, and then names another sport. Continue around the
   group so that everyone has the opportunity to participate.

Estructura

El presente de subjuntivo: formación

Use the subjunctive mood of verbs when you have a doubt or reservation about
whether something exists or whether something will actually occur. To form the
present subjunctive, drop the final *o* from the *yo* form of the present tense verb.
Then add *-e, -es, -e, -emos, -éis* or *-en* for *-ar* verbs; add *-a, -as, -a, -amos, -áis* or *-an* for
-er and *-ir* verbs. Notice that the subjunctive forms are those used for commands,
except the affirmative *tú* and *vosotros*.

el presente de subjuntivo		
hablar **(*yo hablo*)**	**comer** **(*yo como*)**	**vivir** **(*yo vivo*)**
hable	coma	viva
hables	comas	vivas
hable	coma	viva
hablemos	comamos	vivamos
habléis	comáis	viváis
hablen	coman	vivan

Here are some additional verbs that are formed regularly in the present subjunctive.

tener **(*yo tengo*)**	**caber** **(*yo quepo*)**	**ver** **(*yo veo*)**
tenga	quepa	vea
tengas	quepas	veas
tenga	quepa	vea
tengamos	quepamos	veamos
tengáis	quepáis	veáis
tengan	quepan	vean

El presente de subjuntivo con verbos de
cambio radical

Just as in the present tense, stem-changing verbs that end in *-ar* and *-er* use the
stem change in all forms of the present subjunctive except *nosotros* and *vosotros*.

cerrar (ie) (*yo cierro*)		volar (ue) (*yo vuelo*)		volver (ue) (*yo vuelvo*)
cierre		vuele		vuelva
cierres		vueles		vuelvas
cierre		vuele		vuelva
cerremos		volemos		volvamos
cerréis		voléis		volváis
cierren		vuelen		vuelvan

Stem-changing verbs that end in *-ir* have two changes. Use the first change in all forms of the present subjunctive except *nosotros* and *vosotros* and the second change in the *nosotros* and *vosotros* forms.

sentir (ie, i)		dormir (ue, u)		pedir (i, i)
sienta		duerma		pida
sientas		duermas		pidas
sienta		duerma		pida
sintamos		durmamos		pidamos
sintáis		durmáis		pidáis
sientan		duerman		pidan

Six verbs are irregular in the present subjunctive. That is, they do not have a present tense *yo* form ending in *-o*.

dar (*yo doy*)	estar (*yo estoy*)	haber (*yo he*)	ir (*yo voy*)	saber (*yo sé*)	ser (*yo soy*)
dé	esté	haya	vaya	sepa	sea
des	estés	hayas	vayas	sepas	seas
dé	esté	haya	vaya	sepa	sea
demos	estemos	hayamos	vayamos	sepamos	seamos
deis	estéis	hayáis	vayáis	sepáis	seáis
den	estén	hayan	vayan	sepan	sean

El uso del subjuntivo con un mandato indirecto

You have already seen how the subjunctive of verbs is used for the formal commands and for the negative informal commands.

| *Tenga Ud. cuidado.* | Be careful. |
| *No me hables en inglés.* | Don't speak to me in English. |

Often the present tense subjunctive is appropriate where "let" is used in English. This indirect or implied command usually must follow *que*.

Que hagan otro gol.	**Let** them make another goal.
Que llueva.	**Let** it rain.
Que hable Juan	**Let** Juan talk.

In the following examples, note that the English equivalent does not require the word "let."

Que vayas sin mí.	Go without me.
Que me traiga una servilleta, por favor.	Please bring me a napkin.

1. Usa las palabras indicadas para dar un mandato indirecto.

> **Modelo:** salir ahora / Marisela
> Que salga ahora Marisela.

1. asistir a la práctica / los chicos
2. quedarse en casa / José
3. dormir / ellos
4. acompañarnos / Carlota
5. salir / Uds.
6. gritar / ellos
7. tratar de terminarlo / Teresa

2. ¿Cuál es tu opinión? Di que estas personas pueden hacer las cosas indicadas.

> **Modelo:** ¿Los chicos quieren ir al club?
> Que vayan al club.

1. ¿Tomás quiere venir también?
2. ¿Sus compañeros quieren jugar?
3. ¿Rosa quiere escribirle a su novio?
4. ¿Quieren volver a casa?
5. ¿Quieres servir refrescos?
6. ¿Jorge quiere mirar la televisión?
7. ¿Quieres salir ahora?

Más acerca del subjuntivo con mandatos indirectos: verbos de causa

You have already seen that someone may make an indirect request requiring the subjunctive. Additionally, we may say that one person causes someone else to do something. This type of indirect command also requires that part of the sentence be in the subjunctive.

*La profesora **quiere que** los estudiantes **hablen** español.*	The teacher wants the students to speak Spanish.

In this example, *quiere* (wants) is a verb of causing. Its subject, *la profesora*, is different from the subject of *hablen*. In Spanish, when a verb of causing is followed by another verb that has a different subject, the verb that follows *que* must be in the subjunctive.

verb of causing + que + subjunctive

Verbs of causing that express an indirect command include the following: *querer* (to want), *pedir* (to request, to ask), *decir* (to tell), *necesitar* (to need), *decidir* (to decide), *insistir en* (to insist on), *aconsejar* (to advise) and *preferir* (to prefer). There are many verbs of causing in addition to these, and all require the use of the subjunctive if they are followed by a change of subject.

¿Pides que nosotras escribamos más?	Are you asking that we write more?
Insistimos en que los dos vuelvan pronto.	We insist that they both return soon.

3. Mi mamá quiere .... Contesta las siguientes preguntas indicando lo que tu mamá quiere o no quiere. Empieza cada frase con *Mi mamá quiere* o *Mi mamá no quiere.*

> **Modelo:** ¿Estudiamos más?
> Mi mamá quiere que estudiemos más.
> Mi mamá no quiere que estudiemos más.

1. ¿Mi hermano prepara café?
2. ¿Mis primos comen con nosotros?
3. ¿Tenemos prisa?
4. ¿Le decimos qué pasó?
5. ¿Los chicos vuelven más tarde?
6. ¿Vamos al partido de béisbol?
6. ¿Te quedas para la cena?
7. ¿Dormimos ocho horas?

4. ¿Quién insiste? Tu amiga Pepita quiere saber quién insiste en estas cosas. Díselo, usando las pistas entre paréntesis.

> **Modelo:** Terminamos el trabajo. (la profesora)
> La profesor insiste en que terminemos el trabajo.

1. Sara regresa a casa para las once. (su papá)
2. Mis primos ganan el dinero para comprar el coche. (mis tíos)
3. Voy al partido de baloncesto con él. (José)
4. Mandamos una tarjeta de cumpleaños a Silvia. (Virginia)

¿Adónde vamos?

5. Los vecinos adornan sus casas con luces
   de colores. (nosotros)
6. Juan y José van al cine con Lola.
   (yo)
7. Uds. juegan al tenis con nosotros. (la
   señora)

5. Por favor. Añade las pistas entre paréntesis para indicar lo que quieren las siguientes personas. Usa el presente de subjuntivo con cada verbo de causa.

   Modelo: Catalina espera aquí. (el jefe quiere)
   El jefe quiere que Catalina espere aquí.

1. Jorge y yo ponemos la mesa. (mamá
   insiste)
2. Marisela va al cine el viernes. (José le
   pide)
3. Tú trabajas por mí esta noche. (yo
   necesito)
4. Llegamos a tiempo para la clase. (la
   profesora nos dice)
5. Cristina toma más clases difíciles en la
   universidad. (su papá le aconseja)
6. Vamos al jardín zoológico mañana. (mi tía
   decide)
7. Sus amigos se quedan en el centro una
   hora más. (Lola prefiere)
8. El equipo de nuestra escuela gana el
   partido. (todos los estudiantes quieren)

6. Una respuesta, por favor. Contesta las preguntas con las palabras indicadas. Recuerda usar el presente de subjuntivo.

   Modelo: ¿En qué insiste Julián? (su novia ir al baile con él)
   Insiste en que su novia vaya al baile con él.

1. ¿Qué te pide tu papá? (tener cuidado con
   el coche)

2. ¿Qué nos dicen los señores? (no salir sin
   hablarles)

3. ¿Qué necesitan Uds.? (ellos darnos un
   poco de dinero)

4. ¿Qué ha decidido Ud., señorita? (Uds.
   quedarse una semana más)

5. ¿Qué quiere Luis? (tú ayudarlo con la
   tarea.

6. ¿Qué nos aconsejan Uds.? (comer menos y
   beber más agua)

7. ¿Qué prefiere la mamá de Silvia? (Silvia
   escoger otro trabajo)

8. ¿En qué insistimos? (ellos hablar más
   español)

7. **En el estadio de fútbol. Imagina que estás con Carmen en un partido de fútbol.
   Mientras mira el juego, te dice que quiere las siguientes cosas. Di qué es lo que
   ella quiere.**

   Modelo: nuestro equipo / ganar
   Carmen quiere que nuestro equipo gane.

1. el escor / ser / tres a uno
2. el portero / detener / todos los tiros
3. todos / estar / de pie
4. Alvarez / chutar
5. el defensor / ir
6. nosotros / escuchar / los gritos
7. el otro equipo / no hacer / otro gol
8. el juego / acabarse
9. nosotros / salir / del estadio

Verbos con preposiciones

Some verbs in Spanish are used with a preposition. These prepositions are not translated into English, but should be learned as part of the phrase in Spanish.

- *salir de*
  Salí de la casa. — I left the house.
- *entrar en*
  Entró en el restaurante. — She entered the restaurant.
- *subir a*
  Mi mamá subió al carro. — My mother got in the car.
- *cuidar de*
  Sara cuida de María. — Sara is taking care of María.
- *tirar de*
  Tira de la puerta para abrirla. — Pull the door to open it.
- *volver a*
  Volvemos a estudiar. — We're studying again.
- *asistir a*
  ¿A qué escuela asistes? — What school do you attend?
- *dar a*
  Mi dormitorio da al parque. — My room faces the park.
- *fijarse en*
  ¿Te fijaste en esa chica? — Did you notice that girl?
- *jugar a*
  Mis amigas juegan al baloncesto. — My friends play basketball.

8. Un cuento. Termina este pequeño cuento, dando la forma correcta de la expresión indicada.

Mi amigo José *attended* una clase de baile
la semana pasada. Como no tenía carro, él
got on un autobús cerca de su casa y fue al
centro donde tenía su clase. Abrió la puerta y
entered el edificio.

El cuarto donde la clase tenía lugar *faced* la
plaza central. José *noticed* una muchacha muy
bonita que también tomaba la clase. Como
ella *was caring for* su hermanita, no le hizo
caso a José.

Después de la clase, la muchacha *left* la
clase antes de José. El fue a la parada donde
él *again* subir a un autobús para regresar a su
casa. ¿A quién crees que vio José cuando
llegó a su casa? ¡A la hermanita de la
muchacha bonita *playing* baloncesto con su
hermano menor!

Lectura

El juego de béisbol

Los jugadores de béisbol
se llaman beisbolistas.

El béisbol se juega en todas partes. Tiene gran popularidad en varios países hispánicos, sobre todo en Cuba, en Venezuela y en México. Como tiene su origen en los Estados Unidos, se usan muchas palabras adaptadas del inglés. ¿Cuáles son estas palabras? ¿Cómo es este deporte en español?

Los jugadores de béisbol se llaman beisbolistas. Son los siguientes: el pítcher (el lanzador), el cátcher, el fílder (o el jardinero), el "shortstop" y el bateador. El campo donde se juega al béisbol tiene la forma de un diamante. En este diamante hay cuatro bases: la primera base, la segunda base, la tercera base y el jom. El pítcher lanza° la pelota desde un montículo° situado° más o menos en el centro del diamante. Todos los jugadores en el juego de béisbol, excepto el bateador, usan un guante de cuero° en una de las manos.

Hay nueve divisiones en un juego de béisbol que se llaman entradas (ínnings). En cada entrada, cada equipo tiene tres outs. Si el bateador tiene tres estraiks (strikes), se llama un ponchado.° Si batea la pelota, es un batazo (un jit o un hit). El batazo puede ser sencillo, doble, triple o un jonrón.

Si el pítcher lanza mal la pelota, es una bola. Si el bateador recibe cuatro bolas, puede ir a la primera base, y esto se llama un pasaporte.° Algunas veces cuando hay un batazo, se discute° si el bateador llega a la base a tiempo.° En ese caso, el "umpire" (el árbitro de un partido de béisbol), tiene que decidir si el jugador está "seif".

El escor final es el número total de carreras° que cada equipo tiene al final de las nueve entradas. Si hay un

throws

mound/located

leather glove

strikeout

walk

it is argued/on time

runs

empate° después de las nueve entradas, es necesario jugar   *tie*
más entradas hasta que uno de los dos equipos gane.

En efecto, no hay diferencias entre el béisbol que se
juega en los Estados Unidos y el béisbol que se juega en
otras partes del mundo. ¿Estás listo para jugar?

Preguntas

1. ¿Cómo se llaman las personas que juegan al béisbol?
2. ¿Qué forma tiene el campo de béisbol?
3. ¿Dónde está el pítcher en un juego de béisbol?
4. ¿Qué usan todos los jugadores excepto el bateador?
5. ¿Qué es un ponchado?
6. ¿Qué es un pasaporte?
7. ¿Conoces a algún jugador de béisbol? ¿Cómo se llama? ¿Qué posición
   juega? ¿Cómo se llama su equipo?

Necesitamos dos carreras para ganar.

¡Ganamos hoy!

*El béisbol es muy
popular en Venezuela.*

Vocabulario

acercarse (a) to approach
aconsejar to advise
el **árbitro** umpire
el **atletismo** track
el **baloncesto** basketball
el **básquetbol** basketball
el **béisbol** baseball
el **boxeo** boxing
el **campeonato** championship
el **campo** field, (golf) course
    pista y campo track and field
la **carrera** run (baseball), race, track
    (path)
chutar to shoot (soccer)
darle igual a uno to be the same
    to someone
el **defensor** defender

delantero, -a forward
el **deporte** sport
detener to stop, to detain
el **escor** score
el **frontenis** racquetball
el **frontón** handball, jai alai
la **gimnasia** gymnastics
el **gol** goal
el **golf** golf
el **grito** shout, cheer
el **hielo** ice
¡Híjole! Wow!
el **hockey** hockey
insistir (en) to insist (on)
el **jugador, la jugadora** player
la **liga** league
la **lucha libre** wrestling

el **mediocampista** midfielder
¡Olé! Yeah!
el **partido** game
el **patinaje** skating
la **pelota** ball
pie: de pie standing
la **pista** (dance) floor, (ice) rink
    pista y campo track and field
el **portero** doorman, janitor, goalie
preocuparse to worry
la **raqueta** racquet
la **red** net
el **tenis** tennis
el **tiro** shot
¡Viva! Yeah!
el **volibol** volleyball
el **windsurf** windsurfing

¡Olé!
¡Olé!
¡Olé!
INA
O

Un domingo por la tarde

ENRIQUE: ¿Te gustan estos asientos?° No quedaba ninguno en la sombra.° *seats / shade*

PEPITA: Están bien. Pero vamos a alquilar° un cojín.° Es más cómodo° así. *to rent/cushion / comfortable*

ENRIQUE: No hay tiempo, la corrida° va a empezar. *bullfight*

PEPITA: ¡Mira qué cuernos tiene el primer toro! Parece muy bravo.° *fierce*

ENRIQUE: Dudo° que Manolo tenga problemas. Es un buen matador. *I doubt*

PEPITA: Pero los picadores son malísimos.

ENRIQUE: Pierde cuidado.° Los banderilleros pondrán bien las banderillas° porque Manolo tiene una cuadrilla° excelente. *Don't worry / barbs / group*

PEPITA: ¡Mira qué bien usa la capa.° Es todo un experto. *cape*

ENRIQUE: Espero que le salga bien la estocada° final porque tiene que agradar° al público. *sword-thrust / to please*

PEPITA: Sí, es una lástima que los aficionados° sean tan exigentcs.° *fans / demanding*

Preguntas

1. ¿Dónde están los asientos de Enrique y Pepita?
2. ¿Por qué quiere alquilar un cojín Pepita?
3. ¿Por qué no alquilan un cojín?
4. ¿Cómo es el primer toro?
5. ¿Quiénes son unas de las personas en la corrida de toros?
6. ¿Cómo es la cuadrilla de Manolo?
7. ¿Cómo son los aficionados?
8. ¿Te gustaría ir a una corrida de toros?

Notas culturales

A bullfight takes place in a circular arena or stadium where about half of the seats are in the sun. Seats in the shade are more appealing and, therefore, cost more.

A bullfight begins with a parade of all those who take part in the spectacle. When this is over, the actual bullfight begins and lasts for approximately two hours.

Cultura viva

The bullfight

The *fiesta brava*, as the bullfight is sometimes called in Spanish, takes place in a circular stadium known as the *plaza de toros*. It is held on Sunday afternoon. Although it has long been associated with the Hispanic culture in general, in reality the bullfight enjoys popularity only in Spain, Mexico, parts of Central America and in the northern countries of South America.

To begin the bullfight, the *alguacil*, a horseman dressed in a black velvet costume dating back to sixteenth-century Spain, rides across the bullring to the presidential box and receives permission for the *corrida* to begin. A trumpet is sounded, the band plays a lively *pasodoble*, and the *paseíllo* or parade begins. The *matadores* and their *cuadrillas*: the *banderilleros*, the *peones*, and the *picadores* are in the *paseo* (parade). At the end of the parade come the *monosabios*, men with wheelbarrows full of sand to cover the blood, the *mulateros* and the mules that will drag away the dead bulls.

The bull pen is opened, and the bull changes into the ring. From this point on, each phase of the *corrida* is strictly limited by time. The *banderillero de confianza*, the matador's most trusted associate, offers the first serious challenge to the bull in a series of routine passes with a special cape. These are necessary to test the reaction of the animal, especially its horn thrusts. A left thrust is dangerous to the matador. However, a skilled matador can compensate for this with a series of passes.

La plaza de toros. (Bogotá, Colombia)

¡Olé!

¿Quieres ser matador?

The matador then steps into the ring and tests the bull with his *capa* (cape). If the passes please the crowd, the shout of *¡Olé!* fills the arena. If the passes are superb, white handerchiefs are waved enthusiastically. If the work is poor, the matador is greeted with whistles and flying objects. A matador who can bring the bull against his body or taunt it while on his knees is considered very good. One who can confuse the bull with a series of successful passes and then walk away with his back to the animal is wildly applauded.

The trumpet sounds and the matador leaves the ring as the horse-mounted *picador* enters. The horse is blindfolded and protected by padding from the horns of the bull. The *picador* carries a long pole. His job is to plunge this *pica* into the muscles of the bull's neck. The work of the picador is necessary to make the bull lower its head, providing for a proper and quick kill.

After the *picador* leaves the ring, the *banderilleros* enter to place three pairs of barbed, decorated sticks into the neck muscles of the bull. The *banderilleros* move across the bull's vision with considerable grace and agility, plunging their *banderillas* with great precision. In theory, these weaken the neck muscles, but there is disagreement about the actual value of this part of the *corrida*.

The trumpet sounds again to announce the final stage of the *corrida*, called the *faena*. The matador again enters the ring to face a more challenging beast. The bull is now wary of the cape and is looking for something more substantial for its horns to penetrate. The matador again tests the animal and takes his *estoque*, or sword, for the kill. He faces the bull head-on and lures it with a smaller cape, called the *muleta*, that hides the sword. Next he reaches over the bull's head and plunges the *estoque* directly into the animal's heart.

If the kill is skillful and swift and if the matador has shown courage and grace, the judges present him with one or two of the bull's ears. An award of the bull's tail is considered a great honor. The proud matador walks around the arena to receive the acclaim of his public. The *monosabios* enter, hitch the carcass of the bull to their mules, and drag it off.

The entire ritual is repeated five more times before an enthusiastic audience. The total time dedicated to each bull is approximately twenty minutes. It is important to note that the bullfight is not considered a sporting event by Spanish-speaking people. It is a spectacle of man against beast, a symbolic struggle of Good against Evil.

Extensión

Actividades de los domingos

¿Qué haces tú los domingos? Pues, el domingo en los países hispanos es un día dedicado a la familia. La gente puede pasear° por los bulevares o los parques, remar° en un bote en un lago del parque o montar a caballo.° También puede ir a ver un rodeo, a un juego de fútbol, de béisbol o a una corrida de toros.

Muchas veces la gente va de excursión o va a una reunión con algunos amigos. Algunas veces, la reunión es una tertulia° con conversación y comida. Es popular entre los adultos y todos se alegran° de participar.

En los pueblos pequeños, una actividad favorita de jóvenes y viejos es oír un concierto de banda en la plaza central los domingos por la noche. En algunos países sudamericanos se le llama retreta° cuando los jóvenes caminan alrededor de° la plaza, conversando y coqueteando.°

Hoy en día, el paseo tradicional de los domingos entre los jóvenes de clase media y alta se hace en coche. La conversación toma lugar en un heladería o en una cafetería.

stroll/to row
ride horseback

social gathering
are happy

promenade
around/flirting

Práctica

En parejas:

A. Discuss your Sunday activities: what you do and with whom, where you go and how much time you spend with your family.

B. Discuss the things you and your family do together: how often you do something as a group, what days you normally do something together, what members of the family take part and how much time you spend together in these activities.

C. Discuss what you did last weekend, starting with Friday night and continuing through Sunday evening. Tell who took part in any of these activities, how long you spent, what transportation you used and when you ended each activity.

D. Go over the past week, telling each other at least one thing you did on each day.

E. Prepare an original dialog in which you are planning an outing for an afternoon during the weekend. Tell about what you plan to do, where you plan to go, how many other people will be involved, what transportation you will use and what time you expect to return home. This can be in the form of a telephone conversation or a conversation in person.

F. Make a list in Spanish of the activities someone could take part in during the weekend in the city. List them by day and by time of day (morning, afternoon, or evening). Indicate where these activities are held. If there is a change for them, include the amount in *pesetas* (Spanish currency). Consult a newspaper or ask your teacher for the current rate of exchange.

G. Describe a park in your city or a nearby city: what things are in the park (benches, fountains, flowers, trees and so on), who goes there, what activities take place there and where the park is located.

Estructura

El subjuntivo con verbos de emoción

We have already seen that the subjunctive is used in Spanish to convey indirect commands or to indicate that one person causes another to do something.

Que nieve.	Let it snow. (It may or may not snow.)
Quieren que tú lo hagas.	They want you to do it. (There is no absolute certainty that you will do it.)

The subjunctive is also used after a verb of emotion when there is a change of subject.

Espero que salga bien.	I hope he does well.
Me gusta que vayas conmigo a la corrida.	It pleases me that you're going with me to the bullfight.

Verbs of emotion include the following: *gustar* (to be pleased), *sentir* (to regret, to feel sorry), *encantar* (to enchant), *esperar* (to hope), *molestar* (to bother), *complacer* (to please), *agradar* (to please), *tener miedo de* (to be afraid of) and *alegrarse de* (to be happy to.)

1. ¿Qué piensa Gabriela? Contesta estas preguntas, usando el subjuntivo y empleando las pistas entre paréntesis.

> **Modelo:** ¿Qué espera Gabriela? (Sus parientes la vienen a visitar.)
> Gabriela espera que sus parientes la vengan a visitar.

1. ¿Qué le agrada? (Estamos en su clase de inglés.)
2. ¿Qué le agrada? (Su novio le escribe todos los días.)
3. ¿Qué le gusta? (Las clases terminan pronto.)
4. ¿Qué le agrada? (Silvia es la secretaria del club.)
5. ¿Qué le complace? (Vamos a la corrida de toros este domingo.)

6. ¿Qué espera? (Tenemos asientos en la
   sombra.)

7. ¿Qué le molesta? (El partido de
   baloncesto tiene lugar el viernes.)

8. ¿De qué se alegra? (La banda municipal
   toca en la plaza central.)

9. ¿Qué le molesta? (No sabes montar a
   caballo.)

10. ¿Qué siente? (Sus clases empiezan
    temprano.)

2. Todos sentimos algo. Di que las personas mencionadas sienten lo que pasa, según las indicaciones.

> **Modelo:** yo / Magdalena no poder venir a la fiesta
> Siento que Magdalena no pueda venir a la fiesta.

1. Jorge / sus amigos no jugar al golf
   con él
2. Pepita / el picador ser muy malo
3. yo / tú no estar aquí
4. Uds. / no nos gustar la casa
5. mis compañeras / nosotros ir de compras
   sin ellas
6. yo / la corrida tener lugar en otra ciudad

3. Mi familia. Termina cada frase, usando el subjuntivo.

> **Modelo:** Mis papás esperan que mi hermano / volver a casa antes de las diez.
> Mis papás esperan que mi hermano vuelva a casa antes de las diez.

1. les complace a mis papás que mi hermano
   y yo / recibir buenas notas
2. esperamos que un estudiante extranjero /
   venir a vivir con nosotros
3. nos alegramos de que nuestros papás /
   darnos dinero para el cine.
4. les agrada a mis abuelos que nosotros /
   vivir en la misma ciudad
4. me molesta mucho que mis primos /
   visitar el jardín zoológico sin mí
6. a mí me gusta mucho que mi cuarto /
   ser grande
7. a mi tía le encanta que yo / visitarla

4. ¿Qué piensas tú? Contesta estas preguntas según tu opinión, usando el subjuntivo.

> **Modelo:** ¿Sientes que tu mejor amiga tenga que trabajar esta noche?
> Sí, siento que tenga que trabajar esta noche.
> No siento que tenga que trabajar esta noche.

1. ¿Te gusta que tus parientes vengan a
   visitarte?
2. ¿Esperas que tu familia haga un viaje a la
   América del Sur?
3. ¿Te molesta que tu profesor/a dé mucha
   tarea?
4. ¿Tienes miedo de que tus padres sepan tus
   secretos?
5. ¿Te agrada que tu mamá cocine bien?
6. ¿Te complace que no tengas clases durante
   el verano?

El subjuntivo con verbos de duda

The subjunctive is used after a verb of doubt in Spanish if there is a change of subject. In the examples shown here, there is an obvious doubt in the mind of the speaker — it is actually stated — so the general condition for the use of the subjunctive is present: The speaker doesn't know whether or not something will happen.

The principal verb of doubt in Spanish is *dudar* (to doubt). The verbs *creer* (to believe) and *pensar* (to think) imply doubt when they are negative.

Dudo que Manolo tenga ningún problema.	I doubt that Manolo will have any problem.
No creen que venga.	They don't think she's coming.
No pienso que Pepe lo conozca.	I don't think Pepe knows him.

5. Lo dudo. Usando las pistas y la forma apropiada de *dudar, creer* o *pensar*, indica que hay una duda que las siguientes cosas vayan a ocurrir.

Modelo: yo / Luisa venir hoy
Dudo que Luisa venga hoy.
No creo que Luisa venga hoy.
No pienso que Luisa venga hoy.

1. nosotros / la feria tener lugar este
   año
2. Sara / ellos ir a la corrida
3. Uds. / nosotros saber las
   respuestas
4. yo / Uds. querer acompañarlos
5. tú / Inés ser sincera
6. los profesores / sus estudiantes tardar en
   terminar el trabajo

El subjuntivo con expresiones impersonales

Impersonal expressions are very common in Spanish. They are followed by the subjunctive when they imply doubt or state an opinion that may not be shared by everyone.

Es una lástima que los aficionados sean tan exigentes.

It's too bad that the fans are so demanding.

Here are some of the most common impersonal expressions, all of which must be followed by the subjunctive:

es necesario que	it is necessary that
es preciso que	it is necessary that
es mejor que	it is better that
es posible que	it is possible that
es imposible que	it is impossible that
es probable que	it is probable that
es dudoso que	it is doubtful that
es importante que	it is important that
es urgente que	it is urgent that
es difícil que	it is unlikely that
es fácil que	it is likely that
es una lástima que	it is too bad that, it is a pity that
puede ser que	it is possible that
qué lástima que	what a shame that
más vale que	it is better that
importa que	it is important that
puede que	it may be that
conviene que	it is fitting that

Some of these expressions can be used with or without the word *que*. When *que* is not used, an infinitive follows the impersonal expression.

*Es necesario **que tú estudies**.*

It is necessary for you to study.

*Es necesario **estudiar**.*

It is necessary to study.

6. **Es necesario. Di que es necesario que todas estas cosas pasen.**

> **Modelo:** Antonio / venir tarde
> Es necesario que Antonio venga tarde.

1. tú / saber la verdad
2. nosotros / pagar en la caja
3. Uds. / ver una corrida durante su estancia aquí
4. los chicos / practicar más
5. yo / probarse los pantalones de este traje
6. Ud. / desayunarse antes de jugar al golf
7. los estudiantes / vestirse de rojo y blanco para el partido

7. **De lo general a lo específico. Cambia la segunda parte de estas frases, usando las palabras entre paréntesis.**

> **Modelo:** Es necesario estudiar. (tú)
> Es necesario que tú estudies.

1. Es preciso quedarse más tiempo con nosotros. (Uds.)
2. Es mejor no tratar de comer todas las comidas. (tú)
3. Es posible preparar la paella en menos de una hora. (nosotros)
4. Es imposible no pensar en lo que les pasó. (ellos)
5. Es una lástima no poder visitar el museo de la ciudad. (la señora)
6. Es importante proteger a los niños pequeños. (Ud.)
7. Más vale saber qué hay que hacer antes de empezar. (ellos)
8. Importa poner bien las banderillas. (el banderillero)
9. Conviene llegar después de la comida. (yo)
10. Es difícil estar presentes para la recepción. (nosotros)

La palabra *hay*

The word *hay* is one of the most common and useful words in the Spanish language. It means "there is" or "there are." *Hay* has no plural form. This expression may be used in several tenses.

había (imperfecto)	there was, there were
hubo (pretérito)	there was, there were

habrá (futuro)	there will be
habría (condicional)	there would be
haya (presente de subjuntivo)	there is, there are

8. ¿Qué hay? Contesta estas preguntas, usando la forma apropiada de *haber*.

Modelo: ¿Cuántas personas hay en tu escuela?
Hay muchas personas en mi escuela.

1. ¿Cuántos estudiantes hay en tu clase de español?
2. ¿Hay más chicas o más chicos en la clase?
3. ¿Había clases ayer?
4. ¿Cuántos días había en el mes pasado?
5. ¿Habrá clases mañana?
6. ¿Habrá fiesta esta noche en tu casa?
7. ¿Cuántos estudiantes habría en una clase ideal?
8. ¿Es importante que haya deportes en la escuela?

Darle igual a uno

This expression uses the verb *dar* plus an indirect object to mean "It's all the same to . . ." *Me da igual* means "It's all the same to me." *Les da igual* means "It's all the same to them."

9. ¿A quién le da igual? Las pistas indican a quién le da igual si varias personas vienen a una fiesta o no. Dilo con una frase completa.

Modelo: a mí
A mí me da igual si vienen o no.

1. a Juan
2. a Silvia
3. a mis papás
4. a nosotros
5. a Uds.
6. a tus primos
7. a Ud.
8. a ti
9. a Tomás y a mí

Lectura

Las unidades° deportivas°

Para muchas personas en el mundo hispano, el domingo es un día muy importante porque es el único° día de la semana para descansar o jugar. Las unidades deportivas son unos de los lugares más visitados para el recreo° durante los domingos en México.

Como muchas personas viven en apartamentos o en casas sin patios grandes, no tienen la oportunidad de participar en juegos atléticos. Es por esta razón que el gobierno mexicano ha construido unidades deportivas en todas partes del país. La entrada es muy barata, y las unidades ofrecen facilidades para practicar gran número de deportes.

La unidad deportiva es un área muy grande rodeada de una cerca, adonde las personas pueden ir con sus amigos y participar en una gran variedad de actividades. Está abierta a todo el público, y muchos hacen uso de estas facilidades públicas.

Las unidades deportivas tienen piscinas grandes con trampolines para practicar la natación. También hay muchos campos de béisbol y de fútbol. Varios equipos pueden jugar a la vez, y mucha gente se aprovecha de° estos lugares.

Además de los campos de fútbol y de béisbol, hay canchas° de básquetbol, de frontón y de frontenis. También se encuentran pistas de atletismo y velódromos para bicicletas.

Se nota la ausencia° de campos de golf y de canchas de tenis en las unidades. Esto es porque estos deportes se practican casi exclusivamente en clubes privados. Casi no hay canchas de tenis ni tampoco campos de golf públicos.

Hay equipos de fútbol en las unidades deportivas.

En una unidad deportiva hay una gran variedad de actividades.

Es un lugar para divertirse con amigos.

Muchas veces hay canchas de básquetbol.

Hay columpios, tiovivos y toboganes.

Como familias enteras° usan las unidades deportivas, *entire*
existen muchos juegos infantiles como columpios,° tíovivos° *swings/merry-go-*
y toboganes.° Hay bancos donde se sientan los adultos a *rounds/slides*
observar las actividades de los niños o a descansar.
También hay sendas° por donde caminar, así como° flores, *paths/as well as*
fuentes y árboles que dan sombra.

Finalmente, las unidades deportivas ofrecen servicio
médico. Para satisfacer el hambre y la sed, hay restaurantes
o cafés donde se venden refrescos y sándwiches, entre otras
cosas.

La unidad deportiva es un lugar para hacer ejercicio,
para divertirse con los amigos y para conocer a otra gente.
Ven a la unidad para participar y para desafiar° en activi- *challenge*
dades físicas a tus nuevos amigos mexicanos.

Preguntas

1. ¿Por qué es importante el domingo para muchos hispanos?
2. ¿Por qué es difícil para muchos hispanos practicar los deportes?
3. ¿Qué es una unidad deportiva?
4. ¿Quién ha construido las unidades deportivas en México?
5. ¿Qué deporte acuático se puede practicar en una unidad deportiva?
6. ¿Para qué otros deportes hay facilidades en las unidades deportivas?
7. ¿Qué deportes se pratican casi exclusivamente en los clubes privados?
8. ¿Qué hay para los niños en las unidades?
9. ¿Qué te interesa más a ti en las unidades deportivas?

Vocabulario

el **aficionado, la aficionada** fan, amateur
alegrarse (de) to be glad
alquilar to rent
alrededor de around
el **asiento** seat
la **banderilla** dart used in a bullfight
el **banderillero** man who places *banderillas* in a bullfight
bravo, -a fierce
la **capa** cape
el **cojín** cushion
cómodo, -a comfortable
el **concierto** concert
convenir to be fitting, to agree
coquetear to flirt
la **corrida (de toros)** bullfight
la **cuadrilla** bullfighter's squad

dudar to doubt
dudoso, -a doubtful
la **estocada** sword-thrust (in a bullfight)
la **excursión** excursion
exigente demanding
experto, -a expert
final final
imposible impossible
la **lástima** pity, shame
lugar: tener lugar to take place
el **matador** bullfighter
el **miedo** fear
tener miedo de to be afraid of
molestar to bother
montar to mount
montar a caballo to ride horseback
pasear to stroll

perder (ie) to lose
perder cuidado not to worry
el **picador** person who places the *pica* in the bullfight
preciso, -a precise, necessary
probable probable
el **público** public, audience
el **pueblo** town
remar to row (boat)
la **retreta** Sunday evening promenade in the central square
la **reunión** reunion, get-together
el **rodeo** rodeo
la **sombra** shade, shadow
la **tertulia** social gathering
urgente urgent
valer to be worth

A. Vuelvo a empezar ... Di que vuelves a hacer estas cosas.

> **Modelo:** Canto villancicos en español.
> Vuelvo a cantar villancicos en español.

1. Leo el periódico.

2. Miro el programa de televisión.

3. Como en esta cafetería.

4. Trabajo los fines de semana.

5. Juego al tenis en la mañana.

6. Hago un viaje a España.

B. Indica que te da igual si pasan estas cosas o no, usando el mandato indirecto.

> **Modelo:** ¿Ernesto quiere ir?
> Pues, que vaya entonces.

1. ¿Los hombres piensan asistir a la corrida de toros?
2. ¿Ud. quiere quedarse con ellos?
3. ¿Isabel va al desfile esta noche?

4. ¿Esas chicas piensan practicar toda la
   tarde?
5. ¿Uds. van a jugar al béisbol antes del
   desayuno?
6. ¿Tu hermano quiere pasear por el centro
   de la ciudad?
7. ¿Gustavo insiste en trabajar durante el
   partido?
8. ¿Tú tratas de decírselo a ellos?

C. Da la palabra correcta en español.

> **Modelo:** ¿Sabes que *there are* muchos españoles aquí?
> ¿Sabes que hay muchos españoles aquí?

1. Ayer yo supe que no *there was* corrida de
   toros el domingo.
2. ¿Cuántas personas *will there be* en la
   tertulia esta noche?
3. *There is* un mercado muy bueno no lejos
   de nuestro hotel.
4. Yo no sabía que *there would be* problemas
   con esto.
5. Jaime dijo que *there were* dos partidos de
   béisbol en el estadio.
6. *There will be* una procesión por el centro
   durante la fiesta.
7. Es mejor que no *there are* amigos del chico
   presentes durante la entrevista.
8. La profesora quiere saber qué preguntas
   there are antes de continuar.
9. Mi papá dijo que *there would be* un
   autobús para llevarnos a la feria.
10. Esperamos que *there are* baños para
    lavarnos las manos.

¿Quieres bailar?

D. Cambia las frases siguientes, añadiendo las palabras entre paréntesis al principio.

> **Modelo:** El banderillero pone bien las banderillas. (espero)
> Espero que el banderillero ponga bien las banderillas.

1. Todos tus amigos no pueden venir. (sentimos)
2. Vamos a la corrida de toros este domingo. (¿te gusta?)
3. Mi hermano y yo asistimos a la misma universidad. (nuestros papás esperan)
4. Esperanza y Alicia no son muy buenas amigas. (tengo miedo de)
5. No vamos a alquilar cojines. (a Gloria le molesta)
6. Todos los estudiantes quieren cantar villancicos. (a la profesora le gusta)
7. Nuestro equipo gana el campeonato. (espero)
8. No te acompañamos a la feria este año. (¿sientes?)
9. La entrada a ese partido cuesta mucho. (tenemos miedo de)
10. Gloria y Juanita llevan a sus amigas al club. (no nos gusta)

E. Termina estas frases con las palabras indicadas.

> **Modelo:** Es posible que tu hermana no *tener* que trabajar hoy.
> Es posible que tu hermana no tenga que trabajar hoy.

> **Modelo:** Es necesario *estudiar* para tener éxito en el examen.
> Es necesario estudiar para tener éxito en el examen.

1. Es dudoso que los estudiantes *poder* terminar esta lección pronto.
2. Es importante *desayunar* todos los días.
3. Es probable que el trabajo *ser* demasiado difícil para ellos.
4. Es mejor que ellos no *tratar* de venir con nosotros.
5. ¡Qué lástima que tus parientes no *vivir* más cerca!
6. Puede ser que nosotros *invitar* a todos los vecinos.
7. Es difícil *preparar* una ensalada sin estos ingredientes.
8. Es urgente que ellos *hablarte* ahora.

F. Contesta estas preguntas con las pistas entre paréntesis.

> **Modelo:** ¿Qué nos aconseja Ud.? (hacer todo lo posible para ella)
> Les aconsejo que hagan todo lo posible para ella.

1. ¿Qué me aconsejas? (*asistir* a todas las clases)
2. ¿En qué insiste tu mamá? (yo no *salir* de la casa hasta las tres y media)
3. ¿Qué necesitas? (alguien *darme* las respuestas)
4. ¿Qué les dicen Uds.? (*estar* aquí temprano para la práctica)
5. ¿Qué quieres ahora? (Uds. *poner* la mesa del comedor)
6. ¿Qué prefieren tus abuelos? (yo *pasar* el verano en su casa)
7. ¿Qué nos dicen las señoras? (*volver* otro día)
8. ¿Qué necesita Julia? (alguien *llevarla* al baile)
9. ¿Qué quieren Uds.? (ellos *platicarnos* de su viaje)
10. ¿En qué insiste Ud.? (Uds. no *preocuparse* más)

G. Contesta estas preguntas con una de las dos siguientes posibilidades.

> **Modelo:** ¿Quieres que me quede o que me vaya?
> Quiero que te quedes.
> Quiero que te vayas.

1. ¿Prefiere Ud. que estudiemos o que trabajemos?
2. ¿Esperas que tu equipo gane o pierda?
3. ¿Es mejor que ellos compren menos o que paguen más?
4. ¿Quieres que yo toque la guitarra o que cante?

5. ¿Es dudoso que Elena llegue aquí mañana
   o que Yolanda salga?
6. ¿Te piden que vayas con ellos al partido o
   que cuides de tu casa?

H. Es dudoso. Combina las dos frases, indicando que hay duda.

    Modelo: Daniel juega en el partido. Lo dudo.
               Dudo que Daniel juegue en el partido.

1. Manolo es el mejor matador. Lo
   dudamos.
2. El picador hace bien su trabajo. No lo
   pienso.
3. Los banderilleros entran primero. Cintia
   no lo cree.
4. A mi amiga le gusta la corrida de toros. Lo
   dudo.
5. Los Sres. Moreno alquilan un cojín. Su
   hijo lo duda.
6. Hay corridas en Chile. No lo creo.
7. Manuel quiere ser matador. Su mamá no
   lo cree.

I. ¿Cómo se dice? Da las palabras correctas en español.

    Modelo: ¿Quién te dijo que mi tía *had arrived* ya?
              ¿Quién te dijo que mi tía había llegado ya?

1. Estela no sabe dónde los *has put* su mamá.
2. Ese hombre *whom* conociste en casa de
   Maruca es mi dentista.
3. Han tomado *more than* diez lecciones de
   baile con el mismo profesor.

¿Qué haces tú los domingos?

4. Joaquín dijo que no sabía qué *he would have done* sin ellos.

5. Esta es la carta que nosotros *translated* para mi oficina.

6. Laura cree que Miguel es *very handsome*.

7. Mónica es la *youngest* de su familia.

8. Mi *little brother* solamente tiene ocho meses.

J. Expresa en español.

1. She doesn't believe that Gloria is your aunt.
2. Let it rain. I don't want to go out tonight.
3. He's practicing the drums again.
4. It doesn't matter to them if we return late.
5. Don't you want us to be here?
6. There will be a lot of work for all of you tomorrow.
7. Is it important to know when they left?
8. She's hoping that her boyfriend will play in this game.

¿Te gustaría participar en esta celebración?

¿Es muy fuerte, verdad?

Juegan al jai alai.

K. A nivel personal

1. Describe some sport you know well in Spanish. Tell how many people play on a team, how long a typical event lasts, what the major rules of the game are, where the sport is played and what the season for this sport is.

2. Compare the facilities of a Mexican *unidad deportiva* and a sports or health club in your area. Which things are similar and which are different?

3. Imagine that you are planning a *unidad deportiva*. Draw a plan of a facility you would build, indicating where all the various areas would be. Label everything in Spanish.

4. Make a list of three team sports. Write in Spanish what equipment is used in this game (racquet, ball, and so forth). Tell what the various player positions are called.

5. Imagine that you must explain the bullfight. Describe in Spanish what the various participants in the *corrida* are called, what they do and the order of events.

6. Design a poster to advertise on upcoming athletic event or bullfight. Give dates, time, names of teams (or *matadores*) and the price of admission in *pesos*. Consult the newspaper or your teacher for the current rate of exchange.

7. Describe an evening social gathering in the United States, imaging that you must explain this to a group of Latin American friends. Tell how many people usually attend, what food is served, what topics are discussed, what the usual hours for such an event are and any other activities that might take place.

8. Make a sketch of a central square in a Hispanic city. Label in Spanish all the things that might be found in and around such a plaza. Imagine that it is Sunday evening and that the *concierto* and *retreta* are taking place. Indicate who might be in the square and where they might be.

9. Sunday is an important recreation day in the Hispanic world. Imagine that you are telling a group of Spanish-speaking friends about Sunday in your city or area. What are the activities at this time of the year that these friends could take part in? What familiar activities would they find, and which ones would be different for them?

10. Find information about the World Cup of Soccer and report on it to your class: How often is it held? Who was the most recent winner? Who have been winners in the previous four or five years? How many countries take part? Can you name some? Where was the last World Cup held? Where will the next one be held?

15

En la agencia de viajes

SR. IBARRA:	Espero que Ud. haya tenido tiempo para confirmar los arreglos° para nuestro viaje.
AGENTE:	Todas las reservaciones están hechas, así como° los vuelos.°
SR. IBARRA:	¡Perfecto! Pienso cargar° los gastos° a mi tarjeta de crédito.
AGENTE:	¡Cómo no,° señor! Luego que° lleguen los boletos, se los envío° por correo.°
SR. IBARRA:	¿Puede Ud. recomendarme un libro que tenga informes° sobre las regiones que vamos a visitar?
AGENTE:	Este folleto° está lleno° de consejos° para el turista. Hay que° prestar° atención a esta página° porque indica qué hay que tener en cuenta.°
SR. IBARRA:	¿Y nuestros pasaportes ya han llegado?
AGENTE:	Deben de estar dentro de° un par° de días.
SR. IBARRA:	Pues, señorita, muchas gracias por todos sus esfuerzos.°
AGENTE:	De nada, señor. Ha sido un placer° servirlo. Buen viaje, y escríbame en cuanto° lleguen Uds. a su destino.°

arrangements

as well as
flights

charge/expenses

Of course/as soon as
I send/mail

information

pamphlet/full/advice
one must/pay
page
bear in mind

within/couple

efforts

pleasure
as soon as
destination

Preguntas

1. ¿Dónde está el Sr. Ibarra?
2. ¿Quién hizo las reservaciones?
3. ¿Cómo va a pagar el Sr. Ibarra?
4. ¿Cómo va a recibir los boletos el Sr. Ibarra?
5. ¿Qué libro quiere tener el Sr. Ibarra?
6. ¿Qué le da la agente al Sr. Ibarra?

7. ¿Han llegado los pasaportes?

8. ¿Qué quiere la agente que haga el Sr. Ibarra cuando llegue a su destino?

Notas culturales

To visit most Spanish-speaking countries, citizens of the United States must have a valid U.S. passport. Many countries also require a tourist card, which is free of charge and can be obtained through an agency of the country to be visited.

Travel agencies can make all the arrangements for a foreign trip, including airline and hotel reservations and bookings for many types of excursions. They also have many informative pamphlets about the various countries and their principal attractions. First-class hotels in Hispanic countries have travel agents in their lobbies to serve the needs of their guests.

Major credit cards issued in the United States are accepted throughout the Spanish-speaking world.

Extensión

la guía	guidebook
el guía, la guía	guide
el documento	document
la tarjeta de turista	tourist card
el permiso	permit, permission
el panorama	panorama
la vista	view
el monumento	monument
el billete	bill (money)
la moneda	coin
el cheque de viajero	traveler's check
el mapa	map

Práctica

En parejas:

A. Discuss some place you want to visit in the future: where it is, what its attractions are, how long you would stay there, why you want to go there, how long you have wanted to visit this place, what you would like to see and with whom you would like to travel.

B. Prepare an original dialog in which one of you is the would-be tourist from another state or country and the other is the travel agent. Plan a trip to your own area and discuss what there is to see and so. Discuss the length of the trip, the means of transportation, the documents necessary for the tour and the lodging arrangements. Present this dialog to your class.

C. Research a region of Spain. Prepare a written or oral report about the section of the country you have chosen.

¿Te gusta viajar?

D. Imagine that you correspond with a foreign pen pal and that this person has asked you to describe the city, state or area in which you live. Write a letter of three or four paragraphs in which you tell as much as you can about the topic you have chosen.

E. Imagine that you are tour guides for your city or area. Prepare a narration for a tour you would conduct to include the major points of interest. Use phrases such as "on the right," "please notice," and others that a guide might use to attract the attention of tourists as the bus goes from place to place. Present this tour to your class, alternating in the role of tour guide.

En grupos:

F. One person gives the Spanish name of any country in the Western Hemisphere. The next person must say whether it is located in North, Central, or South America and then gives the name of another country. The third person continues the process.

G. Each person says in Spanish the name of something that can normally be found in the center of a city, such as the name for a building. If someone mentions something that usually is not located downtown, she or he must withdraw from the game. Keep going until all but two have been eliminated. No item may be repeated.

Estructura

El pretérito perfecto de subjuntivo

Sometimes it is necessary to use the present perfect tense in the subjunctive. It is formed as follows: Use the present subjunctive forms of *haber* plus the past participle of the verb in question.

hablar	decir	perder (ie)
haya hablado	haya dicho	haya perdido
hayas hablado	hayas dicho	hayas perdido
haya hablado	haya dicho	haya perdido
hayamos hablado	hayamos dicho	hayamos perdido
hayáis hablado	hayáis dicho	hayáis perdido
hayan hablado	hayan dicho	hayan perdido

Look at these examples:

Espero que ya hayan llegado. I hope they have arrived already.
Dudo que Uds. hayan estudiado. I doubt that you have studied.

1. **. . . que venga, que hayan venido. Cambia la idea de estas frases al pretérito perfecto.**

   Modelo: Espero que vengan.
   Espero que hayan venido.

   1. No creo que Luis haga la reservación.
   2. Pablo siente que él y sus amigos no viajen con nosotros.
   3. ¿Es posible que Uds. no sepan la respuesta?
   4. Espero que estés bien esta semana.

5. Es probable que Horacio no reciba su
   pasaporte.
6. No creo que la agente recomiende estos
   folletos.
7. Nuestros primos esperan que les
   enviemos tarjetas.
8. Es dudoso que yo haga eso antes.
9. Me gusta que vayas a esa agencia.
10. Tienen miedo de que salgamos de la
    ciudad.

Hay que

The expression *hay que* means "it is necessary" or "one must." It is followed by an infinitive.

Hay que comer *para vivir.*	One must eat in order to live. It is necessary to eat in order to live.
Hay que manejar *con cuidado.*	One should drive carefully.

2. Es necesario. Pepita cree que la expresión *hay que* es más común en español que la expresión *es necesario*. Cambia estas frases para ella en una forma más típica, usando la frase *hay que.*

Modelo: Es necesario llegar a tiempo a esta clase.
Hay que llegar a tiempo a esta clase.

1. Es necesario prestar atención en la clase.
2. Es necesario comer bien antes de empezar
   a trabajar.
3. Es necesario probarse el vestido en uno de
   los vestidores.
4. Es necesario hablar con la agente.
5. Es necesario cuidar de la casa.
6. Es necesario comprar los ingredientes para
   una ensalada.

El subjuntivo en cláusulas adverbiales

A clause is a group of words that contains a subject and a verb. Clauses may be complete thoughts by themselves (called independent) or incomplete (called dependent). Dependent clauses are often used like parts of speech, such as adverbs or adjectives. Look at this sentence:

I'll be here when you return.

independent	dependent

"When you return" is a clause because it has a subject and a verb. It is dependent because it is an incomplete thought without the rest of the sentence. Finally, it is used as an adverb because it tells "when" something will happen.

In Spanish, adverb clauses must use the subjunctive if they indicate something that has not yet happened. Look at this example:

Estaré aquí cuando tú regreses.   I'll be here when you return.

The verb *regreses* is subjunctive because it indicates something which has not yet happened: You have not yet returned. You can see that there is an element of doubt in this sentence: When will you return? Will you return? As always, when there is doubt, use the subjunctive.

The expressions shown here are followed by the subjunctive only if they indicate that something has not yet taken place.

hasta que	until
después (de) que	after
luego que	as soon as
mientras (que)	while
aunque	although
en cuanto	as soon as
tan pronto como	as soon as
cuando	when

Other expressions must always be followed by the subjunctive because they imply an action that has not yet taken place.

a fin de que	so that
antes (de) que	before
para que	in order that

The subjunctive is not necessary if the action clearly has taken place.

*Ellos esperaron hasta que **yo llegué**.*   They waited until **I arrived**.

Since I did arrive, there is no doubt. Future time is not suggested or implied. Therefore, the subjunctive is not used. For example, in the sentence "I didn't know what her name was until I met her, (*No sabía su nombre hasta que **la conocí***)," future tense is not implied. The action already took place and there is no doubt, so you should not use the subjunctive. The subjunctive would be necessary in the sentence "I won't know what her name is until I meet her, (*No sabré su nombre hasta que la conozca*)," because I haven't met her yet (future time implied) and I may not (doubt).

The following sentence clearly implies that something is yet to happen. Look at it and then change the subject of the second part to "you," "he," "we" or "they." This will help you acquire an understanding of this use of the subjunctive.

Carlos no puede esperar hasta que yo llegue.   Carlos can't wait until I arrive.

3. ¿Hasta cuándo? Tu primo quiere saber por cuánto tiempo estas cosas van a pasar. Usa las indicaciones entre paréntesis y *hasta que* para decírselo.

   Modelo: Mi primo se quedará. (mis papás / regresar)
   Mi primo se quedará hasta que mis papás regresen.

1. Nos quedaremos aquí. (Luis /
   venir)
2. Marta estará con ellos. (nosotros / llegar)
3. Mis compañeros van a estudiar.
   (yo / llamarlos)
4. Todo el público esperará. (el
   matador / entrar)
5. Mi mamá no lo creerá. (ellos / salir para
   España)
6. Ellos van a estar aquí. (tú / volver con el
   dinero)
7. Vamos a continuar con el pícnic. (empezar
   a llover)
8. Jorge y Luis van a jugar. (el juego /
   terminar)

4. ¿Cuándo? Di cuándo pasarán estas cosas.

    Modelo: Cuando Pepe *llegar*, todos vamos a salir.
              Cuando Pepe llegue, todos vamos a salir.

1. Cuando *ser* las tres y media, tendremos
   que partir.
2. Cuando Jorge *terminar* su tarea, sus papás
   van a darle un regalo.
3. No voy a saber qué decir cuando *conocer* a
   tu abuela.
4. Tendremos que escribir a los hijos cuando
   nosotros *estar* en Bolivia.
5. Cuando Ud. me *mandar* los boletos, yo le
   pagaré.
6. Dime dónde estás cuando me *llamar* esta
   noche.

7. Sabremos adónde ir para comer cuando
   nosotros *recibir* la guía.

8. Se lo diré a Luisa cuando yo le *hablar* por
   teléfono.

5. Aquí hay pares de frases. Combínalas, usando las palabras que se encuentran entre paréntesis.

    Modelo: No voy a salir. Antonia viene. (hasta que)
                No voy a salir hasta que Antonia venga.

1. Puedo ir con Uds. Cecilia me llama. (luego
   que)

2. Mis papás piensan asistir al partido esta
   tarde. Llueve. (aunque)

3. Mi hermana se queda en casa. Alicia
   puede acompañar a Enrique al museo.
   (para que)

4. Mi amiga y yo comemos. Dora y Chela van
   de compras. (mientras)

5. Pregúntenle Uds. a Miguela cuántos
   hermanos tiene. La ven esta tarde.
   (cuando)

6. Ellos podrán platicarnos de muchas cosas.
   Han visitado otros países. (después de
   que)

7. No puedo decirte cómo es Lupe. La visito
   en su hotel. (hasta que)

8. Tienes que decírmelo. Recibes una tarjeta
   de Pablo. (tan pronto como)

6. Ana tiene que contestar estas preguntas para su clase de español. ¿Puedes ayudarle a contestarlas con las palabras entre paréntesis?

1. ¿Hasta cuándo esperarás? (hasta que / el correo / llegar)

2. ¿Cuándo nos escribirán Uds.? (cuando / nosotros / tener tiempo)

3. ¿Cuándo podremos salir? (en cuanto / yo / terminar / estas tarjetas)

4. ¿Por qué no tocan Uds. los discos? (para que / nuestros papás / poder leer el periódico)

5. ¿Cuándo saldrán Virginia y Laura? (después de que / sus novios / terminar la práctica)

6. ¿Cuándo van a trabajar Uds.? (mientras que / nuestros parientes / visitar / el centro)

7. ¿Cuándo empieza la fiesta? (luego que / el desfile / terminar)

El subjuntivo en cláusulas adjetivales

A clause, as we have seen, is a group of words that contains a subject and a verb. Sometimes a clause is used to describe a noun and is, therefore, called an adjective clause, as in the sentence "They have a dog that is very large, (*Tienen un perro que es muy grande*), since the clause "that is very large" describes "dog," the clause functions as an adjective. If an adjective clause in Spanish describes something that is indefinite or hypothetical, the verb in the clause must be subjunctive.

*Quiero una camisa **que sea blanca**.*	I want a shirt **that is white**. (No definite shirt, any one that is white. At this point it is hypothetical.)
*Quieren comprar un perro **que sea grande**.*	They want to buy a dog **that is big**. (No certain dog, any kind that is big.)
*No tengo ninguna camisa **que sea verde**.*	I don't have any shirt **that is green**. (The clause refers to a non-existent shirt.)

When the adjective clause refers to an item that we know exists, the subjunctive is not necessary.

Tengo una camisa que es azul y blanca.	I have a shirt that is blue and white.

We know the shirt exists. It is neither hypothetical or non-existent. The subjunctive is not necessary.

7. Combina las siguientes descripciones con la primera frase para formar una sola frase.

> **Modelo:** Quiero comprar unos pantalones. Tienen que ser azules.
> Quiero comprar unos pantalones que sean azules.

1. Silvia simpre ha querido vivir en una casa. Tiene que ser grande.
2. Lola busca un vestido. Tiene que tener rayas.
3. Queremos conocer a alguien. Tiene que hablar español e inglés.
4. Necesito un carro. Tiene que tener transmisión automática.
5. Para su cumpleaños Eva espera recibir unos aretes. Tienen que ser de oro.
6. Buscamos unos folletos. Tienen que darnos informes sobre estos lugares.
7. Geraldo quiere fotografiar una plaza central. Tiene que tener una fuente y flores.
8. No hay nadie aquí. Nadie sabe dónde está el palacio municipal.

Para unir dos partes de una frase

The Spanish language uses certain words to connect parts of a sentence where they may not be required in English. When you want to express the idea that something is yet to be done, use the word *que* to link your thoughts.

*En España hay mucho **que** ver.*	In Spain there is a lot to see.

Una fuente en la Alhambra. (Granada, España)

En España hay mucho que ver.

8. **¡Hay mucho que hacer!** Después de cada una de las siguientes frases hay una palabra entre paréntesis. Añádela a la frase.

> **Modelo:** Hay muchas cosas. (hacer)
> Hay muchas cosas que hacer.

> **Modelo:** Tenemos mucho trabajo hoy. (terminar)
> Tenemos mucho trabajo que terminar hoy.

1. Hay tres películas nuevas en los cines del centro. (ver)
2. Los jóvenes siempre dicen que no hay nada. (hacer)
3. Hay tantas diferentes clases de música en el mundo. (escuchar)
4. Nos quedan dos ejercicios más. (escribir)
5. Hay tres ingredientes más para la paella. (comprar)
6. Hay muchas personas interesantes en el mundo. (conocer)

Lectura

De viaje con una guía

Buenos días, señores y señoras. Seré su guía para hoy. Bienvenidos a mi país. Espero que su estancia con nosotros sea placentera.° *pleasant*

  Hoy vamos a hacer una gira por la ciudad para que Uds. puedan ver cómo es y cuáles son sus atracciones. Me

llamo Lola, y voy a hacer todo lo posible a fin de que Uds.
gocen del° día y aprendan un poco acerca de nuestro país.

Primero, alguna información sobre nuestro autobús. El
chófer se llama Miguel y el bus cuenta° con asientos re-
clinables para su comodidad.° Hay también ventanillas
panorámicas que permiten una vista en todas direcciones, y
naturalmente tiene aire acondicionado.° Si en algo podemos
servirles Miguel y yo, no dejen de° avisárnos.

Como Uds. pueden ver, empezamos en una de las
secciones residenciales de la ciudad. Esta parte tiene gran
número de casas de estilo colonial. Fíjense Uds. en los
muros blancos, los tejados° de tejas° rojas y las rejas. Estas
son unas de las características del estilo colonial español. En
otras partes de nuestra ciudad Uds. van a encontrar casas
de otros estilos también.

Saliendo de este barrio° residencial, nos dirigimos hacia
el centro. Allí vamos a ver la plaza central, sus monumentos, los edificios de gobierno y algunos otros lugares de
interés. También Uds. verán que la plaza central está en el
mero° centro de la ciudad.

A su izquierda, Uds. pueden ver el mercado municipal
donde se vende toda clase de artículos: comida, ropa,
muebles, recuerdos,° adornos — en fin, un poco de todo.
Es el mercado más grande del país, y tiene más de cuatrocientos puestos. Cuando tengan tiempo durante los
próximos días, les recomiendo que vengan aquí para hacer
sus compras.

A la derecha está la iglesia de San Bernardino, un
excelente ejemplo de la arquitectura barroca.° Se construyó
en el siglo diez y siete, y es de piedra° nativa que se
encuentra en las afueras° de la ciudad. Es el sitio donde se

enjoy

is equipped
comfort

air conditioning
fail

roofs/tiles

neighborhood

very

souvenirs

baroque
stone
outskirts

Empezamos en una de las
secciones residenciales de la
ciudad.

celebra la fiesta de San Bernardino el veinte de mayo. Durante esta celebración hay bailes, bandas y una feria.

Ahora nos acercamos al zócalo. Aquí vamos a bajar del° autobús y caminar. Vamos a ver la catedral, el palacio de gobierno y la plaza central. Después, les voy a dar a Uds. una hora y media para ir de compras en las tiendas cercanas o comer en uno de los restaurantes que se encuentran alrededor de la plaza. También, aquí cerca hay bancos donde Uds. pueden cambiar cheques de viajero. Un aviso° — los bancos se cierran a la una y media. Para las dos y media todos Uds. tienen que estar a bordo° del autobús para continuar nuestra excursión. Favor de no llegar tarde.

Uds. pueden dejar sus cosas aquí en el bus, si quieren, porque se cerrará con llave.° Ahora, cuidado al bajar, y síganme a nuestra primera parada° en la catedral.

Una visita por la ciudad es una buena manera de conocer un nuevo lugar porque en muy poco tiempo es posible ver mucho. ¿Te gustaría hacer este tour? ¿Por qué sí o por qué no?

Preguntas

1. ¿Cómo se llama la guía?
2. ¿En qué parte de la ciudad comienza la excursión?
3. ¿En qué fecha hay una celebración en la iglesia de San Bernardino?
4. ¿Qué edificios del centro van a ver los turistas?
5. ¿A qué hora va a continuar la excursión?
6. ¿Por qué es bueno tomar un tour de la ciudad?

Vocabulario

la **agencia** agency
el **agente, la agente** agent
antes (de) que before (followed by subject and verb)
el **arreglo** arrangement
así como as well as
la **atención** attention
aunque although
el **billete** (dollar, peso) bill
cargar to charge
cómo no of course
confirmar to confirm
el **consejo** advice
el **correo** mail
el **crédito** credit
cuenta: tener en cuenta to bear in mind
el **cheque** check
deber de ought

dentro de within, inside of
después (de) que after (followed by subject and verb)
el **destino** destination
el **documento** document
en cuanto as soon as
enviar to send
el **esfuerzo** effort
fin: a fin de que so that
el **folleto** pamphlet, folder
el **gasto** expense
la **guía** guidebook
el **guía, la guía** guide
hasta que until (followed by subject and verb)
hay que it is necessary, one must
indicar to indicate, to point out
el **informe** (piece of) information
luego que as soon as

lleno, -a full
el **mapa** map
la **moneda** coin
el **panorama** panorama, view
el **par** pair, a couple of
para que so that, in order that
el **pasaporte** passport
perfecto, -a perfect
el **permiso** permission, permit
el **placer** pleasure
prestar to lend
prestar atención to pay attention
recomendar (ie) to recommend
la **reservación** reservation
tan pronto como as soon as
el **viajero, la viajera** traveler
la **vista** view
el **vuelo** flight

LINEAS AEREAS PARAGUAYAS

16

En el avión

SOBRECARGO:°	Perdón, señor, salimos en seguida.° El avión despegará° a tiempo, y Ud. tiene que abrocharse° el cinturón de seguridad.°	*cabin attendant/ immediately/will take off/fasten/seat belt*
SR. RUBIO:	Discúlpeme,° señorita. No me había fijado. Estaba soñando despierto.°	*Pardon me day dreaming*
SOBRECARGO:	No hay cuidado, pero tiene que hacerlo. Es un reglamento° de la línea aérea.°	*rule/airline*
SRA. RUBIO:	¿No oíste los anuncios?° ¿En qué estabas pensando?	*announcements*
SR. RUBIO:	En nuestras vacaciones. Si tuviéramos más tiempo, podríamos hacer mucho más.	
SRA. RUBIO:	Sí, pero por lo menos° nos aprovechamos° de las tarifas° especiales que ofrecían° las compañías aéreas.	*at least/take advantage/fares/ were offering*
SR. RUBIO:	¿Qué te gustaría ver si volviéramos a la América del Sur?	
SRA. RUBIO:	Pues, me gustaría quedarme más tiempo en los países del norte.	
SR. RUBIO:	A mí me encantaría si pudiéramos continuar hacia° el sur del continente. ¡Quizás otro año!	*toward*

Preguntas

1. ¿Dónde están los Sres. Rubio?
2. ¿Qué no ha hecho el Sr. Rubio? ¿Por qué?
3. ¿Dónde han estado los Sres. Rubio?
4. ¿De qué se aprovecharon los Sres. Rubio?
5. ¿Qué le gustaría hacer al Sr. Rubio si pudiera volver?
6. ¿Qué le gustaría hacer a la señora?

Notas culturales

Several North American airlines have flights to and from the various Spanish-speaking countries from different parts of the United States. In addition, almost every Hispanic country has a national airline as well as private companies that offer service to many destinations. Flights may not be made on United States carriers for travel within any of these countries.

Because of the tropical forests, swamps and mountainous terrain in many Latin American countries, building roads and railroads is very difficult. Consequently, these countries have long depended upon air routes as the most feasible means of long-distance travel. All these nations have good airport facilities. In fact, the first commercial airline in the Western Hemisphere was established in Colombia in 1939.

Cultura viva

Traveling to Hispanic countries

What could be more interesting or exciting than a trip to a place where they speak the language you are studying? Such a trip is not only possible, it is easy to plan and arrange and a delight to take.

What do you have to know before you plan such a trip? First of all, you will need a United States passport to travel to most Spanish-speaking countries except Mexico. You will have to apply for a passport at the appropriate government office. You must submit an application, two photographs, a certified copy of your birth certificate and payment for required fees. Your passport will be processed and mailed to you in a matter of weeks.

For travel to Mexico, you will need a tourist card, which is provided free of charge by the Mexican government or through your local travel agent. Airlines that fly to Mexico also provide their travelers with this document. Several other countries also require a tourist card in addition to a passport. It is free and provided to passengers by the airline, or may be issued at the point where you enter a country. An International Certificate of Vaccinations is necessary in some places, also. Certain innoculations are suggested, depending on the countries you plan to visit.

¿Cómo quieres viajar?

Necesitas una tarjeta de turismo para viajar en México.

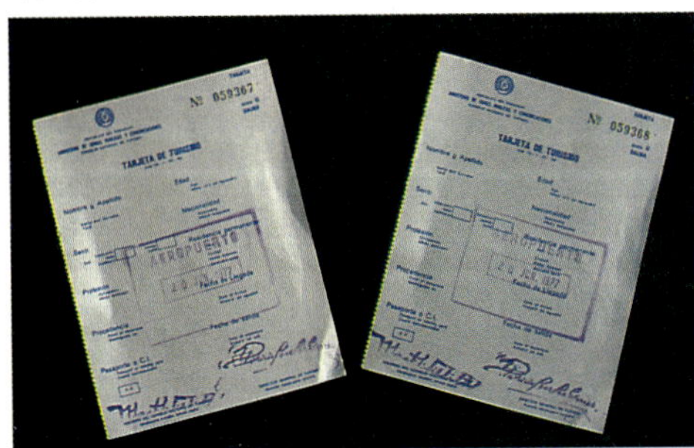

¿Quieres comprar algún recuerdo?

¿Qué tiempo hace donde quieres ir?

So, now that you've made the initial preparations, let's plan the trip. From your studies so far, you probably have some ideas which country or countries you want to visit. A trip to a travel agency will provide you with informative brochures about places on your itinerary. Make a list of where you want to go, how long you want to be there, and how much time you want to spend on tours. Remember to save time for walking around the cities, talking to people, and becoming a part of the life in that country. Take all this information to a travel agent and ask for help in making reservations and putting together your travel package. Many agencies specialize in family stays and travel itineraries for high school foreign language students. You may want to consider them as well.

Some knowledge of the climate and geography of the places you are going to visit will be necessary to plan what clothing to pack and what weather to expect. Will it be summer or winter where you go? Will it rain often during your stay? Do daytime and evening temperatures vary enough to affect your clothing needs? Will you be in any one place long enough to have clothing cleaned or washed? What kind of clothing do people in these countries wear?

Remember to take your camera and plenty of film so that you can record your trip and keep the memories for a long time. Think about what you might want to buy for your family and friends back home, and leave space in your luggage for souvenirs and gifts.

Now, try to remember all that you have learned in Spanish class: the language as well as customs and ways of life that you are going to find different from your life here. Take time to review the words and phrases you have learned. Make up your mind that you are going to use Spanish whenever possible so that you can talk with people, exchange ideas, and find out about the other culture. Remember, too, that you will be a representative of your country: Make a good impression.

Now you're ready to embark on a new adventure, an unforgettable trip to new and different worlds. You owe it all to having studied a foreign language. Your experience abroad will stay with you forever. *¡Qué gusto da viajar! ¡Buen viaje!*

Extensión

¿Quiénes forman la tripulación° de un avión? Son el piloto, *crew*
el ingeniero y los sobrecargos. (A las sobrecargos mujeres
también se les llaman "azafatas".)° *stewardess*

En el aeropuerto, ¿qué hacen los pasajeros? Van a los
mostradores en la terminal para entregar° su equipaje — las *hand in*
valijas,° los maletines° y los portatrajes° — y para recibir las *suitcases/small bags*
contraseñas.° Los empleados se fijan si es un viaje de ida y *suit bags/baggage*
vuelta° o un viaje sencillo. *checks/round trip*

¿Y qué tienen que hacer los pasajeros cuando el avión
despega y aterriza?° Tienen que asegurar sus cosas en el *lands*
compartimiento de arriba y no fumar.° Además,° hay que *smoke/Besides*
poner el respaldo° y la mesita° en posición vertical. *tray-table*

¿Y en la aduana?° ¿Qué ocurre° allí? Los agentes *customs/happens*
revisan° los documentos y el equipaje de los pasajeros. *inspect*

Práctica

En parejas:

A. Suppose you have been given the task to write a set of rules for airline travel.
Prepare a list of things to do: purchasing ticket, arriving at airport one hour
before flight time, checking in at ticket counter, handing over baggage,
boarding the plane, fastening seat belts and listening to announcements.

B. Prepare a dialog, following these details: One of you is an airline passenger and
the other is a cabin attendant. The cabin attendant tells the passenger to put
carry-on items in the overhead compartment, to fasten her or his seat belt and
to put the tray-table in the upright position. The passenger asks if there is food
service on the flight and asks for a glass of water and then a soft drink. The
attendant asks where the passenger is going. The answer is to Lima, Peru,
which requires changing planes in Panama City. The attendant says the plane
is on time and that they will land in one and one-half hours. The passenger
hopes that she or he will not have any problems in customs. The attendant says
that only the documents are checked, not luggage.

C. Imagine that you are a citizen of a Spanish-speaking country returning home
from a trip out of the country. Before you go through customs inspection, you
must make a list of the items you purchased while on your trip. Make a list of
ten items in Spanish and their approximate value in pesos. Consult a
newspaper or ask your teacher for the current rate of exchange.

D. Imagine that you are an exchange student in an Hispanic country. Today you
are talking to your class about the attractions of the United States. Make a list of
ten interesting things to see, telling where they are, why they are interesting
and how one gets to them. Present the report orally to your class.

E. Someone in the group mentions in Spanish the first thing one should do when planning to take a trip by plane. The next person must then name the next logical thing to do, and so on, until the would-be traveler reaches her or his destination. If there is a disagreement about something mentioned, omit the item or put it in its proper order.

F. Going around the group, each person tells the next what to do, using expressions like *Quiero que* and *Pido que*. Remember to use the subjunctive and to avoid repetition of a command or request.

> **Modelo:** *Quiero que abras la puerta.*
> *Pido que escribas una palabra en la pizarra.*

Estructura

El imperfecto de subjuntivo

The past or imperfect subjunctive is used frequently in Spanish. It is formed as follows: Start with the *ellos* form of the preterite tense, drop the letters *-ron*, and add either the *-ra* or the *-se* endings. All verbs use the same endings.

hablar (ellos hablaron)		comer (ellos comieron)	
hablara	(hablase)	comiera	(comiese)
hablaras	(hablases)	comieras	(comieses)
hablara	(hablase)	comiera	(comiese)
habláramos	(hablásemos)	comiéramos	(comiésemos)
hablarais	(hablaseis)	comierais	(comieseis)
hablaran	(hablasen)	comieran	(comiesen)

All verbs have both *-ra* and *-se* forms in the past subjunctive. The two forms mean the same thing and are used interchangeably, although the *-se* form is used more in Spain, and the *-ra* form is more popular in the Americas. In every case, the first and third forms are identical. Look at two irregular verbs in the past subjunctive:

tener (ellos tuvieron)		ser (ellos fueron)	
tuviera	(tuviese)	fuera	(fuese)
tuvieras	(tuvieses)	fueras	(fueses)
tuviera	(tuviese)	fuera	(fuese)
tuviéramos	(tuviésemos)	fuéramos	(fuésemos)
tuvierais	(tuvieseis)	fuerais	(fueseis)
tuvieran	(tuviesen)	fueran	(fuesen)

Stem-changing verbs that end in *-ar* and *-er* have no changes in the past subjunctive.

cerrar (ie) (*ellos cerraron*)		volver (ue) (*ellos volvieron*)	
cerrara	(cerrase)	volviera	(volviese)
cerraras	(cerrases)	volvieras	(volvieses)
cerrara	(cerrase)	volviera	(volviese)
cerráramos	(cerrásemos)	volviéramos	(volviésemos)
cerrarais	(cerraseis)	volvierais	(volvieseis)
cerraran	(cerrasen)	volvieran	(volviesen)

Stem-changing verbs that end in *-ir* use the second change shown below in all forms of the past subjunctive.

dormir (ue, u) (*durmieron*)		sentir (ie, i) (*sintieron*)	
durmiera	(durmiese)	sintiera	(sintiese)
durmieras	(durmieses)	sintieras	(sintieses)
durmiera	(durmiese)	sintiera	(sintiese)
durmiéramos	(durmiésemos)	sintiéramos	(sintiésemos)
durmierais	(durmieseis)	sintierais	(sintieseis)
durmieran	(durmiesen)	sintieran	(sintiesen)

The imperfect subjunctive is used for the same reasons as the present subjunctive, but with this difference: The present subjunctive is used in a present tense or future tense sentence while the imperfect subjunctive is used in past tense or conditional sentences.

Queremos que vengan.	We want them to come.
Queríamos que vinieran.	We wanted them to come.
Es mejor que te quedes.	It's better for you to stay.
Era mejor que te quedaras.	It was better for you to stay.

Use the imperfect or past subjunctive when there is a change of subject after a verb of causing, emotion or doubt, and when the sentence is in the past or conditional tense.

1. **En el avión. Pablo escribió estas frases durante su vuelo por la América Central. Puesto que el viaje ya terminó, tiene que cambiarlas al pasado. Ayúdale a cambiarlas al pasado para indicar qué pasó durante el vuelo.**

    Modelo: Virginia quiere que volemos con ella.
    Virginia quería que voláramos (volásemos) con ella.

1. Espero que esas señoritas no escojan estos asientos.

2. La azafata quiere que nos abrochemos el cinturón de seguridad.

3. La línea aérea insiste en que yo deje las maletas debajo del asiento.

4. Me gusta que los asientos sean tan
   grandes.

5. Dudo que haya servicio de comida en este
   vuelo.

6. Tenemos miedo de que el avión no
   despegue a tiempo.

7. No creo que el avión llegue antes de las
   diez.

Use the past subjunctive after the impersonal expressions that require the subjunctive when they include the word *que*, and the sentence is in the past tense or conditional tense.

2. **Unos datos (*data*) aéreos. Ya que se terminó el viaje aéreo, estas frases deben cambiarse al pasado, usando las palabras entre paréntesis.**

   Modelo: Es necesario que Ud. compre un boleto. (era)
   Era necesario que Ud. comprara (comprase) un boleto.

   Modelo: Es posible que nos sirvan una comida completa. (sería)
   Sería posible que nos sirvieran (sirviesen) una comida completa.

1. Es mejor que no volemos hoy.
   (sería)

2. Importa que los pasajeros tengan las
   contraseñas. (importaba)

3. Es probable que el avión esté lleno.
   (era)

4. Es dudoso que el vuelo 120 salga a tiempo.
   (era)

5. Conviene que los actores viajen en esta
   sección del avión. (convenía)

6. Más vale que nos sentemos en esta fila.
   (valdría)

7. Es importante que escuchemos a la
   sobrecargo. (era)

8. Es necesario que todos se abrochen el
   cinturón de seguridad. (era)

9. Es una lástima que el piloto no hable a los
   pasajeros. (era)

Use the past subjunctive after conjunctions such as *hasta que, después de que*, and so forth, if the sentence is in the past time and implies that something was yet to happen. It is also used when referring to something negative or indefinite in the past.

3. Forma una sola frase de las dos con las palabras que se encuentran entre paréntesis.

> **Modelo:** Iban a esperar. El amigo llegó. (hasta que)
> Iban a esperar hasta que el amigo llegara. (llegase)

1. Mi tía estaba preocupada. El avión
   despegó. (antes de que)

2. Jorge y yo pensábamos quedarnos. Mis
   papás llegaron. (hasta que)

3. Sarita estaba en casa. Su hermana pudo ir
   de compras. (para que)

4. Mi novio dijo que me escribiría. Llegó a su
   destino. (en cuanto)

5. Queríamos pasar el día en el campo.
   Llovió. (aunque)

6. Mariluz trató de comprar un suéter. Era
   azul. (que)

7. No encontré a nadie en la oficina. Hablaba
   español. (que)

8. La escuela necesitaba más jugadores.
   Tomaban en serio los deportes. (que)

9. Me gustaría manejar un carro. Tenía
   transmisión manual. (que)

El subjuntivo con *si*

People frequently wonder what things would be like "if" something were true. These "if" clauses are called "contrary to fact" conditions. In Spanish, they are expressed by using the word *si* plus the imperfect subjunctive.

*Si yo **fuera** tú, . . .*	**If** I **were** you, . . .
*Si ellos **estuvieran** aquí, . . .*	**If** they **were** here, . . .

The part of the sentence that remains is in the conditional tense. Note that the *si* clause may come first, or last.

*Si yo **fuera** tú, no iría.*	**If** I **were** you, I wouldn't go.
*Yo no iría, **si fuera** tú.*	I wouldn't go, **If** I **were** you.

4. ¿Qué harías? Termina cada frase con una frase lógica.

> **Modelo:** Si hiciera mucho frío, yo . . .
> Si hiciera mucho frío, yo llevaría más ropa.

1. Si tuviera el tiempo, yo . . .
2. Yo recibiría una "A" en Español si . . .
3. Mi mamá estaría muy alegre si yo . . .
4. Si yo tuviera cincuenta dólares yo . . .
5. Si mis padres no me dejaran manejar yo . . .
6. Si mi mejor amigo me lo pidiera, yo . . .
7. Yo llamaría a la policía si . . .
8. Yo lloraría mucho si . . .

5. ¿Qué importaría? Pregunta "¿Qué importaría?" si lo siguiente ocurriera. Sigue el modelo.

> **Modelo:** No vienen hoy, pero . . .
> ¿Qué importaría si vinieran hoy?

1. Lila no sabe las respuestas, pero . . .
2. Marta no conoce a Julián, pero . . .
3. Tú no puedes salir esta noche, pero . . .
4. Las chicas no juegan ahora, pero . . .
5. No comemos en casa de Paz, pero . . .
6. Pablo no escribe a su prima, pero . . .
7. Las tiendas no están cerradas, pero . . .
8. La terminal no tiene restaurante, pero . . .

Lección 16

6. ¿Qué ocurriría? Haz una conjetura (*supposition*) acerca de las siguientes frases. Sigue el modelo.

> **Modelo:** Si vas al cine, voy contigo.
> Si fueras al cine, iría contigo.

1. Si tienen el dinero, hacen el viaje.
2. Si vamos al teatro, tenemos que comprar tres boletos.
3. El avión llega a tiempo si despega en seguida.
4. Si aterrizamos ahora, debemos abrocharnos el cinturón de seguridad.
5. Si hace más calor, Uds. pueden ir sin suéter.
6. Si compras un billete de lotería, puedes ganar mucho dinero.

Los verbos de cambio radical: un resumen

You will recall that stem-changing verbs are those with a vowel change in certain forms. Stem-changing verbs that end in *-ar* and *-er* have only one change that is used in all forms except *nosotros, -as* and *vosotros, -as* of the present tense and present subjunctive.

cerrar (ie)		volver (ue)	
cierro	cierre	vuelvo	vuelva
cierras	cierres	vuelves	vuelvas
cierra	cierre	vuelve	vuelva
cerramos	cerremos	volvemos	volvamos
cerráis	cerréis	volvéis	volváis
cierran	cierren	vuelven	vuelvan

The vowel change is also used in all commands except *nosotros, -as* and *vosotros, -as* because these commands are actually forms of the present subjunctive.

cerrar (ie)			volver (ue)	
cierra	no cierres	tú	vuelve	no vuelvas
cerrad	no cerréis	vosotros	volved	no volváis
cierre	no cierre	Ud.	vuelva	no vuelva
cierren	no cierren	Uds.	vuelvan	no vuelvan
cerremos	no cerremos	nosotros	volvamos	no volvamos

Stem-changing verbs that end in *-ir* have two changes. The first change is used in all forms of the present tense and the present subjunctive except *nosotros, -as* and *vosotros, -as*. The second change is shown here for the verbs *dormir (ue, u)*, *sentir (ie, i)* and *pedir (i, i)*.

- *nosotros-as* commands and negative *vosotros-as* commands

durmamos / no durmamos	*sintamos / no sintamos*	*pidamos / no pidamos*
dormid / no durmáis	*sentid / no sintáis*	*pedid / no pidáis*

- the present participle

durmiendo	*sintiendo*	*pidiendo*

- the *él* and *ellos* forms of the preterite tense

dormí	*sentí*	*pedí*
dormiste	*sentiste*	*pediste*
durmió	*sintió*	*pidió*
dormimos	*sentimos*	*pedimos*
dormisteis	*sentisteis*	*pedisteis*
durmieron	*sintieron*	*pidieron*

- all forms of the imperfect subjunctive because this tense is based on the *ellos* form of the preterite

durmiera (durmiese)	*sintiera (sintiese)*	*pidiera (pidiese)*
durmieras	*sintieras*	*pidieras*
durmiera	*sintiera*	*pidiera*
durmiéramos	*sintiéramos*	*pidiéramos*
durmierais	*sintierais*	*pidierais*
durmieran	*sintieran*	*pidieran*

7. Unos cuentitos. Usando la palabra indicada, suple (*supply*) las formas necesarias para terminar estos pequeños cuentos.

despertarse (ie)

Mi mamá me dijo esta mañana: "_______ en seguida, Cristina. Es tarde". Normalmente, yo _______ sin ningún problema, pero esta mañana tenía sueño y no _______ hasta las siete menos cuarto. "¿Por qué no era posible que tú _______ esta mañana?" me preguntó mi mamá. "Cuando tu papá y yo estábamos de vacaciones, tú siempre _______ sin nosotros". "Pues, entonces", le contesté, "era preciso que yo _______ sin Uds. Ahora si yo no _______, Uds. me despiertan".

dormirse (ue, u)

"¿A qué hora _______ Uds. anoche después de la feria, amigos?" nos preguntó Luis. "No sé cuando _______ los otros", le dije "pero Marcos y yo _______ después de la una. Creo que él _______ a las dos y media, y yo _______ después de él. Era muy difícil que nosotros _______ antes porque no teníamos mucho sueño".

divertirse (ie, i)

"¿______ tú en la fiesta anoche, Juan?" me
preguntaron mis papás. "Sí", les dije, yo
______ mucho. Creo que todos nosotros
______. De las personas que estaban
presentes, Julio y Ernesto ______ más. Parece
que Celia no ______ mucho. No sé por qué.
¡Qué lástima que ella no ______!"

Continuar y enviar

Although they use regular endings, both *continuar* (to continue) and *enviar* (to
send) have stressed vowels in most forms of the present and present subjunctive
tenses. In writing, these forms have an accent mark.

continuar		enviar	
continúo	continúe	envío	envíe
continúas	continúes	envías	envíes
continúa	continúe	envía	envíe
continuamos	continuemos	enviamos	enviemos
continuáis	continuéis	enviáis	enviéis
continúan	continúen	envían	envíen

**8. Sigue las pistas entre paréntesis para dar una respuesta a las siguientes
preguntas.**

> **Modelo:** ¿Qué le envían ellos a Fernando? (un regalo)
> Le envían un regalo.

1. ¿Envía Ud. todas estas tarjetas? (no)
2. ¿Continúas escribiendo el artículo para el
   periódico? (sí)
3. ¿Cuántas cartas le envías a tu amiga?
   (dos)
4. ¿Cuándo continúan Uds. trabajando?
   (mañana)
5. ¿Te envío el dinero? (sí)
6. ¿Continuamos estudiando? (no)
7. ¿Vas a enviar esta carta? (sí, es necesario)

8. ¿Van Uds. a continuar estudiando? (sí, es mejor)

9. ¿Ellos van a continuar trabajando? (sí, el jefe quiere)

10. ¿Piensa Ud. enviarles el dinero? (sí, es importante)

Lectura

Atracciones de los países hispánicos

Permítanme presentarme. Me llamo Isabel Gallardo y soy de Caracas, la capital de Venezuela. Me han dado la oportunidad de contarles un poco acerca de las atracciones que se encuentran en nuestros países. Espero poder darles unas pocas ideas. Entre los países de habla española° hay una gran variedad de atracciones. Vamos a ver cuáles son algunas de ellas.

Spanish-speaking

Algo en que se fija siempre el turista al viajar a un país hispánico es la cantidad de fuentes que se encuentran por todas partes. Hay fuentes dedicadas a los dioses° y las diosas° de los romanos y los griegos° porque la cultura hispánica tiene sus raíces° en la cultura clásica. Se ve la Plaza de la Cibeles en Madrid, España, o la fuente de Minerva en Guadalajara, México. Estos son solamente dos ejemplos de las muchas fuentes construidas en honor de civilizaciones antiguas.

gods
goddesses/Greeks
roots

Isabel Gallardo. (Venezuela)

El templo de los Guerreros en Chichén Itzá. México.

Otra cosa que llama la atención son las estatuas en las plazas y los parques. Hay monumentos en honor de los grandes héroes en todos los países: de José de San Martín en Argentina, de Simón Bolívar en la parte norte de la América del Sur, de José Martí en Cuba, de Cristóbal Colón en España y del Padre Hidalgo en México. Sería imposible mencionarlos a todos, pero casi cada ciudad tiene por lo menos° un personaje ilustre inmortalizado en bronce. *at least*

La arquitectura es otra cosa que interesa al visitante, tanto por su hermosura° como por su variedad. Hay edificios antiguos, grandes monumentos coloniales y construcciones ultramodernas en diferentes lugares. Muchas veces se encuentra lo viejo y lo nuevo lado a lado,° una combinación que crea° aún mayor interés. No podemos olvidar las ruinas de las civilizaciones nativas en muchas partes de las Américas, así como las ruinas romanas que todavía se encuentran en España. *beauty* / *side by side* / *creates*

¿Qué más hay? Pues, los mercados, los productos, la artesanía,° los panoramas, las playas, las montañas, los valles, el clima — tropical en algunas partes, templado° o frío en otras — las ciudades, los pueblos, el campo, las regiones, los trajes típicos, la música, los bailes y las fiestas. Hay un mundo de cosas que ver y admirar en cada uno de los países hispánicos. *artisanship* / *temperate*

Pero lo más importante es la gente. La gente hispánica tiene un corazón abierto, una personalidad propia y un temperamento cálido. Son las personas hispanas que le hacen que uno se sienta como en su propia casa. La gente hispánica muestra su gran hospitalidad y les da a todos la bienvenida. Son las personas que uno conoce durante una visita a las naciones hispánicas a quienes más se recuerda. Más que los artículos que se compran en las tiendas y los mercados, se llevará uno consigo° el recuerdo de personas simpáticas, abiertas, amables y cálidas que hacen que sea inolvidable° cualquier visita al mundo hispánico. *with oneself* / *unforgettable*

Preguntas

1. ¿De dónde es Isabel?
2. ¿Dónde hay fuentes en los países hispánicos?
3. ¿De quiénes son muchas estatuas en los países hispánicos?
4. ¿Qué clases de arquitectura se encuentran en estos países?
5. ¿Cuáles son algunas de las atracciones de estos países?
6. ¿Qué climas se encuentran en estos países?
7. ¿Cuál es la atracción más importante de los países hispánicos?
8. ¿Qué quieres ver del mundo hispánicos?

La Costa de sol.

La Casa Rosada y el Óbelisco de Buenos
Aires, Argentina.

Vocabulario

abrocharse to fasten
además besides
la **aduana** department of customs
aéreo, -a aerial
el **aeropuerto** airport
el **anuncio** announcement,
  advertisement
aprovecharse (de) to take
  advantage (of)
asegurar to secure, to assure
aterrizar to land (airplane)
la **azafata** stewardess (airplane)
el **cinturón** belt
la **compañía** company
el **compartimiento** compartment
consigo with oneself, with
  himself, with herself, with
  yourself, with yourselves,
  with themselves
el **continente** continent

la **contraseña** ticket stub, baggage
  check
despegar to take off (airplane)
entregar to hand in, check in
  (baggage)
fumar to smoke
hacia toward
el **maletín** overnight bag
la **mesita** small table, tray-table
  (airplane)
ocurrir to happen, to occur
ofrecer to offer
el **pasajero, la pasajera** passenger
pensar (ie) en to think of
el **piloto** pilot
por lo menos at least
el **portatraje** suit bag (luggage)
la **posición** position
el **reglamento** rule
el **respaldo** seat back, chair back

revisar to check, to inspect
seguida: en seguida
  immediately, at once
la **seguridad** security
  cinturón de seguridad seat belt
el **sobrecargo, la sobrecargo** cabin
  attendant
soñar (ue) to dream
soñar despierto, -a to daydream
la **tarifa** fare
tiempo: a tiempo on time
la **tripulación** crew
las **vacaciones** vacation
la **valija** suitcase
vertical vertical, upright
la **vuelta** return
  de vuelta on the way back
  viaje de ida y vuelta round-
  trip
  viaje sencillo one-way trip

DIS
BARLASV

A. Suple (*supply*) las palabras correctas.

1. Mi hermanito dijo que no tenía nada *to do* esta tarde.
2. En los países hispánicos hay muchas cosas *to see*.
3. Pero, mamá, no hay nada *to eat* en el refrigerador.
4. Discúlpeme, señorita, pero no tengo nada *to drink* con la comida.
5. Nos quedan dos museos *to visit* en esta ciudad.

B. Repite estas frases, poniendo antes la expresión entre paréntesis.

> **Modelo:** Rosa ha salido para el parque. (espero)
> Espero que Rosa haya salido para el parque.

1. No han llegado del centro. (es posible)
2. Roberto se ha afeitado. (no creo)
3. Los chicos no han practicado. (tenemos miedo de)
4. Lola me ha mandado este regalo. (dudo)
5. Nos han dado estos folletos en la agencia. (puede ser)
6. Has comido por lo menos una hora antes. (es importante)
7. Esos pasajeros se han abrochado el cinturón de seguridad. (no pienso)
8. No nos han servido una comida en este vuelo. (es una lástima)

El Generalife y sus jardines muestran la influencia árabe. (Granada, España)

C. Di cuando vas a salir, usando las palabras entre paréntesis.

> **Modelo:** Luis / regresar
> Yo voy a salir cuando Luis regrese.

1. ellos / llamarme
2. salir / el sol
3. yo / tener tiempo
4. nosotros / terminar la lección
5. tú / decirme
6. el reloj / dar las dos
7. el baile / empezar
8. ellos / escoger a la reina
9. el avión / despegar
10. cerrarse / las puertas

D. ¿Qué hay que hacer? Di qué hay que hacer en las siguientes circunstancias. Usa las pistas entre paréntesis.

> **Modelo:** Juan no sabe a qué hora llegan. (decir)
> Hay que decírselo.

1. La tienda está cerrada. (abrir)
2. El jamón está en el aparador. (freír)
3. Necesitamos tener un regalo para la fiesta.
   (comprar)
4. Esta tarea es para mañana. (hacer)
5. No sabemos la letra de la canción.
   (escuchar)
6. No sé tocar bien el piano. (practicar)

E. ¿Cómo se dice? Da la forma correcta.

1. Hoy nosotros *translated* todo esto.
2. Mi mamá no quiere que los niños *eat
   again* en el comedor.
3. ¿Cómo *did fall* tu hermano.
4. Estos países no *produced* tanto como el
   año pasado.

*No sabemos la letra de
la canción.*

5. Esa chica siempre *continues* hablando
   después de que empieza la película.
6. No *there was* mucho que ver en el centro
   hoy.
7. En el teléfono, dijeron que ellos me *are
   sending* un regalo por correo.
8. No me gusta ir a casa de mis tíos porque
   no *there will be* nada que hacer.
9. Los estudiantes *are talking again* sin
   permiso.
10. Creíamos que no *there would be* muchas
    cosas de interés allí.

F. ¿Por o para? Usa la palabra correcta en estas frases.

1. Este es un vaso _______ té frío.
2. Mis papás van a estar en Chile _______ tres
   semanas.
3. Los murales son sorprendentes _______
   tener los colores originales.
4. ¿_______ quién es esta comida?
5. Vamos a mi casa _______ tomar un refresco.
6. Salieron a tiempo _______ la escuela.
7. Mi tía trabaja _______ una agencia de
   viajes.
8. ¿Le diste las gracias a tu abuelo _______ el
   regalo que te envió?

G. Cambia estas frases al pasado.

   Modelo: Quiero que vengas conmigo.
            Quería que vinieras (vinieses) conmigo.

1. Espero que sepas qué
   hacer.
2. El hombre insiste en que me pruebe los
   zapatos.
3. Es preciso que trates de verlos.
4. Queremos llegar antes de que ellos
   salgan.
5. No hay nadie aquí que sepa hablar
   español.
6. José me pide que vaya al baile con él.
7. Dudo que el equipo gane el partido.
8. No creo que este vuelo salga a tiempo.
9. El guía nos dice que lo sigamos.
10. Dudo que esta iglesia sea la más grande
    del mundo.

H. Yo iría. Di bajo qué circunstancias irías tú.

> **Modelo:** él / estar aquí
>> Yo iría si él estuviera (estuviese) aquí.

1. ella / ir también
2. yo / tener el tiempo
3. ellos / no estar allí
4. yo / poder manejar
5. hacer más calor
6. haber más tiempo
7. yo / no tener que cuidar a mi hermanito
8. tú / acompañarme
9. nosotros / no hacer ese viaje
10. ellos / comprarme un boleto

I. Da la forma correcta de los verbos en letra bastardilla.

1. ¿Cómo *dormir* Luis anoche?
2. Es mejor que tú *dormirse* ahora.
3. ¿*Volver* tú mañana?
4. En el centro *cerrarse* las tiendas todos los
   días a las dos.
5. No *perder* el dinero, mi hijo.
6. Su perro *morirse* anoche.
7. Pase Ud., señora, y *sentarse* aquí.
8. Tengo mucha hambre y *morirse* de sed.

J. Contesta estas preguntas con el tiempo futuro del verbo.

> **Modelo:** ¿Vas a ir con ellos?
>> Sí, iré con ellos.

1. ¿Van Uds. a estudiar aquí toda la tarde?
2. ¿Vas a estar en el centro hoy?
3. ¿Vas a lavarte las manos?
4. ¿Va Ud. a salir ahora?
5. ¿Van Uds. a poner la mesa?
6. ¿Vas a querer comer ahora?
7. ¿Vas a tener tiempo?
8. ¿Van Uds. a venir a la clase?
9. ¿Van Uds. a decírselo?
10. ¿Vas a continuar trabajando?

K. Expresa en español.

1. If I were there, I wouldn't know what to do.
2. They were looking for something to study.
3. She went to sleep at ten o'clock and slept for ten hours.
4. It's necessary to pay attention in this class if you want to learn.

5. María wants to buy a house that has four bedrooms.
6. We were hoping that they would come before now.
7. I'm sending it to them before they leave on (*de*) vacation.
8. She's afraid that her friends have gone without her.
9. I'll call you again after the visitors leave.
10. They can't find anything that they want.

L. A nivel personal

1. Use a guidebook or travel folders about a Hispanic country and describe its geography and climate.

2. Make a thorough study of some Spanish-speaking country by using guidebooks and/or travel folders. Conduct an interview with another member of your class in which you answer questions about that country. The classmate then writes a report on your country from the information you gave.

3. Interview a classmate about the country she or he studied for the previous activity and then, based on your interview, write a report about that country.

4. Create a travel folder for your city or area, telling about its attractions and mentioning what there is to do.

5. Make a list of five people who play any role in the travel business. Write a brief description in Spanish of what each of them does.

6. Describe three of the typical customs of the people who live in your city or area.

7. Imagine you own a travel agency and need to hire a new tour guide. Make a list in Spanish of what you feel the duties of this person would be.

La fuente de la Cibeles es dedicada a la hija del Cielo y de la Tierra. (Madrid, España)

Un viaje a España

San Juan, Puerto Rico
25 de abril

Querida Rebeca:
Estoy muy emocionada° al dirigirte estas líneas porque acabo de descubrir° que mis papás van a dejarme viajar a España este verano con la clase de español de mi escuela superior.° ¡Imagínate! ¡Yo, en la tierra donde nacieron° mis bisabuelos!° Mi papá me lo dijo hace° menos de una hora, y todavía siento latir° el corazón.° ¡Qué dicha° la mía!

    Hace mucho tiempo que la clase planea° el viaje, y ahora vamos a finalizar° todos los detalles.° Parte del tiempo nos alojaremos° en albergues° o en paradores° del gobierno, pero de vez en cuando° nos tocará una noche en un hotel de lujo.° ¡Qué fantástico!,° ¿verdad?

    Cuando regresemos a casa seremos muy cultivados° puesto que° nuestro itinerario° incluye° museos de arte, teatro — hasta ópera y ballet. Pero no podremos menos de° gozar° de todo lo que veamos. Será una experiencia sin igual,° y me alegro de que mis padres me hayan dado esta oportunidad.

    No te escribo más porque estoy medio loca° de alegría.
Con mucho cariño,

Rosa

	excited
	discover
	high school/were born
	great-grandparents/
	ago/beat/heart/
	good fortune
	plans
	finalize/details
	lodge/hostels/inn
	from time to time
	luxury/Great!
	cultured
	since/itinerary/
	include/
	cannot help but/enjoy
	equal
	crazy

Preguntas

1. ¿Dónde vive Rosa?
2. ¿Qué acaba de saber Rosa?
3. ¿Cuándo lo supo?
4. ¿Con quiénes va a España Rosa?
5. ¿Qué parientes de Rosa nacieron en España?
6. ¿Qué actividades están incluidas en el itinerario de Rosa?

Notas culturales

Almost everyone in Puerto Rico speaks both Spanish and English. Just as we study English throughout elementary and secondary school, Puerto Rican students take courses in both languages.

Many North American companies have branches on the island of Puerto Rico and in a number of Latin American countries. Workers could also be transferred to another branch of that company in the United States.

The word *hace* is used for "ago" but, unlike English, it precedes the expression of time: *Hace menos de una hora* means "less than an hour ago."

A *parador* in Spain is usually an old castle or monastery but has been taken over and refurbished by the government and is now run as an inn. These lodgings are very popular with tourists, and reservations for them must usually be made well in advance.

Only the letters *c, e, n* and *o* are used double in Spanish. (The letters *rr* and *ll* are considered single letters of the alphabet.) To avoid a double *m*, Spanish uses *nm*, as in *inmediato*.

The word *bis* means "again" and is used as we use the word "encore." Its use with *abuelo*, as in the word *bisabuelo*, literally means something like "again grandparent" or "great-grandparent."

In English, we use P. S. (postscript) to add something at the end of a letter. In Spanish, you would use the letters *P. D.*, meaning *posdata*.

Aquí se ve la arquitectura árabe.

¿Quieres ir a Sevilla, España?

Extensión

La carta de Rosa continúa . . .

P. D.: Me da pena° que estés tan lejos porque no nos vemos con mucha frecuencia. Si no te hubieras mudado° de casa, habrías podido formar parte del grupo. Pero, claro, tú no tienes la culpa° de que la companía de tu papá lo haya enviado a Nueva York.   *It grieves me* / *moved* / *blame*

    Lo bueno es que nuestro grupo hace escala° en tu ciudad y, antes de abordar° el avión para Madrid, tendremos tiempo de vernos y de reanudar° nuestra amistad.° ¿Qué dices? ¿Vendrás al aeropuerto a verme? ¡Ojalá!   *stopover* / *board* / *renew/friendship*

    Te mando ésta por entrega° inmediata porque quiero que sepas las noticias de mi buena fortuna tan pronto como sea posible.   *delivery*

Un fuerte abrazo,

Práctica

En parejas:

A. Practice using the subjunctive after verbs of causing by telling your partner three things that you want her or him to do. Alternate so that each has a chance to make a request. If your partner uses a verb you had planned to use, think of another.

> **Modelo:** *Quiero que te levantes.*
> *Te pido que vayas a la pizarra.*
> *Insisto en que escribas tu nombre.*

B. Imagine that you live in another part of the country and your class is going to take a trip to the area where you now live. Outline a five-day trip, telling where the group will stay, what they will visit and how they will get there. Recommend some restaurants, clothing stores and souvenir shops. Present this as an oral report to your class.

C. Imagine that a good friend of yours has moved away from your city. Write a letter to that person, telling what you have been doing recently and asking about her or his activities. Tell of your plans to visit her or his city and make arrangements for the two of you to meet and spend some time together.

D. Imagine that you are a travel agent. Make up two days from an itinerary for your client who is going to spend seven days in the capital city of a Spanish-speaking country. Choose whatever country you wish. Include visits to the following: central square with government buildings and main church, municipal market, art museum, main park, workshops of local artisans and artists, shopping area, residential areas, university campus, nearby archaeological zone, an evening theater or opera performance and an evening visit to a

restaurant with a folkloric dance program. Be sure to leave time for your client to spend at leisure. Write the itinerary in Spanish.

E. Prepare an original dialog in Spanish in which one of you is the client and the other is the travel agent. Discuss the itinerary you have prepared for the previous section: The agent gives the details of the tour, and the client asks questions about the arrangements. End the conversation with the agent wishing the client a good trip.

F. Think of three things you were hoping would or would not happen during the past weekend. Tell your partner what these things were. Alternate so that you can change verbs if your partner uses a word you planned to use.

Modelo: *Esperaba que no lloviera.*

Estructura

El pluscuamperfecto del subjuntivo

The past perfect (or pluperfect) tense means something "had happened." When used in the subjunctive, it is called the past perfect (or pluperfect) subjunctive. To form it, use the past subjunctive of the verb *haber* plus the past participle of the verb in question. Since the past subjunctive has both the *-ra* and *-se* forms, there are two versions of this tense. They both have the same meaning.

hablar	ser	cerrar (ie)
hubiera (hubiese) hablado	hubiera (hubiese) sido	hubiera (hubiese) cerrado
hubieras hablado	hubieras sido	hubieras cerrado
hubiera hablado	hubiera sido	hubiera cerrado
hubiéramos hablado	hubiéramos sido	hubiéramos cerrado
hubierais hablado	hubierais sido	hubierais cerrado
hubieran hablado	hubieran sido	hubieran cerrado

The past perfect subjunctive is used in the same circumstances as other subjunctive tenses. Let's start with "if" clauses. These clauses are in the subjunctive when they indicate something that is a guess or conjecture, something that is "contrary to fact."

If I **were** you (**but I'm not**), . . .

Now make that clause past perfect:

If I **had been** you (**but I wasn't**), . . .

In Spanish, you would say:

Si hubiera sido tú, . . .　　　　　If I had been you . . .

Here is the complete the sentence.

Si hubiera sido tú, *no se lo habría*　　If I had been you, I wouldn't
dicho a él.　　have told it to him.

The common combination is past perfect subjunctive in the "if" clause and conditional perfect in the other part of the sentence.

Si lo hubiéramos sabido, *te*　　If we had known it, we would
habríamos llamado.　　have called you.

1. **¿Qué habrías hecho? Pregúntales a tus amigos qué habrían hecho en las circunstancias indicadas.**

   Modelo: tu amigo / no / venir
   　　　　¿Qué habrías hecho si tu amigo no hubiera (hubiese) venido?

1. la profesora / te / hacer /
   una pregunta
2. tus papás / decir /
   que no
3. el viaje / empezar /
   la semana pasada
4. nosotros / no / te /
   acompañar
5. yo / no / te / dar /
   el dinero

6. tu prima / estar / allí / con /
   tu tío
7. tú / no / tener / esa /
   oportunidad
8. yo / mudarse / a /
   San Francisco

The past perfect subjunctive is frequently used after verbs of emotion or doubt
when there is a change of subject.

Esperábamos *que Julio ya hubiera salido.*	We were hoping that Julio had already left.
Dudo *que él hubiera llamado.*	I doubt that he had called.

2. Cambia la idea un poco. Sigue el modelo para cambiar estas frases al pluscuamperfecto de subjuntivo.

   Modelo: Ramón tenía miedo de que Esperanza llegara. (. . . *would arrive.*)
   Ramón tenía miedo de que Esperanza ya hubiera (hubiese) llegado.
   (. . . *had already arrived.*)

1. Me alegraba de que Clara estuviera en
   casa.
2. Yo no creía que los conocieras.
3. Le gustaba a mi papá que lo saludaras.
4. Su mamá dudaba que Silvia fuera a una
   tienda en el centro.
5. Todos esperábamos que Uds. recibieran el
   premio.
6. Los estudiantes tenían miedo de que el
   equipo perdiera el partido.
7. Yo no pensaba que Ud. llegara a tiempo.

The past perfect subjunctive is also used after impersonal expressions that include
the word *que*.

Era una lástima que *el avión hubiera salido tarde.*	It was too bad that the plane had left late.

3. Era mejor. Cambia estas frases, poniendo primero la expresión entre paréntesis.

   Modelo: Ellos salieron. (era mejor)
   Era mejor que ellos hubieran (hubiesen) salido.

1. Aprendimos todas las palabras. (era
   mejor)
2. Mi hermano no pudo ir con el grupo. (era
   una lástima)
3. Nos preparamos bien antes del examen.
   (era necesario)
4. Los turistas compraron cheques de
   viajero. (era importante)
5. El grupo vio el museo de arte. (más valía)

Nos preparamos bien antes del examen.

6. Marta le escribió a su amiga el día antes. (era posible)

7. Los chicos prepararon la paella. (era dudoso)

The past perfect subjunctive can also be used in adverb and adjective clauses.

*Mi amigo quería quedarse **hasta que yo hubiera terminado**.*

My friend wanted to stay **until I had finished**.

4. De dos frases a una. La expresión entre paréntesis sirve para unir las dos frases. Usala, y haz los cambios necesarios.

Modelo: Ricardo no llegó. Sus papás habían salido. (antes de que)
Ricardo no llegó antes de que sus papás hubieran (hubiesen) salido.

1. No pudimos esperar. Nuestros amigos habían bailado. (hasta que)

2. Les dimos bastante tiempo. Habían
   terminado la tarea. (para que)
3. Tuvimos que salir de la reunión. Soledad
   había hablado. (antes de que)
4. Yo no sabía cómo serían las cosas. Ellos
   habían salido. (después de que)
5. No había nadie en el grupo. Había estado
   en Chile. (que)
6. Pepita no encontró ninguna falda. No
   había sido usada por su hermana. (que)

Uno a otro

To express the idea of "each other" in Spanish, use the reflexive pronouns *se* and
nos.

***Nos** vemos.*	We see each other.
***Se** ven.*	They see each other.

If you wish, you may add *uno a otro* to help clarify what you are saying.

*Nos vemos **uno a otro**.*	We see **one another**.

5. ¿Quiénes? Di estas frases de una manera más sencilla y directa.

> **Modelo:** Rebeca ve a Rosa, y Rosa ve a Rebeca.
> Rebeca y Rosa se ven.

1. Yo te escribo a ti y tú me escribes a mí.
2. Ella lo conoce a él, y él la conoce a ella.
3. Mario le habla a Julio, y Julio le habla a
   Mario.
4. Yo la veo a ella, y ella me ve a mí de vez en
   cuando.
5. Ellos me hablan a mí, y yo les hablo a
   ellos.
6. Mi hermano le lee a mi hermana, y mi
   hermana le lee a mi hermano.
7. Yo los acompaño a Uds., y Uds. me
   acompañan a mí.

Verbos de causa sin el subjuntivo

You have learned that verbs of causing, when followed by a change of subject, require the use of the subjunctive. Five exceptions are the verbs *dejar*, *hacer*, *invitar*, *mandar* and *permitir*. These five verbs may be followed by an infinitive instead of the subjunctive. In such instances, the sentence requires the use of an indirect object.

> Mi *papá* **no me deja que maneje**.

but:

> Mi *papá* **no me deja manejar**.

My father doesn't let me drive.

6. **Dilo de dos maneras. Usa las siguientes palabras que se dan para expresar una idea completa, usando el subjuntivo y luego el infinitivo.**

> **Modelo:** mis papás / dejar / mi hermana / ir / baile
> Mis papás dejan que mi hermana vaya al baile.
> Mis papás le dejan a mi hermana ir al baile.

1. el profesor / no permitir / nosotros / hablar / en inglés
2. el policía / mandar / chófer / detenerse
3. Maruca / invitar / sus amigas / ir / su casa
4. el jefe / hacer / yo / trabajar
5. ¿Por qué / no / dejar Ud. / las chicas / hacer el viaje?

7. **Unas preguntas personales. Contesta cada pregunta, usando el subjuntivo.**

> **Modelo:** ¿Tus padres te dejan bailar en casa?
> Sí, mis padres me dejan que baile en casa.
> No, mis padres no me dejan que baile en casa.

1. ¿Tus padres te dejan manejar el
   coche?
2. ¿Su profesor/a les permite hablar inglés
   en clase?
3. ¿Tus abuelos te invitan a comer en su
   casa?
4. ¿Su profesor/a les manda hacer la tarea los
   fines de semana?
5. ¿Tu mejor amigo/a te hace escuchar sus
   discos?

La voz pasiva

You learned previously that the passive voice is usually expressed in Spanish by the word *se* plus the *él* form of the verb or the *ellos* form.

Se estudia el libro.	The book is studied.
Se estudiaron los libros.	The books were studied.

In addition, there is a true passive voice in Spanish, used when the performer of the deed is stated or implied. Notice in the examples shown here that you use a form of the verb *ser* plus a past participle (*estudiado*), which is treated like an adjective. The word *por* is used to tell by whom the action was performed.

El libro **es estudiado por** la clase.	The book **is studied by** the class.
Los libros **fueron estudiados por** la clase.	The books **were studied by** the class.

8. **Añade algo. Estas frases expresan algo que se hace. Di por quién o por quiénes son (fueron) hechas, según el modelo.**

   Modelo: Las palabras se aprenden. (los estudiantes)
   Las palabras son aprendidas por los estudiantes.

   Modelo: El libro se escribió. (Miguel de Cervantes Saavedra)
   El libro fue escrito por Miguel de Cervantes Saavedra.

1. La carta se escribió. (Elena)
2. Esta paella se preparó de una manera típica. (mi mamá)
3. El ballet se presentó en el teatro Diana. (la compañía Ruiz)
4. Los detalles se presentan en un artículo. (el Dr. Suárez)
5. Se cantan los villancicos. (los niños)
6. El libro se leyó. (miles de personas)
7. La ropa se lava en el lavadero. (la criada)
8. El premio gordo se ganó. (Luis)

9. Hablando de viajes. Identifica lo que se describe abajo.

1. Este grupo incluye portatrajes, maletas, maletines y valijas.

2. Es un campo muy grande de donde despegan y donde aterrizan los aviones.

3. Esta persona trabaja en un avión. Sirve comidas a los pasajeros y los ayuda.

4. Es una persona que compra un asiento para viajar en un avión.

5. Este vehículo es muy grande y lleva a muchas personas de viaje por el aire.

6. Es una clase de hotel adonde casi todos los clientes llegan en carro.

7. Es como un hotel, pero es principalmente para los jóvenes. Muchas personas duermen en un cuarto. Es de precio bajo.

8. Es una comunicación escrita que los buenos amigos usan para saber qué pasa en la vida de la otra persona.

Lectura

La Alhambra

Usa tu imaginación para esto: Piensa en el cuento de las Mil y una noches. ¿Qué te imaginas? ¿Un palacio misterioso con salones grandes° y elegantes por donde pasan personajes misteriosos? ¿Joyas de muchas clases? ¿Lujo por todas partes? ¿Arquitectura árabe?°   *large rooms / Arabian*

Puedes dar rienda suelta° a tu imaginación si tienes la buena fortuna de visitar la Alhambra. La Alhambra evoca° pensamientos° de misterio, de intriga, de una vida olvidada. ¿Y qué es la Alhambra? Pues, vamos a ver.   *free reign / brings forth / thoughts*

Piensa en el cuento de las Mil y una noches.

La Alhambra está situada en la ciudad de Granada, en
la parte sur de España. Era el palacio de los reyes moros
durante la ocupación de España por los árabes. Fue construida por los moros entre los años 1248 y 1354, y está
situada en una colina° de donde se puede ver toda la
ciudad. Fue capturada por los cristianos en el año 1492.

Desde afuera,° parece que no tiene nada de particular.
Pero adentro, todo cambia. La hermosura de su arquitectura es difícil de describir, pero se considera uno de los
mejores ejemplos de la arquitectura mora del mundo. Se
pueden ver los arcos característicamente árabes y las
columnas delicadas. Casi todos los diseños son geométricos
porque los moros no usaban motivos° de animales en su
decoración. La única excepción se encuentra en el patio de
los leones, donde estos animales forman parte de una
fuente.

Además de su estilo arquitectónico,° la Alhambra es
interesante por sus lindos patios. Los árboles y las flores se
combinan con fuentes delicadas para dar un ambiente de
paz° y serenidad que encanta a los visitantes. Los jardines
hermosos y frescos ofrecen un lugar excelente para descansar y escaparse del sol y del calor. La Alhambra es
considerada por todos una joya de la cultura mora. Hay que
visitarla.

La Alhambra es un ejemplo más de los mundos que se
abren gracias al estudio de la lengua española. ¡Qué gusto
da el saber!°

Preguntas

1. ¿Dónde está la Alhambra?
2. ¿Para qué se usaba la Alhambra?
3. ¿Por quiénes fue construida la Alhambra?
4. ¿Qué pasó en Granada en 1492?
5. ¿Cuáles son las atracciones de la Alhambra?

*Los árboles y las flores
se combinan con
fuentes delicadas para
dar un ambiente de
serenidad.*

Es uno de los mejores ejemplos de la arquitectura mora del mundo.

Vocabulario

abordar to board
el **albergue** hostel
alojarse to lodge
la **amistad** friendship
el **ballet** ballet
la **bisabuela** great-grandmother
el **bisabuelo** great-grandfather
el **corazón** heart
la **culpa** blame
cultivado, -a cultured
descubrir to discover, uncover
el **detalle** detail
la **dicha** luck, good fortune
emocionado, -a excited
la **entrega** delivery
la **escala** stopover

la **experiencia** experience
finalizar to finalize
formar to form
la **fortuna** fortune
la **frecuencia** frequency
gozar de to enjoy
hace ago
incluir to include
inmediato, -a immediate
el **itinerario** itinerary
latir to beat
loco, -a crazy
el **lujo** luxury
mudarse to move
nacer to be born
la **ópera** opera

la **oportunidad** opportunity
el **parador** inn
pena: darle pena a uno to make one sad
planear to plan
poder: no poder menos de not to be able to help
la **posdata (P. D.)** postscript (P. S.)
puesto que since
reanudar to renew
suave smooth
superior superior, high
vez: de vez en cuando from time to time, occasionally
viajar to travel

18

En una zona arqueológica°

archaeological

ROGELIO: ¡Estoy agotado!° Después de subir esa segunda pirámide, no puedo más.°

worn out
I'm exhausted

BEATRIZ: Ni yo tampoco. ¡Ojalá tuvieran una refresquería aquí!

ROGELIO: Favor de no mencionar refrescos. ¡Me muero de sed!

BEATRIZ: Pues, nos quedan el templo de las conchas° y el templo de las mariposas.°

shells
butterflies

ROGELIO: Y los murales. Se dice que son sorprendentes° porque tienen los colores originales.

surprising

BEATRIZ: Imagínate el talento de esas tribus indígenas.°

native tribes

ROGELIO: Sí, construyeron° ciudades enteras° cuando el resto del mundo apenas estaba civilizado.

built/entire

BEATRIZ: Tú exageras,° Rogelio. Dudo que los demás° del mundo vivieran sin civilización.

exaggerate/rest

ROGELIO: Pues, quizás no fuera exactamente así. Pero quienquiera° que venga aquí no puede menos que admirar estas ruinas. ¿Por qué te ríes?°

whoever
laugh

BEATRIZ: Te jactas° de este lugar como si° tú lo hubieras construido.

brag/as if

Preguntas

1. ¿Dónde están Rogelio y Beatriz?
2. ¿Por qué están cansados?
3. ¿Qué les gustaría tomar?
4. ¿Qué partes de las ruinas no han visto?
5. ¿Por qué son sorprendentes los murales?
6. ¿Qué construyeron los indios?

Notas culturales

Hundreds of Indian groups lived in the Western Hemisphere before it was conquered and colonized by Spain and Portugal. Some of these tribes had advanced civilizations with refined architecture, expert agricultural methods, irrigation systems, accurate calendars, advanced knowledge of mathematics and a refined knowledge of astronomy.

Although some of the Indian civilizations were still flourishing when the Spaniards arrived, many had already fallen into decay, and entire cities or ceremonial centers had been abandoned. The three prevalent civilizations encountered by the Spaniards during the conquest were the Aztecs in Central Mexico, the Mayas in the Yucatan Peninsula of Mexico and in Central America, and the Incas in the mountainous areas of what are now Peru, Bolivia, and parts of Ecuador and Chile.

Cultura viva

Famous places in the Hispanic world

Would you like to go to picturesque or scenic places? The region of Lake Atitlan in Guatemala is famous as one of the most beautiful places in the world. Mountain scenery abounds. There are the volcanoes of Popocatépetl and Ixtaccíhuatl in Mexico, the Sierra Madre mountains throughout Mexico and Central America, and the enormous range of the Andes in South America with peaks like Chimborazo in Ecuador or Aconcagua between Argentina and Chile. Waterfalls? *El Salto Angel* in Venezuela is the highest waterfall in the world. *Iguazú* between Paraguay, Argentina, and Brazil, is one of the world's biggest. Others can be seen in the lake country of southern Argentina and Chile. Another water attraction is the huge inland sea called Lake Titicaca, between Peru and Bolivia. For something really different, visit the rare animal life of Ecuador's Galápagos Islands, or the stone idols of Chile's Easter Island. For more diversity, visit the thirteen distinct regions of Spain.

Maybe monuments are your choice. One of the most spectacular is the Valley of the Fallen near Madrid. Smaller, but nevertheless impressive, is the Christ of the Andes, a monument to peace between Argentina and Chile. Buenos Aires,

Aconcagua está situada entre Argentina y Chile.

Las pirámides de Teotihuacán. (México)

"

¡El lago Atitlán es muy bonito! (Guatemala)

La Boca es un barrio viejo en Buenos Aires.

Hay mucha gente en el parque Retiro. (España)

La Avenida Nueve de Mayo. (Argentina)

Argentina, boasts a lovely monument in the middle of the Avenida Nueve de Julio, the broadest avenue in the world. One of the most visited monuments is the one on the line of the equator, just outside Quito, Ecuador, where you can stand in both the northern and southern hemispheres at the same time. The Plaza of Three Cultures in Mexico City shows several influences which have formed the countries of Latin America. In addition to all this, you can visit the tomb of Christopher Columbus in Santo Domingo in the Dominican Republic or that of Francisco Pizarro in Lima, Peru.

Cities attract many tourists, and every large Hispanic city is worth a visit by itself. All have noteworthy buildings. The architectural works of Antonio Gaudí can be seen in Barcelona, Spain. His most famous building is undoubtedly the Church of the Sacred Family. The cathedral in Santiago de Compostela in Spain attracts thousand of thousands and pilgrims every year. The famous Escorial Palace and Monastery near Madrid is another outstanding attraction, as are the castles of Spain and the famous Alhambra in Granada. In the Americas, visit the churches and convents of Quito, Ecuador, the city-museum of the Andes, or the famous Pink House or Presidential Palace in Buenos Aires, Argentina. In Buenos Aires, you can see one of the most unusual areas to be found in any city, the colorful section known as *La Boca* with houses of every bright color imaginable. Mexico City boasts the National University buildings, as well as a cathedral that was, for many years, the largest church in the Western Hemisphere. You can also visit one of the most impressive sights in the world, the famous Panama Canal.

The Hispanic world is rich in museums. The *Museo del Prado* in Madrid has an outstanding collection of art from Spain and other countries. The Anthropological Museum of Lima, Peru, is superb. Mexico City's Museum of Anthropology is considered one of the finest museums in the world. An unforgettable sight is the Gold Museum of Bogota, Colombia, with a fortune in gold objects on display in dramatic settings.

Hispanic countries offer a number of archaeological zones to the visitor that are like outdoor museums. Machu Picchu, near Cuzco, Peru, is one of the most famous, but many Indian ruins also can be found throughout Peru and Bolivia. Colombia offers the ruins of *San Agustín*, and Mexico has *Teotihuacán*, *Chichén Itzá*, *Uxmal* and dozens of others. More Mayan ruins are found in Guatemala and other countries of Central America. Ruins of the Roman civilization remain in parts of Spain. One example is the *acueducto* of Segovia, Spain.

Beautiful beaches and ocean resorts are another attraction of Hispanic countries. Spain offers the Costa de Sol, Mexico has Acapulco and several other resorts, and the beaches of Puerto Rico and the Dominican Republic attract thousands of visitors every year. Alluring seaside cities include Cartagena (Colombia), Punta del Este (Uruguay), Mar del Plata (Argentina), and Valparaíso and Viña del Mar (Chile).

Festivals? Fiestas? The Hispanic countries are famous for them. *Carnaval*, just before the beginning of Lent, is a frenetic and colorful event in many countries. Christmas in Mexico lasts almost an entire month. Holy Week offers colorful processions in many places, although Seville, Spain, is considered to have the most famous celebration. Seville also offers a full week of Feria after Easter. Local and national holidays are celebrated with parades, bands, fireworks, carnivals, food, and beverages throughout the Spanish-speaking world.

Things to do? Places to visit? New experiences? They all await you in the nineteen Spanish-speaking countries that make up a fascinating and exciting world. Come, enjoy. *¡Qué gusto!*

Extensión

Las civilizaciones indígenas

¿Cuándo vivieron en las Américas los indios?
Los aztecas llegaron a México en el siglo° doce, pero había
civilizaciones indígenes más antiguas,° como los toltecas.
En las dos culturas, los nobles y los sacerdotes° vivían en un
centro ceremonial, pero la gente común no vivía alrededor
de estos centros.

¿Y cómo vivían?
Tenían una economía basada en la agricultura, y la religión
hacía un papel° importantísimo en su vida de todos los días.

century
ancient
priests

played a role

¿Cómo era su religión?
Muchos grupos indígenas tenían un gran número de dioses
y creían que los dioses demandaban el sacrificio humano.
Tenían una fe° muy fuerte. Otros grupos, como los mayas,   *faith*
tenían una fe muy fuerte también, pero no practicaban los
sacrificios humanos.

¿Por qué desaparecieron° algunas tribus?   *disappeared*
Los arqueólogos° no están seguros por qué desaparecieron   *archaeologists*
algunas tribus como la de los mayas. Creen que probable-
mente ocurrió alguna catástrofe o quizás un desastre
natural.

Práctica

En parejas:

A. Share with each other experiences you have had visiting other cities, states or
countries. Tell what you saw and how you spent your time while on this trip.

B. Prepare an original dialog in which you are visiting the fictitious ruins of
Piquite. Include comments about the mural paintings and their bright colors,
the temples of the lion and the tiger, and pyramid to the gods and the one to
the goddesses and the street of the workers. You have walked around the area
for some two hours and are tired, so you look for and find a refreshment stand.

C. Draw a sketch of the ruins of *Piquite*, which you visited in the previous activity.
Show the location of all the various parts and label them in Spanish. Make the
drawing as elaborate as you wish, being careful to use only vocabulary that you
know.

D. Imagine that you are guides at the ruins of *Piquite*. Prepare a script that you
would use to show tourists around the area. Present the tour to your class,
changing off so that both have a chance to talk.

E. Imagine that your city has just built a new shopping and entertainment mall
and that you have been hired to guide important dignitaries around it before it
is opened to the public. This mall has two theaters for plays, four motion

picture theaters, five restaurants, ten fast-food facilities, sixty stores and shops of all kinds, a recreation area for small children, and a central patio with fountains, plants, flowers and trees. It is built on four floors and is completely enclosed so that it can be used in all kinds of weather. Prepare a script for this tour and present it to your class. Alternate with your partner to give you both the opportunity to be the guide.

F. Tell your partner five things it was necessary for you to do last week, using *"Era necesario que yo ..."*. Alternate so that each of you has the chance to say something. If your partner uses a verb you had planned to use, think of something else to say.

> **Modelo:** *Era necesario que yo estudiara mucho.*

G. Tell your partner two things you were hoping would happen, but didn't.

> **Modelo:** *Esperaba que mi novia viniera a mi casa, pero no vino.*
> *Esperaba que mi amigo me acompañara, pero se enfermó.*

Estructura

Otros usos del subjuntivo

As you have seen in previous lessons, the subjunctive is used a great deal in Spanish. By now, you have already studied the most common applications. There are still several other words that usually are followed by the subjunctive because they suggest an element of doubt or indefiniteness.

- ojalá (que)

¡Ojalá vengan esta noche!	Oh, how I hope they come tonight!
¡Ojalá estuviéramos con ellos!	Oh, how I wish we were with them!

- quizá, quizás

Quizá tu papá no quiera vernos.	Maybe your dad doesn't want to see us.
Quizás no llegaran a tiempo.	Maybe they didn't arrive on time.

- lo que

Puedes decir lo que quieras.	You can say what (whatever) you want.

- como

Va a hacerlo como quiera.	He's going to do it as (however) he wants.

- quienquiera, dondequiera

Quienquiera que venga aquí no puede menos que admirarlas.	Whoever comes here cannot help but admire them.
Te buscaré dondequiera que estés.	I'll look for you wherever you may be.

1. **"Ayúdame," dice Silvia. Silvia tiene que escribir algunos ejemplos del subjuntivo en español, pero no puede pensar en nada. Con las palabras entre paréntesis, muéstrale cómo puede cambiar al subjuntivo las frases que ha escrito.**

> **Modelo:** Te buscaré si estás. (dondequiera)
> Te buscaré dondequiera que estés.

1. Veré a Julio en la mañana. (quizás)
2. Descríbeme qué ves en la feria. (lo que)
3. Marta y yo pudimos viajar con ellos.
   (ojalá)
4. Uds. pueden quedarse o no, si quieren.
   (como)
5. El premio es para una persona del grupo.
   ¿Quién sabe la respuesta correcta?
   (quienquiera)
6. Mi mamá me da dinero para un vestido
   nuevo. (ojalá)
7. No me importa si lo hacen. (lo que)
8. Si viajan en España, pueden alojarse en
   paradores. (dondequiera)
9. No tenemos que pasar el día con todas
   esas personas. (quizá)
10. Puedo ayudarte a encontrarlo. ¿Qué
    buscas? (lo que)

Un resumen del subjuntivo

Logic dictates that certain tenses be used together in sentences that require the subjunctive. The present and present perfect subjunctives are used with present tense, future tense, or after commands.

Espero que vengan.	I hope they come.
Espero que hayan venido.	I hope they have come.
Esperaré hasta que vengan.	I'll wait until they come.
Diles que vengan.	Tell them to come.

Past and past perfect subjunctives are used in past tenses and conditional sentences.

Esperaba que vinieran.	I was hoping they would come.
Esperaba que hubieran venido.	I was hoping they had come.
¿Qué haría si no vinieran?	What would I do if they didn't come?
¿Qué habría hecho si no hubieran venido?	What would I have done if they hadn't come?

In some cases, however, the past or past perfect subjunctive is used in a present tense sentence when it is logical.

Espero que salieran a tiempo.	I hope they left on time.
Espero que hubieran salido antes de él.	I hope they had left before him.

In summary, remember that the subjunctive is used only when there is a reason to use it. The subjunctive is necessary in the following circumstances:

- if there is a change of subject after a verb of causing, emotion or doubt

Quiero que me escuches.	I want you to listen to me.
Me alegro de que vayas conmigo.	I'm happy you're going with me.
No creo que los muchachos sean más inteligentes que las muchachas.	I don't believe boys are smarter than girls.

Lección 18

- after impersonal expressions that include the word *que* when the expression implies doubt, emotion or uncertainty

    Es necesario que se despierte   It's necessary that he get up
    temprano.   early.
    Es dudoso que Paco tuviera el   It's doubtful that Paco had the
    dinero.   money.

- in an adverb clause if future time is implied or suggested

    Espera hasta que te llame mañana.   Wait until I call you tomorrow.

- in an adjective clause that describes something indefinite or hypothetical

    Busco un coche que tenga transmisión   I'm looking for a car that has an
    automática.   automatic transmission.
    No conozco a nadie que hable   I don't know anyone who speaks
    chino.   Chinese.

- to give an indirect command

    Que vayas.   Go ahead and go.

- after special expressions such as *ojalá, quizás, lo que, como, quienquiera* and *dondequiera* when they imply doubt

    ¡Ojalá (quizá, quizás) tengamos buena   I hope (perhaps) we will have
    suerte!   good luck.
    Puedes tener lo que quieras.   You can have whatever you wish.
    Hazlo como quieras.   Do it however you please.
    Quienquiera que la conozca no puede   Whoever meets her cannot help
    menos que admirarla.   but admire her.
    Te encontraré adondequiera que vayas.   I'll find you whatever you go.

- after the word *si* to state a condition that is contrary-to-fact or pure speculation (past or past perfect subjunctive)

    Si hubiera sido Ud., no les habría   If I had been you, I wouldn't
    dicho eso a ellas.   have said that to them.

2. **¿Subjuntivo o no? Decide si se necesita o no el subjuntivo en estas frases y da la forma correcta para cada una de ellas.**

    Modelo: ¿Prefieren Uds. *comer* en casa o en restaurante?
               ¿Prefieren Uds. comer en casa o en restaurante?

    Modelo: No era posible que los jóvenes *visitar* todos los lugares de interés.
               No era posible que los jóvenes visitaran (visitasen) todos los lugares de interés.

1. Es mejor que tú *trabajar* hasta tarde hoy y no mañana.

2. Mi amiga quiere que nosotros *ir* a la reunión de su familia.

3. Las porristas dicen que no quieren *practicar* con nosotras.

4. Sabemos que un estudiante extranjero *venir* a vivir con nosotros.

5. El profesor insistía en que sus estudiantes *terminar* la tarea antes de salir de su clase.

6. Tengo que quedarme en casa hasta *terminar* estos ejercicios.

7. Queríamos hablarles antes de que ellos *hacer* el viaje.

8. Mi papá piensa que los jóvenes de hoy *ser* perezosos.

9. ¿Estarás aquí cuando ellos te *llamar* por teléfono?

10. ¿Es necesario *aprender* todas estas palabras en un día?

3. En la vida diaria. Da una respuesta para cada pregunta con las palabras indicadas.

> **Modelo:** ¿Qué no es posible? (yo / comprar / boletos / ahora)
> No es posible que yo compre los boletos ahora.

1. ¿Qué quieren Uds.? (ellos / salir ahora)

2. ¿Hasta cuándo estarás despierta? (mi mamá / regresar)

3. ¿Qué dudas? (tú / decirme / verdad)

4. ¿Aceptaría el regalo ella? (si / su amigo / se lo / dar)

5. ¿Qué es necesario ahora? (poner la mesa)

6. ¿Qué te escribió tu abuela? (yo / venir / visitarla)

7. ¿Cuándo salen Uds. para el parque? (en cuanto / llamar / los compañeros)

8. ¿Qué prefiere tu hermana? (estudiar para ingeniera)

4. Tu vida personal. Termina cada frase con una respuesta apropiada a tu vida personal.

> **Modelo:** Si necesitara dinero, . . .
> Si necesitara dinero, iría al banco.

> **Modelo:** Yo estaría triste si . . .
> Yo estaría triste si no pudiera estar con mi familia.

1. Si recibiera una A en español, . . .

2. Yo sería famoso si . . .

3. Yo estaría enojado/a si mi mejor amiga . . .

4. Si tuviera un millón de dólares, . . .

5. Yo viajaría a la América del Sur si . . .

6. Si me quedara una semana para vivir, . . .

7. Si viviera en España, . . .

8. Yo estaría agotado/a si . . .

Favor de prestar atención

You have learned the various Spanish command forms, and you know that they must be familiar or formal according to the person being addressed. Also, remember that some commands have different affirmative and negative forms.

Additionally, you may make a request by using the expression *favor de* plus an infinitive. This command is appropriate for *tú*, *Ud.*, *Uds.* or *vosotros*. To make it negative, simply put the word *no* before the infinitive.

Favor de venir conmigo, Rosa.	Please come with me, Rosa.
Favor de venir conmigo, señora.	Please come with me, madam.
Favor de venir conmigo, señores.	Please come with me, gentlemen.
Favor de no hablar.	Please don't talk.

5. **Sara dice que no debes mandar tanto a otras personas, y que debes usar más la expresión *favor de*. Sigue su consejo (*advice*) y cambia estos mandatos a una frase con la expresión *favor de*.**

> **Modelo:** Vengan conmigo, señores.
> Favor de venir conmigo, señores.

1. Háblame en español.
2. Lávate las manos, niño.
3. Siéntese, señora.
4. Escríbanme Uds.
5. Dénos una mesa cerca de la ventana, señor.
6. Mira estos papeles.
7. Despiértate temprano.
8. No me llamen Uds. esta noche.
9. Suba Ud. al autobús, señora.
10. Tengan Uds. cuidado con el dinero.

Reírse

The verb *reírse (i, i) de* (to laugh at). *Sonreír (i, i)* (to smile) and *freír (i, i)* (to fry) are conjugated similarly. By learning one, you will know how to conjugate all three verbs.

presente	presente de subjuntivo	pretérito	imperfecto de subjuntivo
me río	me ría	me reí	me riera
te ríes	te rías	te reíste	te rieras
se ríe	se ría	se rió	se riera
nos reímos	nos riamos	nos reímos	nos riéramos
os reís	os riáis	os reísteis	os rierais
se ríen	se rían	se rieron	se rieran

Notice the accent marks in the present and present subjunctive. In the *él* and *ellos* forms of the preterite (and, therefore, in all forms of the past subjunctive) the letter *e* changes to *i*, but one of the *i*'s is omitted, since a word in Spanish cannot have a double *i*. The *tú, nosotros* and *vosotros* forms of the preterite have an accent mark.

The future and conditional tenses drop the accent mark over the *i* because a word in Spanish cannot have two accent marks. The past participles are the following: *reído, sonreído, frito.*

6. **¿Quién? Di quién hace o hizo lo siguiente, usando los sujetos indicados.**

> **Modelo:** sonreír en el desfile ayer (la reina / las damas / yo)
> La reina sonrió en el desfile ayer.
> Las damas sonrieron en el desfile ayer.
> Yo sonreí en el desfile ayer.

1. freír la carne ayer (yo, Samuel, Pepe y
   Marcos)
2. reírse de la historia ayer (Sara y Luisa,
   nosotros, Guillermo)
3. freír los huevos ahora (Patricia, los chicos,
   yo)
4. reírse de la película ahora (tú, Alberto,
   nosotros)
5. sonreír para el fotógrafo ayer (yo,
   nosotros, Ud.)

7. ¿Cómo? Añade las expresiones entre paréntesis a estas frases, haciendo los cambios necesarios.

> **Modelo:** Te ríes de ellos. (no quiero)
> No quiero que te rías de ellos.

> **Modelo:** Todos se rieron del chico. (teníamos miedo)
> Teníamos miedo de que todos se rieran del chico.

1. Tú sonríes en la foto. (es importante)
2. Ellos se ríen del actor. (es una lástima)
3. Nosotros freímos el jamón. (ellos quieren)
4. Yo sonreí durante el desfile. (era
   necesario)
5. Mi mamá había frito media docena de
   huevos. (era una lástima)
6. No nos habíamos reído de los jugadores.
   (mi hermana esperaba)
7. En este restaurante se fríe el pollo. (no
   creo)

Hacer el papel

The expression *hacer el papel de* is used in Spanish to mean "to play the role of."

> *Mi hermana **hace el papel** de la reina.*　　My sister **plays the role** of the queen.

8. ¿Quién hizo el papel? Di quién hizo el papel de qué, usando las palabras indicadas.

> **Modelo:** Ud. / el padre de familia
> Ud. hizo el papel del padre de familia.

1. yo / médico
2. Jorge / profesor
3. los chicos / jugadores de béisbol
4. Luisa / cantante famosa
5. tú / periodista

6. Pedro / secretaria
7. Uds. / vendedores
8. nosotros / sobrecargos

9. **La cultura indígena. Completa esta composición sobre la cultura indígena (*native*) en las Américas, dando las palabras que faltan. Se da la primera letra para indicar cuál es la palabra correcta.**

En una z_______ arqueológica hay muchas
r_______ de construcciones indígenas. Hay
t_______ y p_______, así como m_______ de
colores interesantes.

Las t_______ indias tenían muchos d_______ y
d_______, y la r_______ hacía un papel
importante en su vida. Algunas tribus
practicaban el s_______ humano.

Los indios vivían de la a_______, y uno de los
productos más importantes era el m_______.
Su c_______ era bastante avanzada, pero
desapareció a causa de una c_______ o un
d_______ natural.

Lectura

España

Políticamente, España está dividida en cincuenta y cuatro
provincias. Esta es la división oficial del país. Pero históri-

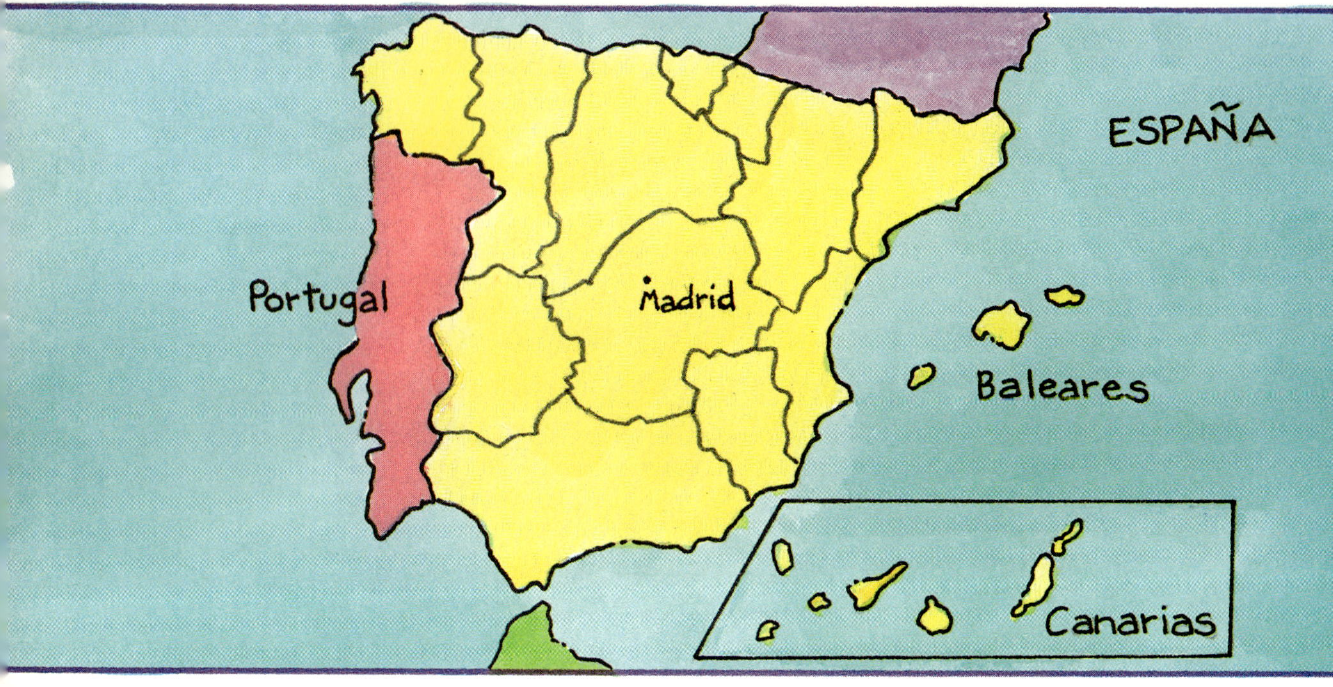

camente hay otra división mucho más importante. Esta es la división de España en trece regiones tradicionales que forman la nación española.

Como se ve en el mapa, las regiones son mucho más grandes que las provincias. Lo que no se ve es que algunas de las regiones son como un país pequeño dentro de la nación.

Cataluña en el norte y el este, Galicia en el norte y el oeste y las provincias vascongadas° en el norte se jactan de ser muy nacionalistas. La lengua que se habla en Galicia, el gallego, es muy semejante° al portugués, y en Cataluña se habla el catalán, una lengua romance, pero distinta° del español. La lengua de los vascuences° es de origen incierto° y es muy difícil de aprender. Como tienen su propia lengua y costumbres,° estas tres regiones se sienten españolas sólo en parte.

Las dos regiones del centro de España se llaman Castilla la Vieja y Castilla la Nueva por los muchos castillos que se encuentran en esta área. La capital de la nación, Madrid, está situada° en una de las Castillas, y la lengua española muchas veces se llama el castellano.°

En la región de Asturias se originó la reconquista° de España por los cristianos en el año 718. De León vienen algunos toros que se usan en la corrida de toros. En la provincia de Extremadura se encuentran las ruinas de la antigua capital romana en la ciudad de Mérida. La capital de Aragón, Zaragoza, es una ciudad industrial en el río Ebro. Las regiones de Valencia y Murcia son principalmente tierras agrícolas, famosas por sus naranjas.

Cuando la gente piensa en España, casi todo el mundo piensa en la región de Andalucía, en el sur de España. Aquí se ve la arquitectura mora, el baile flamenco y los gitanos.° *gypsies* Aquí los burros y los coches ocupan la misma calle. La música de la guitarra se oye en todas partes.

En fin,° como ya hemos visto, España es una tierra de *in short* gran variedad, de contrastes y de regiones distintas entre sí° *themselves* que se combinan para formar un país de innumerables° *numberless* atracciones para el visitante. A veces parece que uno no debe hablar de España, sino de las muchas Españas.

Preguntas

1. ¿Cómo se llaman las divisiones políticas de España?
2. ¿Cuántas provincias hay en España?
3. ¿Cuántas regiones tiene España?
4. ¿Cómo son diferentes las regiones de Cataluña, Galicia y las Provincias Vascongadas?
5. En España, ¿dónde hay muchos castillos?
6. ¿Qué otro nombre se le da al español?
7. ¿Qué región de España tiene todo lo que se considera típico del país?

Vocabulario

admirar to admire
agotado, -a worn out, exhausted
la **agricultura** agriculture
antiguo, -a ancient, old
el **arqueólogo, la arqueóloga** archaeologist
basado, -a based
la **catástrofe** catastrophe
ceremonial ceremonial
la **civilización** civilization
civilizado, -a civilized
como si as if
común common
la **concha** shell
construir to construct, to build
cruel cruel
demandar to demand
los **demás** the rest
desaparecer to disappear
el **desastre** disaster
el **dios** god

dondequiera wherever
la **economía** economy
embargo: sin embargo nevertheless, however
entero, -a entire
exactamente exactly
exagerar to exaggerate
la **fe** faith
freír (i, i) to fry
humano, -a human
indígena native
jactarse to brag
la **mariposa** butterfly
mencionar to mention
el **mural** mural
natural natural
el **noble** nobleman
original original
papel: hacer el papel to play the role

la **pirámide** pyramid
poder: no poder más to be exhausted
probablemente probably
quienquiera whoever
reírse (de) (i, i) to laugh (at)
la **religión** religion
el **resto** rest, remainder
la **ruina** ruin
el **sacerdote** priest
el **sacrificio** sacrifice
seguro, -a certain, sure
el **siglo** century
sonreír (i, i) to smile
sorprendente surprising
el **talento** talent
el **templo** temple, church
la **tribu** tribe

A. Di por quién fue hecho lo siguiente, según el modelo.

> **Modelo:** libro / escribir / Báez
> El libro fue escrito por Báez

1. comida / preparar / los chicos
2. boletos / vender / agente
3. carro / manejar / mi compañero
   de clase
4. excursión / planear / profesora
5. ruinas / ver / turistas
6. Alhambra / construir / moros
7. refrescos / servir / miembros

B. Hace mucho tiempo. Di que hace mucho tiempo que estas cosas ocurren, según el modelo.

> **Modelo:** Julia y Raúl / conocer
> Hace mucho tiempo que Julia y Raúl se conocen.

1. Sara y Anita /
   escribir
2. Luis y yo / visitar
3. mis papás y los suyos / mandar tarjetas
4. Bárbara y Patricia / dar regalos
5. Pablo y Dolores / ver
6. José y yo / comprar dulces
7. ellos y yo / acompañar a los partidos de
   fútbol

Hace mucho tiempo que Julia y Raúl se conocen.

C. **¡Ojalá!** Tú esperabas que estas cosas hubieran ocurrido. Dilo, según el modelo.

> **Modelo:** mis amigos / llevarme a la corrida
> ¡Ojalá mis amigos me hubieran (hubiesen) llevado a la corrida.

1. mi novia / escribirme / una carta
2. nosotros / ganar el partido
3. las porristas / no caerse
4. yo / no comer tanto
5. nosotros / vernos en la reunión
6. tú / poder hablarles
7. el caballo / no morirse
8. Uds. / estar presentes

D. **¿Cómo se dice?** Las palabras de abajo deben usarse para formar una frase completa en el pasado en español. Sigue el modelo.

> **Modelo:** Gaspar / querer / nosotros / jugar / fútbol / con él
> Gaspar quería que jugáramos (jugásemos) al fútbol con él.

1. mi mamá / decirnos / volver a casa / antes de las doce
2. el hombre / mandar / yo / seguirlo

¡Qué gusto da el viajar! (España)

El acueducto romano.
(Merida, España)

3. Celia / invitar / ellos / asistir a la fiesta /
   en su casa
4. yo / pedir / mi novia / ir al baile de otoño
   conmigo
5. nosotros / permitir / estudiantes / usar el
   patio de nuestra casa
6. mi papá / dejarme / tomar /
   el convertible
7. La Sra. Rodríguez / siempre / insistir en /
   su hija / regresar a casa / para las diez

E. Frases incompletas. Completa estas frases con las palabras indicadas.

> **Modelo:** Mi amigo *was laughing at* los actores en la película.
> Mi amigo se reía de los actores en la película.

1. Catalina *fried* toda la comida que nos
   served.
2. *Please follow me*, señores. Sus asientos
   están aquí.
3. Mi mejor amigo *played the role* de un oficial
   del gobierno en la comedia.
4. ¿De qué *laugh* Uds.?
5. La religión *played a role* muy importante en
   la vida de los indígenas americanos.
6. Primero ellos *smiled*, y luego *laughed*.

F. Contesta estas preguntas según las indicaciones entre paréntesis.

1. ¿Cuándo llegan tus parientes? (*Wednesday*)
2. ¿Qué va a hacer Rogelio? (*whatever he wants*)
3. ¿Tenemos que trabajar hoy? (*maybe not until tomorrow*)
4. ¿Qué comida es la más importante del día? (*breakfast*)
5. ¿Dónde estará él? (*wherever she is*)
6. ¿A qué hora se sirve la cena? (*at nine-thirty*)
7. ¿Qué fruta te gusta más (*grapes*)
8. ¿A quién hablarás? (*whoever comes*)

G. Julio envía cosas. Di a quién Julio envía estas cosas, usando los pronombres directos e indirectos.

> **Modelo:** cartas / a María
> Julio se las envía (a ella).

1. dinero / a su hermana
2. tarjetas / a todos sus amigos
3. un regalo / a su prima
4. unos zapatos / a Manolo
6. los periódicos / a Uds.
7. los folletos / a ti
8. la pelota / a mí
9. unos dulces / a su novia
10. un recuerdo / a sus papás

"Caminito" es una canción popular argentina.

¡Saludos!

H. ¿Cómo se dice? Usa el tiempo indicado del verbo en estas frases.

> **Modelo:** No sé cuándo ellos *are coming* hoy.
> No sé cuándo vienen hoy.

1. ¿Qué *will do* Ud. si ellos no *are* en el restaurante?
2. Nosotros *used to live* en esa parte de la capital.
3. Ellos *are leaving* para la América del Sur en dos días.
4. Mi amigo *said* que él *would see me* esta noche.
5. Esperamos que nuestros parientes no *arrive* tarde para la celebración.
6. Yo no *did know* que tu novia *had won* el premio gordo en la lotería.
7. Si la cocinera *had prepared* la comida, los clientes *would have been* más contentos.
8. *Wash* las manos, Gregorio. Es hora de *eat*.
9. Virginia quiere que yo *meet* a sus papás antes que ellos *leave*.
10. ¿Qué *would happen* si ese señor me *loaned* el dinero?

I. Expresa en español.

1. How I hope it doesn't rain this evening!
2. The tickets were purchased by a good friend of mine.
3. He's a good teacher because he makes us work.

4. We've known each other for more than fifteen years.
5. Don't laugh at me, Gabriela. I'm worn out!.
6. Please tell my parents that I'll arrive late tonight.
7. I hope she didn't lose the money that I gave her.
8. She smiled because he didn't know how to play the guitar.
9. How would they have gone home, if they hadn't seen us?
10. Wherever they may be, we'll try to talk to them.

J. A nivel personal

1. Select one of the regions of Spain and find out all you can about it. Prepare a summary of your investigation in Spanish, telling about products, industry, tourist attractions, geography, and anything else of interest. Present this summary orally or in written form.

2. The *Alhambra* is an unusual building in Spain. Choose some unusual building you have seen or read about and prepare a description of it in Spanish. Present this orally to your class.

3. Make a list of at least six famous places outside the United States. Describe each of them in Spanish and tell why you would go there.

4. Imagine that you are going to conduct interviews of people who are applying for a passport. Prepare in Spanish a list of questions you will ask them: full name, place of birth, date of birth, age, name of parents, current address, how long at this address, type of job, how long, intended dates of travel, intended destination, how much money they will take along, what type of transportation they will use and the name of someone to notify in case of emergency.

5. Interview a classmate, using the questions you have prepared in the previous activity. Then switch roles and let your partner interview you.

The following selected readings are excerpts from EMC's *Easy Readers*, a series of shortened and simplified texts adapted from works of well-known Hispanic authors. The individual excerpts appear in sequential order in terms of vocabulary and grammar difficulty. The vocabulary not listed at the end of the book is printed in italics and explained in the margin of the same line. Vocabulary preceded by the symbol (°) is explained by means of illustrations. Cognates or other words readily identifiable are not explained. Phrases and expressions unfamiliar to the student at the suggested reading level are also explained in marginal notes.

Reading 1

Infancia   *Childhood*

Tengo que hablar de mí mismo; en unas *memorias* es   *memoirs*
inevitable.

Soy patriota *a mi modo*. No conozco la historia de Es-   *in my own way*
paña; pero *a pesar de* no conocer nada o casi nada la his-   *in spite of*
toria de mi país, cuando después de un largo viaje he visto
desde lejos la costa de España, he sentido siempre una gran
impresión.

El *recuerdo* de la *patria*, y sobre todo de Lúzaro, de este *memory; homeland*
lugar de la costa *vasca* donde he *nacido* y donde vivo, está *Basque; born*
siempre presente en mi *espíritu*.   *spirit*

Lúzaro me gusta; pero el haber nacido en él, y el que mi
familia haya vivido aquí muchos años, no creo sea motivo
para sentirse superior a los demás.

Se comprende mi *cariño* por Lúzaro; soy de aquí, y de   *affection*
aquí es toda mi familia. Además mi vida se puede
clasificar en dos periodos: uno el pasado en Lúzaro, en *el*   *which*
cual me han ocurrido los *hechos* más importantes y felices *events*
de mi vida; otro, el del mar, en que no me ha *sucedido*   *happened*
nada, por lo menos nada bueno.

Mi familia ha sido de Lúzaro, y ha sido de *marinos*.   *seamen*
Sobre todo *por parte de mi madre*, por los de Aguirre.   *on my mother's side*

Mi padre, Damián de Andía, fue también capitán de
°barco. Murió en el mar, en el Canal de la Mancha.

A pesar de que yo era muy niño, recuerdo bastante bien a
mi padre. Tenía la cara expresiva, los ojos *grises*. Debía ser *grey*
una persona parecida a mí; pero sin duda no sería tan triste
como yo. Sentía una gran estimación por las gentes del
Norte con quienes había *convivido*; era muy liberal y se   *mixed*
reía de las mujeres.

Cuando mi padre llegaba a Lúzaro se reunía con otros
capitanes, *marineros* y pescadores, y hablaba con ellos, y   *sailors*
algunas veces cantaba y *gritaba*, en su compañía, por las   *yelled*
calles.

Excerpt from:
Pío Baroja LAS INQUIETUDES DE SHANTI ANDÍA copyright Grafisk Forlag A/S,
Copenhagen. The *Easy Reader* (a B-level book) with the same title is published by EMC
Publishing.

<u>Selected readings</u>

350

Todos los que le conocieron me han *asegurado* que era un hombre de gran corazón. He sentido siempre una gran *pena* por no haberle llegado a conocer. Hubiéramos sido buenos amigos.

Mi abuela, doña Celestina de Aguirre, no quería a mi padre; después de pasados muchos años le he oído hablar *en contra de* él.

Mi madre y yo vivíamos en una casa grande, a un cuarto de hora del pueblo. El *sitio* era alto, claro y abierto.

La casa tenía muchos °balcones. Desde allí *dominábamos* toda la ciudad, el *puerto* y el mar. Veíamos *a lo lejos* los barcos cuando entraban y salían.

En el °mirador central de esta casita nuestra pasé los primeros años de mi infancia.

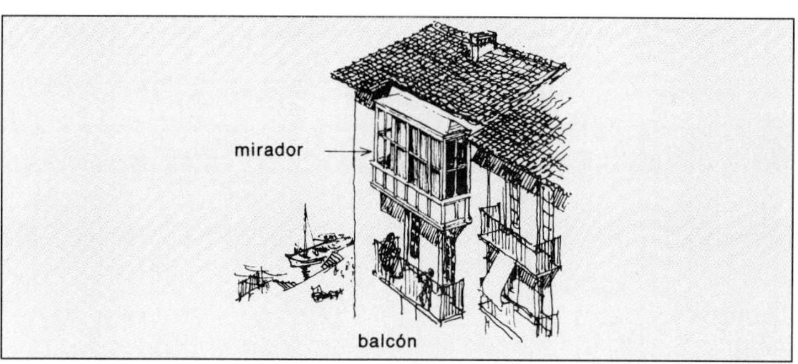

En la casa vivíamos tres personas: mi madre y yo, y una vieja a quien llamábamos la Iñure. Me parece que estoy viendo a esta vieja. Era delgada, la boca sin dientes, los ojos pequeños y vivos. Vestía siempre de negro.

No creo que la Iñure llegase a decir dos palabras seguidas en castellano; pero sin embargo se expresaba en *vascuence* con gran rapidez.

Mi madre se pasaba casi todo el día con mi abuela; pero no quería ir a vivir con ella, conociendo el carácter *dominador* de doña Celestina.

La casa de mi abuela se llamaba Aguirreche, en vascuence Casa de Aguirre, y era y sigue siendo de las mejores del pueblo.

Tenía el aspecto de una casa *antigua* de *piedra* del país vasco; el color negro, muchos balcones muy separados y encima unas ventanas pequeñas.

La casa se hallaba situada entre casitas negras, en la parte más baja de Lúzaro.

En aquella época en que vivía mi abuela, *solía* verse Aguirreche casi siempre cerrada. La casa de mi abuela

tenía muchos cuartos con puertas que nunca se abrían.
Estos cuartos estaban *vacíos*.

Tardé bastante tiempo en ir a la escuela porque *padecí*
durante mucho tiempo una *enfermedad* muy larga y
dolorosa, y el médico dijo a mi madre que no me llevara a
la escuela. Mi infancia fue muy triste. Tenía, para
divertirme, unos juguetes viejos que habían *pertenecido* a
mi madre y a mi tío. Estos juguetes que pasan de padres a
hijos tienen un aspecto muy triste.

Mi tía Úrsula, hermana mayor de mi madre, comenzó a
enseñarme a leer.

Cuando mi tía Úrsula llegaba a casa, solía sentarse en
una sillita baja, y allí me contaba muchas historias y aventuras.

En Aguirreche, en su cuarto, la tía Úrsula *guardaba*
gran cantidad de libros. Sabía más que la *generalidad* de
las mujeres, y, sobre todo, que las mujeres del país. Ella me
explicó cómo iban los vascos, en otra época, a la *pesca* de
la °ballena en los mares del Norte; cómo *descubrieron*
muchos lugares de pesca, entre ellos el de Terranova, y
cómo aún, en el siglo pasado, en Vizcaya y en Guipúzcoa,
en Orio, Pasajes, Aguinaga y Guernica, se hacían grandes
barcos.

Me habló de los marinos y capitanes vascos: de Elcano,
dando la vuelta al mundo; de Oquendo, de Blas de Lezo,
de Churruca, de Echaide, de Recalde y Gaztañeta.

En esta época de mi infancia, yo no conocía más *chicos*
de mi edad que unos primos. Estos chicos vivían en Madrid y venían a Lúzaro durante el verano.

Cuando estaban ellos en casa de mi abuela, íbamos juntos a visitar a la familia que solía darnos muchas cosas
buenas.

Mis primos me contaban muchas historias de Madrid;
pero la verdad, esto no *me llamaba la atención*. Lo que me
gustaba era el mar. Miraba a los chicos del puerto. Me
hubiera gustado ser hijo de pescador para correr y jugar en
el agua.

Mi tía Úrsula, además de su °biblioteca, formada de libros de aventuras marítimas, tenía otro *fondo* de donde ir
sacando las historias que a mí tanto me gustaban.

En la sala de Aguirreche, en el °arca, se guardaba, entre
otras cosas viejas, un libro *titulado*: la «Historia de la
familia Aguirre».

Casi todos los miembros de la familia de este nombre
habían sido marinos y *viajeros*.

La «Historia de la familia Aguirre» era un libro de aventuras marítimas y *terrestres*. La mayoría eran *breves*.

Mi tía Úrsula me leía alguna de estas historias pero *yo no me enteraba de su sentido*. La que más me gustaba era la historia de Domingo de Aguirre que estuvo en América, en el siglo XVI, con Gonzalo Jiménez de Quesada.

Cuando comencé a escribir, mi tía Úrsula me *dictaba párrafos* del gran libro de la familia.

Yo aprendí a leer y a escribir con todas estas aventuras de la familia. Cosa *extraña*: casi siempre había algún Aguirre aventurero, *cuyo* fin *se ignoraba*.

Una impresión de la infancia que me causó gran efecto fue el funeral de mi tío Juan de Aguirre.

Durante mucho tiempo fue un misterio el *paradero* del hermano mayor de mi madre, hasta que se supo que había muerto.

Nadie de la familia quería hablar de mi tío Juan.

Nuestra criada la Iñure me aseguró que el tío Juan no había muerto.

- ¿Pues dónde está? - le pregunté yo.
- Está lejos de aquí.
- ¿Y por qué no viene?
- No puede venir.
- Pero ¿por qué?

Al último, y después de grandes *advertencias* para que no dijera nada a mi madre, la Iñure me contó que mi tío Juan se había hecho *pirata*, que le habían llevado a un *presidio*, donde estaba *preso*. Por eso, aunque vivía, no podía venir a Lúzaro.

Por esta época se celebró su funeral en Lúzaro. Parece ser que mi abuela recibió desde un pueblo de Irlanda una carta en la que le decían que Juan de Aguirre había muerto.

Pero ¿era verdad? La Iñure aseguró que no.

Recuerdo muy bien el día del funeral. Mi madre me despertó muy temprano por la mañana; ella estaba ya vestida de negro; yo me vestí rápidamente, y salimos los dos al camino con la Iñure.

Era una mañana de otoño. Llegamos a Aguirreche; estuvimos un momento y después, mi abuela, la tía Úrsula y mi madre, vestidas de negro, y yo con la Iñure, nos dirigimos a la iglesia.

Poco a poco fueron entrando mujeres vestidas de negro.

to burn — Los °cirios en el °altar mayor comenzaron a *arder*.

Comenzó a sonar una °campana; la gente fue entrando, *all at once* — primero poco a poco, luego *de golpe*.

relatives — La iglesia se llenó de *familiares* y de amigos de mi tío Juan, y comenzó el funeral.

scared — Yo estaba *asustado*; ya sabía que en el °túmulo no había nadie; pero me parecía que allí dentro debía de estar mi tío Juan.

From time to time; sounded — *De cuando en cuando sonaba* el °órgano. Yo miraba por todas partes, a pesar de que la vieja Iñure me pedía que estuviera más tranquilo.

faithful; prayed — Después, el cura se volvió hacia los *fieles* y *rezó* por el tío Juan y por todos los muertos en el mar.

weeping increased — Entonces los *lloros aumentaron*.

Al salir de la iglesia, la Iñure y yo nos quedamos a la *crossed* — puerta. Todas las mujeres, con sus vestidos negros, *cruzaron* por delante de nosotros hacia la casa de la abuela y tras ellas fueron saliendo los señores y los marineros y la gente

pescadora, con las manos metidas en los *bolsillos* del pan-   *pockets*
talón.

Por la noche, la Iñure me aseguró de nuevo que mi tío
Juan no había muerto. Yo le tenía que ver, tarde o temprano.

Estaba seguro de que un día vería a un señor con el aspecto de marino de los libros de mi tía Úrsula. Hablaría con
aquel señor y resultaría ser mi tío Juan.

Reading 2

Lázaro cuenta su vida y de quién fue hijo

your honor, your grace

Pues sepa *vuestra merced* que a mí me llaman Lázaro de Tormes, hijo de Tomé González y de Antona Pérez *naturales* de Tejares, *aldea* de Salamanca. Mi *nacimiento* fue dentro del *río* Tormes por la cual causa tomé el *sobrenombre*, y fue de esta manera.

natives; village; birth

river

surname

Mi padre, a quien Dios perdone, tenía como trabajo el *proveer* una °aceña que está a la *orilla* de aquel río, en el cual fue *molinero* más de quince años; estando mi madre una noche en el *molino* le llegó la hora y me *parió* a mí allí; de manera que con verdad me puedo decir nacido en el río.

to take care of; shore

miller

mill; gave birth

Pues siendo yo niño de ocho años mi padre fue preso. En este tiempo *se hizo cierta armada* contra los *moros* en la cual fue mi padre, que en este tiempo ya estaba fuera de la *cárcel*, y sirviendo a su señor perdió la vida. Espero en Dios que está en la gloria.

raised a certain navy; Moors

jail

Mi *viuda madre* como se viese sola y sin marido, decidió acercarse a los buenos e irse a vivir a la ciudad. Allí hacía la comida a ciertos estudiantes y lavaba la ropa a ciertos *mozos* de caballos del Comendador de la Magdalena. Allí conoció a un hombre *moreno*, este hombre venía algunas veces a nuestra casa, y se iba por la mañana; otras veces llegaba de día a comprar °huevos y entraba en casa. Yo al principio tenía miedo de él viéndole el color y el *mal gesto*

widowed mother

stableboys

Black

poor appearance

Excerpt from: LAZARILLO DE TORMES, author unknown. The *Easy Reader* (a B-level book) with the same title is published by EMC Publishing.

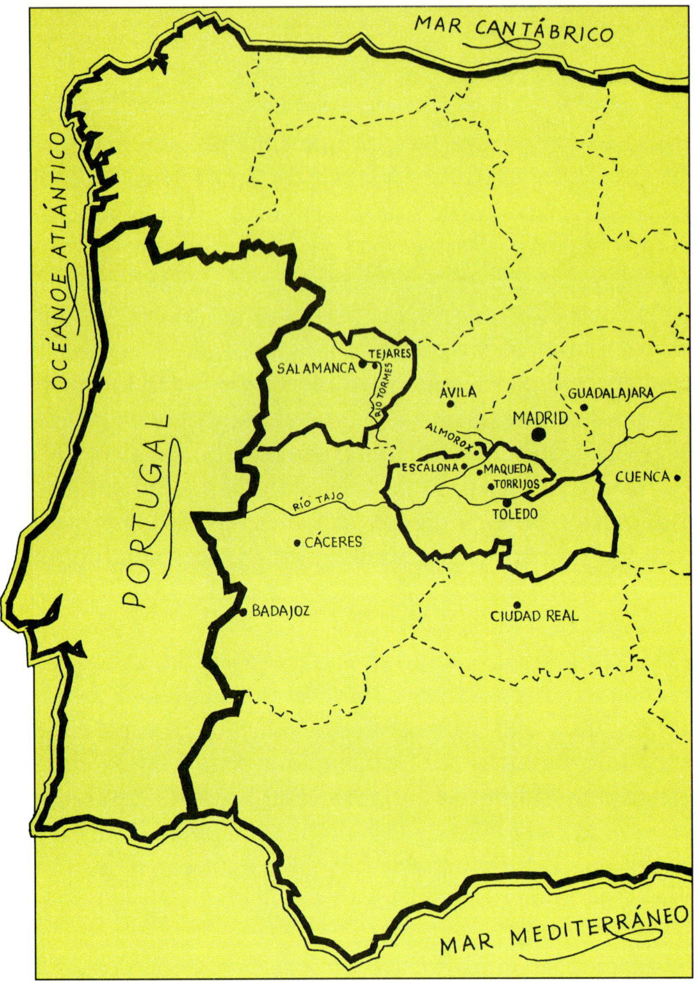

que siempre tenía, pero cuando vi que con su *venida* era   *arrival*
mejor el comer, empecé a quererlo bien porque siempre
traía pan, pedazos de carne y en el invierno °leños a los que
nos calentábamos.   *warmed ourselves*

Sucedió todo de manera que mi madre vino a darme un   *Everthing happened in such a way*
hermano, un negrito muy bonito, con el que yo jugaba. Y
me acuerdo que estando el negro de mi *padrastro* jugando   *I remember; stepfather*
con el niño, como éste veía a mi madre y a mí blancos, y a
él no, *huía* de él con miedo y se iba a donde estaba mi   *fled*
madre y señalándole con el dedo decía: «Madre, *coco*».   *boogeyman*

Yo, aunque era pequeño todavía, *noté* aquella palabra de   *I noticed*
mi hermanito y dije para mí: «¡Cuántos de estos debe de
haber en el mundo que huyen de otros porque no se ven a sí
mismos!».

Quiso nuestra mala fortuna que llegara a saberse que mi
padrastro se llevaba la mitad de la °cebada que le daban

para los caballos a casa de mi madre para después venderla y que también hacía perdidas las *mantas* de los caballos. Con todo esto ayudaba a mi madre para *criar* a mi hermanito. *Se probó* todo esto que digo y aún más, porque a mí me preguntaban, *amenazándome*, y como niño que era respondía y descubría, con el mucho miedo que tenía, todo cuanto sabía. Mi padrastro fue preso y a mi madre le dijeron que no entrase más en la casa de dicho Comendador. Entonces ella se fue a servir a los que vivían en el *Mesón* de la Solana y allí, pasando muchos trabajos, crió a mi hermanito hasta que supo andar y a mí hasta ser buen *mozuelo* que iba a buscar vino y todo lo demás que me mandaban los que vivían en el mesón.

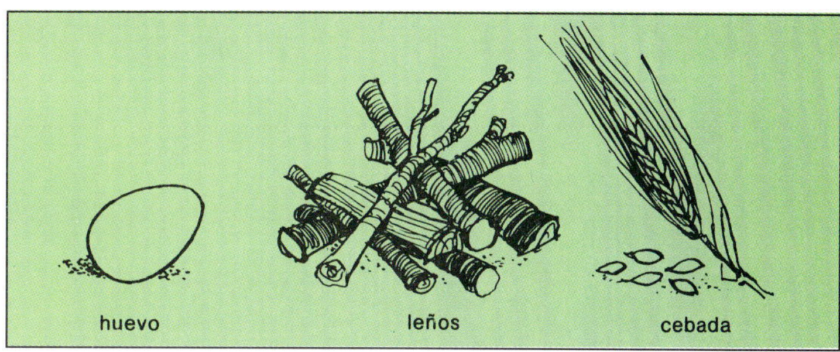

En este tiempo llegó al mesón un viejo, era un *ciego*, el cual pensando que yo sería bueno para *guiarle*, le pidió a mi madre que me dejase ir con él. Mi madre lo hizo diciéndole cómo yo era hijo de un buen hombre el cual había muerto en la *batalla* de los Gelves por defender la fe y que ella esperaba en Dios que yo no sería peor hombre que mi padre y que le *rogaba* que me *tratase* bien, pues era *huérfano*.

El ciego respondió que lo haría así y que me recibía no como mozo sino como hijo. Y así empecé a servir y a guiar a mi nuevo y viejo *amo*.

Estuvimos en Salamanca algunos días, pero a mi amo la *ganancia* le pareció poca y decidió irse de allí. Cuando íbamos a *partir* yo fui a ver a mi madre, y, ambos llorando, me dio su *bendición* y me dijo:

- Hijo, ya sé que no te veré más; sé bueno, y Dios te guíe; yo te he criado y te he puesto con buen amo, así que *válete por ti solo*. Y me fui hacia donde estaba mi amo, que me estaba esperando.

Salimos de Salamanca y llegando al *puente* hay a la entrada de él un animal de piedra, que tiene forma de toro, el ciego me mandó que me llegase cerca del animal y puesto allí me dijo:

- Lázaro, acerca el *oído* a ese toro y oirás un gran ruido dentro de él.

Yo lo hice creyendo que sería así; cuando el ciego sintió que tenía la cabeza junto a la piedra me dio *tal golpe* con su mano contra el toro que el dolor me *duró* más de tres días, y me dijo:

- Aprende que el mozo de ciego un punto ha de saber más que el *diablo*.

Y se rió mucho.

Me pareció que en ese momento desperté de la *simpleza* en que como niño dormido estaba. Y dije para mí: «Verdad dice éste, pues soy solo, tengo que ver y pensar cómo me sepa valer».

Empezamos nuestro *camino* y en muy pocos días me enseñó *jerigonza* y como viese que yo tenía buen *ingenio* estaba muy contento y me decía: «Yo no te puedo dar oro ni *plata*, pero te mostraré muchos consejos para vivir». Y fue así, que después de Dios, éste me dio la vida y, siendo ciego, me *alumbró* y guió en la carrera de vivir. Le cuento a vuestra merced estas cosas para mostrar cuánta virtud es que los hombres pobres y bajos sepan subir y cuánto *vicio* es el que los hombres siendo ricos y altos se dejen bajar.

Mi amo en su *oficio* era un °águila: sabía de memoria más de cien *oraciones*, tenía un tono bajo y tranquilo que hacía resonar la iglesia donde rezaba y cuando rezaba ponía un rostro *devoto*.

to extract from him

*famous Greek doctor (131-201);
half; cure*

suffered

never; greedy

tricks

Además de esto tenía otras mil formas de *sacarle* el dinero a la gente. Sabía oraciones para todo, a las mujeres que iban a parir les decía si iba a ser hijo o hija y decía que *Galeno* no supo la *mitad* de lo que él sabía para *curar* toda clase de enfermedades.

A todo el que le decía que *sufría* de algún mal, le decía mi amo:

«Haced esto, haréis lo otro». Con todo esto la gente andaba siempre detrás de él, especialmente las mujeres que creían todo cuanto les decía. De las mujeres sacaba mucho dinero y ganaba más en un mes que cien ciegos en un año.

Pero también quiero que sepa vuestra merced que con todo lo que tenía *jamás* vi un hombre tan *avariento*, tanto que me mataba de hambre y no me daba ni siquiera lo necesario. Digo verdad: si yo no hubiera sabido valerme por mi mismo, muchas veces hubiera muerto de hambre; pero con todo su saber, las más de las veces yo llevaba lo mejor. Para esto le hacía *burlas*, de las cuales contaré algunas.

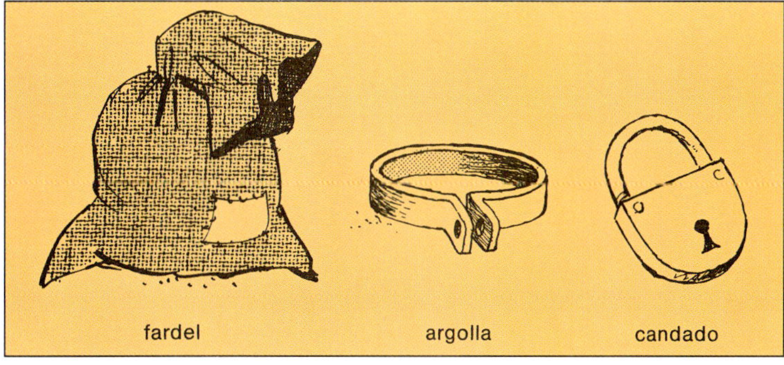

El ciego llevaba el pan y todas las otras cosas que le daban en un °fardel de tela que por la boca se cerraba con una °argolla con su °candado y *llave*. Metía las cosas y las sacaba con tanto cuidado que no era posible quitarle una *migaja*. Pero yo tomaba lo poco que me daba y lo comía en dos *bocados*. Después que cerraba el fardel con el candado

se quedaba tranquilo pensando que yo estaba haciendo
otras cosas, pero yo por un lado del fardel que muchas
veces *descosía* y volvía a *coser* le sacaba el pan y la
°longaniza.   *unraveled; to sew*

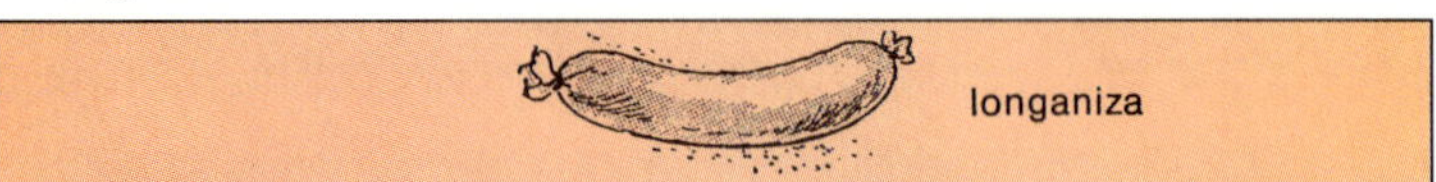

Solía poner junto a sí un °jarrillo de vino cuando comíamos. Yo lo cogía y bebía de él sin hacer ruido y lo
volvía a poner en su lugar. Pero esto me duró poco, porque
al ir a beber el ciego conocía la falta del vino y así por
guardar el vino, nunca *soltaba* el jarro y lo tenía siempre   *let go of*
cogido por el °asa. Pero yo con una °paja, que para ello
tenía hecha, metiéndola por la °boca del jarro, dejaba al
viejo sin nada. Pero pienso que me sintió y desde entonces
ponía el jarro entre las piernas y le *tapaba* con la mano y de   *covered*
esta manera bebía seguro.

Yo, como me gustaba el vino moría por él; y viendo que
la paja ya no me aprovechaba ni valía, decidí hacer en el
fondo del jarro un *agujero* y taparlo con un poco de *cera*.   *bottom; hole; wax*
Al tiempo de comer, me ponía entre las piernas del ciego,
como si tuviera frío, para calentarme en la pobre °lumbre
que teníamos; al calor de la lumbre se deshacía la cera y
comenzaba el vino a caerme en la boca y yo la ponía de tal
manera que no se perdía ni una *gota*.   *drop*

Cuando el pobre ciego iba a beber no encontraba nada. Se *desesperaba* no sabiendo qué podía ser.

- No diréis, tío, que os lo bebo yo - decía - pues no soltáis el jarro de la mano.

Tantas vueltas le dio al jarro que encontró el agujero, al poner el dedo en él, comprendió el *engaño*, pero aunque él supo lo que era, hizo como si no hubiera visto nada. Y al otro día, me puse como de costumbre, sin pensar lo que el ciego me estaba preparando, y creyendo que el mal ciego no me sentía. Y estando recibiendo aquellas dulces gotas, mi cara puesta hacia el cielo, un poco cerrados los ojos para mejor gustar del vino, el desesperado ciego, levantando con toda la fuerza de sus manos el jarro, le dejó caer sobre mi boca, ayudándose como digo con todo su *poder, de manera que* yo, pobre Lázaro, que nada de esto esperaba, sentí como si el cielo con todo lo que hay en él, me hubiese caído encima.

Fue tal el golpe que me hizo perder el *sentido* y el *jarrazo* tan fuerte que los pedazos del jarro se me metieron en la cara *rompiéndomela* en muchos lugares y rompiéndome también los dientes, sin los cuales hasta hoy me quedé.

Desde aquella hora quise mal al ciego, y aunque él me quería y me cuidaba bien, bien vi que se había alegrado mucho con el cruel *castigo*. Me lavó con vino las *heridas* que me había hecho con los pedazos del jarro y riéndose decía:

- ¿Qué te parece, Lázaro? Lo que te enfermó *te pone sano* y te da la salud.

Cuando estuve bueno de los golpes, aunque yo quería perdonarle lo del jarrazo, no podía por el mal *trato* que desde entonces me hizo el mal ciego: me *castigaba* sin causa ni *razón* y cuando alguno le decía que por qué me trataba tan mal contaba lo del jarro, diciendo:

- ¿Pensáis que este mi mozo es bueno? Pues oid.

Y los que le oían decían:

- ¡Mirad! ¿Y quién pensaría que un muchacho tan pequeño era tan malo? Castigadlo, castigadlo.

Y él al oír lo que la gente le decía otra cosa no hacía.

Yo por hacerle mal y *daño* siempre le llevaba por los peores caminos; si había piedras le llevaba por ellas. Con estas cosas mi amo me *tentaba* la cabeza con la parte alta de su *palo* de ciego que siempre llevaba con él. Yo tenía la cabeza llena de las *señales* de sus manos y aunque yo le *juraba* que no lo hacía por causarle mal sino por encontrar mejor camino, él no me lo creía: tal era el grandísimo entender de aquel mal ciego.

Y porque vea vuestra merced hasta dónde llegaba el ingenio de este hombre le contaré un caso de los muchos que con él me sucedieron.

Cuando salimos de Salamanca su idea fue venir a tierras de Toledo porque decía que la gente era más rica, aunque no era amiga de dar muchas *limosnas*. Fuimos por los mejores pueblos, si encontraba mucha ganancia nos quedábamos, si no la encontrábamos al tercer día nos íbamos.

alms

Sucedió que llegando a un lugar que llaman Almorox, en el tiempo de las °uvas le dieron un gran °racimo de ellas. Como el racimo se le deshacía en las manos, decidió comerlo, por *contentarme*, pues aquel día me había dado muchos golpes. Nos sentamos y me dijo:

to make me happy

- Lázaro, ahora quiero que los dos comamos este racimo de uvas y que tengas de él tanta parte como yo. Será de esta manera: tú cogerás una uva y yo otra, pero sólo una, hasta que lo acabemos.

Dicho esto, comenzamos a comer, pero a la segunda vez el mal ciego cambió de idea y comenzó a coger de dos en dos, pensando que yo estaba haciendo lo mismo. Como vi que él hacía esto, yo hacía más: comía de dos en dos o de tres en tres.

Cuando acabamos de comer las uvas me dijo:

- Lázaro, me has engañado. Tú has comido las uvas de tres en tres.

- No comí - dije yo - pero, ¿por qué lo piensa así vuestra merced?

- ¿Sabes en qué veo que comiste las uvas de tres en tres? - respondió él - En que yo las comía de dos en dos y tú *callabas*.

kept quiet

Yo me reía, y aunque muchacho bien comprendí que mi amo era hombre que conocía el mundo.

Pero por no ser *prolijo*, dejo de contar aquí muchas cosas que me sucedieron con este mi primer amo y quiero decir cómo me despedí de él.

wordy

Estábamos en el mesón de Escalona y me dio un pedazo de longaniza para que se la *asase*, después me dio dinero y me mandó a buscar vino. Mas el *demonio* quiso que cuando salía a buscar el vino viese en el suelo un °*nabo* pequeño, largo y malo, que alguien había dejado en el suelo por ser tan malo y como estuviésemos solos el ciego y yo, teniendo yo dentro el *olor* de la longaniza y sabiendo que había de gozar sólo del olor, no mirando lo que me podía suceder, mientras el ciego me daba el dinero para comprar el vino, saqué la longaniza del °asador y metí en él el nabo. Mi amo tomó el asador y empezó a darle vueltas al fuego, queriendo asar al que por malo nadie había querido comer.

Yo fui a buscar el vino con el cual no tardé en comer la longaniza y cuando volví vi que mi amo tenía el nabo entre dos °rebanadas de pan, el cual no había conocido porque no había tocado con la mano. Al *morder* en las rebanadas de pan, pensando morder también la longaniza, se encontró con el nabo frío y dijo:

- ¿Qué es esto, Lazarillo?

- ¡Pobre de mí! - dije yo - Yo ¿no vengo de comprar el vino? Alguno que estaba aquí ha hecho esta burla.

- No, no, - dijo él - que yo no he dejado de la mano el asador ni un solo momento; no es posible.

Yo juraba y volvía a jurar que estaba libre de aquello, pero poco me aprovechó pues al maldito ciego nada se le escondía.

Se levantó, me cogió la cabeza con sus manos, me abrió la boca y metió en ella su larga °nariz. Con esto, como la longaniza no había hecho asiento aún en el estómago, salió de él por mi boca al mismo tiempo que su nariz, dándole en ella.

- ¡Oh gran Dios, quién estuviera en aquella hora muerto! Fue tal su *coraje* que si no *acudiera* gente al ruido y me sacara de sus manos, que estaban llenas de los pocos °pelos que yo tenía, pienso que hubiera *dejado* allí la vida.

Contaba el maldito ciego a todos los que allí llegaban lo del jarro y lo del racimo. La *risa* de todos era tan grande que la gente que pasaba por la calle entraba a ver la fiesta.

La *mesonera* y los demás que allí estaban nos hicieron amigos y con el vino que había ido a comprar para beber, me lavaron la cara. El ciego se reía y decía:

- De verdad este mozo me *gasta* en lavarle más vino en un año que el que yo bebo en dos.

Y volviéndose a mí me decía:

- En verdad, Lázaro, más le debes al vino que a tu padre, porque aquél una vez te dio la vida, mas el vino mil veces te la ha dado. Y contaba, riendo, cuántas veces me había herido la cara y me la había curado con vino.

Y los que me estaban lavando la cara reían mucho. Sin embargo yo muchas veces me acuerdo de aquel hombre y *me pesa de* las burlas que le hice, aunque también es verdad que bien lo pagué.

Visto todo esto y el mal trato que me daba yo había decidido dejarle, como lo hice. Y fue así, que luego otro día anduvimos por la calle pidiendo limosna. Era un día en que llovía mucho y como la noche iba llegando me dijo:

- Lázaro, esta agua no deja de caer, y cuando sea más de noche, la °lluvia será más fuerte. Vámonos a la posada con tiempo.

Para ir a la posada había que pasar un °arroyo que con la mucha lluvia era bastante grande entonces.

Yo le dije:

- Tío, el arroyo va muy ancho, pero si así lo queréis, veo un sitio por donde podremos pasar más pronto sin *mojarnos* porque allí el arroyo es más *estrecho* y *saltando* no nos mojaremos.

Le pareció bien y dijo:

- Piensas bien, por eso te quiero. Llévame a ese lugar por donde el arroyo se estrecha que ahora es invierno y *sabe* mal el agua, y peor sabe llevar los pies mojados.

Yo lo llevé derecho a un °poste de piedra que había en la plaza y le dije:

- Tío, este es el paso más estrecho que hay en el arroyo.

Como llovía mucho y él se mojaba, conla prisa que llevábamos por salir del agua que nos caía encima y, lo más principal, porque Dios le *cegó* el *entendimiento* y creyó en mí dijo:

- Ponme bien derecho y salta tú el arroyo.

Yo le puse bien derecho enfrente del poste, di un salto y me puse detrás del poste. Desde allí le dije:

- Salte vuestra merced todo lo que pueda.

Apenas lo había acabado de decir cuando el pobre ciego saltó con tal fuerza que dio con la cabeza en el poste y *cayó* luego *para atrás* medio muerto y con la cabeza *rota*.

Yo le dije:

- ¿Cómo olió vuestra merced la longaniza y no el poste? ¡Oled! ¡Oled!

Y le dejé con mucha gente que había ido a ayudarle. Antes de que la noche llegase, llegué yo a Torrijos. No supe nunca lo que hizo Dios con el ciego, *ni me ocupé* nunca de saberlo.

Appendix A

Grammar Review

Pronouns

Singular	Subject	Direct object	Indirect object	Object of preposition	Reflexive	Reflexive object of preposition
1st person	yo	me	me	mí	me	mí
2nd person	tú	te	te	ti	te	ti
	usted	lo/la	le	usted	se	sí
3rd person	él	lo	le	él	se	sí
	ella	la	le	ella	se	sí
Plural						
1st person	nosotros	nos	nos	nosotros	nos	nosotros
	nosotras	nos	nos	nosotras	nos	nosotras
2nd person	vosotros	os	os	vosotros	os	vosotros
	vosotras	os	os	vosotras	os	vosotras
	ustedes	los/las	les	ustedes	se	sí
3rd person	ellos	los	les	ellos	se	sí
	ellas	las	les	ellas	se	sí

Indefinite article

	Singular	Plural
Masculine	un	unos
Feminine	una	unas

The indefinite article is omitted in Spanish when talking about occupations, nationality or religion, unless these are described.

Definite article

	Singular	Plural
Masculine	el	los
Feminine	la	las

Use the definite article in Spanish:
1. with titles
2. with the names of meals
3. with the seasons of the year
4. with the days of the week, except after a form of *ser*
5. with the names of languages, except after *de, en*, or a form of *hablar*
6. when telling time
7. when talking of something in a general sense or including all in a category

Contractions

a + el = al	de + el = del
a + la = a la	de + la = de la
a + los = a los	de + los = de los
a + las = a las	de + las = de las

Adjective/noun agreement

	Singular	Plural
Masculine	El chico es alto.	Los chicos son altos.
Feminine	La chica es alta.	Las chicas son altas.

An adjective can be used as a noun in Spanish. In this case, it is preceded by the definite article. An adjective preceded by the word *lo* means "how …".

Possessive adjectives: short form

Singular	**Singular nouns**	**Plural nouns**
1st person	mi papá	mis hermanos
	mi mamá	mis hermanas
2nd person	tu papá	tus hermanos
	tu mamá	tus hermanas
3rd person	su papá	sus hermanos
	su mamá	sus hermanas

Plural	**Singular nouns**	**Plural nouns**
1st person	nuestro papá	nuestros hermanos
	nuestra mamá	nuestras hermanas
2nd person	vuestro papá	vuestros hermanos
	vuestra mamá	vuestras hermanas
3rd person	su papá	sus hermanos
	su mamá	sus hermanas

Possessive adjectives: long form

Singular	Singular nouns	Plural nouns
1st person	un amigo mío una amiga mía	unos amigos míos unas amigas mías
2nd person	un amigo tuyo una amiga tuya	unos amigos tuyos unas amigas tuyas
3rd person	un amigo suyo una amiga suya	unos amigos suyos unas amigas suyas
Plural	**Singular nouns**	**Plural nouns**
1st person	un amigo nuestro una amiga nuestra	unos amigos nuestros unas amigas nuestras
2nd person	un amigo vuestro una amiga vuestra	unos amigos vuestros unas amigas vuestras
3rd person	un amigo suyo una amiga suya	unos amigos suyos unas amigas suyas

Possessive pronouns

Singular	Singular form	Plural form
1st person	el mío la mía	los míos las mías
2nd person	el tuyo la tuya	los tuyos las tuyas
3rd person	el suyo la suya	los suyos las suyas
Plural	**Singular form**	**Plural form**
1st person	el nuestro la nuestra	los nuestros las nuestras
2nd person	el vuestro la vuestra	los vuestros las vuestras
3rd person	el suyo la suya	los suyos las suyas

Demonstrative adjectives

Singular		Plural	
Masculine	**Feminine**	**Masculine**	**Feminine**
este	esta	estos	estas
ese	esa	esos	esas
aquel	aquella	aquellos	aquellas

Demonstrative pronouns

Singular		Plural	
Masculine	**Feminine**	**Masculine**	**Feminine**
éste	ésta	éstos	éstas
ése	ésa	ésos	ésas
aquél	aquélla	aquéllos	aquéllas

Neuter forms: *esto, eso, aquello*

Adverbs

Adverbs can be formed by adding *-mente* to the feminine singular form of an adjective.

atento	*atentamente*	*rico*	*ricamente*

Comparative of adjectives and adverbs

alto   *más alto*

Superlative of adjectives and adverbs

alto   *el más alto*

Relative pronouns

que	who, whom, which, that
quien	who
quienes	who
a quien	whom
a quienes	whom
cuyo, -a	whose
el que, la que	who, which
el cual, la cual	who, which
lo que	what, that which

Interrogatives

qué	what
cómo	how
dónde	where
cuándo	when
cuánto, -a, -os, -as	how much, how many
cuál/cuáles	which (one)
quién/quiénes	who, whom
por qué	why
para qué	why

Subjunctive

The subjunctive mood is used in Spanish in the following cases:
1. after a verb of causing if there is a change of subject
2. after a verb of emotion if there is a change of subject
3. after a verb of doubt if there is a change of subject
4. after impersonal expressions if they contain the word *que*
5. after conjunctions if the future time is implied
6. in an adjective clause if the antecedent is indefinite or negative
7. after *si* if the statement is contrary-to-fact (imperfect subjunctive only)
8. to give an indirect command
9. after words such as *ojalá, quizá(s), como, lo que, quienquiera, dondequiera* if they imply something indefinite or doubtful

Appendix B

Verbs

Regular present tense		
hablar (to speak, to talk)	hablo hablas habla	hablamos habláis hablan
comer (to eat)	como comes come	comemos coméis comen
escribir (to write)	escribo escribes escribe	escribimos escribís escriben

Regular command forms

	Affirmative		Negative
-ar verbs	habla hablad hable Ud. hablen Uds. hablemos	(tú) (vosotros) (Ud.) (Uds.) (nosotros)	no hables no habléis no hable Ud. no hablen Uds. no hablemos
-er verbs	come comed coma Ud. coman Uds. comamos	(tú) (vosotros) (Ud.) (Uds.) (nosotros)	no comas no comáis no coma Ud. no coman Uds. no comamos
-ir verbs	escribe escribid escriba Ud. escriban Uds. escribamos	(tú) (vosotros) (Ud.) (Uds.) (nosotros)	no escribas no escribáis no escriba Ud. no escriban Uds. no escribamos

Present tense of reflexive verbs

lavarse (to wash oneself)	me lavo te lavas se lava	nos lavamos os laváis se lavan

Commands of reflexive verbs

Commands of reflexive verbs are like those of non-reflexive verbs. However, the reflexive pronoun is attached to the affirmative command but precedes the negative command.

Affirmative		Negative
lávate	(tú)	no te laves
lavaos	(vosotros)	no os lavéis
lávese Ud.	(Ud.)	no se lave Ud.
lávense Uds.	(Uds.)	no se laven Uds.
lavémonos*	(nosotros)	no nos lavemos

*For pronunciation purposes, the s of the verb ending is omitted from the *nosotros* form. In the negative command, however, the s remains.

Present participle of regular verbs

The present participle is formed by replacing the *-ar* of the infinitive with *-ando* and the *-er* or *-ir* with *-iendo*.

hablar	hablando
comer	comiendo
vivir	viviendo

The present participle is used with some forms of the verbs *estar, continuar, seguir, andar*, and some other motion verbs to produce the progressive tenses. These tenses are used less in Spanish than in English. They are reserved for recounting actions that are or were in progress at the time in question.

estoy estudiando — I am studying (at this very moment).

Regular preterite tense

hablar	hablé	hablamos
(to speak)	hablaste	hablasteis
	habló	hablaron
comer	comí	comimos
(to eat)	comiste	comisteis
	comió	comieron
escribir	escribí	escribimos
(to write)	escribiste	escribisteis
	escribió	escribieron

Stem-changing verbs

Present tense of stem-changing verbs

Stem-changing verbs are identified here by the presence of vowels in parentheses after the infinitive. If these verbs end in *-ar* or *-er*, they have only one change. If they end in *-ir*, they have two changes. The stem-change of *-ar* and *-er* verbs and the first stem-change of *-ir* verbs occur in all forms of the present tense, except *nosotros* and *vosotros*.

cerrar (ie) (to close)	cierro cierras cierra	cerramos cerráis cierran
volver (ue) (to return)	vuelvo vuelves vuelve	volvemos volvéis vuelven
dormir (ue, u) (to sleep)	duermo duermes duerme	dormimos dormís duermen

Present participle of stem-changing verbs

Stem-changing verbs that end in *-ir* use the second stem change in the present participle.

dormir (ue, u)	durmiendo
sentir (ie, i)	sintiendo

Preterite tense of stem-changing verbs

Stem-changing verbs that end in *-ar* and *-er* are regular in the preterite tense. That is, they do not require a spelling change, and they use the regular preterite endings.

pensar (ie)		**volver (ue)**	
pensé	pensamos	volví	volvimos
pensaste	pensasteis	volviste	volvisteis
pensó	pensaron	volvió	volvieron

Stem-changing verbs ending in *-ir* change their third-person forms in the preterite tense, but they still require the regular preterite endings.

sentir (ie, i)	
sentí	sentimos
sentiste	sentisteis
sintió	sintieron

<table>
<tr><td colspan="2">dormirse (ue, u)</td></tr>
<tr><td>me dormí</td><td>nos dormimos</td></tr>
<tr><td>te dormiste</td><td>os dormisteis</td></tr>
<tr><td>se durmió</td><td>se durmieron</td></tr>
</table>

Commands of stem-changing verbs

The stem change also occurs in *tú, Ud.,* and *Uds.* commands, and the second

cierra	(tú)	no cierres
cerrad	(vosotros)	no cerréis
cierre Ud.	(Ud.)	no cierre Ud.
cierren Uds.	(Uds.)	no cierren Uds.
cerremos	(nosotros)	no cerremos
vuelve	(tú)	no vuelvas
volved	(vosotros)	no volváis
vuelva Ud.	(Ud.)	no vuelva Ud.
vuelan Uds.	(Uds.)	no vuelvan Uds.
volvamos	(nosotros)	no volvamos
duerme	(tú)	no duermas
dormid	(vosotros)	no durmáis
duerma Ud.	(Ud.)	no duerma Ud.
duerman Uds.	(Uds.)	no duerman Uds.
durmamos	(nosotros)	no durmamos

Regular imperfect tense

hablar (to speak)	hablaba	hablábamos
	hablabas	hablabais
	hablaba	hablaban
comer (to eat)	comía	comíamos
	comías	comíais
	comía	comían
escribir (to write)	escribía	escribíamos
	escribías	escribíais
	escribía	escribían

Regular future tense

hablar (to speak)	hablaré hablarás hablará	hablaremos hablaréis hablarán
comer (to eat)	comeré comerás comerá	comeremos comeréis comerán
escribir (to write)	escribiré escribirás escribirá	escribiremos escribiréis escribirán

Regular conditional tense

hablar (to speak)	hablaría hablarías hablaría	hablaríamos hablaríais hablarían
comer (to eat)	comería comerías comería	comeríamos comeríais comerían
escribir (to write)	escribiría escribirías escribiría	escribiríamos escribiríais escribirían

Regular present subjunctive

hablar (to speak)	hable hables hable	hablemos habléis hablen
comer (to eat)	coma comas coma	comamos comáis coman
escribir (to write)	escriba escribas escriba	escribamos escribáis escriban

Regular imperfect subjunctive

hablar (to speak)	hablara (hablase) hablaras (hablases) hablara (hablase)	habláramos (hablásemos) hablarais (hablaseis) hablaran (hablasen)
comer (to eat)	comiera (comiese) comieras (comieses) comiera (comiese)	comiéramos (comiésemos) comierais (comieseis) comieran (comiesen)
escribir (to write)	escribiera (escribiese) escribieras (escribieses) escribiera (escribiese)	escribiéramos (escribiésemos) escribierais (escribieseis) escribieran (escribiesen)

Past participle

The past participle is formed by replacing the *-ar* of the infinitive with *-ado* and the *-er* or *-ir* with *-ido*.

hablar	hablado
comer	comido
vivir	vivido

Irregular past participles

These verbs have an irregular past participle.

abrir	abierto
cubrir	cubierto
describir	descrito
escribir	escrito
romper	roto
volver	vuelto

Regular present perfect tense

hablar (to speak)	he hablado has hablado ha hablado	hemos hablado habéis hablado han hablado
comer (to eat)	he comido has comido ha comido	hemos comido habéis comido han comido
vivir (to live)	he vivido has vivido ha vivido	hemos vivido habéis vivido han vivido

Pluperfect tense

hablar	había (hubiese) hablado	habíamos (hubiésemos) hablado
	habías (hubieses) hablado	habíais (hubieseis) hablado
	había (hubiese) hablado	habían (hubiesen) hablado

Preterite perfect tense

hablar	hube hablado	hubimos hablado
	hubiste hablado	hubisteis hablado
	hubo hablado	hubieron hablado

Future perfect tense

hablar	habré hablado	habremos hablado
	habrás hablado	habréis hablado
	habrá hablado	habrán hablado

Conditional perfect tense

hablar	habría hablado	habríamos hablado
	habrías hablado	habríais hablado
	habría hablado	habrían hablado

Present perfect subjunctive

hablar	haya hablado	hayamos hablado
	hayas hablado	hayáis hablado
	haya hablado	hayan hablado

Pluperfect subjunctive

hablar	hubiera hablado	hubiéramos hablado
	hubieras hablado	hubierais hablado
	hubiera hublado	hubieran hablado
	hubiese hablado	hubiésemos hablado
	hubieses hablado	hubieseis hablado
	hubiese hablado	hubiesen hablado

Irregular verbs

The following irregular verbs are used in this book. Only tenses with irregular forms are given.

andar (to walk)	
preterite	anduve, anduviste, anduvo, anduvimos, anduvisteis, anduvieron

buscar (to look for)	
preterite	busqué, buscaste, buscó, buscamos, buscasteis buscaron
present subjunctive	busque, busques, busque, busquemos, busquéis, busquen

caber (to fit into, to have room for)	
present	quepo, cabes, cabe, cabemos, cabéis, caben
preterite	cupe, cupiste, cupo, cupimos, cupisteis, cupieron
future	cabré, cabrás, cabrá, cabremos, cabréis, cabrán
present subjunctive	quepa, quepas, quepa, quepamos, quepáis, quepan

caer (to fall)	
present	caigo, caes, cae, caemos, caéis, caen
preterite	caí, caíste, cayó, caímos, caísteis, cayeron
present participle	cayendo
present subjunctive	caiga, caigas, caiga, caigamos, caigáis, caigan
past participle	caído

conocer (to know)	
present	conozco, conoces, conoce, conocemos, conocéis, conocen
present subjunctive	conozca, conozcas, conozca, conozcamos, conozcáis, conozcan

continuar (to continue)	
present	continúo, continúas, continúa, continuamos, continuáis, continúan
present subjunctive	continúe, continúes, continúe, continuemos, continuéis, continúen

convencer (to convince)

present	convenzo, convences, convence, convencemos, convencéis, convencen
present subjunctive	convenza, convenzas, convenza, convenzamos, convenzáis, convenzan

dar (to give)

present	doy, das, da, damos, dais, dan
preterite	di, diste, dio, dimos, disteis, dieron
present subjunctive	dé, des, dé, demos, deis den

decir (to say, to tell)

present	digo, dices, dice, decimos, decís, dicen
preterite	dije, dijiste, dijo, dijimos, dijisteis, dijeron
present participle	diciendo
command	di (tú)
future	diré, dirás, dirá, diremos, diréis, dirán
present subjunctive	diga, digas, diga, digamos, digáis, digan
past participle	dicho

dirigir (to direct)

present	dirijo, diriges, dirige, dirigimos, dirigís, dirigen
present subjunctive	dirija, dirijas, dirija, dirijamos, dirijáis, dirijan

empezar (to begin)

preterite	empecé, empezaste, empezó, empezamos, empezasteis, empezaron
present subjunctive	empiece, empieces, empiece, empecemos, empecéis, empiecen

enviar (to send)

present	envío, envías, envía, enviamos, enviáis, envían
present subjunctive	envíe, envíes, envíe, enviemos, enviéis, envíen

estar (to be)	
present	estoy, estás, está, estamos, estáis, están
preterite	estuve, estuviste, estuvo, estuvimos, estuvisteis, estuvieron
present subjunctive	esté, estés, esté, estemos, estéis, estén

hacer (to do, to make)	
present	hago, haces, hace, hacemos, hacéis, hacen
preterite	hice, hiciste, hizo, hicimos, hicisteis, hicieron
command	haz
future	haré, harás, hará, haremos, haréis, harán
present subjunctive	haga, hagas, haga, hagamos, hagáis, hagan
past participle	hecho

ir (to go)	
present	voy, vas, va, vamos, vais, van
preterite	fui, fuiste, fue, fuimos, fuisteis, fueron
imperfect	iba, ibas, iba, íbamos, ibais, iban
present participle	yendo
command	ve
present subjunctive	vaya, vayas, vaya, vayamos, vayáis, vayan

llegar (to arrive)	
preterite	llegué, llegaste, llegó, llegamos, llegasteis, llegaron
present subjunctive	llegue, llegues, llegue, lleguemos, lleguéis, lleguen

oír (to hear)	
present	oigo, oyes, oye, oímos, oís, oyen
preterite	oí, oíste, oyó, oímos, oísteis, oyeron
present participle	oyendo
present subjunctive	oiga, oigas, oiga, oigamos, oigáis, oigan
past participle	oído

<table>
<tr><td colspan="2" align="center">poder (to be able)</td></tr>
<tr><td>present</td><td>puedo, puedes, puede, podemos, podéis, pueden</td></tr>
<tr><td>preterite</td><td>pude, pudiste, pudo, pudimos, pudisteis, pudieron</td></tr>
<tr><td>present participle</td><td>pudiendo</td></tr>
<tr><td>future</td><td>podré, podrás, podrá, podremos, podréis, podrán</td></tr>
<tr><td>present subjunctive</td><td>pueda, puedas, pueda, podamos, podáis, puedan</td></tr>
</table>

<table>
<tr><td colspan="2" align="center">poner (to put, to place, to set)</td></tr>
<tr><td>present</td><td>pongo, pones, pone, ponemos, ponéis, ponen</td></tr>
<tr><td>preterite</td><td>puse, pusiste, puso, pusimos, pusisteis, pusieron</td></tr>
<tr><td>command</td><td>pon</td></tr>
<tr><td>future</td><td>pondré, pondrás, pondrá, pondremos, pondréis, pondrán</td></tr>
<tr><td>present subjunctive</td><td>ponga, pongas, ponga, pongamos, pongáis, pongan</td></tr>
<tr><td>past participle</td><td>puesto</td></tr>
</table>

<table>
<tr><td colspan="2" align="center">proteger (to protect)</td></tr>
<tr><td>present</td><td>protejo, proteges, protege, protegemos, protegéis, protegen</td></tr>
<tr><td>present subjunctive</td><td>proteja, protejas, proteja, protejamos, protejáis, protejan</td></tr>
</table>

<table>
<tr><td colspan="2" align="center">querer (to wish, to want, to love)</td></tr>
<tr><td>present</td><td>quiero, quieres, quiere, queremos, queréis, quieren</td></tr>
<tr><td>preterite</td><td>quise, quisiste, quiso, quisimos, quisisteis, quisieron</td></tr>
<tr><td>future</td><td>querré, querrás, querrá, querremos, querréis, querrán</td></tr>
<tr><td>present subjunctive</td><td>quiera, quieras, quiera, queramos, queráis, quieran</td></tr>
</table>

<table>
<tr><td colspan="2" align="center">reírse (to laugh)</td></tr>
<tr><td>present</td><td>me río, te ríes, se ríe, nos reímos, os reís, se ríen</td></tr>
<tr><td>preterite</td><td>me reí, te reíste, se rió, nos reímos, os reísteis, se rieron</td></tr>
<tr><td>present participle</td><td>riéndose</td></tr>
<tr><td>present subjunctive</td><td>me ría, te rías, se ría, nos riamos, os riáis, se rían</td></tr>
<tr><td>past participle</td><td>reído</td></tr>
</table>

<table>
<tr><td colspan="2">saber (to know, to know how)</td></tr>
<tr><td>present</td><td>sé, sabes, sabe, sabemos, sabéis, saben</td></tr>
<tr><td>preterite</td><td>supe, supiste, supo, supimos, supisteis, supieron</td></tr>
<tr><td>future</td><td>sabré, sabrás, sabrá, sabremos, sabréis, sabrán</td></tr>
<tr><td>present subjunctive</td><td>sepa, sepas, sepa, sepamos, sepáis, sepan</td></tr>
</table>

<table>
<tr><td colspan="2">salir (to leave)</td></tr>
<tr><td>present</td><td>salgo, sales, sale, salimos, salís, salen</td></tr>
<tr><td>command</td><td>sal</td></tr>
<tr><td>future</td><td>saldré, saldrás, saldrá, saldremos, saldréis, saldrán</td></tr>
<tr><td>present subjunctive</td><td>salga, salgas, salga, salgamos, salgáis, salgan</td></tr>
</table>

<table>
<tr><td colspan="2">seguir (to follow)</td></tr>
<tr><td>present</td><td>sigo, sigues, sigue, seguimos, seguís, siguen</td></tr>
<tr><td>present subjunctive</td><td>siga, sigas, siga, sigamos, sigáis, sigan</td></tr>
</table>

<table>
<tr><td colspan="2">ser (to be)</td></tr>
<tr><td>present</td><td>soy, eres, es, somos, sois, son</td></tr>
<tr><td>preterite</td><td>fui, fuiste, fue, fuimos, fuisteis, fueron</td></tr>
<tr><td>imperfect</td><td>era, eras, era, éramos, erais, eran</td></tr>
<tr><td>command</td><td>sé</td></tr>
<tr><td>present subjunctive</td><td>sea, seas, sea, seamos, seáis, sean</td></tr>
</table>

<table>
<tr><td colspan="2">tener (to have)</td></tr>
<tr><td>present</td><td>tengo, tienes, tiene, tenemos, tenéis, tienen</td></tr>
<tr><td>preterite</td><td>tuve, tuviste, tuvo, tuvimos, tuvisteis, tuvieron</td></tr>
<tr><td>command</td><td>ten</td></tr>
<tr><td>future</td><td>tendré, tendrás, tendrá, tendremos, tendréis, tendrán</td></tr>
<tr><td>present subjunctive</td><td>tenga, tengas, tenga, tengamos, tengáis, tengan</td></tr>
</table>

<table>
<tr><th colspan="2">traducir (to translate)</th></tr>
<tr><td>present</td><td>traduzco, traduces, traduce, traducimos, traducís, traducen</td></tr>
<tr><td>preterite</td><td>traduje, tradujiste, tradujo, tradujimos, tradujisteis, tradujeron</td></tr>
<tr><td>present subjunctive</td><td>traduzca, traduzcas, traduzca, traduzcamos, traduzcáis, traduzcan</td></tr>
</table>

<table>
<tr><th colspan="2">traer (to bring)</th></tr>
<tr><td>present</td><td>traigo, traes, trae, traemos, traéis, traen</td></tr>
<tr><td>preterite</td><td>traje, trajiste, trajo, trajimos, trajisteis, trajeron</td></tr>
<tr><td>present participle</td><td>trayendo</td></tr>
<tr><td>present subjunctive</td><td>traiga, traigas, traiga, traigamos, traigáis, traigan</td></tr>
<tr><td>past participle</td><td>traído</td></tr>
</table>

<table>
<tr><th colspan="2">venir (to come)</th></tr>
<tr><td>present</td><td>vengo, vienes, viene, venimos, venís, vienen</td></tr>
<tr><td>preterite</td><td>vine, viniste, vino, vinimos, vinisteis, vinieron</td></tr>
<tr><td>present participle</td><td>viniendo</td></tr>
<tr><td>command</td><td>ven (tú)</td></tr>
<tr><td>future</td><td>vendré, vendrás, vendrá, vendremos, vendréis, vendrán</td></tr>
<tr><td>present subjunctive</td><td>venga, vengas, venga, vengamos, vengáis, vengan</td></tr>
</table>

<table>
<tr><th colspan="2">ver (to see)</th></tr>
<tr><td>present</td><td>veo, ves, ve, vemos, veis, ven</td></tr>
<tr><td>preterite</td><td>vi, viste, vio, vimos, visteis, vieron</td></tr>
<tr><td>imperfect</td><td>veía, veías, veía, veíamos, veíais, veían</td></tr>
<tr><td>present subjunctive</td><td>vea, veas, vea, veamos, veáis, vean</td></tr>
<tr><td>past participle</td><td>visto</td></tr>
</table>

Appendix C

Numbers

Cardinal numbers 0–1.000

0 — cero	25 — veinte y cinco (veinticinco)
1 — uno	26 — veinte y seis (veintiséis)
2 — dos	27 — veinte y siete (veintisiete)
3 — tres	28 — veinte y ocho (veintiocho)
4 — cuatro	29 — veinte y nueve (veintinueve)
5 — cinco	30 — treinta
6 — seis	31 — treinta y uno
7 — siete	32 — treinta y dos
8 — ocho	33 — treinta y tres, etc.
9 — nueve	40 — cuarenta
10 — diez	50 — cincuenta
11 — once	60 — sesenta
12 — doce	70 — setenta
13 — trece	80 — ochenta
14 — catorce	90 — noventa
15 — quince	100 — cien/ciento
16 — diez y seis (dieciséis)	200 — doscientos, -as
17 — diez y siete (diecisiete)	300 — trescientos, -as
18 — diez y ocho (dieciocho)	400 — cuatrocientos, -as
19 — diez y nueve (diecinueve)	500 — quinientos, -as
20 — veinte	600 — seiscientos, -as
21 — veinte y uno (veintiuno)	700 — setecientos, -as
22 — veinte y dos (veintidós)	800 — ochocientos, -as
23 — veinte y tres (veintitrés)	900 — novecientos, -as
24 — veinte y cuatro (veinticuatro)	1.000 — mil

Ordinal numbers

1° — primero, -a (primer)
2° — segundo, -a
3° — tercero, -a (tercer)
4° — cuarto, -a
5° — quinto, -a
6° — sexto, -a
7° — séptimo, -a
8° — octavo, -a
9° — noveno, -a
10° — décimo, -a

Appendix D

Syllabication

Spanish vowels may be weak or strong. The vowels *a*, *e* and *o* are strong, whereas *i* (and sometimes *y*) and *u* are weak. The combination of one weak and one strong vowel or of two weak vowels produces a diphthong, two vowels pronounced as one.

A word in Spanish has as many syllables as it has vowels or diphthongs.

al gu nas
cie lo
pa la bra

A single consonant (including *ch, ll, rr*) between two vowels accompanies the second vowel and begins a syllable.

a mi ga   fa vo ri to   so cial

Two consonants are divided, the first going with the previous vowel and the second going with the following vowel.

an tes   quin ce   ter mi nar

A consonant plus *l* or *r* is inseparable except for *rl, sl, tl* and *sr*.

ma dre   pa la bra   ta ble ro
at le ta   is la

If three consonants occur together, the last, or any inseparable combination, accompanies the following vowel to begin a syllable.

mien tras   som bre ro   trans por te

Prefixes should remain intact.

des ves tir se

Appendix E

Accentuation

Words that end in *a, e, i, o, u, n, s* are pronounced with the major stress on the next-to-the-last syllable. No accent mark is needed to show this emphasis.

octu**bre**   re**fres**co   se**ño**ra

Words that end in any consonant except *n* or *s* are pronounced with the major stress on the last syllable. No accent mark is needed to show this emphasis.

escri**bir**   pa**pel**   re**loj**

Words that are not pronounced according to the above two rules must have a written accent mark.

ac**uá**tico   aten**ción**   des**pués**   **lá**piz

An accent mark may be necessary to distinguish identical words with different meanings.

dé/de   qué/que   sí/si   sólo/solo

An accent mark is used to divide a diphthong into two separate syllables.

día   **frí**o   ha**cí**a

Appendix F

The Spanish-speaking world by size

Name	Size in square miles
Argentina	1,072,070
Mexico	761,601
Peru	496,222
Colombia	439,513
Bolivia	424,163
Venezuela	352,143
Chile	292,257
Spain	194,881
Paraguay	157,047
Ecuador	109,483
Uruguay	72,172
Nicaragua	45,698
Cuba	44,206
Honduras	43,277
Guatemala	42,042
Panama	29,856
Costa Rica	19,575
Dominican Republic	18,704
El Salvador	8,260
Puerto Rico	3,435

For comparison	
Texas	262,017
California	256,299
North Dakota	69,300
Maine	30,995
New Hampshire	8,993

Appendix G

Some Spanish-speaking countries

State	Capital	Nationality
Argentina	Buenos Aires	argentino, -a
Bolivia	La Paz, Sucre	boliviano, -a
Colombia	Bogotá	colombiano, -a
Costa Rica	San José	costarricense
Cuba	La Habana	cubano, -a
Chile	Santiago	chileno, -a
Ecuador	Quito	ecuatoriano, -a
España	Madrid	español, -a
Guatemala	Guatemala	guatemalteco, -a
Honduras	Tegucigalpa	hondureño, -a
México	México	mexicano, -a
Nicaragua	Managua	nicaragüense
Panamá	Panamá	panameño, -a
Paraguay	Asunción	paraguayo, -a
Perú	Lima	peruano, -a
República Dominicana	Santo Domingo	dominicano, -a
El Salvador	San Salvador	salvadoreño, -a
Uruguay	Montevideo	uruguayo, -a/oriental
Venezuela	Caracas	venezolano, -a
Puerto Rico	San Juan	puertorriqueño, -a
los Estados Unidos	Wáshington	norteamericano, -a/ estadounidense

Vocabulary

All words introduced in **¡Qué gusto!** appear in this end vocabulary. The numbers and letters that follow each entry indicate the lesson in which that word or expression first occurs. Words and expressions that were introduced in **¡Mucho gusto!** do not have a number or letter after them.

Abbreviations:

f.   feminine
m.   masculine
pl. plural
s.   singular

A

a to, at; *a eso de* at about (time) *4*; *a que no* I'll bet you can't *5*; *a que sí* I'll bet you can *5*
abajo down, lower
el **abanico** fan *8*
el **abecedario** alphabet
abierto, -a open; opened *3*
el **abogado, la abogada** lawyer *1*
abordar to board *17*
el **abrazo** embrace *12*
abreviado, -a abbreviated
el **abrigo** coat
abril April
abrir to open
abrocharse to fasten *16*
la **abuela** grandmother
el **abuelo** grandfather; *los abuelos* grandparents
aburrido, -a boring *Intro*
acabar to finish; *acabar de + infinitive* to have just (done something)

la **acción** action
el **aceite** oil *9*
el **acento** accent *3*
la **acentuación** accentuation *3*
aceptar to accept *12*
la **acera** sidewalk
acerca de about
acercarse a to approach, to draw near *13*
el **acero** steel *7*
el **acompañamiento** accompaniment *10*
acompañar to accompany
acondicionado, -a conditioned *15*
aconsejar to advise *13*
el **acontecimiento** happening *4*
acostar (ue) to put to bed *9*
acostarse (ue) to go to bed
el **acróbata, la acróbata** acrobat *11*
la **actividad** activity
el **actor** actor
la **actriz** actress
la **actualidad** present time

actualmente nowadays *1*
acuático, -a aquatic, pertaining to water
el **acuerdo** agreement; *de acuerdo* agreed
adaptado, -a adapted *13*
adaptar to adapt
adelante straight ahead
además besides *16*; *además de* besides, in addition to *2*
adentro inside, within *17*
el **aderezo** (salad) dressing *10*
la **adición** addition *7*
adiós good-bye
adjetival adjectival *15*
el **adjetivo** adjective
la **administración** administration
admirar to admire
adonde (to] where
¿adónde? (to) where?
adornar to decorate *6*
el **adorno** decoration *6*
la **aduana** customs house *16*
el **adulto** adult

adverbial adverbial *15*

el **adverbio** adverb

aéreo, -a aerial *16*

el **aeropuerto** airport *16*

afeitarse to shave oneself

el **aficionado, la aficionada** fan, amateur *14*

afirmativamente affirmatively, positively

afirmativo, -a affirmative, positive

Africa Africa

africano, -a African

afuera outside *17*

las **afueras** suburbs *15*

la **agencia** agency *15*

el **agente, la agente** agent *15*

agosto August

agotado, -a worn out *18*

agradable pleasant, agreeable *10*

agradar to please *12*

agregar to add *3*

agrícola agricultural *1*

la **agricultura** agriculture *18*

el **agua** *f.* water

el **aguacate** avocado *9*

aguantar to bear, to stand *9*

ah oh, ah

ahora now; *ahora mismo* right now

el **aire** air; *aire acondicionado* air conditioning *15*; *al aire libre* outdoors

el **ajedrez** chess *7*

el **ajo** garlic *10*

al to the; *al* + infinitive on, upon (doing something)

la **alberca** swimming pool

el **albergue** hostel *17*

el **álbum** album *4*

alegrarse (de) to be glad, to be happy to *14*

alegre happy *2*

la **alegría** joy *5*

alemán, alemana German

Alemania Germany

el **alfabeto** alphabet

la **alfombra** rug

el **álgebra** *f.* algebra *Intro*

algo something, somewhat

el **algodón** cotton *8*

alguien someone, somebody

algún form of *alguno* before a masculine singular noun

alguno, -a some

la **Alhambra** Alhambra (castle in Spain)

el **almacén** department store, warehouse, grocery store *2*

almeja clam *10*

almorzar (ue) to eat lunch

aló hello (on the phone)

alojarse to lodge *17*

alquilar to rent *14*

alrededor de around *14*

alto stop *3*

alto, -a tall, high; *alta mar* deep sea

allá there, over there

allí there

amable kind, nice

amarillo, -a yellow

el **ambiente** ambience, atmosphere *17*

la **América Central** Central America

la **América del Norte** North America

la **América del Sur** South America

americano, -a American

el **americano, la americana** American

el **amigo, la amiga** friend

la **amistad** friendship *17*

el **amor** love

anaranjado, -a orange color

el **ángel** angel *6*

el **anillo** ring *8*

el **animal** animal *5*; *animal de peluche* stuffed animal *5*

animar to encourage

el **año** year; *tener . . . años* to be . . . years old

anoche last night *4*

el **anochecer** dark, dusk

anteayer day before yesterday *4*

antes beforehand *1*; *antes de* before

antes (de) que before (followed by subject and verb) *15*

anticipar to anticipate, to look forward to *4*

antiguo, -a ancient, old *2*

el **anuario** yearbook

el **anuncio** announcement, advertisement *12*

añadir to add *10*

el **aparador** cupboard, china cabinet, counter

el **aparato** apparatus, appliance *11*

el **apartamento** apartment

apenas scarcely

el **apetito** appetite *10*

el **apio** celery *9*

aplastar to flatten

apostar (ue) to bet *5*

aprender to learn

apretado, -a tight-fitting *7*

apropiado, -a appropriate

aprovecharse (de) to take advantage (of) *14*

apuntar to aim *5*

apurarse to hurry (up)

aquel, aquella that (far away)

aquél, aquélla that (one) *6*

aquello that (neuter form of *aquel*) *4*

aquellos, aquellas those (far away)

aquéllos, aquéllas those

aquí here

árabe Arabian *17*

el **árbitro** umpire *13*

el **árbol** tree

el **arco** arch *5*

el **área** *f.* area

la **arena** sand

el **arete** earring *8*

la **Argentina** Argentina

argentino, -a Argentine

el **armario** cupboard

el **arpa** *f.* harp

arqueológico, -a archaeological *12*

el **arqueólogo, la arqueóloga** archaeologist *18*

arquitectónico, -a architectural *17*

la **arquitectura** architecture

el **artefacto** artifact *8*

la **artesanía** artisanship; handicrafts *8*

el **artesano, la artesana** artisan *8*

el **artículo** article

artificial artificial *6*

el **artista, la artista** artist *1*

arreglar to arrange

el **arreglo** arrangement *15*

arriba up, upper

arriba de above

el **arroz** rice *10*

asegurar to assure *10*

así thus, so, that way; *así, así* so, so; *así como* as well as *11*

el **asiento** seat *14*

asimismo likewise *9*

asistir a to attend

asociado, -a associated *2*

asociar to associate

el **aspecto** aspect, appearance *6*

la **atención** attention *3*; *prestar atención* to pay attention *3*

atentamente sincerely *12*

aterrizar to land (airplane) *16*

el **atletismo** track *13*
atlético, -a athletic
la **atracción** attraction
atraer to attract *6*
el **auditorio** auditorium *2*
aún (aun) even, yet
aunque although, even if *9*
la **ausencia** absence *14*
el **autobús** bus
automático, -a automatic *3*
autónomo, -a autonomous (self-governing)
avanzar to advance, to go forward *3*
la **avenida** avenue
la **aventura** adventure *9*
el **avión** airplane
avisar to advise, to warn *15*
el **aviso** warning *15*
ay oh, ah
ayer yesterday
la **ayuda** help
el **ayudante, la ayudante** helper *10*
ayudar to help *5*
la **azafata** stewardess *16*
la **azotea** flat roof
azteca pertaining to the Aztec Indians *9*
el **azúcar** sugar
la **azucarera** sugar bowl *10*
azul blue

B

la **bahía** bay
bailar to dance *4*
el **baile** dance
bajar de to get out (vehicle) *15*
bajo, -a short (not tall), low
la **baldosa** floor tile
el **baloncesto** basketball *13*
el **ballet** ballet *17*
la **bamba** bamba (Mexican folk dance)
bañarse to bathe, to take a bath
el **banco** bank, bench
la **banda** band
la **bandera** flag *5*
la **banderilla** dart used in bullfight *14*
el **banderillero** person who places darts in bull *14*
el **baño** bath, bathroom
barato, -a cheap, inexpensive *7*

el **barrio** section of city, neighborhood *15*
barroco, -a baroque *15*
basado, -a based *18*
la **base** base
básico, -a basic
el **básquetbol** basketball *Intro*
bastante enough, quite, rather *9*
la **bata** bathrobe
el **batazo** hit (baseball) *13*
el **bateador** batter *13*
el **baúl** trunk *3*
el **bazar** bazaar, market
beber to drink
la **bebida** beverage
el **béisbol** baseball *13*
el **beisbolista, la beisbolista** baseball player *13*
Belén Bethlehem *6*
el **bellboy** bellboy
el **beneficio** benefit *12*
el **beso** kiss *12*
la **biblioteca** library
el **bibliotecario, la bibliotecaria** librarian *1*
la **bicicleta** bicycle
bien well
la **bienvenida** welcome *16*
bienvenido, -a welcome *12*
el **billete** ticket
la **billetera** wallet, billfold *8*
la **biología** biology *Intro*
la **bisabuela** great-grandmother *17*
el **bisabuelo** great-grandfather *17*
blanco, -a white
el **blanco** target *5*; *dar en el blanco* to hit the target *5*
blando, -a soft, bland
la **boca** mouth *11*
el **bocadillo** sandwich, snack *4*
el **bocado** mouthful *9*
la **bola** ball
el **bolero** bolero (a dance)
el **boleto** ticket
Bolivia Bolivia
boliviano, -a Bolivian
la **bolsa** bag, sack, purse *8*
bonito, -a pretty
bordo: a bordo de on board, aboard *15*
el **bosque** forest *2*
la **bota** boot
el **bote** boat
el **botón** button, knob *11*
el **botones** bellboy
el **boxeo** boxing *13*
el **Brasil** Brazil
brasileño, -a Brazilian

bravo, -a fierce *14*
el **brazo** arm
breve brief *12*
brillante brilliant *6*
la **broma** joke *7*
el **bronce** bronze *16*
broncearse to tan
bucear to (scuba) dive
el **buceo** scuba diving
buen form of *bueno* before a masculine singular noun
bueno well, okay, hello (telephone greeting in Mexico)
bueno, -a good; *Buenos días.* Good morning.
el **bulevar** boulevard *2*
el **burro, la burra** donkey *1*
el **bus** bus
buscar to look for

C

el **caballo** horse *11*
caber to fit into
la **cabeza** head
el **cabrito** kid (baby goat) *9*
cada each
caer to fall *6*; *caerle a uno* to be becoming to one, to fit *8*
café brown
el **café** coffee, café
la **cafetería** coffee shop
caído fallen *11*
la **caja** box, cashier's cage *8*
el **cajero, la cajera** cashier
la **cal** lime (mineral)
el **calamar** squid *9*
el **calcetín** sock; *calcetines pl.* socks
calcular to calculate *1*
el **cálculo** calculus *Intro*
el **calendario** calendar *3*
calentar (ie) to heat *10*
la **calidad** quality *7*
cálido, -a warm *2*
caliente hot
calmarse to calm down *3*
el **calor** heat; *hace calor* it's warm
callarse to be quiet, to be still, to hush
la **calle** street; *Calle Ahumada* pedestrian shopping mall in Santiago, Chile; *Calle Florida* pedestrian shopping mall in Buenos Aires, Argentina

calmarse to calm down 3
el **calor** heat; *hace calor* it's warm
la **cama** bed
la **cámara** camera
el **camarón** shrimp; *camarones pl.* shrimp 9
el **camastro** lounge chair
cambiar to change, to exchange
el **cambio** change
el **camello** camel 6
caminar to walk
el **camino** road; *camino de* on the way to
el **camión** truck, bus (Mexico)
el **camionero** bus driver (Mexico) 1
la **camisa** shirt
el **campeonato** championship 13
el **campo** field, country, (golf) course 13; *pista y campo* track and field 13
el **canal** canal, channel 11
la **cancha** court (tennis) 14
la **canción** song
el **cangrejo** crab 9
cansado, -a tired 2
el **cantante, la cantante** singer
cantar to sing
la **cantidad** quantity, amount
la **capa** cape 14
la **capital** capital
capturado, -a captured 17
la **cara** face
la **característica** characteristic 11
característicamente characteristically 17
¡caramba! wow!
¡caray! darn it! gosh! 3
cargar to charge, to load 15
cargo: a cargo de in charge of 12
el **cariño** affection 12
cariñosamente affectionately 12
el **carnaval** pre-Lenten celebration, fair, Mardi Gras 5
la **carne** meat, flesh 9
carne de res beef 9
la **carnicería** butcher shop 7
caro, -a expensive, dear 7
el **carpintero** carpenter 1
la **carta** letter
el **cartelón** poster, billboard 12
la **carrera** race, run (baseball), track, career 13
la **carretera** highway 2
el **carro** car
la **carroza** float 5
la **casa** house
casado, -a married 1
casi almost

el **caso** case; *hacer caso a* to pay attention to 3
el **cassette** tape cassette; la video-casetera video cassette recorder
la **castañuela** castanet (musical instrument)
el **castellano** Spanish 18
el **castillo** castle 5
el **catalán** Catalan (language) 18
la **catástrofe** catastrophe 18
el **cátcher** catcher (baseball) 13
la **catedral** cathedral 2
la **categoría** category 10
católico, -a Catholic 2
catorce fourteen
el **catre** cot
la **causa** cause 3; *a causa de* because of 3
la **cebolla** onion 9
la **cebra** zebra 11
la **ceja** eyebrow 11
la **celebración** celebration 4
celebrar to celebrate 3
la **cena** supper
cenar to eat supper 10
central central
el **centro** center, downtown; midfielder (soccer) 13; *centro comercial* shopping center 2
cepillarse to brush
la **cerámica** ceramics *Intro*
cerca nearby
la **cerca** fence
cerca de near
cercano, -a nearby 11
el **cerdo** pork, pig 9
el **cereal** cereal
la **ceremonia** ceremony
ceremonial ceremonial 18
cero zero
cerrado, -a closed
cerrar (ie) to close 3
el **césped** lawn
el **cielo** sky, heaven
cien one hundred
la **ciencia** science
ciento one hundred (when followed by another number)
cierto, -a true, certain 10
cinco five
cincuenta fifty
el **cine** movie theater
el **cinturón** belt 16
circular circular 2
el **círculo** circle
la **circunstancia** circumstance 9
la **ciruela** plum 10

la **cita** date, appointment
la **ciudad** city
el **ciudadano, la ciudadana** citizen 1
la **civilización** civilization 16
civilizado, -a civilized 18
la **claridad** clarity 6
clarificar to clarify
claro, -a clear, light in color; *claro que sí* of course
la **clase** class
clásico, -a classic 16
la **cláusula** clause 15
clavarse to dive
la **clave** clave (musical instrument)
el **claxon** horn (automobile) 3
el **cliente, la cliente** cushions 1
el **clima** climate
el **club** club
cocer (ue) to cook, to stew 7
el **coche** car
la **cochera** driveway, carport
cocido, -a cooked, boiled 9
la **cocina** kitchen, cuisine
el **cocinero, la cocinera** cook 1
el **coctel** cocktail 9
el **cognado** cognate
el **cojín** cushion; *cojines pl.* customs 14
la **col** cabbage 9
la **colección** collection
el **colegio** school
la **colina** hill 17
Colombia Colombia
colombiano, -a Colombian
la **colonia** colony, section (of city) 4
colonial colonial
el **color** color 4
la **columna** column
el **columpio** swing 14
el **collar** necklace 8
la **combinación** combination
combinar to combine
la **comedia** comedy, play
el **comedor** dining room
comenzar (ie) to begin 3
comer to eat
comercial commercial
comerse to eat up 9
la **comida** food, dinner, big meal of the day
como since, as, like; *como si* as if 18; *¿cómo?* how?; *cómo no* of course; *¿Cómo se dice...?* How do you say...?; *¿Cómo se escribe...?* How do you spell...?
la **cómoda** chest-of-drawers

la **comodidad** comfort *15*
cómodo, -a comfortable *14*
el **compañero, la compañera**
   companion *12*
la **compañía** company *16*
comparar to compare *12*
comparativo, -a comparative *10*
el **compartimiento** compartment
   16
compartir to share *4*
la **competencia** competition
complacer to please *9*
completamente completely
completar to complete *2*
completo, -a complete
complicado, -a complicated
el **componente** component *5*
la **composición** composition *Intro*
la **compra** purchase *8*; *de compras*
   shopping *4*
comprar to buy
comprender to understand
común common
comunicado, -a connected
comunicar to communicate, to
   connect
con with
la **concha** shell *18*
el **concierto** concert *14*
la **concordancia** agreement
   (grammatical)
la **condición** condition *12*
conducir to conduct, to drive *11*
confirmar to confirm *15*
el **conflicto** conflict *1*
la **conga** conga (a dance)
la **conjetura** conjecture *16*
el **conjunto** musical group *4*
conmemorar to commemorate *6*
conmigo with me
conocer to know, to be
   acquainted with, to meet *2*
conocido, -a known, well-
   known
la **conquista** conquest
conseguir (i, i) to obtain *7*
el **consejo** advice *15*
considerar to consider *18*
consigo with himself, with
   herself, with yourself, with
   oneself, with themselves,
   with yourselves *16*
consistir (en) to consist (of) *3*
la **construcción** construction *5*
construir to build *18*
consumir to consume *9*
la **contaminación ambiental** air
   pollution *3*

contar (ue) to count, to tell *4*;
   contar (ue) con to count on *15*
contener to contain *10*
contestar to answer
contigo with you
el **continente** continent *16*
continuado, -a continued
continuar to continue *3*
continuo, -a continuous
la **contracción** contraction
la **contraseña** ticket stub, baggage
   check *16*
el **contraste** contrast
contribuir to contribute *6*
el **control** control *11*
controlado, -a controlled *3*
convencer to convince *7*
convenir to be fitting *14*
la **conversación** conversation *4*
conversar to chat, to converse
el **convertible** convertible
   (automobile)
la **cooperación** cooperation
copiar to copy *3*
coquetear to flirt *14*
el **corazón** heart *16*
la **corbata** necktie
el **coro** chorus, choir
cortar to cut *10*
la **cortesía** courtesy *10*
corto, -a short (not long) *2*
correcto, -a correct
el **corredor** corridor, hallway
corregir (i, i) to correct *7*
el **correo** mail *15*
correr to run *11*
corresponder to correspond
correspondiente corresponding
la **corrida (de toros)** bullfight *4*
la **corrupción** corruption *1*
la **cosa** thing
la **cosecha** crop, harvest *1*
la **costa** coast
Costa Rica Costa Rica
costar (ue) to cost *7*
costarricense Costa Rican
la **costilla** rib *10*
la **costumbre** custom
la **costura** sewing *Intro*
crear to create
el **crédito** credit *15*
creer to believe, to think; *creer*
   que no to think not
la **crema** cream
la **criada** maid
la **criatura** creature
cristalino, -a crystal-clear *2*
cristiano, -a Christian *18*

cruel cruel *18*
cruzar to cross
la **cuadra** (city) block
cuadrado, -a square *2*
la **cuadrilla** bullfighter's squad *14*
cuadritos: a cuadritos checked *8*
cuadros: a cuadros plaid *8*
cual which
¿cuál? which one?
¿cuáles? which ones?
cualquier form of *cualquiera*
   before a singular noun *7*
cualquiera any at all *7*
cuando when
¿cuándo? when?
cuanto: en cuanto as soon as *15*
¿cuánto? how much?
¿cuántos? how many? *unos*
   cuantos a few
cuarenta forty
el **cuarteto** quartet *10*
cuarto, -a one-quarter, one-
   fourth
el **cuarto** room
cuatro four
cuatrocientos, -as four hundred
Cuba Cuba
cubano, -a Cuban
cubierto covered *3*; *cubierto, -a*
   (de) covered (with) *3*
la **cuchara** soupspoon, tablespoon
la **cucharadita** teaspoonful *10*
la **cucharita** teaspoon
el **cuchillo** knife
la **cueca** cueca (Chilean dance)
el **cuello** neck
la **cuenta** account, bead *10*; *tener en*
   cuenta to bear in mind *15*
el **cuento** story
el **cuerno** (animal) horn *11*
el **cuero** leather *8*
el **cuerpo** body
la **cuestión** matter
el **cuidado** care; *tener cuidado* to be
   careful; *¡Cuidado!* Watch out!
cuidar (de) to take care (of), to
   look after *8*
la **culinaria** cooking *Intro*
la **culpa** blame *17*
culto, -a cultured *17*
la **cultura** culture
la **cumbia** cumbia (Colombian
   dance)
el **cumpleaños** birthday
la **curva** curve *3*
cuyo, -a whose
el **cha-cha-chá** cha-cha (dance)
el **chaleco** vest

la **chaqueta** jacket

el **cheque** check *15*

chequear to check *16*

chévere swell! great!

la **chica** girl

el **chico** boy

Chile Chile

chileno, -a Chilean

la **chimenea** fireplace, chimney

la **China** China

chino, -a Chinese

el **chisme** gossip *4*

el **chiste** joke *4*

chistoso, -a funny *6*

el **chocolate** chocolate, cocoa

el **chófer** driver *1*

el **chorizo** spicy sausage *10*

la **churrería** shop where *churros* are sold *7*

el **churro** churro, donut

chutar to shoot (soccer) *13*

D

dado, -a given *4*

la **dama** lady, attendant *6*

el **damasquinado** damascene work *8*

la **danza** folk dance *5*

dar to give; *dar a* to open onto, to face; *dar un paseo* to take a walk/ride; *darle igual a uno* to be the same to someone *13*

el **dardo** dart *5*

el **dato** datum *1*

de of, from

deber to owe, ought; *deber de* ought *15*

decidir to decide

décimo, -a tenth

decir to say, to tell; *es decir* that is; *se dice* it is said, one says

la **declamación** speech

la **decoración** decoration *6*

decorado, -a decorated *8*

dedicado, -a dedicated *16*

dedicar to dedicate

el **dedo** finger, toe

deducir to deduce *11*

el **defensor** defender *13*

definido, -a definite

dejar to let, to allow, to leave (behind); *no dejar de* not to fail to *15*

del of the, from the

delante de in front of

delantero, -a forward *13*

delgado, -a thin, slim *2*

delicado, -a delicate *17*

delicioso, -a delicious *2*

demandar to demand *18*

los **demás** the rest *18*

demasiado too, too much *7*

demostrativo, -a demonstrative

el **dentista, la dentista** dentist *1*

dentro de within, inside of *6*

el **departamento** department, apartment *8*

depender (de) to depend (on) *3*

el **dependiente, la dependiente** clerk *1*

el **deporte** sport *13*

deportivo, -a sportive *14*

derecho straight ahead

el **derecho** law *Intro*

derecho, -a right; *a la derecha* to the right

desafiar to challenge *14*

desaparecer to disappear *18*

el **desastre** disaster *18*

desayunarse to eat breakfast

el **desayuno** breakfast

descansar to rest, to relax

la **descendencia** origen *1*

descompuesto, -a out-of-order

describir to describe

la **descripción** description *1*

descubrir to discover *17*

desde from, since; *desde que* since (followed by subject and verb) *12*

el **deseo** desire, wish *6*

el **desfile** parade *5*

desierto, -a deserted *3*

desilusionado, -a disappointed

despacio slow(ly) *3*

la **despedida** farewell

despedirse (i, i) de to take leave of, to say good-bye to

despegar to take off (airplane) *16*

despertar (ie) to awaken (someone else) *9*

despertarse (ie) to wake up

después afterwards

después de after; *después (de) que* after (followed by subject and verb) *15*

desteñido, -a faded *7*

el **destino** destiny, destination *15*

la **destreza** skill, dexterity *5*

desvestirse (i, i) to get undressed

el **detalle** detail *17*

el **detective** detective

detener to stop, to detain (like *tener*) *13*

determinar to determine *3*

di say, tell (*tú* command)

el **día** day; *Buenos días.* Good day. Good morning.

el **dialecto** dialect *18*

el **diamante** *8*

el **dibujo** sketch, sketching *Intro*

diciembre December

diciendo saying, telling *3*

la **dicha** luck, good fortune *17*

dicho said, told *11*

el **diente** tooth, clove (garlic) *10*

la **dieta** diet

diez ten

la **diferencia** difference; *a diferencia de* unlike

diferenciar to differentiate

diferente different *2*

difícil difficult *Intro*

diga (dígame) hello (telephone greeting in Spain)

el **dije** charm, (for a bracelet) *8*

diligente diligent, hard-working

la **dimensión** dimension

diminutivo, -a diminutive *12*

el **dinero** money

el **dios** god *16*

la **diosa** goddess *16*

el **diptongo** diphthong

la **dirección** direction, address

directo, -a direct

dirigir to direct, to drive *7*

dirigirse to direct oneself, to go *15*

el **disco** phonograph record

la **discoteca** record store, discothèque

disculpar to excuse, to pardon *12*

discutir to discuss, to argue *14*

el **diseño** design *8*

disparar to shoot *5*

la **disposición** disposition *11*

la **distancia** distance

distinto, -a distinct, different *18*

divertido, -a fun

divertirse (ie, i) to have a good time *4*

dividido, -a divided *18*

la **división** division *2*

doble double

doce twelve

la **docena** dozen *10*

el **doctor, la doctora** doctor *1*

el **documento** document *15*
doméstico, -a domestic *11*
el **domingo** Sunday
dominicano, -a Dominican
don title of respect used before a man's first name
donde where
¿dónde? where?
dondequiera wherever *18*
doña title of respect used before a woman's first name
dorar to brown, to make golden *10*
dormir (ue, u) to sleep
dormirse (ue, u) to fall asleep, to go to sleep
el **dormitorio** bedroom
dos two
doscientos, -as two hundred
el **drama** drama, play
la **ducha** shower (bath)
la **duda** doubt
dudar to doubt *14*
dudoso, -a doubtful *14*
el **dueño, la dueña** owner
dulce sweet
el **dulce** piece of candy *9*
durante during
el **durazno** peach *10*
duro, -a hard, tough

E

e and (used before a word beginning with *i* or *hi*) *12*
la **economía** economy *18*
el **Ecuador** Ecuador
el **ecuador** Equator
ecuatoriano, -a Ecuadorian
echar to throw, to throw out; *echar de menos* to miss *12*
la **edad** age *Intro*
el **edificio** building
el **efecto** effect *13*; *en efecto* in fact *13*
el **ejemplo** example; *por ejemplo* for example
el **ejercicio** exercise
el the *m., s.*
él he; him
la **electrónica** electronics *Intro*
el **elefante** elephant *11*
elegante elegant *17*

el **elepé** long-play record
el **elote** corn
ella she; her
ellos, -as they; them
embargo: sin embargo nevertheless, however *6*
el **embotellamiento** bottleneck, traffic jam *3*
la **emoción** emotion, excitement *4*
emocionado, -a excited *17*
emocionante exciting
el **empate** tie (score) *13*
empezar (ie) to begin
el **empleado, la empleada** employee *1*
el **empleo** job *1*
la **empresa** business *1*
empujar to push *11*
en in, on, at; *en cuanto* as soon as *15*
encantar to enchant, to delight
encender (ie) to light, to turn on (appliance) *11*
encima de above, over
encontrar (ue) to find, to encounter
encontrarse (ue) to be found, to be *11*
la **encuesta** poll *8*
la **enchilada** enchilada
enero January
el **énfasis** emphasis
la **enfermera** nurse *1*
engordar to make fat *9*
enrollar to roll up
la **ensalada** salad
enseñar to show, to teach
el **entendimiento** understanding
entero, -a entire *14*
entonces then
la **entrada** entrance, ticket, inning (baseball) *13*
entrar (en) to enter
entre among, between *3*
la **entrega** delivery *17*
entregar to hand in, to hand over *16*
el **entremés** appetizer; *entremeses pl.* appetizers *4*
entretanto meanwhile
el **entretenimiento** entertainment
la **entrevista** interview
el **entusiasmo** enthusiasm *4*
enviar to send *15*
envidiar to envy
envolver (ue) to wrap up *8*
el **equipaje** luggage
el **equipo** team

equivocarse to be mistaken *11*
la **escala** stopover *17*
la **escalera** stairs, stairway
el **escaparate** show window (of a store) *3*
escaparse to escape *17*
escoger to choose *5*
escolar related to school
el **escor** score *13*
escribir to write
escrito written *11*
el **escritorio** large desk
escuchar to listen (to) *1*
la **escuela** school
ese, esa that (nearby)
ése, ésa that (one) *6*
el **esfuerzo** effort *15*
eso that (neuter form)
esos, esas those (nearby)
ésos, ésas those *6*
el **espacio** space
la **espada** sword *8*
la **espalda** back (part of the body)
España Spain
el **español** Spanish (language)
español, española Spanish
Española Española (island in the Caribbean)
especial special *4*
la **especialidad** specialty *10*
la **especialización** specialization, major (subject)
especialmente especially *1*
específico, -a specific
el **espectador** spectator *6*
esperar to wait (for), to hope (for)
la **esposa** wife
el **esquí** skiing; *el esquí acuático* water skiing
la **esquina** corner, street corner, outside corner *2*
establecer to establish *12*
el **establo** stable *6*
la **estación** season, station
estacionar to park
el **estadio** stadium *2*
el **estado** state; *los Estados Unidos* United States
la **estancia** farm, ranch (Argentina, Uruguay) *12*
estar to be
la **estatua** statue *5*
el **este** east
este, esta this
éste, ésta this (one) *6*
el **estilo** style *8*
estimado, -a esteemed, dear *12*

esto this (neuter form)

la **estocada** sword-thrust (in bullfight) *14*

estos, estas these

éstos, éstas these *6*

el **estraik** strike (baseball) *13*

la **estrella** star *6*

la **estructura** structure

el **estuco** stucco

el **estudiante, la estudiante** student

estudiar to study

el **estudio** study

la **estufa** stove

Europa Europe

evidente evident, obvious

evocar to evoke, to bring to mind *17*

exactamente exactly *18*

exagerar to exaggerate *18*

examinar to examine

excelente excellent *Intro*

la **exclamación** exclamation

exclamar to exclaim

exclusivamente exclusively *4*

la **excursión** excursion, outing *14*

la **excusa** excuse *F*

el **excusado** toilet

la **exhibición** exhibition, exhibit, show *5*

exigente demanding *Intro*

existir to exist

el **éxito** success

exótico, -a exotic *9*

la **experiencia** experience *17*

experto, -a expert *10*

explicar to explain *5*

explorar to explore

expresar to express *4*

la **expresión** expression

extenderse (ie) to extend

la **extensión** extension, extent

extenso, -a extensive

el **exterior** exterior

extracurricular extracurricular

extranjero, -a foreigner

extrañar to miss *12*

F

la **fábrica** factory *3*

fácil easy *Intro*

la **facilidad** facility

fácilmente easily *7*

la **facultad** school (of a university)

la **falda** skirt

faltar to be lacking, to lack *11*

la **familia** family

familiar familiar, pertaining to the family *4*

famoso, -a famous

fantástico, -a fantastic, great

el **farmacéutico, la farmacéutica** pharmacist *1*

el **faro** headlight (automobile) *3*

fascinante fascinating *8*

fascinar to fascinate *11*

el **favor** favor; *favor de* + infinitive please (do something)

favorito, -a favorite

la **fe** faith *18*

febrero February

la **fecha** date (of the month)

federal federal *2*

la **felicidad** happiness *3*

feliz happy *3*; *felices pl.* happy *3*

feo, -a ugly, unpleasant *2*

la **feria** carnival, fair *5*

feroz fierce, ferocious; *feroces pl.* fierce, ferocious

festejar to fête, to toast, to celebrate *9*

la **fiesta** party, celebration, holiday

la **figurilla** small figurine *6*

fijarse (en) to notice, to look at, to imagine *1*

la **fila** row

el **fílder** fielder *13*

el **filete** steak *9*

las **Filipinas** Phillipines

la **filosofía** philosophy

el **fin** end; *fin de semana* weekend; *a fin de que* so that *15*; *en fin* in short *15*; *por fin* finally

final final *14*

finalizar to finalize *17*

finalmente finally *14*

la **finca** farm *11*

fingir to pretend *7*

la **física** physics *Intro*

flamante showy

flamenco, -a flamenco *18*

el **flan** custard *9*

la **flauta** flute

flojo, -a loose-fitting, lazy *7*

la **flor** flower

la **florería** flower shop, florist *7*

el **foco** light bulb *6*

folklórico, -a folkloric, regional *5*

el **folleto** pamphlet, folder *15*

los **fondos** funds

la **forma** form *4*

la **formación** formation *6*

formal formal

formar to form *17*

la **fortaleza** fort, fortress *2*

la **fortaleza** fort, fortress *2*

la **fortuna** fortune *12*

la **foto** photograph

la **fotografía** photograph

fotografiar to photograph *11*

el **fotógrafo, la fotógrafa** photographer *1*

francés, francesa French

Francia France

la **frecuencia** frequency *17*

frecuente frequent

frecuentemente frequently

el **fregadero** kitchen sink

freír (i, i) to fry *18*

el **freno** brake *3*

la **fresa** strawberry *10*

el **fresco** coolness; *Hace fresco.* It's chilly.

el **frío** cold; *Hace frío.* It's cold.

el **frontenis** racquetball *13*

la **frontera** frontier, border

el **frontón** handball, jai alai *13*

la **fruta** fruit

la **frutería** fruit store *7*

el **fuego** fire *5*; *fuegos artificiales* fireworks *5*

la **fuente** fountain, source, platter

fuerte strong *12*

fumar to smoke *16*

la **función** function, show

furtivo, -a furtive *11*

el **fútbol** soccer

el **futuro** future

G

la **gallina** hen *11*

el **gallo** rooster *6*; *misa del gallo* midnight Mass *6*

la **gana** desire *12*; *tener ganas de* to feel like *12*

la **ganancia** earnings, winnings *12*

ganar to gain, to earn, to win *5*; *ganarse la vida* to earn a living *8*

el **garaje** garage

el **gasto** expense *15*

el **gato, la gata** cat *11*

el **gaucho** gaucho
general general
generalmente generally 4
el **género** gender
generoso, -a generous 2
la **gente** people
la **geografía** geography *Intro*
geográfico, -a geographic
geométrico, -a geometrical 17
el **gerente, la gerente** manager 1
la **gimnasia** gym *Intro*; gymnastics 13
la **gira** tour 15
Girón de la Unión pedestrian shopping mail in Lima, Peru
el **gitano, la gitana** gypsy 18
el **globo** globe, balloon 5
el **gobierno** government 2
el **gol** goal 13
el **golf** golf 13
la **golosina** tidbit, something to eat (goodie) 4
gordo, -a fat 2
el **gorila** gorilla 11
gozar de to enjoy 4
la **grabadora** tape recorder, cassette recorder
gracias thanks, thank you
la **gramática** grammar *Intro*
el **gramo** gram 10
gran great
grande big, large
la **grandeza** grandeur 11
el **granizado** slushy drink made from any of a number of different flavors
grato, -a pleasing 12
griego, -a Greek 16
el **grifo** faucet, water spout
gris gray
el **grito** shout, cheer 13
el **grupo** group
la **guagua** bus (Caribbean islands) 2
el **guajolote** turkey (Mexico) 6
el **guante** glove 13
guapo, -a handsome, good-looking, pretty
guaraní of or pertaining to the Guaraní Indians of Paraguay
el **guaraní** language of the Guaraní Indians
el **guardabarros** fender (of a car) 3
guardar to keep 4
el **guardavidas** lifeguard
Guatemala Guatemala
guatemalteco, -a Guatemalan
la **guía** guidebook 15

el **guía, la guía** guide 15
el **güiro** güiro (musical instrument)
el **guisante** pea 9
la **guitarra** guitar
gustar to be pleasing
el **gusto** pleasure; *con muy buen gusto* tastefully 10; *Mucho gusto.* I'm pleased to meet you; *Tanto gusto.* So pleased to meet you; *Qué gusto.* What a pleasure.

H

haber to have (auxiliary verb) 10; *haber de* to be (supposed) to 10; *había* there was, there were 13
la **habichuela** green bean 9
la **habitación** room
el **habitante, la habitante** inhabitant
el **habla** *f.* speech 9
hablar to speak, to talk
habrá there will be 1
habría there would be 13
hace ago 17
hacer to do, to make; *hacer un papel* to play a role; *hacer una pregunta* to ask a question
hacia toward 16; *hacia atrás* back, backwards
el **hambre** *f.* hunger; *tener hambre* to be hungry
harto, -a full 9
hasta until, even; *Hasta luego.* See you later; *Hasta mañana.* See you tomorrow; *Hasta pronto.* See you soon; *hasta que* until (followed by subject and verb) 15
hay there is, there are; *hay que* it is necessary, one must 15; *No hay de qué.* You are welcome.
haz do, make (*tú* command)
hecho done, made 11
el **helado** ice cream 9
el **hemisferio** hemisphere
la **hermana** sister
el **hermano** brother
hermoso, -a beautiful
la **hermosura** beauty 16
el **héroe** hero 16

hervir (ie, i) to boil 10
el **hielo** ice 13
la **hija** daughter
el **hijo** son
híjole! wow! (Mexico) 13
el **himno** hymn 5
el **hipopótamo** hippopotamus 11
hispánico, -a Hispanic 3
Hispaniola Hispaniola (island in the Caribbean)
hispano, -a Hispanic
hispanohablante Spanish-speaking, Spanish-speaker 1
la **historia** history, story
históricamente historically 18
histórico, -a historic
el **hockey** hockey 13
el **hogar** home, hearth 12
la **hoja** leaf, sheet (of paper) 3
hola hi
el **hombre** man; *¡Hombre!* Man! Gee!
el **hombro** shoulder
Honduras Honduras
hondureño, -a Honduran
el **honor** honor 3; *en honor de* in honor of 3
la **hora** hour, time; *¿Qué hora es?* What time is it?
el **horario** timetable, schedule 11
la **hospitalidad** hospitality 16
el **hotel** hotel
hoy today
el **huarache** sandal, huarache 8
el **huaso** huaso (Chilean "cowboy")
hubo there was, there were 13
el **huevo** egg
humano, -a human 18

I

la **idea** idea 4
ideal ideal 9
identificar to identify
el **idioma** language *Intro*
la **iglesia** church
ignorar not to know
igual equal, the same 6
la **iguana** iguana 9
la **imaginación** imagination 17
imaginarse to imagine 1
imperativo, -a imperative
imperfecto, -a imperfect 4

impersonal impersonal *14*

la **importancia** importance

importante important

importar to matter, to be important, to import

imposible impossible *14*

la **impresión** impression

el **impuesto** tax *2*

incierto, -a uncertain *18*

incluir to include *17*

inclusive including *8*

incompleto, -a incomplete *6*

indefinido, -a indefinite

la **independencia** independence *2*

independiente independent *11*

la **indicación** indication

indicado, -a indicated *1*

indicar to indicate, to point out *15*

indígena native *18*

indio, -a Indian

indirecto, -a indirect

la **industria** industry

industrial industrial *18*

el **infinitivo** infinitive

la **influencia** influence

la **información** information

informal informal

informar to inform *12*

el **informe** (piece of) information *15*

el **ingeniero, la ingeniera** engineer *1*

Inglaterra England

inglés, inglesa English

el **ingrediente** ingredient *10*

inmediato, -a immediate *17*

inmenso, -a immense

inmortalizado, -a immortalized *16*

el **ínning** inning (baseball) *13*

innumerable innumerable *18*

inolvidable unforgettable *16*

insistir (en) to insist (on) *13*

inspeccionar to inspect

la **institución** institution

la **instrucción** instruction

el **instrumento** instrument

inteligente intelligent *2*

el **interés** interest

interesante interesting

interesar to interest *8*

el **interior** interior

interrogativo, -a interrogative

íntimamente intimately

íntimo, -a intimate *10*

la **intriga** intrigue *17*

la **introducción** introduction

introducir to introduce *11*

inválido, -a invalid *12*

el **invierno** winter

invitar to invite *4*

ir to go

ir a + infinitive to be going to (do something)

ir de compras to go shopping

Irlanda Ireland *9*

irse to go away *9*

irregular irregular

la **isla** island *1*

el **itinerario** itinerary *17*

J

jactarse to brag *18*

el **jamón** ham

el **Japón** Japan

japonés, japonesa Japanese

el **jardín** garden *11*

jardín zoológico zoo *11*

el **jardinero** gardener, fielder (baseball) *13*

el **jefe** boss, chief *12*

la **jirafa** giraffe *11*

el **jit** hit

el **jom** home plate (baseball) *13*

el **jonrón** home run (baseball) *13*

joven young *2; jóvenes pl.* young

el **joven, la joven** young person

los **jóvenes, las jóvenes** young people

la **joya** jewel *8*

la **joyería** jewelry, jewelry store *8*

judío, -a Jewish *2*

el **juego** game, set *4; juego infantil* playground equipment *14; juego mecánico* carnival ride *5*

el **jueves** Thursday

el **jugador, la jugadora** player *13*

jugar (ue) a to play (game)

el **jugo** juice

julio July

junio June

junto a next to

juntos, -as together

K

el **kilómetro** kilometer *3*

L

la the *f., s.;* her; it; you

el **lado** side; *lado a lado* side by side *16*

ladrar to bark *11*

el **ladrillo** brick

el **lago** lake

la **lámpara** lamp, chandellier

la **lana** wool *8*

la **lancha** motor boat

la **langosta** lobster *9*

el **lanzador** pitcher *13*

lanzar to throw *13*

el **lápiz** pencil; *lápices pl.* pencils

largo, -a long

las the *f., pl.;* them; you

la **lástima** shame, pity *14; ¡Qué lástima!* What a shame!, Too bad!

la **lata** tin can *10*

el **latín** Latin *Intro*

latinoamericano, -a Latin American

latir to beat *17*

el **lavabo** washbasin

el **lavadero** laundry room

lavar to wash *9*

lavarse to wash oneself

le to him, to her, to it, to you (*Ud.*)

la **lección** lesson; *lecciones pl.* lessons

la **lectura** reading

la **leche** milk

la **lechería** milk store, dairy store *7*

lechero, -a dairy *11*

la **lechuga** lettuce *9*

leer to read

la **legumbre** vegetable

leído read *11*

lejano, -a distant *12*

lejos far away; *lejos de* far from

la **lengua** language, tongue *1*

el **lenguaje** language *11*

lento, -a slow *10*

el **león** lion *11*

les to them, to you (*Uds.*)

la **letra** letter (of alphabet), lyrics (of a song); *letra bastardilla* italics

levantar to raise, to lift *9*

levantarse to get up

leyendo reading *3*

la **libertad** liberty, freedom *4*

libre free

la **librería** book store *7*

el **libro** book
el **liceo** high school
la **liga** league *13*
ligero, -a light (weight) *4*.
la **lima** lime *10*
limitado, -a limited *1*
limitar to limit
limitarse to limit oneself *6*
el **límite** limit *8*
el **limón** lemon, lime *10*
el **limpiaparabrisas** windshield
   wiper *3*
limpio, -a clean
lindo, -a beautiful *8*
la **línea** line
liso, -a smooth *2*
listo, -a smart, bright, ready
la **literatura** literature *Intro*
lo him; it; you (*Ud.*); *lo que* what;
   that which *12*
loco, -a crazy *17*
lógico, -a logical
los the *m., pl.*; them; you (*Uds.*)
la **lotería** lottery *12*
la **lucha** fight; *lucha libre* wrestling
   13
luego then; *Hasta luego.* See you
   later., *luego que* as soon as *15*
el **lugar** place; *tener lugar* to take
   place *14*
el **lujo** luxury *17*
el **lunes** Monday
la **luz** light; *luces pl.* lights
la **llamada** call
llamar to call
llamarse to be called, to be
   named
la **llanta** tire *3*
la **llave** key *15*; *cerrar (ie) con llave* to
   lock *15*
llegar to arrive; *llegar a ser* to
   become
lleno, -a full *9*
llevar to take, to carry, to wear
llevarse to take away *7*
llover (ue) to rain
la **lluvia** rain
lluvioso, -a rainy *2*

M

la **madera** wood
la **maderería** lumber yard *7*
la **madre** mother; *madre patria*
   mother-country

madrileño, -a from Madrid
magnífico, -a great, magnificent
el **maíz** corn *9*
mal form of *malo* before a
   masculine singular noun
la **maleta** suitcase
el **maletín** overnight bag; *maletines
   pl.* overnight bags *16*
malo, -a bad
la **mamá** mother, mom
el **mambo** mambo (a dance)
manchado, -a spotted
mandar to order, to send *6*
el **mandato** command
manejar to drive, to manage *1*
la **manera** manner, way; *de alguna
   manera* in some way; *de
   ninguna manera* no way
el **mango** mango (tropical fruit);
   ¡Qué mango! How lovely!
la **mano** hand *7*; *a mano* by hand *7*
la **manopla** glove
el **mantel** tablecloth
mantener to maintain *3*
la **mantequilla** butter
la **mantilla** mantilla (lace head
   covering) *8*
manual manual *Intro*
la **manzana** apple, city block *10*
mañana tomorrow; *Hasta
   mañana.* See you tomorrow;
   mañana por la mañana
   tomorrow morning; *mañana
   por la noche* tomorrow
   evening; *mañana por la tarde*
   tomorrow afternoon
la **mañana** morning
el **mapa** map *15*
maquillarse to put on make-up
el **mar, la mar** sea, ocean; *el mar
   Caribe* the Caribbean Sea
la **maraca** maraca, shaker (musical
   instrument)
la **maravilla** marvel
maravilloso, -a marvellous,
   fantastic
marcar to mark, to dial
   (telephone)
marchar to march *5*
el **mariachi** mariachi (musical
   group)
el **marido** husband
la **marimba** marimba (xylophone-
   like musical instrument)
la **mariposa** butterfly *18*
el **marisco** seafood *9*
marítimo, -a maritime, related
   to the sea

el **martes** Tuesday
marzo March
más more, most; *más de* more
   than (before a number) *7*; *más
   vale* it's better *14*
la **masa** dough; *masa harina* mixture
   of stone-ground corn for
   making tortillas
el **matador** bullfighter *14*
la **materia** subject (school),
   material
máximo, -a maximum *3*
mayo May
la **mayonesa** mayonnaise *10*
mayor older, oldest
la **mayoría** majority *−1*
me me; to me; myself
la **mecanografía** typewriting *Intro*
la **media** stocking
la **medianoche** midnight
la **medicina** medicine
médico, -a medical *14*
el **médico, la médica** doctor,
   physician *1*
medio, -a half *4*; *en medio de* in
   the midst of *6*
el **mediocampista** midfielder
   (soccer) *13*
el **mediodía** noon
mejor better, best
la **melodía** melody
el **melón** canteloupe *10*
mencionado, -a mentioned *6*
mencionar to mention *8*
menor younger, youngest
menos minus, less; *por lo menos*
   at least *9*
la **mentira** lie *11*
el **menú** menu, meal-of-the-day
   (Spain)
el **mercado** market
el **merengue** merengue (a Latin
   American dance)
la **merienda** snack time
mero, -a very *15*
el **mes** month
la **mesa** table
el **mesero, la mesera** food server *1*
la **mesita** small table, tray-table
   (airplane) *16*
el **metal** metal *Intro*
metálico, -a metalic *3*
el **metate** grinding board
meterse to dive, to jump in
el **metro** meter (distance), subway
mexicano, -a Mexican
México Mexico
mi my

mí me
el **miedo** fear *14 tener miedo de* to be afraid of *14*
miedoso, -a afraid, fearful
el **miembro, la miembra** member *12*
mientras (que) while
el **miércoles** Wednesday
mil one thousand
el **millón** million; *millones pl.* millions
la **minoría** minority *1*
el **minuto** minute
mío, -a of mine *5*
mirar to look at, to watch *7*
mismo, -a same
el **misterio** mystery
misterioso, -a mysterious *17*
mixto, -a mixed, co-educational
el **modelo** model *8*
moderno, -a modern
moler (ue) to grind
molestar to bother *14*
el **momento** moment; *un momentito* just a moment
la **moneda** coin, money *15*
el **mono, la mona** monkey *11*
la **montaña** mountain
montar to mount *11; montar a caballo* to ride horseback *14*
el **montículo** mound (baseball) *13*
el **monumento** monument
moreno, -a brunet, brunette *2*
morirse (ue, u) to die *3*
moro, -a Morrish *17*
el **mosaico** mosaic
la **mostaza** mustard *10*
el **mostrador** counter, showcase *8*
mostrar (ue) to show *8*
el **motel** motel
el **motivo** motive, motif *17*
la **moto (cicleta)** motorcycle, motorbike
el **móvil** mobile (art form) *8*
el **movimiento** movement
el **mozo** boy, porter, bellboy, waiter, skycap
la **muchacha** girl *4*
mucho, -a much, very; *Mucho gusto.* I'm pleased to meet you.
mudarse to move *17*
el **mueble** piece of furniture
la **mueblería** furniture store *7*
muerto, -a dead; *muerto* died *11*
la **mujer** woman, wife
la **muleta** cape (in bullfight) *14*
el **mundo** world *4*

municipal municipal
la **muñeca** wrist, doll *6*
el **mural** mural *18*
el **muro** exterior wall
el **museo** museum
la **música** music *4*
musical musical
muy very

N

nacer to be born *17*
el **nacimiento** birth, Christmas crèche *3*
la **nación** nation *18*
nacional national
la **nacionalidad** nationality
nacionalista nationalist *18*
nada nothing; *de nada* you are welcome; *por nada* you are welcome
nadar to swim
nadie no one, nobody
el **náhuatl** nahuatl (language of Aztec Indians) *9*
la **naranja** orange *10*
la **nariz** nose *11*
la **natación** swimming
natal native, of one's birth *1*
nativo, -a native *9*
natural natural, native *2*
naturalmente naturally *4*
la **Navidad** Christmas *5*
necesariamente necessarily
necesario, -a necessary
la **necesidad** necessity *14*
necesitar to need
negativo, -a negative
el **negocio** business deal *1*
los **negocios** business *1; hombre/ mujer de negocios* businessman/ business woman *1*
negro, -a black
nevar (ie) to snow; *nieva* it's snowing, it snows
la **nevería** ice-cream parlor
ni neither; *ni...ni* neither...nor
Nicaragua Nicaragua
nicaragüense Nicaraguan
la **nieta** granddaughter
el **nieto** grandson
la **nieve** snow *6*
ningún form of ninguno before *a* masculine singular noun

ninguno, -a not any, no
el **niño, la niña** child
el **nivel** level
no no, not
el **noble** nobleman *18*
la **noche** night; *Buenas noches.* Good evening. Good night.
la **Nochebuena** Christmas Eve *6; flor de Nochebuena* poinsettia *6*
el **nombre** name, noun
el **norte** north
norteamericano, -a North American
nos us; to us; ourselves
nosotros, -as we; us
la **nota** note, grade (A, B, C) *12*
notar to note, to notice *11*
novecientos, -as nine hundred
noveno, -a ninth
noventa ninety
la **novia** girlfriend, fiancée, bride
noviembre November
el **novio** boyfriend, fiancé, groom
nublado, -a cloudy
nuestro, -a our
nueve nine
nuevo, -a new
el **número** number
nunca never

O

o or; *o...o* either...or
el **obrero, la obrera** worker *1*
la **observación** observation
observar to observe, to watch *5*
obtener to obtain (like *tener*) *8*
la **ocasión** occasion *4*
el **océano** ocean
octavo, -a eighth
octubre October
la **ocupación** occupation *17*
ocupado, -a occupied, busy *12*
ocurrir to occur, to happen *3*
ochenta eighty
ocho eight
ochocientos, -as eight hundred
el **oeste** west
la **oferta** offer *7; de oferta* on sale, on special
oficial official
el **oficial** official, officer *12*
la **oficina** office
el **oficinista, la oficinista** office worker *1*

ofrecer to offer *16*
oído heard *11*
oír to hear
ojalá would that, if only, I hope *12*
el **ojo** eye *11*
la **ola** wave
¡olé! yeah! *13*
olímpico, -a olympic
la **oliva** olive *10*
olvidar to forget *2*
once eleven
la **ópera** opera *17*
la **opinión** opinion
la **oportunidad** opportunity *17*
opuesto, -a opposite
la **orden** order *9*
el **orden** order (arrangement)
ordenar to order *9*
ordinal ordinal
ordinariamente usually, commonly
ordinario, -a ordinary
la **oreja** ear *11*
la **organización** organization
organizar to organize
oriental oriental, from the East, Uruguayan
el **origen** origin *1*
original original *18*
originalmente originally *1*
originarse to originate *9*
el **oro** gold *8*
la **orquesta** orchestra, band *4*
ortográfico, -a orthographic (dealing with spelling)
os you; to you; yourselves
oscuro, -a dark
el **ostión** oyster *9*
el **otoño** fall, autumn
otro, -a other, another
otra vez again, another time
el **out** out (baseball) *13*
la **oveja** sheep *6*
oye say, hey (informal)
oyendo hearing *3*

P

el **Pacífico** Pacific (Ocean)
el **padre** father
la **paella** typical Spanish dish with rice, vegetables, meat, seafood *10*
pagar to pay (for) *7*

la **página** page *4*
el **país** country, nation
el **pájaro** bird *11*
la **palabra** word
el **palacio** palace; *Palacio Municipal* City Hall
el **pan** bread; *pan dulce* sweet roll *6*
la **panadería** bakery *7*
Panamá Panama
panameño, -a Panamanian
el **panorama** panorama, view *15*
panorámico, -a panoramic *15*
el **pantalón** pants; *pantalones pl.* pants
la **pantalla** screen (movie, television)
la **pantera** panther *11*
la **pantufla** (bedroom) slipper
el **pañuelo** handkerchief
la **papa** potato
el **papá** father, dad; *Papá Noel* Santa Claus *6*
la **papaya** papaya (a tropical fruit) *9*
el **papel** paper; *hacer el papel* to play the role *8*
la **papelería** stationery store *7*
el **par** pair, a couple of *15*
para for, in order to; *para que* so that, in order that *15*; *¿para qué?* why? *11*
el **parabrisas** windshield *3*
el **paracaídas** parachute
el **paracaidista, la paracaidista** parachutist
la **parada** stop *15*
el **parador** inn *17*
el **Paraguay** Paraguay
paraguayo, -a Paraguayan
parar to stop *2*
parecer to seem *7*
la **pared** interior wall
la **pareja** couple *4*
el **paréntesis** parenthesis
el **pariente, la pariente** relative *1*
el **parque** park
la **parroquia** parish *5*
la **parte** part
participar to participate *4*
el **participio** participle
particular particular *2*
el **partido** game, athletic contest *13*
partir to leave, to cut *10*
pasado, -a past, last *4*; *pasado mañana* day after tomorrow *4*
el **pasado** past *4*
el **pasajero, la pasajera** passenger *16*

el **pasaporte** passport, base-on-balls (baseball) *1*
pasar to pass, to spend (time), to happen
el **pasatiempo** pastime
la **Pascua (Florida)** Easter *5*
pasearse to stroll *14*
el **paseo** walk, ride, boulevard; *dar un paseo* to take a walk/ride
pasivo, -a passive
el **paso** step, pass *3*
pastel pastel (color) *4*
el **pastel** cake, pastry *4*
el **pastor** shepherd, pastor *6*
la **pata** paw, leg (of furniture) *11*
la **patata** potato *9*
el **patinaje** skating *13*; *patinaje sobre hielo* iceskating *13*; *patinaje sobre ruedas* rollerskating *13*
el **patio** courtyard, patio, yard
patrocinar to sponsor *6*
el **patrón** pattern *8*; *el patrón, la patrona* patron (saint) *3*
el **pavo** turkey *6*
el **payaso** clown *6*
la **paz** peace *17*
el **peatón** pedestrian; *peatones pl.* pedestrians
el **pecho** chest
pedir (i, i) to ask for, to request, to order
peinar to comb (someone else's hair) *9*
peinarse to comb one's hair
pelar to peel *10*
la **película** film, motion picture
peligroso, -a dangerous
pelirrojo, -a redhead *2*
el **pelo** hair
la **pelota** ball *13*
la **pena** pain, trouble; *darle pena a uno* to make one sad *17*; *¡Qué pena!* What a shame!
el **pensamiento** thought *17*
pensar (ie) to think, to intend *9*
pensar (ie) en to think of *16*
peor worse, worst *3*
el **pepino** cucumber *9*
pequeño, -a little, small *2*
la **pera** pear *10*;
perder (ie) to lose *14*; *perder (ie) cuidado* not to worry *14*
perdón excuse me, pardon me
el **perejil** parsley *10*
perezoso, -a lazy
la **perfección** perfection *10*
perfecto, -a perfect *11*
el **periódico** newspaper

el **periodista, la periodista** reporter
el **período** period *Intro*
el **permiso** permission, permit *15*
permitir to permit
pero but
la **persona** person
el **personaje** character (in a play) *6*
personal personal
la **personalidad** personality *16*
el **Perú** Peru
peruano, -a Peruvian
el **perro, la perra** dog *5*
la **pesca** fishing
el **pescado** fish (out of water)
pescar to fish
el **peso** weight, unit of money
la **pestaña** eyelash *11*
el **pez** fish (in the water)
el **piano** piano
el **picador** man who places the *pica* in the bullfight *14*
picante spicy hot
picar to chop *10*
el **pícnic** picnic
el **pico** peak
el **pie** foot; *a pie* on foot; *de pie* standing *13*
la **piedra** rock, gemstone, stone *8*
la **pierna** leg
los **pijamas** pajamas
el **piloto** pilot *16*
el **pimentero** pepper-shaker *10*
la **pimienta** pepper (seasoning)
el **pimiento** pepper (vegetable), pimento *9*
pintoresco, -a picturesque
la **pintura** painting, paint *10*
la **piña** pineapple *10*
la **piñata** piñata *6*
la **pirámide** pyramid *18*
la **piscina** swimming pool
el **piso** floor, story (of a building)
la **pista** (dance) floor, (ice) rink, clue *13*; *pista y campo* track and field *13*
el **pítcher** pitcher (baseball) *13*
la **pizarra** chalkboard
placentero, -a pleasant, pleasing *15*
el **placer** pleasure *15*
el **plan** plan *17*
planear to plan
la **planta** plant; *planta baja* ground floor (of a building)
la **plata** silver *8*
platicar to chat *4*
el **platillo** small plate, saucer

el **plato** plate, dish
la **playa** beach
la **plaza** plaza, public square
pleno, -a mid *6*
la **pluma** pen, feather
plural plural
el **pluscuamperfecto** pluperfect *12*
la **población** population *1*
pobre poor, unfortunate *2*
poco, -a little (quantity); *poco a poco* little by little *3*
poder to be able, can; *no poder más* to be exhausted *18*; *no poder menos de* not to be able to help *17*
la **policía** police force; policewoman *3*
el **policía** policeman *3*
el **poliéster** polyester *8*
políticamente politically *18*
político, -a political
el **pollo** chicken *9*
pon put (*tú* command)
el **ponchado** strikeout (baseball) *13*
poner to put, to place, to set
ponerse to put on (clothing)
popular popular *2*
la **popularidad** popularity
por for, through, by
por eso therefore, that's why *1*
por favor please
por fin finally
por lo menos at least *9*
por nada you're welcome
¿por qué? why?
porque because
el **portatraje** suit bag (luggage) *16*
el **portero** doorman, janitor, goalie *13*
la **porrista** cheerleader
la **portezuela** door (of a car) *3*
posada inn, celebration of Christmas in Mexico *6*
la **posdata (P. D.)** postscript (*P. S.*) *17*
la **posesión** possession
posesivo, -a possessive
la **posibilidad** possibility
posible possible
la **posición** position *16*
el **póster** poster, *posters pl.* posters *12*
el **postre** dessert
potable potable, safe for drinking
la **práctica** practice
practicar to practice
el **prado** lawn

el **precio** price *7*
precioso, -a beautiful, precious *5*
preciso, -a precise, necessary *14*
la **preferencia** preference *10*
preferido, -a preferred
preferir (ie, i) to prefer
la **pregunta** question
preguntar to ask (a question)
preguntarse to wonder *E*
el **premio** prize *5*
la **prenda** garment *8*
el **prendedor** brooch *8*
preocuparse to worry *13*
preparar to prepare
preparatorio, -a preparatory
preposicional prepositional
presentar to introduce, to present
presente present, in attendance *3*
el **presente** present time
la **presidencia** presidency
prestar to lend *3*; *prestar atención* to pay attention *3*
el **pretérito** preterite, past
la **primavera** springtime
primer form of primero before a masculine singular noun
primero, -a first
el **primo, la prima** cousin
principal main, principal *2*
principalmente mainly
el **principio** beginning *6*; *a principios de* at the beginning of *Intro*
la **prisa** haste; *tener prisa* to be in a hurry
privado, -a private
la **probabilidad** probability *10*
probable probable *14*
probablemente probably *8*
probar (ue) to try, to prove *4*
probarse (ue) to try on *8*
el **problema** problem
la **procesión** procession *5*
el **proceso** process
la **producción** production *8*
producir to produce
el **producto** product *9*
la **profesión** profession *1*
el **profesor, la profesora** teacher, professor
el **programa** program *6*
progresivo, -a progressive *3*
prolongar to prolong *12*
prometer to promise *12*
el **pronombre** pronoun
pronto soon; *Hasta pronto.* See

you soon.

la **pronunciación** pronunciation
pronunciar to pronounce 2
la **propina** tip, gratuity 10
propio, -a own
el **propósito** purpose; *a propósito* by the way
la **prosperidad** prosperity
la **protección** protection
proteger to protect 7
protestante Protestant 2
el **provecho** benefit, profit 9; *¡Buen provecho!* Enjoy your meal! 9
la **provincia** province 18
próximo, -a next
el **proyecto** project 12
el **proyector** projector
publicar to publish 4
la **publicidad** publicity 12
público, -a public 12
el **público** public, audience 14
pudiendo being able 3
el **pueblo** town, people
el **puente** bridge 2
el **puerco** pig, pork 11
la **puerta** door
Puerto Rico Puerto Rico
puertorriqueño, -a Puerto Rican
pues well (pause in speech)
puesto placed, put, set 11; *puesto que* since 16
el **puesto** stand, stall 5
el **pulpo** octopus 9
la **pulsera** bracelet 8
el **pupitre** student desk

Q

que that; *que viene* next 4
¿qué? what; *¿Qué hora es?* What time is it?; *¿Qué tal?* How? 8, How are things?, What's up?; *¿Qué tiempo hace?* What's the weather like?
¡qué! how . . . ! what a . . . !; *Qué va!* No way! (mild expression of disgust)
quedar to be left, to remain; *quedar en* to agree to, to agree on 7; *quedarle a uno* to fit, to be becoming 7
quedarse to remain, to stay
el **quehacer** task, duty 4
quemar to burn 5
quemarse to get burned

querer to wish, to want, to love
querido, -a dear, beloved 11
el **queso** cheese
¿quién? who?; *quiénes? pl.* who?
quienquiera whoever 18
la **química** chemistry *Intro*
quince fifteen
la **quinceañera** party to celebrate a girl's, fifteenth birthday; girl who is fifteen years old 4
quinientos, -as five hundred
quinto, -a fifth
el **quiosco** kiosk, newsstand
quisiera I would like, I should like
quitar to remove 7
quitarse to take off (clothing)
quizá(s) perhaps, maybe

R

el **rábano** radish 9
el **rabo** tail 11
radical radical
el **radio, la radio** radio
la **raíz** root; *raíces pl.* roots
la **rama** branch 6
la **raqueta** racquet 13
el **rato** short while 12
el **ratón** mouse 11
la **raya** stripe 8
rayado, -a scratched 7
la **razón** reason; *tener razón* to be right
reaccionar to react
real real, royal
la **realidad** reality; *en realidad* actually, in fact
realmente really 12
reanudar to renew 17
la **recepción** reception
el **recepcionista, la recepcionista** receptionist 1
la **receta** recipe, prescription 10
recibir to receive
el **recibo** receipt 8
reciente recent
reclamar to claim 12
reclinable reclining 15
recomendar (ie) to recommend 15
recordar (ue) to remember, to remind 4
el **recreo** recreation
rectangular rectangular 2

la **rectoría** administration building
el **recuerdo** memory, souvenir 8
la **red** net 13
referirse (ie, i) to refer 7
reflexivo, -a reflexive
el **refresco** refreshment, soft drink, soda
la **refresquería** soft drink store 7
el **refrigerador** refrigerator
regalar to give (as a gift)
el **regalo** gift 3
regatear to bargain, to haggle 7
la **región** region 3
regional regional 9
el **reglamento** rule 16
regresar to return, to go back
regular regular, so-so
la **reina** queen 6
reírse (i, i) to laugh 18; *reírse de* to laugh at 18
la **reja** wrought-iron window grill
relacionar to relate *A*
la **religión** religion 18
religioso, -a religious
el **reloj** watch, clock 8
remar to row (boat) 14
remoto, -a remote 11
el **reno** reindeer 6
el **repaso** review
repetir (i, i) to repeat
representar to represent 6
la **República Dominicana** Dominican Republic
requerir (ie, i) to require
la **resaca** undertow
resbaloso, -a slippery 2
la **reservación** reservation 15
residencial residential
el **respaldo** seat-back, chair-back 16
respectivamente respectively 4
respetar to respect 11
la **respuesta** answer
el **restaurante** restaurant
el **resto** rest, remainder 18
el **restorán** restaurant
resuelto, -a resolved, determined 9
el **resultado** result
resultar to result, to turn out
el **resumen** summary, résumé 16
rete used before an adjective or adverb to mean "very" 4
la **retreta** Sunday evening promenade in the central square 14
la **reunión** reunion, get-together 14

reunirse to get together

la **reverencia** reverence, bow 5

revisar to check, to inspect 16

la **revista** magazine 12

la **revolución** revolution 1

el **rey** king 6; *los Reyes Magos* Wise Men 6

rezar to pray 5

rico, -a rich 2

ridículo, -a ridiculous 6

la **rienda** rein 17; *rienda suelta* free rein 17

la **rifa** raffle

el **río** river

el **robo** robbery 7

rodeado, -a (de) surrounded (by)

rodear to surround

el **rodeo** rodeo 14

la **rodilla** knee; *rodillas pl.* knees, lap

rojo, -a red

romance romance (language) 18

romano, -a Roman 16

romper to break 5

la **ropa** clothing, clothes; *ropa interior* underwear

el **ropero** closet, locker

rosado, -a pink

la **rosca** ring, something in the shape of a ring 6

roto, -a broken, torn 7; *roto* broken, torn 11

el **rubí** ruby; *rubíes pl.* rubies 8

rubio, -a blond 2

la **rueda** wheel 3

el **rugido** roar 11

rugir to roar 11

la **ruina** ruin 18

la **rumba** rumba

ruso, -a Russian

S

el **sábado** Saturday

saber to know, to know how

el **saber** knowledge, learning 17

el **sabor** flavor 9

sabroso, -a tasty, savory

el **sacerdote** priest 18

el **saco** suitcoat

el **sacrificio** sacrifice 18

sal leave, go out (*tú* command)

la **sal** salt

la **sala** living-room, large room

la **salchicha** sausage

el **salero** salt-shaker 10

salir to go out, to leave, to come out

el **salón** large room 17

la **salsa** salsa (music), sauce; *salsa de tomate* ketchup 10

saltar to jump, to leap

el **salto** leap, waterfall 10

saludar to greet 4

el **saludo** greeting 12

el **Salvador** El Salvador

salvaje wild (animals) 11

salvadoreño, -a Salvadorian

la **samba** samba (a dance)

el **sándwich** sandwich 14

el **santo, la santa** saint 3

el **sarape** sarape, blanket 8

la **sartén** pan, frying pan 10

la **satisfacción** satisfaction 11

satisfacer to satisfy 14

se himself, herself, itself, yourself, themselves, yourselves

sé be (*tú* command)

sea be it 9

la **sección** section

el **secretario, la secretaria** secretary 1

secundario, -a secondary

la **sed** thirst; *tener sed* to be thirsty

la **seda** silk 8

seguida: en seguida immediately, at once 16

seguir (i, i) to follow, to continue, to go on, to keep on 7

según according to

segundo, -a second

seguramente surely, certainly, securely

la **seguridad** security 16

seguro, -a sure, certain 10

seif safe (baseball) 13

seis six

seiscientos, -as six hundred

la **selección** selection 8

seleccionar to select

la **selva** jungle 11

la **semana** week

semejante similar *Intro*

semi-precioso, -a semi-precious 8

sencillo, -a simple, one-way

la **senda** path 14

sentar (ie) to seat 8

sentarle (ie) a uno to be becoming to one, to fit 8

sentarse (ie) to sit down 9

sentir (ie, i) to feel, to feel sorry, to regret

la **señal** sign, signal 3

el **señor** gentleman, sir, Mr.

la **señora** lady, medame, Mrs.

la **señorita** young lady, Miss

separar to separate

septiembre September

séptimo, -a seventh

ser to be

la **serenata** serenade

la **serenidad** serenity 17

serio, -a serious 2

la **serpiente** snake 11

el **servicio** service; *servicio al cuarto* room-service

la **servilleta** napkin

servir (i, i) to serve; *¿En qué puedo servirle?* May I help you?

sesenta sixty

setecientos, -as seven hundred

setenta seventy

sexto, -a sixth

el **shortstop** shortstop 13

si if

sí yes; himself, herself, itself, yourself, themselves, yourselves

siempre always

la **siesta** afternoon hours for going home to eat and rest 3

siete seven

el **siglo** century 18

significar to mean

siguiente following

la **sílaba** syllable 2

silvestre wild

la **silla** chair

el **sillón** easy chair

el **símbolo** symbol

simpático, -a nice, kind

simple simple

sin without; *sin embargo* nevertheless, however 6

sincero, -a sincere

el **sinfín** endless number

singular singular

sino but (on the contrary) 11

el **sistema** system,

la **situación** situation 10

situado, -a located 13

situar to locate

el **smoking** tuxedo 10

sobre on, upon, over, above, about 2; *sobre todo* above all, especially 2 el **sobrecargo, la sobrecargo** cabin attendant *16*

la **sobrina** niece

el **sobrino** nephew

social social

la **sociedad** society *4*

el **sol** sun; *Hace sol.* It's sunny.

solamente only

la **solemnidad** solemnity *5*

solo, -a alone, solo *1*

sólo only

la **sombra** shade, shadow *14*

la **sombrerería** hat shop *7*

el **sombrero** hat

sonar (ue) to sound, to ring (bell)

el **sonido** sound *11*

sonreír (i, i) to smile *18*

soñar (ue) to dream *16; soñar (ue) despierto, -a* to daydream *16*

la **sopa** soup

sorprendente surprising, amazing*18*

la **sorpresa** surprise

el **sorteo** drawing (in a lottery) *12*

el **sótano** basement

Sr. abbreviation for *señor*

Sra. abbreviation for *señora*

Srta. abbreviation for *señorita*

el **strike** strike

su his, her, its, your (*Ud.*), their, your (*Uds.*)

suave smooth, suave *17*

subir (a) to climb, to go up, to get on

el **subjuntivo** subjunctive *13*

submarino, -a undersea

el **suburbio** suburb

el **suceso** happening *4*

sucio, -a dirty

el **sueño** dream; *tener sueño* to be sleepy

la **suerte** luck; *tener suerte* to be lucky

el **suéter** sweater

la **sugestión** suggestion *10*

el **sujeto** subject *18*

superior superior, high *17*

superlativo, -a superlative *10*

suplir to supply *16*

supuesto: por supuesto of course *2*

el **sur** south

surfear to surf

el **surtido** assortment, supply *8*

el **sustantivo** noun

suyo, -a of his, of hers, of its, of yours, of theirs *5*

T

la **tabla** board

el **tablero** bulletin board

el **taco** taco (Mexican food)

tal como such as *5*

el **talento** talent *18*

el **tamaño** size *7*

también also, too

el **tambor** drum

tampoco neither

tan so; *tan pronto como* as soon as *15*

el **tango** tango (a dance)

tanto, -a so much; *Tanto gusto.* So glad to meet you.

la **tapa** snack, hors d'oeuvre (Spain) *9*

la **taquigrafía** shorthand *Intro*

la **taquilla** ticket office, box office

tardar en to delay in, to take time to (do something)

tarde late

la **tarde** afternoon, evening; *Buenas tardes.* Good afternoon. Good evening.

la **tarea** task, homework

la **tarifa** fare *16*

la **tarjeta** card *3*

el **taxi** taxi

el **taxista, la taxista** taxi-driver *1*

la **taza** cup

te you; to you; yourself

el **té** tea

el **teatro** theater

el **techo** roof, ceiling

la **teja** roof tile *15*

el **tejado** roof made of tiles *15*

el **tejido** woven goods *8*

la **tela** fabric *8*

el **telefonista, la telefonista** operator (telephone) *1*

el **teléfono** telephone

la **telenovela** soap opera *11*

la **televisión** television

el **televisor** television set

templado, -a temperate *16*

el **templo** temple, church *18*

la **temporada** season, time of year *6*

temprano early

ten have (*tú* command)

tenderse (ie) to lie (down)

el **tenedor** fork

tener to have; *tener que* to have to (do something)

el **tenis** tennis *13*

tercer form of *tercero* before a masculine singular noun

tercero, -a third

el **tercio** one-third *10*

la **terminación** ending *7*

la **terminal** terminal; *terminal de autobuses* bus depot

terminar to finish, to end

el **término** term *9; término medio* medium (doneness of meat) *9*

la **ternera** veal *9*

la **tertulia** social gathering *14*

el **territorio** territory *2*

ti you

la **tía** aunt

tibio, -a luke-warm, tepid

el **tiempo** time, weather; *a tiempo* on time *13; Hace buen tiempo.* It's nice out; *Hace mal tiempo.* The weather's bad; *¿Qué tiempo hace?* What's the weather like?

la **tienda** store, shop

la **tierra** land, earth *1*

el **tigre** tiger *11*

la **tina** bathtub

el **tío** uncle

el **tiovivo** merry-go-round *14*

típico, -a typical

tirar to shoot *5; tirar de* to pull *5*

el **tiro** shot *13*

el **título** title *2*

la **tiza** chalk

el **tobogán** toboggan, slide *14*

el **tocadiscos** record-player

el **tocador** dresser (furniture)

tocar to touch, to play (a musical instrument, radio); *tocarle a uno* to look good on *5*

el **tocino** bacon

todavía still *4; todavía no* not yet *4*

todo everything *12*

todo, -a all

tomar to take, to eat, to drink

el **tomate** tomato *9*

el **tono** tone *4*

el **tópico** topic

torcer (ue) to twist *7*

el **toro** bull *11*

la **toronja** grapefruit *10*

la **tortilla** corn cake (Mexico), omelette

la **torre** tower

tosco, -a rough *2*

la **tostada** tostada (Mexican food)

tostado, -a toasted

total total, all in all 6

el **tour** tour 15

el **trabajador, la trabajadora** worker 1

trabajar to work

el **trabajo** work

la **tradición** tradition

tradicional traditional

traducir to translate 11

traer to bring

el **tráfico** traffic 3

traído brought 11

el **traje** suit (of clothes); *traje de baño* bathing suit

el **trampolín** trampoline, diving board

la **transmisión** transmission 3

el **transporte** transportation

el **tranvía** streetcar

tratar to try, to treat; *tratar de* to try to (do something)

trayendo bringing 3

trece thirteen

treinta thirty

el **tren** train, streetcar (Mexico)

tres three

trescientos, -as three-hundred

la **tribu** tribe 18

el **trimarán** trimaran (type of sailboat)

el **trineo** sleigh, sled 6

el **trío** trio 10

triple triple 13

la **tripulación** crew 16

el **trofeo** trophy

el **trolebús** trolleybus

la **trompeta** trumpet

tropical tropical 2

tu your

tú you

el **turismo** tourism

el **turista, la turista** tourist

turístico, -a touristic

la **turquesa** turquoise 8

tuyo of yours 5

U

Ud. you (abbreviation of *usted*)

Uds. you (abbreviation of *ustedes*)

último, -a last, latest 1

ultramoderno, -a ultra-modern 16

el **umpire** a, an, one

único, -a unique, only

la **unidad** unit, unity 6

unido. -a united, closely-knit

el **uniforme** uniform

unir to connect, to link

la **universidad** university

universitario, -a related to the university

uno one

unos, -as some

la **urbanidad** manners

urgente urgent 14

el **Uruguay** Uruguay

uruguayo, -a Uruguayan

usado, -a used 7

usar to use, to wear

el **uso** use 18

usted you s.

ustedes you pl.

útil useful 8

la **utilidad** utility, usefulness 1

la **uva** grape; *¡Qué uva (de mujer)!* What a knockout!

V

la **vaca** cow 6

las **vacaciones** vacation 16

valer to be worth (like *salir*) 14; *más vale* it's better 14

la **valija** suitcase 16

el **valle** valley 16

vamos let's go

la **variedad** variety 10

varios, -as various, several

vascongado, -a Basque 18

vascuence Basque 18

el **vaso** drinking glass

ve go (*tú* command)

el **vecino, la vecina** neighbor 12

el **vehículo** vehicle 3

veinte twenty

la **vela** sail, candle; *bote de vela* sailboat

la **velocidad** speed 3

el **velódromo** velodrome 14

ven come (*tú* command)

vencer to conquer, to expire (check-out time)

el **vendedor, la vendedora** vendor, salesperson 1

vender to sell 1

venezolano, -a Venezuelan

Venezuela Venezuela

venir to come

venta: de venta on sale, for sale 8

la **ventaja** advantage 2

la **ventana** window

la **ventanilla** small window (car, plane) 15

ver to see; *a ver* let's see; hello (telephone greeting in Colombia)

el **verano** summer

veras truth: *de veras* really, truly

el **verbo** verb

la **verdad** truth; *¿Verdad?* Isn't it true?

verde green

la **verdulería** vegetable store 7

la **verdura** green, leafy vegetable 9

vertical vertical, upright 16

el **vestíbulo** entry hall

el **vestido** dress

vestido, -a (de) dressed (in) 6

el **vestidor** fitting room 8

vestirse (i, i) to dress oneself

la **vez** time; *veces pl.* times; *a la vez* at the same time 14; *de vez en cuando* from time to time, occasionally 17

viajar to travel 17

el **viaje** trip; *hacer un viaje* to take a trip 2

el **viajero, la viajera** traveler 15

la **vida** life 4

la **video-casetera** video-cassette recorder

viejo, -a old

el **viento** wind; *Hace viento.* It's windy.

el **viernes** Friday

el **villancico** Christmas carol 6

el **vinagre** vinegar 9

viniendo coming 3

el **violín** violin; *violines pl.* violins

la **visa** visa 1

la **visita** visit

el **visitante, la visitante** visitor 1

visitar to visit

la **vista** view 15

visto seen 11

¡viva! yeah!; long live 13

vivir to live

vivo, -a lively, alive, vivid 2

la **vocal** vowel 7

el **volante** steering wheel 3

volar (ue) to fly 11

el **volibol** volleyball 13

volver (ue) to return, to go back; *volver (ue) a* to do (something) again 12

vosotros, -as you

la **voz** voice; *voces pl.* voices; *en voz
alta* aloud 2

el **vuelo** flight 15

la **vuelta** return 16; *de vuelta* on the
way back 16; *viaje de ida y
vuelta* round-trip 16

vuestro, -a your (informal)

W

el **W.C.** toilet

el **windsurf** windsurf 13

Y

y and

ya already; *ya lo creo* yes, indeed

el **yate** yacht

yendo going 3

el **yeso** plaster

yo

Z

la **zanahoria** carrot 9

la **zapatería** shoe store 7

el **zapato** shoe

el **zócalo** central square (Mexico)
15

la **zona** zone 2

A

a, an un, -a
abbreviated abreviado, -a
able *to be able to* poder; *being able* pudiendo *3*
aboard a bordo de *15*
about acerca de; sobre *2*
above arriba de; encima de; sobre *2*; *above all* sobre todo
absence la ausencia *14*
accent el acento *3*
accentuation la acentuación *3*
to **accept** aceptar *12*
accompaniment el acompañamiento *10*
to **accompany** acompañar
according to según
account la cuenta *10*
acrobat el acróbata, la acróbata *11*
action la acción
activity la actividad
actor el actor
actress la actriz
actuality la actualidad
actually en realidad
to **adapt** adaptar
adapted adaptado, -a *13*
to **add** añadir *10*; agregar *3*
addition la adición *7*
address la dirección
adjectival adjetival *15*
adjective el adjetivo
administration la administración; *administration building* la rectoría
to **admire** admirar *18*
adult el adulto
to **advance** avanzar *3*
advantage la ventaja *2*
adventure la aventura *9*

adverb el adverbio
adverbial adverbial *15*
advertisement el anuncio *12*
advice el consejo *15*
to **advise** aconsejar *13*; avisar *15*
aerial aéreo, -a *16*
affection el cariño *12*
affectionately cariñosamente *12*
affirmative afirmativo, -a
affirmatively afirmativamente
afraid miedoso, -a
Africa Africa
African africano, -a
after después de; *after (followed by subject and verb)* después (de) que *15*
afternoon tarde; *Good afternoon.* Buenas tardes.
afterwards después
again (another time) otra vez
age la edad *Intro*
agency la agencia *15*
agent el agente, la agente *15*
ago hace *17*
to **agree** quedar en *7*; estar de acuerdo
agreeable agradable *10*
agreed de acuerdo
agreement el acuerdo
agreement (grammatical) la concordancia
agricultural agrícola *1*
agriculture la agricultura *18*
ah ¡ah!; ¡ay!
to **aim** apuntar *5*
air el aire; *air conditioning* el aire acondicionado *15*; *air pollution* la contaminación ambiental *3*
airplane el avión
airport el aeropuerto *16*
album el álbum *4*
algebra el álgebra *f. Intro*
Alhambra la Alhambra

alive vivo, -a *2*
all todo, -a; *all-in-all* total *6*
to **allow** dejar
almost casi
alone solo, -a *1*
aloud en voz alta *2*
alphabet el abecedario; el alfabeto
already ya
also también
although aunque
always siempre
amateur el aficionado, la aficionada
amazing sorprendente
ambience el ambiente *17*
American americano, -a; el americano, la americana
among entre *3*
amount la cantidad
ancient antiguo, -a *2*
and y; *(used before a word beginning with* i *or* hi*)* *12*
angel el ángel *6*
animal el animal *5*
announcement el anuncio *12*
another otro, -a
to **answer** contestar
answer la respuesta
to **anticipate** anticipar *4*
any cualquier *7*; cualquiera *7*
apartment el apartamento; el departamento *8*
apparatus el aparato *11*
appearance el aspecto *6*
appetite el apetito *10*
appetizer el entremés; los entremeses *4*
apple la manzana *10*
appliance el aparato *11*
appointment la cita
to **approach** acercarse a
appropriate apropiado, -a
April abril

aquatic acuático, -a
Arabian árabe *17*
arch el arco *5*
archaeological arqueológico, -a *12*
archaeologist el arqueólogo, la arqueóloga
architectural arquitectónico, -a *17*
architecture la arquitectura
area el área *f.*
Argentina la Argentina
Argentine argentino, -a
to **argue** discutir *14*
arm el brazo
around alrededor de *14*
to **arrange** arreglar
arrangement el arreglo *15*
to **arrive** llegar
article el artículo
artifact el artefacto *8*
artificial artificial *6*
artisan el artesano, la artesana *8*
artisanship la artesanía *8*
artist el artista, la artista *1*
as como; *as if* como si *18*; *as soon as* luego que *15*; en cuanto *15*; tan pronto como *15*; *as well as* así como *11*
to **ask** preguntar; *to ask a question* hacer una pregunta; *to ask for* pedir (i, i)
aspect el aspecto *6*
to **associate** associar
associated asociado, -a *2*
assortment el surtido *8*
to **assure** asegurar *10*
at a; en; *at about (time)* a eso de *4*; *at least* por lo menos *9*; *at once* en seguida *16*
athletic atlético, -a
atmosphere el ambiente *17*
to **attend** asistir a
attendant la dama *6*
attention la atención *3*
to **attract** atraer *6*
attraction la atracción
audience el público *14*
auditorium el auditorio *2*
August agosto
aunt la tía
automatic automático, -a *3*
autonomous autónomo, -a
autumn el otoño
avenue la avenida
avocado el aguacate *9*
to **awaken** despertar (ie) *9*
Aztec azteca *9*

B

back hacia atrás; *back (part of the body)* la espalda
backwards hacia atrás
bacon el tocino
bad mal; malo, -a
bag la bolsa *8*
bakery la panadería *7*
ball la bola, la pelota *13*
ballet el ballet *17*
balloon el globo *5*
bamba (*dance*) la bamba
band la banda
bank el banco
to **bargain** regatear *7*
to **bark** ladrar *11*
baroque barroco, -a *15*
base la base
base-on-balls (baseball) el pasaporte *1*
baseball el béisbol *13*
baseball player el beisbolista, la beisbolista *13*
based basado, -a *18*
basement el sótano
basic básico, -a
basketball el baloncesto *13*; el básquetbol *Intro*
Basque vascongado, -a *18*; vascuence *19*
bath el baño
to **bathe** bañarse; *bathing suit* el traje de baño
bathrobe la bata
bathroom el baño
bathtub la tina
batter el bateador *13*
bay la bahía
bazaar el bazar
to **be** encontrarse (ue) *11*; estar; ser; *be (tú command)* sé; *to be (supposed) to* haber de *10*; *to be able* poder; *being able* pudiendo *3*; *to be acquainted with* conocer *2*; *to be becoming* quedarle a uno *7*; caerle a uno *8*; sentarle (ie) a uno *8*; *to be born* nacer *17*; *to be called* llamarse; *to be careful* tener cuidado; *to be exhausted* no poder más *18*; *to be fitting* convenir (*like* venir) *14*) *to be found* encontrarse (ue) *11*; *to be glad* alegrarse (de) *14*; *to be hungry* tener hambre; *to be important* importar; *to be in a hurry* tener prisa; *be it* sea *9*; *to be lacking* faltar *11*; *to be left* quedar; *to be mistaken* equivocarse *11*; *to be named* llamarse; *to be pleasing* gustar; *to be quiet* callarse; *to be right* tener razón; *to be still* callarse; *to be the same to someone* darle igual a uno *13*; *to be thirsty* tener sed; *to be worth* valer (*like* salir) *14*; *to be. . .years old* tener. . .años
beach la playa
bead la cuenta *10*
to **bear** aguantar *9*; *to bear in mind* tener en cuenta *15*
to **beat** latir *17*
beautiful hermoso, -a; precioso, -a *5*; lindo, -a *8*
beauty la hermosura *16*
because porque; *because of* a causa de
to **become** llegar a ser
bed la cama
bedroom el dormitorio
beef la carne de res *9*
before antes de; *before (followed by subject and verb)* antes (de) que *15*
beforehand antes *1*
to **begin** comenzar (ie) *3*; empezar (ie)
beginning el principio *6*; *at the beginning of* a principios de *Intro*
to **believe** creer
bellboy el bellboy, el botones, el mozo
beloved querido, -a *11*
belt el cinturón *16*
bench el banco
benefit el beneficio *12*
besides además *16*; además de
best mejor
to **bet** apostar (ue) *5*
Bethlehem Belén *6*
better mejor; *it's better* más vale *14*
between entre *3*
beverage la bebida
bicycle la bicicleta
big grande
billboard el cartelón; los cartelones *pl.* billboards *12*
billfold la billetera *8*
biology la biología *Intro*
bird el pájaro *11*
birth el nacimiento *3*

birthday el cumpleaños
black negro, -a
blame la culpa *17*
bland blando, -a
blanket el sarape *8*
blond rubio, -a *2*
blue azul
board la tabla
to **board** abordar *17*
boat el bote; *motor boat* la lancha
body el cuerpo
to **boil** hervir (ie, i) *10*
boiled cocido, -a *9*
bolero (*a dance*) el bolero
Bolivia Bolivia
Bolivian boliviano, -a
book el libro; *book store* la librería *7*
boot la bota
border la frontera
boring aburrido, -a *Intro*
boss el jefe *12*
to **bother** molestar *14*
bottleneck el embotellamiento *3*
boulevard el bulevar *2*; el paseo
bow la reverencia *5*
box la caja *8*; *box office* la taquilla
boxing el boxeo *13*
boy el chico; el mozo; el muchacho
boyfriend el novio
bracelet la pulsera *8*
to **brag** jactarse *18*
brake el freno *3*
branch la rama *6*
Brazil el Brasil
Brazilian brasileño, -a
bread el pan
to **break** romper *5*
breakfast el desayuno
brick el ladrillo
bride la novia
bridge el puente *2*
brief breve *12*; *in summation* en breve
bright listo, -a
brilliant brillante *6*
to **bring** traer; *to bring to mind* evocar *17*
bringing trayendo *3*
broken roto *11*; roto, -a *7*
bronze el bronce *16*
brooch el prendedor *8*
brother el hermano
brought traído *11*
brown café
to **brown** dorar *10*
brunet, brunette moreno, -a *2*

to **brush** cepillarse
to **build** construir *18*
building el edificio
bull el toro *11*
bulletin board el tablero
bullfight la corrida (de toros) *14*; *bullfighter* el matador *14*; *bullfighter's squad* la cuadrilla *14*
to **burn** quemar *5*
bus el autobús; el bus; *bus (Caribbean islands)* la guagua *2*; *bus (Mexico)* el camión; *bus driver (Mexico)* el camionero *1*
business la empresa *1*; los negocios *1*; *business deal* el negocio *1*; *businessman* el hombre de negocios *1*; *businesswoman* la mujer de negocios *1*
busy ocupado, -a *12*
but pero; *but (on the contrary)* sino
butcher shop la carnicería *7*
butter la mantequilla
butterfly la mariposa *18*
button el botón *11*
to **buy** comprar
by por; *by the way* a próposito

C

cabbage la col *9*
cabin attendant el sobrecargo, la sobrecargo *16*
café el café
cake el pastel *4*
to **calculate** calcular *1*
calculus el cálculo *Intro*
calendar el calendario *3*
call la llamada
to **call** llamar
to **calm down** calmarse *3*
camel el camello *6*
camera la cámara
can poder
canal el canal *11*
candle la vela
candy el dulce, la golosina *9*
canteloupe el melón *10*
cape la muleta *14*; la capa *14*
capital la capital
captured capturado, -a *17*
car el carro; el coche

card la tarjeta *3*
care el cuidado
career la carrera *13*
Caribbean (Sea) el (mar) Caribe
carnival la feria *5*; *carnival ride* el juego mecánico *5*
carpenter el carpintero *1*
carport la cochera
carrot la zanahoria *9*
to **carry** llevar
case el caso
cashier el cajero, la cajera; *cashier's cage* la caja *8*
cassette el cassette; *video-cassette recorder* la video-casetera; *cassette recorder* la grabadora
castanet (*musical instrument*) la castañuela
castle el castillo *5*
cat el gato, la gata *11*
Catalan (*language*) el catalán *18*
catcher el cátcher *13*
category la categoría *10*
cathedral la catedral *2*
Catholic católico, -a *2*
catastrophe la catástrofe *18*
cause la causa *3*
ceiling el techo
to **celebrate** celebrar *3*; festejar *9*
celebration la celebración *4*; la fiesta
celery el apio *9*
center el centro
central central; *Central America* la América Central; *central square (Mexico)* el zócalo *15*
century el siglo *19*
ceramics la cerámica *Intro*
cereal el cereal
ceremonial ceremonial *18*
ceremony la ceremonia
certain seguro, -a *10*; cierto, -a *10*
certainly seguramente
cha-cha el cha-cha-chá
chair la silla; *chair-back* el respaldo *16*; *easy chair* el sillón; *lounge chair* el camastro
chalk la tiza; *chalkboard* la pizarra
to **challenge** desafiar *14*
championship el campeonato *13*
chandelier la lámpara
change el cambio
to **change** cambiar
channel el canal
character (*in a play, etc.*) el personaje *6*
characteristic la característica *11*

cot el catre
cotton el algodón *8*
to **count** contar (ue) *4) to count on* contar (ue) con *15*
counter el aparador; el mostrador *8*
country el campo; *country (nation)* el país
couple la pareja *4; a couple of* un par de *15*
court (tennis) la cancha *14*
courtesy la cortesía *10*
courtyard el patio
cousin el primo, la prima
covered cubierto *11*
covered (with) cubierto, -a (de)
cow la vaca *6*
crab el cangrejo *9*
crazy loco, -a *17*
cream la crema
to **create** crear
creature la criatura
crèche el nacimiento *3*
credit el crédito *15*
crew la tripulación *16*
crop la cosecha
to **cross** cruzar
cruel cruel *18*
crystalline cristalino, -a *2*
Cuba Cuba
Cuban cubano, -a
cucumber el pepino *0*
cueca (Chilean dance) la cueca
cuisine la cocina
culture la cultura
cultured culto, -a *17*
cumbia (*Colombian dance*) la cumbia
cup la taza; *cupboard* el aparador; el armario
curve la curva *3*
cushion el cojín
custard el flan *9*
custom la costumbre
customer el cliente, la cliente *1*
customs (house) la aduana *16*
to **cut** cortar *10*; partir

D

dad el papá
dairy lechero, -a *11; dairy store* la lechería *7*
damascene (work) el damasquinado *8*

to **dance** bailar *4*
dance el baile; *dance floor* la pista
dangerous peligroso, -a
dark oscuro, -a
darkness el anochecer
darn it! ¡caray! *3*
dart el dardo *5; dart used in bullfight* la banderilla *14*
date la cita; *date (of the month)* la fecha
datum (information) el dato *1*
daughter la hija
day el día; *day after tomorrow* pasado mañana *4; day before yesterday* anteayer *4*
to **daydream** soñar(ue) despierto, -a *16*
dead muerto, -a
dear caro, -a *7*; estimado, -a *12*; querido, -a *11*
December diciembre
to **decide** decidir
to **decorate** adornar *6*
decorated decorado, -a *8*
decoration el adorno *5*; la decoración *6*
to **dedicate** dedicar
dedicated dedicado, -a *16*
to **deduce** deducir *11*
defender el defensor *13*
definite definido, -a
to **delay in** tardar en
delicate delicado, -a *17*
delicious delicioso, -a *2*
to **delight** encantar
delivery la entrega *17*
to **demand** demandar *18*
demanding exigente *Intro*
demonstrative demostrativo, -a
dentist el dentista, la dentista
department el departamento *8; department store* el almacen *2*
to **depend (on)** depender (de) *3*
depot: bus depot la terminal de autobuses
to **describe** describir
description la descripción *1*
deserted desierto, -a *3*
design el diseño *8*
desire el deseo *6*
desire la gana *12*
desk (student) el pupitre; *large desk* el escritorio
dessert el postre
destination el destino *15*
destiny el destino *15*
detail el detalle *17*
to **detain** detener *13*

detective el detective
to **determine** determinar *3*
determined resuelto, -a *9*
dexterity la destreza *5*
to **dial** marcar
dialect el dialecto *18*
diamond el diamante *8*
to **die** morirse (ue, u) *3*
died muerto *11*
diet la dieta
difference la diferencia
different diferente; distinto, -a *18*
to **differentiate** diferenciar
difficult difícil *Intro*
diligent diligente
dimension la dimensión
diminutive diminutivo, *12*
to **dine** cenar; *dining room* el comedor
dinner la comida, la cena
diphthong el diptongo
direct directo, -a
to **direct** dirigir *7; to direct oneself* dirigirse *15*
direction la dirección; la instrucción
dirty sucio, -a
to **disappear** desaparecer *18*
disappointed desilusionado, -a
disaster el desastre *18*
discothèque la discoteca
to **discover** descubrir *17*
to **discuss** discutir *14*
dish el plato
disposition la disposición *11*
distance la distancia
distant lejano, -a *12*
distinct distinto, -a *18*
to **dive** clavarse; meterse; *diving board* el trampolín
divided dividido, -a *19*
division la división *2*
to **do** hacer; *to do (something) again* volver (ue) a *12; do (tú command)* haz
doctor el doctor, la doctora *1*; el médico, la médica *1*
document el documento *15*
dog el perro, la perra *5*
doll la muñeca *6*
domestic doméstico, -a *11*
Dominican dominicano, -a
Dominican Republic la República Dominicana
done hecho *11*
donkey el burro, la burra *1*
donut el churro

door la puerta; *door (of a car)* la portezuela 3
doorman el portero 13
double doble
doubt la duda
to **doubt** dudar 14
doubtful dudoso, -a 14
dough la masa
down abajo
downtown el centro
dozen la docena 10
drama el drama
drawing (in a lottery) el sorteo 12
to **dream** soñar (ue) 16
dream el sueño
dress el vestido; *to dress oneself* vestirse (i, i); *dressed (in)* vestido, -a (de) 6; *dresser (furniture)* el tocador
to **drink** beber; tomar
to **drive** conducir 11; manejar 1; dirigir 7
driver el chófer 1
driveway la cochera
drum el tambor
during durante
dusk el anochecer
duty el quehacer 4

E

each cada
ear la oreja 11
early temprano
to **earn** ganar 5; *to earn a living* ganarse la vida 8
earnings la ganancia 12
earring el arete 8
earth la tierra 1
ease la facilidad
easily fácilmente 7
east el este
Easter la Pascua (Florida) 5
eastern oriental
easy fácil *Intro*
to **eat** comer, tomar; *to eat breakfast* desayunar, desayunarse; *to eat lunch* almorzar (ue); *to eat supper* cenar 10; *to eat up* comerse 9
economy la economía 18
Ecuador el Ecuador
Ecuadorian ecuatoriano, -a

effect el efecto 13
effort el esfuerzo 15
egg el huevo
eight ocho
eight hundred ochocientos, -as
eighth octavo, -a
eighty ochenta
either...or o...o
El Salvador el Salvador
electronics la electrónica *Intro*
elegant elegante 17
elephant el elefante 11
eleven once
embrace el abrazo 12
emotion la emoción 4
emphasis el énfasis
employee el empleado, la empleada 1
to **enchant** encantar
enchilada la enchilada
to **encounter** encontrar (ue)
to **encourage** animar
end el fin
to **end** terminar
ending la terminación 7
endless (number) el sinfín
engineer el ingeniero, la ingeniera 1
England Inglaterra
English inglés, inglesa
to **enjoy** gozar de 4
enough bastante 9
to **enter** entrar (en)
entertainment el entretenimiento
enthusiasm el entusiasmo 4
entire entero, -a 14
entrance la entrada 13; *entry hall* el vestíbulo
to **envy** envidiar
equal igual 6
Equator el ecuador
to **escape** escaparse 18
Española (*island in the Caribbean*) Española
especially especialmente 1; sobre todo 2
to **establish** establecer 12
estate (Argentina, Uruguay) la estancia 12
esteemed estimado, -a 12
Europe Europa
even aun, aún; hasta; *even if* aunque 9
evening la tarde; *Good evening.* Buenas tardes.
everything todo 12
evident evidente

to **evoke** evocar 17
exactly exactamente 18
to **exaggerate** exagerar 18
to **examine** examinar
example el ejemplo; *for example* por ejemplo
excellent excelente *Intro*
to **exchange** cambiar
excited emocionado, -a 17
excitement la emoción 4
exciting emocionante
to **exclaim** exclamar
exclamation la exclamación
exclusively exclusivamente 4
excursion la excursión 14
to **excuse** disculpar 12; la excusa F; *excuse me* perdón
exercise el ejercicio
exhausted gastado, -a 18; *to be exhausted* no poder más 18
exhibit la exhibición 5
exhibition la exhibición 5
to **exist** existir
exotic exótico, -a 9
expense el gasto 15
expensive caro, -a 7
experience la experiencia 17
expert experto, -a 10
to **explain** explicar 5
to **explore** explorar
to **express** expresar 4
expression la expresión
to **extend** extenderse (ie)
extension la extensión
extensive extenso, -a
extent la extensión
exterior el exterior
extracurricular extracurricular
eye el ojo 11
eyebrow la ceja 11
eyelash la pestaña 11

F

fabric la tela 8
face la cara
to **face** dar a
facility la facilidad
factory la fábrica 3
faded desteñido, -a 7
fair el carnaval, la feria 5
faith la fe 18
fall el otoño
to **fall** caer, caerse 6; *to fall asleep* dormirse (ue, u)

fallen caído *11*
familiar familiar *4*
family la familia
famous famoso, -a
fan el aficionado, la aficionada; el abanico *8*
fantastic fantástico, -a; maravilloso, -a
far lejos; *far from* lejos de; *far away* lejos
fare la tarifa *16*
farewell la despedida
farm la finca *11*
to **fascinate** fascinar *11*
fascinating fascinante *8*
to **fasten** abrocharse *16*
fat gordo, -a *2*
father el padre; el papá
faucet el grifo
favor el favor
favorite favorito, -a
fear el miedo *14*; *to be afraid of* tener miedo de *14*
fearful miedoso, -a
feather la pluma
February febrero
federal federal *2*
to **feel (sorry)** sentir (ie, i)
to **feel like** tener ganas de *12*
fence la cerca
fender el guardabarros *3*
ferocious feroz; feroces *pl. 14*
to **fête** festejar *9*
few pocos, -as; unos cuantos
fiancé el novio
fiancée la novia
field el campo
fielder el fílder *13*; el jardinero *13*
fierce bravo, -a *14*; feroz; feroces *pl.*
fifteen quince
fifth quinto, -a
fifty cincuenta
figurine la figurilla *6*
film la película
final final *14*
to **finalize** finalizar *17*
finally por fin; finalmente *14*
to **find** encontrar (ue)
finger el dedo
to **finish** acabar; terminar
fire el fuego *5*; *fireplace* la chimenea; *fireworks* fuegos artificiales *5*
first primer; primero, -a
fish el pescado (*out of water*); el pez (*in the water*)
to **fish** pescar

fishing la pesca
to **fit** caerle a uno *8*; quedarle a uno *7*; sentarle (ie) a uno *8*; *to fit into* caber; *fitting room* el vestidor *8*
five cinco
five hundred quinientos, -as
flag la bandera *5*
flamenco flamenco, -a *18*
to **flatten** aplastar
flavor el sabor *9*
flesh la carne *9*
flight el vuelo *15*
to **flirt** coquetear *14*
float la carroza *5*
floor el piso; *floor tile* la baldosa; *ground floor* la planta baja
florist la florería *7*
flower la flor; *flower shop* la florería *7*
flute la flauta
to **fly** volar (ue) *11*
folder el folleto *15*
folkloric folklórico, -a *5*; *folk dance* la danza *5*
to **follow** seguir (i, i) *7*
following siguiente
food la comida; food server el mesero, la mesera *1*
foot el pie; *on foot* a pie
for para, por; *for example* por ejemplo
foreign extranjero, -a
forest el bosque *2*
to **forget** olvidar *2*
fork el tenedor
form la forma *4*
to **form** formar *17*
formal formal
formation la formación *6*
fort la fortaleza *2*
fortress la fortaleza *2*
fortune la fortuna *12*
forty cuarenta
forward delantero, -a *13*
fountain la fuente
four cuatro
four hundred cuatrocientos, -as
fourteen catorce
France Francia
free libre
freedom la libertad *4*
French francés, francesa
frequency la frecuencia *17*
frequent frecuente
frequently frecuentemente
Friday el viernes
friend el amigo, la amiga

friendship la amistad *17*
from de, desde; *from the* del
frontier la frontera
fruit la fruta; *fruit store* la frutería *7*
to **fry** freír (i, i) *18*; *frying pan* la sartén *10*
full harto, -a *9*; lleno, -a *15*
fun divertido, -a
function la función
funds los fondos
funny chistoso, -a *6*
furniture el mueble *furniture store* la mueblería *7*
furtive furtivo, -a *11*
future el futuro

G

to **gain** ganar *5*
game el juego *4*; el partido *13*
garage el garage, el garaje
garden el jardín *11*
gardener el jardinero *13*
garlic el ajo *10*
garment la prenda *8*
gaucho el gaucho
Gee! ¡Hombre!
gender el género
general general
generally generalmente *4*
generous generoso, -a *2*
gentleman el señor
geographic geográfico, -a
geography la geografía *Intro*
geometrical geométrico, -a *17*
German alemán, alemana
Germany Alemania
to **get** obtener; *to get burned* quemarse; *to get on* subir a; *to get out* bajar de *15*; *to get together* reunirse; *to get undressed* desvestirse (i, i); *to get up* levantarse
gift el regalo *3*
giraffe la jirafa *11*
girl la chica; la muchacha *4*; *girl celebrating her fifteenth birthday* la quinceañera *4*
girlfriend la novia
to **give** dar; *to give (as a gift)* regalar
given dado, -a *4*
glass el vaso
globe el globo *5*
glove el guante *13*

to **go** dirigirse 15; ir; *go (tú command)* ve; *to go away* irse 9; *to go back* regresar; volver (ue); *to go forward* avanzar 3; *to go on* seguir (i, i); *go out (tú command)* sal; *to go out* salir; *to go shopping* ir de compras; *to go to bed* acostarse (ue); *to go up* subir; *to be going to (do something)* ir a + *infinitive*

goal el gol 13

goalie el portero 13

god el dios 16

goddess la diosa 16

going yendo 3

gold el oro 8

golf el golf 13; *golf course* el campo de golf

good buen; bueno, -a; *Good day.* Buenos días.; *good fortune* la dicha 17; *Good morning.* Buenos días.; *good-bye* adiós; *good-looking* guapo, -a

goodie la golosina 4

gorilla el gorila 11

gosh! ¡caray! 3

gossip el chisme 4

government el gobierno 2

grade la nota 12

gram el gramo 10

grammar la gramática *Intro*

granddaughter la nieta

grandeur la grandeza 11

grandfather el abuelo

grandmother la abuela

grandparents los abuelos

grandson el nieto

grape la uva

grapefruit la toronja 10

gray gris

great fantástico, -a; gran; *great!* ¡chévere! *great (magnificent)* magnífico, -a

great-grandfather el bisabuelo 17

great-grandmother la bisabuela 17

Greek griego, -a 16

green verde; *green bean* la habichuela 9

to **greet** saludar 4

greeting el saludo 12

to **grind** moler (ue); *grinding board* el metate

grocery store el almacen 2

groom el novio

ground la tierra; *ground floor* la planta baja

group el grupo

Guatemala Guatemala

Guatemalan guatemalteco, -a

guide el guía, la guía 15

guidebook la guía 14

güiro *(musical instrument)* el güiro

guitar la guitarra

gym la gimnasia *Intro*

gymnastics la gimnástica 13

gypsy el gitano, la gitana 18

H

to **haggle** regatear 7

hair el pelo

half medio, -a 4

hallway el corredor

ham el jamón

hand la mano; *to hand in* entregar 16; *to hand over* entregar 16; *by hand* a mano 7

handball el frontón, el jai alai 13

handkerchief el pañuelo

handsome guapo, -a

to **happen** ocurrir 3; pasar

happening el acontecimiento 4; el suceso 4

happiness la felicidad 3

happy feliz; felices *pl.* 3; alegre 2

hard duro, -a

hard-working diligente

harp el arpa *f.*

harvest la cosecha 1

haste la prisa; *to be in a hurry* tener prisa

hat el sombrero; *hat shop* la sombrerería 7

to **have** tener; *have (tú command)* ten *to have a good time* divertirse (ie, i) 4; *to have just (done something)* acabar de + *infinitive*; *to have to (do something)* tener que

he él

head la cabeza

headlight el faro 3

to **hear** oír

heard oído 11

hearing oyendo 3

heart el corazón 16

hearth el hogar 12

to **heat** calentar (ie) 10; el calor

heaven el cielo

hello *(on the phone)* aló, a ver *(Colomia)*; bueno *(Mexico)*, diga *(Spain)*, dígame *(Spain)*

help la ayuda

to **help** ayudar 5; *not to be able to help* no poder menos de 17; *May I help you?* ¿En qué puedo servirle?

helper el ayudante, la ayudante 10

hemisphere el hemisferio

hen la gallina 11

her su; sus; la; le; ella; suyo, suya, suyos, suyas

here aquí, acá

hero el héroe 16

herself se; sí

hey! ¡oye!

hi hola

high alto, -a; superior 17; *high school* el liceo

highway la carretera 2

hill la colina 17

him lo; le; él

himself se; sí

hippopotamus el hipopótamo 11

his su, sus; suyo, suya, suyos, suyas

Hispanic hispánico, -a 3; hispano, -a

Hispaniola Hispaniola

historic histórico, -a

historically históricamente 18

history la historia

hit el batazo, el hit, el jit 13

to **hit the target** dar en el blanco 5

hockey el hockey 13

holiday la fiesta

home el hogar 12; *home plate (baseball)* el jom 13; *home run (baseball)* el jonrón 13

homework la tarea

Honduran hondureño, -a

Honduras Honduras

honor el honor 3; *in honor of* en honor de 3

to **hope (for)** esperar; *I hope . . .* Ojalá . . .

horn (animal) el cuerno 11

horn (automobile) el claxon 3

hors d'oeuvre la tapa (Spain) 9; el entremés 4

horse el caballo 11

hospitality la hospitalidad 16

hostel el albergue 17

hot caliente

hotel el hotel

hour la hora

house la casa
how? ¿qué? ¿qué tal? *How are things? What's up?* ¿Qué tal?; *How do you say . . .?* ¿Cómo se dice . . .? *How do you spell . . .?* ¿Cómo se escribe . . .?; *how many?* ¿cuántos?; *how much?* ¿cuánto?
how . . . ! ¡qué!; *How lovely!* ¡Qué mango!
however sin embargo 6
huarache el huarache 8
huaso el huaso (*Chilean ''cowboy''*)
human humano, -a 18
hunger el hambre *f.;to be hungry* tener hambre
to **hurry (up)** apurarse
husband el esposo; el marido
to **hush** callarse
hymn el himno 5

I

I yo
ice el hielo 13; *ice cream* el helado 9; *ice rink* la pista; *ice-cream parlor* la nevería, la heladería
idea la idea 4
ideal ideal 9
to **identify** identificar
if si
iguana la iguana -9
imagination la imaginación 17
to **imagine** fijarse; imaginarse 1
immediate inmediato, -a 17
immediately en seguida 16
immense inmenso, -a
immortalized inmortalizado, -a 16
imperative imperativo, -a
imperfect imperfecto, -a 4
impersonal impersonal 14
to **import** importar
importance la importancia
important importante
impossible imposible 14
impression la impresión
in en; *in addition to* además de 2; *in charge of* a cargo de 12; *in fact* en efecto 13; en realidad; *in front of* delante de; *in order that* para que 15; *in order to* para; *in short* en fin 15
to **include** incluir 17
including inclusive 8
incomplete incompleto, -a 6

indefinite indefinido, -a
independence la independencia 2
independent independiente 11
Indian indio, -a
to **indicate** indicar 15
indicated indicado, -a 1
indication la indicación
indirect indirecto, -a
industrial industrial 18
industry la industria
inexpensive barato, -a 7
infinitive el infinitivo
influence la influencia
to **inform** informar 12
informal informal
information la información
ingredient el ingrediente 10
inhabitant el habitante, la habitante
inn el parador 17; la posada 6
inning la entrada 13, el ínning 13
innumerable innumerable 18
inside (of) dentro (de) 6
inside adentro 17
to **insist (on)** insistir (en) 13
to **inspect** revisar 16, inspeccionar 15
institution la institución
instruction la instrucción
instrument el instrumento
intelligent inteligente 2
to **intend** pensar (ie) 9
interest el interés
to **interest** interesar 8
interesting interesante
interior el interior
interrogative interrogativo, -a
interview la entrevista
intimate íntimo, -a 10
intimately íntimamente
intrigue la intriga 17
to **introduce** introducir 11; presentar
introduction la introducción
invalid inválido, -a 12
to **invite** invitar 4
Ireland Irlanda 9
irregular irregular
island la isla 1
it la; lo; le; *it is necessary* hay que; *it is said* se dice
italics la letra bastardilla
itinerary el itinerario 17
its su, sus suyo, suya, suyos, suyas
itself se; sí

J

jacket la chaqueta
janitor el portero 13
January enero
Japan el Japón
Japanese japonés, japonesa
jewel la joya 8
jewelry la joyería 8; *jewelry store* la joyería 8
Jewish judío, -a 2
job el empleo 1
joke el chiste 4, la broma 7
joy la alegría 5
juice el jugo
July julio
to **jump** saltar; *to jump in* meterse
June junio
jungle la selva 11

K

to **keep** guardar 4; *to keep on* seguir (i, i) 7
ketchup la salsa de tomate 10
key la llave 15
kid (*baby goat*) el cabrito 9
kilometer el kilómetro 3
kind amable; simpático, -a
king el rey
kiosk el quiosco
kiss el beso 12
kitchen la cocina; *kitchen sink* el fregadero
knee la rodilla
knife el cuchillo
knob el botón 11
to **know** conocer 2; *to know (how)* saber
known conocido, -a

L

to **lack** faltar 11
lady la dama 6; la señora
lake el lago
lamp la lámpara
land la tierra 1
to **land (airplane)** aterrizar 16
language el idioma *Intro*; la lengua 1
language (*manner of speaking*) el lenguaje 11; *language of the Guaraní Indians* el guaraní
lap las rodillas
large grande

last pasado, -a *4*; último, -a *1 last night* anoche *4*
late tarde
Latin el latín *Intro*; *Latin American* latinoamericano, -a
to **laugh** reírse (i, i) *18*
laundry (room) el lavadero
law el derecho *Intro*
lawn el césped; el prado
lawyer el abogado, la abogada *1*
lazy flojo, -a *7*; perezoso, -a
leaf la hoja *3*
league la liga *13*
leap el salto *10*
to **leap** saltar
to **learn** aprender
leather el cuero *8*
to **leave** salir; partir *10*; *leave (tú command)* sal; *to leave (behind)* dejar
leg la pierna; *leg (furniture)* la pata *11*
lemon el limón *10*
to **lend** prestar *3*
less menos
lesson la lección; las lecciones *pl.*
to **let** dejar; *let's go* vamos; *let's see* a ver
letter la carta; *letter (of alphabet)* la letra
lettuce la lechuga *9*
level el nivel
liberty la liberted *4*
librarian el bibliotecario, la bibliotecaria
library la biblioteca
lie la mentira *11*
to **lie (down)** tenderse (ie)
life la vida *4*
lifeguard el guardavidas
to **lift** levantar *9*
light la luz; las luces *pl.*; *light (in weight)* ligero, -a *4*; *light bulb* el foco *6*; *light (in color)* claro, -a
to **light** encender (ie) *11*
like como; *I would like, I should like* quisiera
likewise asimismo *9*
lime la lima *10*, el limón *10*; *lime (mineral)* la cal
limit el límite *8*
to **limit** limitar; *to limit oneself* limitarse *6*
limited limitado, -a *1*
line la línea
to **link** unir
lion el león *11*

to **listen (to)** escuchar (a) *1*
literature la literatura *Intro*
little pequeño, -a; *little (quantity)* poco, -a; *little by little* poco a poco *3*
to **live** vivir; *living-room, large room* la sala
lively vivo, -a *2*
lobster la langosta *9*
to **locate** situar
located situado, -a *19*
to **lock** cerrar (ie) con llave *15*
locker el ropero
to **lodge** alojarse *17*
logical lógico, -a
long largo, -a; *long-play record* el elepé
to **look** observar; *to look after* cuidar (de); *to look (at)* mirar *7*; *to look at, to notice* fijarse (en); *to look for* buscar; *to look forward to* anticipar *4*
loose flojo, -a *7*
to **lose** perder (ie) *14*
lottery la lotería *12*
love el amor
to **love** querer
low bajo, -a
lower abajo
luck la dicha *17*; la suerte, *to be lucky* tener suerte
luggage el equipaje
luke-warm tibio, -a
lumber yard la maderería *7*
luxury el lujo *17*
lyrics *(of a song)* la letra

M

madame la señora
made hecho *11*
Madrilenian madrileño, -a
magazine la revista *12*
maid la criada
mail el correo *15*
main principal
mainly principalmente
to **maintain** mantener *(like tener) 3*
major (subject) la especialización
majority la mayoría *1*
to **make** hacer; *make (tú command)* haz; *to make fat* engordar *9*; *to make golden* dorar *10*
mambo *(a dance)* el mambo
man el hombre
Man! ¡Hombre!

to **manage** manejar *1*
manager el gerente, la gerente *1*
mango el mango *(tropical fruit)*
manner la manera
manners la urbanidad
mantilla la mantilla *8* (lace head covering)
manual manual *Intro*
map el mapa *18*
maraca la maraca *(musical instrument)*
to **march** marchar *5*
March marzo
mariachi el mariachi *(musical group)*
marimba la marimba *(musical instrument)*
maritime marítimo, -a
to **mark** marcar
market el bazar; el mercado
married casado, -a *1*
marvel la maravilla
marvellous maravilloso, -a
material la materia
matter la cuestión
to **matter** importar
maximum máximo, -a *3*
May mayo
maybe quizá(s)
mayonnaise la mayonesa *10*
me me, mí
meal of the day (Spain) el menú
to **mean** significar
meanwhile entretanto
meat la carne *9*
medical médico, -a *14*
medicine la medicina
medium término medio *9*
to **meet** conocer *2*
melody la melodía
member el miembro, la miembra *12*
memory el recuerdo *8*
to **mention** mencionar *8*
mentioned mencionado, -a *6*
menu el menú
merengue el merengue *(a dance)*
merry-go-round el tíovivo *14*
metal el metal *Intro*
metallic metálico, -a *3*
meter el metro
Mexican mexicano, -a
Mexico México
mid pleno, -a *6*
midfielder el mediocampista *13*
midnight la medianoche; *midnight Mass* la misa del gallo *6*

midst: in the midst of en medio de 6

milk la leche; *milk store* la lechería 7

million el millón

mine mío, -a 5

minority la minoría 1

minus menos

minute el minuto

to **miss** echar de menos 12; extrañar 12

Miss la señorita; señorita (Srta.)

mixed mixto, -a

mobile (art) el móvil 8

model el modelo 8

modern moderno, -a

mom la mamá

moment el momento; *just a moment* un momentito

Monday el lunes

money el dinero; la moneda 15

monkey el mono, la mona 11

month el mes

monument el monumento

Moorish moro, -a 17

more más; *more than (before a number)* más de 7

morning la mañana

mosaic el mosaico

most más

motel el motel

mother la madre; la mamá; *mother country* la madre patria

motif el motivo 17

motive el motivo 17

motorbike la moto(cicleta)

motorcycle la moto(cicleta)

mound el montículo 13 *(baseball)*

to **mount** montar 11

mountain la montaña

mouse el ratón 11

mouth la boca 11

mouthful el bocado 9

to **move** mudarse 17

movement el movimiento 8

movie la película; *movie theater* el cine

Mr. señor (Sr.)

Mrs. señora (Sro.)

much mucho, -a

municipal municipal

mural el mural 18

museum el museo

music la música 4

musical musical; *musical group* el conjunto 4

mustard la mostaza 10

my mi, mis

mysterious misterioso, -a 17

mystery el misterio

N

nahuatl el náhuatl 9 *(language of Aztec Indians)*

name el nombre

napkin la servilleta

nation la nación 18; el país

national nacional

nationalist nacionalista 18

nationality la nacionalidad

native nativo, -a 9; *indígena* 18; natural 2; *native (of one's birth)* natal 1

natural natural 2

naturally naturalmente 4

near cerca de; *nearby* cerca; cercano, -a 11; *to draw near* acercarse a 13

necessarily necesariamente

necessary necesario, -a; preciso, -a 14

necessity la necesidad 14

neck el cuello

necklace el collar 8

necktie la corbata

to **need** necesitar

negative negativo, -a

neighbor el vecino, la vecina 12

neither ni; *neither* tampoco, *neither . . . nor* ni . . . ni

nephew el sobrino

net la red 13

never nunca

nevertheless sin embargo 6

new nuevo, -a

newspaper el periódico

next próximo, -a; que viene 4; *next to* junto a

Nicaragua Nicaragua

Nicaraguan nicaragüense

nice amable; simpático, -a

niece la sobrina

night la noche; *Good evening. Good night.* Buenas noches.

nine nueve

nine hundred novecientos, -as

ninety noventa

ninth noveno, -a

no no; *no one* nadie; *no way* de ninguna manera; *No way!* ¡Qué va!

nobleman el noble 18

nobody nadie

noon el mediodía

north el norte; *North America* la América del Norte; *North American* norteamericano, -a

nose la nariz; las narices *pl.*

not no; *not any* ningún, ninguno, -a; *not to know* ignorar; *not yet* todavía no 4

note la nota 12

to **note** notar 11

nothing nada

to **notice** fijarse (en) 1; notar 11

noun el nombre; el sustantivo

November noviembre

now ahora

nowadays actualmente 1

number el número

nurse la enfermera 1

O

observation la observación

to **observe** observar 5

to **obtain** conseguir (i, i) 7; obtener 8

obvious evidente

occasion la ocasión 4

occasionally de vez en cuando

occupation la ocupación 17

occupied, busy ocupado, -a 12

to **occur** ocurrir 3

ocean el mar, la mar; el océano; *the Pacific Ocean* el Océano Pacífico; *the Atlantic Ocean* el Océano Atlántico

October octubre

octopus el pulpo 9

of de; *of course* claro (que sí); cómo no 15; por supuesto 2; *of the* del

offer la oferta 7

to **offer** ofrecer 16

office la oficina; *office worker* el oficinista, la oficinista 1

officer el oficial 12

official oficial; el oficial; la oficial 12

oh ah; ay

oil el aceite 9

okay bueno

old antiguo, -a 2; viejo, -a

older mayor

oldest mayor

olive la oliva 10; la aceituna

olympic olímpico, -a
omelette la tortilla
on en; sobre *2*; *on (doing something)* al + *infinitive*; *on the way to* camino de; *on time* a tiempo *3*
one uno; *no one* nadie; *one must* hay que *15*; *one says* se dice; *one-fourth* cuarto, -a; *one hundred* cien; ciento; *one-quarter* cuarto, -a; *one way* sencillo, -a
onion la cebolla *9*
only solamente; sólo
open abierto, -a *3*
to **open** abrir; *to open onto* dar a
opened abierto *11*
opera la ópera *17*
operator el telefonista, la telefonista
opinion la opinión
opportunity la oportunidad *17*
opposite opuesto, -a
or o
orange la naranja *10*; *orange (color)* anaranjado, -a
orchestra la orquesta *4*
to **order** mandar *6*; ordenar *9*; pedir (i, i)
order el orden (*arrangement*); la orden *9* (*request*)
ordinal ordinal
ordinarily ordinariamente
ordinary ordinario, -a
organization la organización
to **organize** organizar
oriental oriental
origin el origen; la descendencia
original original *18*
originally originalmente *1*
to **originate** originarse *9*
orthographic ortográfico, -a (dealing with spelling)
other otro, -a
ought deber; deber de *15*
our nuestro, -a
out el out *13* (*baseball*); el aut; *out of order* descompuesto, -a
outdoors al aire libre
outing la excursión *14*
outside afuera *17*; *outside corner* la esquina *2*
over encima de; sobre *2*; *over there* allá
to **owe** deber
own propio, -a
owner el dueño, la dueña
oyster el ostión

P

paella la paella
page la página *4*
pain la pena
paint la pintura *10*
painting la pintura *10*
pair el par *15*
pajamas los pijamas
palace el palacio
pamphlet el folleto *15*
pan la sartén *10*
Panama Panamá
Panamanian panameño, -a
panoramic panorámico, -a *15*
panther la pantera *11*
pants el pantalón; los pantalones *pl.*
paper el papel
parachute el paracaídas
parade el desfile *5*
Paraguay el Paraguay
Paraguayan paraguayo, -a
parachutist el paracaidista, la paracaidista
to **pardon** disculpar *12*; *pardon me* perdón
parenthesis el paréntesis
parish la parroquia *5*
to **park** estacionar
park el parque
parsley el perejil *10*
part la parte
to **participate** participar *4*
participle el participio
particular particular *2*
party la fiesta
to **pass** pasar
pass el paso *3*
passenger el pasajero, la pasajera *16*
passive pasivo, -a
passport el pasaporte *1*
past el pasado *4*; pasado, -a *4*; *past tense* el pretérito
pastel pastel *4*
pastime el pasatiempo
pastor el pastor *6*
pastry el pastel *4*
path la senda *14*
patio el patio
patron (saint) patrón, patrona *3*
pattern el patrón *8*
paw la pata *11*
to **pay (for)** pagar *7*; *to pay attention* prestar atención *3*; *to pay attention to* hacer caso a *3*

pea el guisante *0*
peace la paz *17*
peach el durazno *10*
peak el pico
pear la pera *10*
pedestrian el peatón; los peatones *pl.*; *pedestrian shopping mall in Buenos Aires, Argentina* Calle Florida; *pedestrian shopping mall in Lima, Peru* Girón de la Unión; *pedestrian shopping mall in Santiago, Chile* Calle Ahumada
to **peel** pelar *10*
pen la pluma
pencil el lápiz; los lápices *pl.*
people la gente; el pueblo *14*
pepper la pimienta (*seasoning*); el pimiento (*vegetable*); el chile (*vegetable*); *pepper shaker* el pimentero *10*
perfect perfecto, -a *11*
perfection la perfección *10*
perhaps quizá(s)
period el período *Intro*
permission el permiso *15*
permit el permiso *15*
to **permit** permitir
person la persona
personal personal
personality la personalidad *16*
Peru el Perú
Peruvian peruano, -a
peso el peso
pharmacist el farmacéutico, la farmacéutica
Phillipines las Filipinas
philosophy la filosofía
phonograph el tocadiscos *phonograph record* el disco
photograph la foto (grafía)
to **photograph** fotografiar *11*
photographer el fotógrafo, la fotógrafa *1*
physician el médico, la médica *1*
physics la física *Intro*
piano el piano
picnic el pícnic
picturesque pintoresco, -a *2*
pig el cerdo *9*; el puerco *11*
pilot el piloto *16*
pimento el pimiento *9*
piñata la piñata *6*
pineapple la piña *10*
pink rosado, -a
pitcher el lanzador *13*; el pítcher *13*

pity la lástima 14
place el lugar; *to take place* tener lugar 14
to **place** poner
placed puesto 11
plaid a cuadros 8
plan el plan
to **plan** planear 17
plant la planta
plaster el yeso
plate el plato; *small plate* el platillo
platter la fuente
play la comedia; el drama
to **play (game)** jugar (ue) a; *to play (musical instrument, radio)* tocar; *to play a role* hacer un papel 8
player el jugador, la jugadora 13
plaza la plaza
pleasant agradable; placentero, -a 15
to **please** agradar 12; complacer 9; *please* por favor; *please (do something)* favor de + *infinitive; Pleased to meet you.* Mucho gusto.
pleasing grato, -a 12
pleasure el gusto; el placer 15; *Pleased to meet you.* Mucho gusto.; *So glad to meet you.* Tanto gusto.; *So pleased to meet you.* Tanto gusto.
plum la ciruela 10
pluperfect el pluscuamperfecto 12
plural plural
poinsettia la flor de Nochebuena 6
to **point out** indicar 15
police la policía 3; *policeman* el policía 3; *policewoman* la policía 3
political político, -a
politically políticamente 18
poll la encuesta 8
polyester el poliéster 8
poor pobre 2
popular popular 2
popularity la popularidad
population la población 1
pork el cerdo 9; el puerco 11
porter el mozo
Portuguese portugués, portuguesa
position la posición 16
positive afirmativo, -a
positively afirmativamente

possession la posesión
possessive posesivo, -a
possibility la posibilidad
possible posible
poster el cartelón 12; el póster 12
postscript (P. S.) la posdata (P. D.) 17
potable potable (*safe for drinking*)
potato la papa; la patata 9
practice la práctica
to **practice** practicar
to **pray** rezar 5
precious precioso, -a 5
precise preciso, -a 14
to **prefer** preferir (ie, i)
preference la preferencia 10
preferred preferido, -a
preparatory preparatorio, -a
to **prepare** preparar
prepositional preposicional
prescription la receta 10
to **present** presentar; *present tense* el presente; *present (in attendance)* presente 3; *present time* la actualidad
presidency la presidencia
to **pretend** fingir 7
preterite el pretérito
pretty bonito, -a
price el precio 7
priest el sacerdote 18
principal principal 2
private privado, -a
prize el premio 5
probability la probabilidad 10
probable probable 14
probably probablemente 8
problem el problema
process el proceso
procession la procesión 5
to **produce** producir
product el producto 9
production la producción 8
profession la profesión 1
professor el profesor, la profesora
program el programa 6
progressive progresivo, -a 3
project el proyecto 12
projector el proyector
to **prolong** prolongar 12
to **promise** prometer 12
pronoun el pronombre
to **pronounce** pronunciar 2
pronunciation la pronunciación
prosperity la prosperidad
to **protect** proteger 7
protection la protección

Protestant protestante 2
to **prove** probar (ue)
province la provincia 18
public 12; el público 14; *public square* la plaza
publicity la publicidad 12
to **publish** publicar 4
Puerto Rican puertorriqueño, -a
Puerto Rico Puerto Rico
to **pull** tirar de 5
purchase la compra 8
purpose el propósito
purse la bolsa 8
to **push** empujar 11
to **put** poner; *put* pon (tú command); *put* puesto 11; *to put on (clothing)* ponerse; *to put on make-up* maquillarse; *to put to bed* acostar (ue) 9
pyramid la pirámide 18

Q

quality la calidad 7
quantity la cantidad
quartet el cuarteto 10
queen la reina 6
question la pregunta
quite bastante 9

R

race la carrera 13
racquet la raqueta 13
racquetball el frontenis 13
radical radical
radio el radio, la radio
radish el rábano 9
raffle la rifa
rain la lluvia
to **rain** llover (ue)
rainy lluvioso, -a 2
to **raise** levantar 9
ranch (Argentina, Uruguay) la estancia 12
rather bastante 9
to **react** reaccionar
to **read** leer
read leído 11
reading la lectura; leyendo 3
ready listo, -a; *to be ready* estar listo -a
real real
reality la realidad
really de veras; realmente 12

reason la razón
receipt el recibo 8
to receive recibir
recent reciente
reception la recepción
receptionist el recepcionista, la recepcionista
recipe la receta 10
reclining reclinable 15
to recommend recomendar (ie) 15
record el disco; *record store* la discoteca *record-player* el tocadiscos
recreation el recreo
rectangular rectangular 2
red rojo, -a
redhead pelirrojo, -a 2
to refer referirse (ie, i) 7
reflexive reflexivo, -a
refreshment el refresco
refrigerator el refrigerador
region la región 3
regional folklórico, -a 5; regional 9
to regret sentir (ie, i)
regular regular
reign la rienda 17; *free reign* rienda suelta 17
reindeer el reno 6
to relate relacionar A
maritime marítimo, -a
relative el pariente, la pariente 1
to relax descansar
religion la religión 18
religious religioso, -a
to remain quedar; quedarse
remainder el resto 18
to remember recordar (ue) 4
to remind recordar (ue) 4
remote remoto, -a 11
to remove quitar 7
to renew reanudar 17
to rent alquilar 14
to repeat repetir (i, i)
reporter el periodista, la periodista
to represent representar 6
to request pedir (i, i)
to require requerir (ie, i)
reservation la reservación 15
residential residencial
resolved resuelto, -a 9
to respect respetar 11
respectively respectivamente 4
to rest descansar
rest el resto 18; los demás 18
restaurant el restaurante; el restorán

result el resultado
to result resultar
résumé el resumen 16
return la vuelta 16
to return volver (ue); regresar
reunion la reunión 14
reverence (bow) la reverencia 5
review el repaso
revolution la revolución 1
rib la costilla 10
rice el arroz 10
rich rico, -a 2
ride el paseo; *to take a ride* dar un paseo; *to ride horseback* montar a cabllo 14
ridiculous ridículo, -a 6
right derecho, -a; *right now* ahora mismo; *to be right* tener razón; *to the right* a la derecha
ring el anillo 8
to ring sonar (ue)
river el río
road el camino
roar el rugido 11
to roar rugir 11
robbery el robo 7
rock la piedra
rodeo el rodeo 14
to roll up enrollar
Roman romano, -a 16
romance romance 18 (*referring to a language*)
roof el techo; *flat roof* la azotea; *roof made of tiles* el tejado 15
room el cuarto; la habitación; *room-service* el servicio al cuarto *large room* el salón 17
rooster el gallo 6
root la raíz; las raíces *pl.*
rough tosco, -a 2
row la fila
to row remar 14
royal real
ruby el rubí; los rubíes *pl.* 8
rug la alfombra
ruin la ruina 18
rule el reglamento 16
rumba la rumba (*a dance*)
to run correr 11
run la carrera 13 (*baseball*)
Russian ruso, -a

S

sack la bolsa 8
sacrifice el sacrificio 18
sad triste; *to make one sad* darle

pena a uno 17
safe seif 13 (*baseball*)
said dicho 11
sail el vela
sailboat el bote de vela
saint el santo, la santa 3
salad la ensalada; *salad dressing* el aderezo 10
sale: on sale de oferta; *for sale* de venta 8
salesperson el vendedor, la vendedora
salsa la salsa (*music*)
salt la sal
saltshaker el salero 10
Salvadorian salvadoreño, -a
samba la samba (*a dance*)
same mismo, -a
sand la arena
sandal el huarache 8
sandwich el bocadillo 4; el sándwich 14
Santa Claus el Papá Noel 6
sarape el sarape 8
satisfaction la satisfacción 11
to satisfy satisfacer
Saturday el sábado
sauce la salsa
saucer el platillo
sausage la salchicha
savory sabroso, -a
to say decir; *say (tú command)* di; *say!* ¡oye!; *to say good-bye to* despedirse (i, i) de
saying diciendo 3
scarcely apenas
schedule el horario 11
school el colegio; la escuela; la facultad (*of a university*)
science la ciencia
score el escor 13
scratched rayado, -a 7
screen la pantalla
to scuba dive bucear; *scuba diving* el buceo
sea el mar, la mar; *deep sea* alta mar
seafood el marisco 9
season la estación; *season (time of year)* la temporada 6
to seat sentar (ie) 8
seat el asiento 14; *seat-back* el respaldo 16
second segundo, -a
secondary secundario, -a
secretary el secretario, la secretaria 1
section la sección; *section (of city)*

la colonia *4*, el barrio *15*
securely seguramente
security la seguridad *16*
to **see** ver; *See you later.* Hasta
    luego.; *See you soon.* Hasta
    pronto.; *See you tomorrow.*
    Hasta mañana.
to **seem** parecer *7*
seen visto (*past part.*) *11*
to **select** seleccionar
selection la selección *8*
to **sell** vender *1*
semi-precious semi-precioso, -a
    8
to **send** enviar *15*; mandar *6*
to **separate** separar
September septiembre
serenade la serenata
serenity la serenidad *17*
serious serio, -a *2*
to **serve** servir (i, i)
service el servicio
set el juego *4*
to **set** poner; *set* puesto *11*
seven siete
seven hundred setecientos, -as
seventh séptimo, -a
seventy setenta
several varios, -as
sewing la costura *Intro*
shade la sombra *14*
shadow la sombra *14*
shaker la maraca (*musical
    instrument*)
shame la lástima *14*; *What a
    shame!* ¡Qué pena!, ¡Qué
    lástima!
to **share** compartir *4*
to **shave** afeitarse
she ella
sheep la oveja *6*
sheet (*of paper*) la hoja *3*
shell la concha *18*
shepherd el pastor *6*
shirt la camisa
shoe el zapato; *shoe store* la
    zapatería *7*
to **shoot** disparar *5*,chutar *13*
    (*soccer*)
shop la tienda; *shop where churros
    are sold* la churrería *7*;
    shopping de compras *4*;
    shopping center el centro
    comercial *2*
short corto, -a *2*; bajo, -a; *short
    while* el rato *12*
shorthand la taquigrafía *Intro*
shortstop el shortstop *13*

shot el tiro *13*
shoulder el hombro
shout el grito *13*
show la exhibición *5*; la función
to **show** enseñar; mostrar (ue) *8*;
    show window (of a store) el
    escaparate *3*; *showcase* el
    mostrador *8*
shower (*bath*) la ducha
showy flamante
shrimp el camarón; los
    camarones *pl.*
side el lado; *side by side* lado a
    lado *16*
sidewalk la acera
siesta la siesta *3*
sign la señal *3*
signal la señal *3*
silk la seda *8*
silver la plata *8*
similar semejante *Intro*
simple sencillo, -a, simple
since como; desde; *since (followed
    by subject and verb)* puesto que
    16; desde que *12*
sincere sincero, -a
sincerely atentamente *12*
to **sing** cantar
singer el cantante, la cantante
singular singular
sir el señor
sister la hermana
to **sit down** sentarse (ie) *9*
situation la situación *10*
six seis
six hundred seiscientos, -as
sixth sexto, -a
sixty sesenta
size el tamaño *7*
skating el patinaje *13*
sketch el dibujo *Intro*
sketching el dibujo *Intro*
skiing el esquí; *water skiing* el
    esquí acuático
skill la destreza *5*
skirt la falda
sky el cielo
skycap el mozo
to **sleep** dormir (ue, u); *to be sleepy*
    tener sueño
sleigh, sled el trineo *6*
slide el tobogán *14*
slipper (bedroom) la pantufla
slippery resbaloso, -a *2*
slow lento, -a *10*; *slow(ly)*
    despacio *3*
small pequeño, -a *2*
smart listo, -a

to **smile** sonreír (i, i) *18*
to **smoke** fumar *16*
smooth liso, -a *2*; suave *17*
snack el bocadillo *4*; la tapa
    (*Spain*) *9*; *snack time* la
    merienda
snake la serpiente *11*
snow la nieve *6*
to **snow** nevar (ie)
so así; tan; *so much* tanto, -a; *so
    that* a fin de que *15*, para que
    15; *so-so* así, así, regular
soap opera la telenovela *11*
soccer el fútbol
social social; *social gathering* la
    tertulia *14*
society la sociedad *4*
sock el calcetín; los calcetines *pl.*
soda el refresco
soft blando, -a; *soft drink* el
    refresco; *soft drink store* la
    refresquería *7*
solemnity la solemnidad *5*
solo solo, -a *1*
some algún; alguno, -a; unos, -
    as
somebody alguien
someone alguien
something algo
somewhat algo
son el hijo
song la canción
soon pronto
sound el sonido *11*
to **sound** sonar (ue)
soup la sopa
soupspoon la cuchara
source la fuente
south el sur; *South America* la
    América del Sur
souvenir el recuerdo *8*
space el espacio
Spain España
Spanish español, española;
    Spanish (language) el español;
    el castellano *18*; *Spanish-
    speaker* hispanohablante *1*;
    Spanish-speaking
    hispanohablante *1*
to **speak** hablar
special especial *4*; *on special* de
    oferta
specialization la especialización
specialty la especialidad *10*
specific específico, -a
spectator el espectador *6*
speech el habla *f. 9*; la
    declamación

speed la velocidad 3
to **spend** (*time*) pasar
spent gastado, -a 18
spicy hot picante; *spicy sausage* el chorizo 10
to **sponsor** patrocinar 6
sport el deporte 13
sportive deportivo, -a 14
spotted manchado, -a
springtime la primavera
square cuadrado, -a 2
squid el calamar 9
stable el establo 6
stadium el estadio 2
stairs la escalera
stairway la escalera
stall el puesto 5
stand el puesto 5
standing de pie 13
star la estrella 6
state el estado
station la estación; las estaciones *pl.*
stationary store la papelería 7
statue la estatua 5
stay la estancia 12
to **stay** quedarse
steak el filete 9
steel el acero 7
steering wheel el volante 3
step el paso 3
steward el sobrecargo
stewardess la sobrecargo 16; la azafata 16
still todavía 4
stocking la media
stone la piedra; *gem stone* la piedra
to **stop** detener 13, parar; la parada 15; *Stop!* ¡Alto! 3
stopover la escala 17
store la tienda;
story el cuento; *story (of a building)* el piso
stove la estufa
straight (ahead) adelante; derecho
strawberry la fresa 10
street la calle; *street corner* la esquina 2
streetcar el tranvía; el tren (*Mexico*)
strike el estraik 13, el strike 13 *strikeout* el ponchado 13
stripe la raya 8
to **stroll** pasear 14
strong fuerte 12
structure la estructura
stucco el estuco

student el estudiante, la estudiante
study el estudio
to **study** estudiar
stuffed animal animal de peluche 5
style el estilo 8
subject el sujeto 18; *subject (school)* la materia
subjunctive el subjuntivo 13
suburb el suburbio; *suburbs* las afueras 15
subway el metro
success el éxito
such tal; *such as* tal como 5
sugar el azúcar; *sugar bowl* la azucarera 10
suggestion la sugestión 10
suit el traje; *suit bag (luggage)* el portatraje 16
suitcase la maleta; la valija 16
suitcoat el saco
summary el resumen 16
summer el verano
sun el sol; *It's sunny.* Hace sol.
Sunday el domingo
superior superior 17
superlative superlativo, -a 10
supper la cena
supply el surtido 8
to **supply** suplir 16
sure seguro, -a 10
surely seguramente
to **surf** surfear
surprise la sorpresa
surprising sorprendente 18
to **surround** rodear; *surrounded (by)* rodeado, -a (de)
sweater el suéter
sweet dulce; *sweet roll* el pan dulce 6
swell! ¡chévere!
to **swim** nadar; *swimming* la natación; *swimming pool* la piscina, la alberca
swing el columpio 14
sword la espada 8; *sword thrust in bullfight* la estocada 14
syllable la sílaba 2
symbol el símbolo
system el sistema

T

table la mesa; *small table* la mesita 16
tablecloth el mantel

tablespoon la cuchara
taco el taco
tail el rabo 11
to **take** llevar; tomar; *to take a bath* bañarse; *to take a walk/ride* dar un paseo; *to take advantage (of)* aprovecharse (de) 14; *to take away* llevarse 7; *to take care (of)* cuidar (de) 8; *to take leave of* despedirse (i, i) de; *to take off (airplane)* despegar 16; *to take off (clothing)* quitarse; *to take place* tener lugar 14; *to take time to (do something)* tardar en
talent el talento 18
to **talk** hablar
tall alto, -a
to **tan** broncearse
tango el tango (*a dance*)
target el blanco 5
task el quehacer 4; la tarea
tastefully con muy buen gusto 10
tasty sabroso, -a
tax el impuesto 2
taxi el taxi
taxi-driver el taxista, la taxista 1
tea el té
to **teach** enseñar 8
teacher el profesor, la profesora
team el equipo
teaspoon la cucharita
teaspoonful la cucharadita 10
telephone el teléfono
television la televisión; *television set* el televisor
to **tell** decir; *to tell; to relate a story* contar(ue) 4; *tell (tú command)* di
telling diciendo 3
temperate templado, -a 16
temple el templo 18
ten diez
tennis el tenis 13
tenth décimo, -a
term el término 9
terminal la terminal
territory el territorio 2
thanks gracias; *thank you* gracias
that que; *that (far away)* aquel, aquella; *that (nearby)* ese, esa; *that (neuter form)* eso, aquello; *that (one)* aquél, aquélla 6; *that (one)* ése, ésa 6; *that is* es decir; *that way* así; *that which* lo que 12
the el, la, las, los

theater el teatro

their su, sus

theirs suyo, suya, suyos, suyas

them las, los, les, ellos, -as

themselves se, sí

then entonces; luego

there allá; allí; *there is, there are* hay; *there was, there were* había 13, hubo 13; *there will be* habrá 1; *there would be* habría 13

therefore por eso 1

these estos, estas *these ones* éstos, éstas 6

they ellos, -as

thin delgado, -a

thing la cosa

to **think** pensar (ie) 9; *to think (believe)* creer; *to think not* creer que no; *to think of* pensar (ie) en 16

third tercer; tercero, -a; *one-third* el tercio 10

thirst la sed *to be thirsty* tener sed

thirteen trece

thirty treinta

this este, esta; *this (neuter form)* esto; *this (one)* éste, ésta 6

those aquellos, aquellas 6; esos, esas 6

those (ones) aquéllos, aquéllas; ésos, ésas

thought el pensamiento 17

thousand mil

three tres

three hundred trescientos, -as

through por

to **throw** lanzar 13

Thursday el jueves

thus así

ticket el billete; el boleto; la entrada 13; *ticket office* la taquilla; *ticket stub* la contraseña 16

tidbit la golosina 4

tie el empate 13 (score); *neck tie* la corbata

tiger el tigre 11

tight apretado, -a 7

tile: roof tile la teja 15

time el tiempo; *time (hour)* la hora; *time (occasion)* la vez; las veces *pl.*; *at the same time* a la vez 14; *from time to time* de vez en cuando 17; *What time is it?* ¿Qué hora es?

timetable el horario

tin can la lata 10

tip la propina 10

tire la llanta 3

tired cansado, -a 2

title el título 2

to a

to **toast** festejar 9

toasted tostado, -a

toboggan el tobogán 14

today hoy

toe el dedo

together juntos, -as

toilet el excusado; el W. C.

told dicho 11

tomato el tomate 9

tomorrow mañana; *tomorrow afternoon* mañana por la tarde; *tomorrow evening* mañana por la noche; *tomorrow morning* mañana por la mañana

tone el tono 4

tongue la lengua 1

too demasiado 7; también; *Too bad!* ¡Qué lástima! *too much* demasiado 7

tooth el diente 10

topic el tópico

torn roto 11; roto, -a 7

tortilla la tortilla

tostada la tostada

total total 6

to **touch** tocar

tour el tour 15; la gira 15

tourism el turismo

tourist el turista, la turista

touristic turístico, -a

toward hacia 16

tower la torre

town el pueblo 14

track (*sport*) el atletismo 13; *track* la carrera 13, la pista; *track and field* pista y campo 13

tradition la tradición

traditional tradicional

traffic el tráfico 3; *traffic jam* el embotellamiento 3

train el tren

trampoline el trampolín

to **translate** traducir 11

transmission la transmisión 3

transportation el transporte

to **travel** viajar 17

traveler el viajero, la viajera 15

tray-table la mesita 16 (*airplane*)

to **treat** tratar

tree el árbol

tribe la tribu 18

trimaran (*type of sailboat*) el trimarán

trio el trío 10

trip el viaje 1; *round-trip* el viaje de ida y vuelta 16; *to take a trip* hacer un viaje 2

triple triple 13

trolleybus el trolebús

trophey el trofeo

tropical tropical 2

trouble la pena

truck el camión

true cierto, -a 10

truly de veras

trumpet la trompeta

trunk el baúl 3

truth la verdad

to **try** probar (ue) 4; tratar; *to try on* probarse (ue) 8; *to try to (do something)* tratar de

Tuesday el martes

turkey el pavo 6; *turkey (Mexico)* el guajolote 6

turn: to be one's turn tocarle a uno 5

to **turn on** encender (ie) 11; *to turn out* resultar

turquoise la turquesa 8

tuxedo el smoking 10

twelve doce

twenty veinte

to **twist** torcer (ue) 7

two dos

two hundred doscientos, -as

typewriting la mecanografía *Intro*

typical típico, -a

U

ugly feo, -a 2

ultra-modern ultramoderno, -a 16

umpire el árbitro 13; el umpire 13

uncertain incierto, -a 18

uncle el tío

undersea submarino, -a

to **understand** comprender

understanding el entendimiento

undertow la resaca

underwear la ropa interior

unforgettable inolvidable 16

unfortunate pobre 2

uniform el uniforme

unique único, -a

unido, -a united; *the United States* los Estados Unidos
unity la unidad; *sports center* unidad deportiva 6
university la universidad; *related to the university* universitario, -a
unlike a diferencia de
unpleasant feo, -a 2
until hasta; *until (followed by subject and verb)* hasta que 15
up arriba
upon sobre 2; *upon (doing something)* al + *infinitive*
upper arriba
upright vertical 16
urgent urgente 14
Uruguay el Uruguay
Uruguayan oriental; uruguayo, -a
us nos; nosotros, -as
use el uso 18
to **use** usar; *used* usado, -a 7
useful útil 8
usually ordinariamente
utility, usefulness la utilidad 1

vacation las vacaciones 16
valley el valle 16
variety la variedad 10
various varios, -as
veal la ternera 9
vegetable la legumbre; *vegetable (green, leafy)* la verdura 9; *vegetable store* la verdulería 7
vehicle el vehículo 3
velodrome el velódromo 14
vendor el vendedor, la vendedora
Venezuela Venezuela
Venezuelan venezolano, -a
verb el verbo
vertical vertical 16
very mucho, -a; muy, rete (*used before an adjective*); *very (in the very center)* mero, -a 5
vest el chaleco
video cassette recorder la video-casetera
view el panorama 15; la vista 15
vinegar el vinagre 9
violin el violín; los violines *pl.*
visa la visa 1

visit la visita
to **visit** visitar
visitor el visitante, la visitante 1
vivid vivo, -a 2
voice la voz; las voces *pl.*
volleyball el volibol 13
vowel la vocal 7

W

to **wait** esperar
waiter el mozo
to **wake up** despertarse (ie), despertar (ie) 9
to **walk** caminar; el paseo
walk el muro (outside wall); *inside wall* la pared
wallet la billetera 8
to **want** querer
warehouse el almacen 2
warm cálido, -a 2; *It's warm* Hace calor.
warning el aviso 15
to **wash** lavar 9; *to wash oneself* lavarse
washbasin el lavabo
watch el reloj 8
to **watch** mirar 7; observar 5; *Watch out!* ¡Cuidado!
water el agua *f.*; *water skiing* el esquí acuático; *water spout* el grifo
waterfall el salto 10
wave la ola
way la manera; *in some way* de alguna manera; *no way* de ninguna manera *on the way back* de vuelta 16
we nosotros, -as
to **wear** llevar; usar
weather el tiempo; *It's nice out.* Hace buen tiempo.; *The weather's bad.* Hace mal tiempo.; *What's the weather like?* ¿Qué tiempo hace?
Wednesday el miércoles
week la semana
weekend el fin de semana
weight el peso
welcome bienvenido, -a 12; la bienvenida 16; *You're welcome.* De nada; Por nada.
well bien; bueno; *well (pause in speech)* pues
well-known conocido, -a

west el oeste
what lo que 12; *What a knockout!* ¡Qué uva (de mujer)!; *What a shame!* ¡Qué lástima!; *What a...!* ¡Qué!
what? ¿qué?
wheel la rueda 3
when? ¿cuándo?
where adonde
where? ¿adónde? ¿dónde?
wherever dondequiera 18
which one? ¿cuál?
which ones? ¿cuáles?
while mientras (que)
white blanco, -a
who? ¿quién? ¿quiénes? *pl.*
whoever quienquiera 18
whose cuyo, -a
why? ¿para qué? 11; ¿por qué?
wife la esposa; la mujer
wild salvaje 11
to **win** ganar 5
wind el viento; *It's windy.* Hace viento.
window la ventana; *window (car, plane)* la ventanilla 15
windshield el parabrisas 3; *windshield wiper* el limpiaparabrisas 3
windsurf el windsurf 13
winnings la ganancia 12
winter el invierno
wish el deseo 6
to **wish** querer
with con; *with me* conmigo; *with herself/himself/yourself/oneself/themselves/yourselves* consigo16; *with you* contigo
within dentro de 6
without sin
woman la mujer
to **wonder** preguntarse E
wood la madera
wool la lana 8
word la palabra
work el trabajo
to **work** trabajar
worker el obrero, la obrera 1; el trabajador, la trabajadora
world el mundo 4
to **worry** preocuparse 13; *not to worry* perder (ie) cuidado 14
worse peor 3
worst peor 3
woven goods el tejido 8
wow! ¡caramba!; ¡híjole! 13
to **wrap** envolver (ue) 8
wrestling la lucha libre 13

wrist la muñeca 6
to write escribir
    written escrito 11

Y

yacht el yate
yard el patio
yeah ¡olé! 13; ¡viva! 13
year el año
yearbook el anuario
yellow amarillo, -a
yes sí; *yes, indeed* ya lo creo

yesterday ayer
yet aun, aún; todavía 4
you tú, usted (Ud.), ustedes
    (Uds.), vosotros, -as ti, la,
    las, lo, los, os; te; te le, les,
    os; *You are welcome.* No hay
    de qué.
young joven; jóvenes *pl.* 2;
    young lady la señorita; *young
    people* los jóvenes, las
    jóvenes; *young person* el
    joven, la joven
younger menor
youngest menor

your tu; su; vuestro, -a
yours tuyo, tuya, tuyos, tuyas,
    suyo, syua, suyos, suyas
yourself se, te; sí
yourselves se, os; sí

Z

zebra la cebra 11
zero cero
zone la zona 2
zoo el jardín zoológico 11

Index

Acknowledgments

The author wishes to thank the many people in Spain, Central America, South America, the Caribbean Islands and the United States who assisted with the photography scenes used in the textbook and the filmstrips. Special thanks to the AFS for helping to arrange the photographic sessions and to Joan Yurmin for locating photos used in the book. Also helpful were the Embassy of Venezuela and the Embassy of Peru for providing information and photographic material from their respective countries.

In addition, the author expresses his gratitude to Dr. Stanley Connell and Dr. Beverly S. Jacobs for suggestions regarding changes in the book, and to Dr. Rafael Varela and María Inés Hitateguy for their thorough proofreading of the text. Furthermore, thanks to Bill Salkowicz for preparing the color maps that appear at the beginning of the book.

The author would also like to express his gratitude to the following professionals whose invaluable efforts were instrumental in creating ¡Qué gusto!: Jackie Urbanovic (illustrations), Cyril John Schlosser (design) and Eileen Slater (layout and editorial assistance).

Finally, the author wishes to thank his wife, Pat, and his children for their patience during the writing of the textbook.

Following is a list of teachers whose insights, comments and suggestions contributed to the publication of ¡Qué gusto!:

Sr. Jullia Acosti, Chicago, IL; J. Algrim, Groveport-Madison High School, Groveport, OH; Lynne Allsop, Oxbow High School, Bradford, VT; Joanne Alvarez, Matignon High School, Cambridge, MA; Patricia A. Ammons, Glenwood Junior High, Findlay, OH; Norma Anderson, Oakwood High School, Fithian, IL; Steve Archibald, Lyman Memorial High School, Lebanon, CT; Linda Banks, Abilene High School, Abilene, KS; Gregory Baranoff, Santa Barbara Middle School, Santa Barbara, CA; Marilyn Barrueta, Yorktown High School, Arlington, VA; Richard E. Bednarrik, W. Tennent High School, Warminster, PA; Claire Beecher, Eaton Rapids High School, Eaton Rapids, MI; Karen Bell, Heritage High School, Lynchburg, VA; Jo Bender, Coronado High School, Scottsdale, AZ; Angela Beneyto, Queen of Peace High School, Burbank, IL; Sharon M. Bint, Milton High School, Milton, FL; Sue Bivens, Morris Comm. High School, Morris, IL; John Boehner, Gibson City High School, Gibson City, IL; Paulette Bogan, Academy of Notre Dame de Namur, Villanova, PA; Carlos A. Borrero, Plainville High School, Plainville, KS; Peggy Boyles, Southeast High School, Oklahoma City, OK; Judith Brady, St. Helena Commercial High School, Bronx, NY; Mary Brady, Notre Dame Academy, Middleburg, VA; Judith J. Brandeen, Lincoln High School, Wisconsin Rapids, WI; Evelyn I. Bress, Spencer Community Schools, Spencer, IA; Kathleen D. Bricker, Camp Hill High School, Camp Hill, PA; Paula Jayne Brown, West Iredell High School, Statesville, NC; Margaret Campbell, Bishop Byrne High School, Memphis, TN; Jane Cauthern, Fredric Remington High School, Whitewater, KS; Mary Chapman, Eunice High School, Eunice, LA; Brenda S. Clark, Manheim Township Middle School, Lancaster, PA; Patricia Clouzet-Salazar, Glendale Adventist Academy, Glendale, CA; Lillian Provencio Corpening, Gadsden High School, Anthony, NM; Elaine H. Davis, Madison High School, Madison, NJ; Kent S. Davis, Lehi Jr. High, Lehi, UT; Carmen de Barros, Academy of the Immaculate Conception, Oldenburg, IN; Mariam R. Diaz-Bordeaux, Cypress Lake Middle School, Ft. Myers, FL; Lois DiCicco, New Castle Baptist Academy, New Castle, DE; Gus Diomataris, Upper St. Clair High School, Pittsburgh, PA; Linda A. Diomataris, Peters Township High School, McMurray, PA; Roxanne Ellis, East High School, West Chester, PA; Valeska G. Elwell, Ellison High School, Killeen, TX; Connie Evans, Streetsboro City Schools, Streetsboro, OH; Dick Falxa, Buffalo High School, Buffalo, WY; Karen Fazekas, Richmond Hill High School, Richmond Hill, NY; Margarita P. Fernandez, Metuchen High School, Metuchen, NJ; Judith Ann Francis, St. Paul's School for Girls,

Brooklandville, MD; Carol E. Galvin, Bloomfield Hills Lanser High School, Bloomfield Hills, MI; Lorayne Gary, H.V. Jenkins High School, Savannah, GA; Cheryl George, Field Kindley High School, Coffeyville, KS; Mary Ann Gomez, Bay Shore High School, Bay Shore, NY; Carmen U. Gosseth, Marion Abramson Senior High, New Orleans, LA; Donald Grigware, N. Hollywood, CA; Robin Guerra Rosner, Russell Sage Jr. High School 190, Forest Hills, NY; Kimberly G. Hall, Shelby Co. High, Shelbyville, KY; Anita Hamilton, Harding Academy, Searcy, AR; Rosemary Haro, Columbus East High School, Columbus, IN; Diane J. Harvey, Palmyra High School, Palmyra, NJ; Nancy Henckel, Meridian High School, Meridian, ID; Sharon Rife Hoffer, Teays Valley High School, Ashville, OH; Doug Hood, Bemidji High School, Bemidji, MN; Dianne Jean Horn, Lawrenceburg High School, Lawrenceburg, IN; Beverly S. Jacobs, F.D. Roosevelt High School, Brooklyn, NY; Lynn Jensen, Downers Grove North High School, Downers Grove, IL; Linda O. Johnson, Delavan Darien High School, Delavan, WI; Janice L. Jolly, Athol High School, Athol, MA; Kim Karraker, Farmington Senior High, Farmington, MO; Lorna Ragan Kaufman, Avon High School, Indianapolis, IN; Jean A. Kinney, Wardlaw-Hartridge School, Edison, NJ; Francene Kirsh, Belleville High School, Newark, NJ; Jane Ann Kivisto, Aurora High School, Aurora, IL; Mike Klinger, Watertown School District, Watertown, WI; Jolene F. Kopena, Genoa Area High School, Genoa, OH; Laura Kwatoski, Allegan High School, Kalamazoo, MI; Susan La Raia, Lexington Christian Academy, Lexington, MA; Jane F. Lauer, Waco High School, Olds, IA; Charles S. Lawrence, Thomas A. Edison Middle School, South Bend, IN; Manuel R. Limones, Del Rio High School, Del Rio, TX; Fred N. Luckow, Bellevue, WA; Kathleen Markgraf, Poynette High School, Poynette, WI; Marisol Maura, Milton Academy, Milton, MA; Anna R. May, Waynesboro Area School Dist., Waynesboro, PA; Joan E. Mayo, Lakehill Preparatory School, Dallas, TX; Jackie Fidler McCaughtry, Anadarko Public Schools, Anadarko, OK; Joseph F. McDonald, Wilton-Lyndeboro Cooperative Jr.-Sr. High School, Wilton, NH; John Mecca, Greenwich High School, Greenwich, CT; Patrick J. Miele, Vernon-Verona-Sherrill Schools, Verona, NY; Joseph Moore, Columbian High School, Tiffin, OH; Sharon Mullen, Lenape Valley Regional High School, Stanhope, NJ; Joan Myer, Firelands High School, Oberlin, OH; Kris Schuett Nilsen, Hampshire High School, Hampshire, IL; Cesar J. Noble, Savannah Country Day School, Savannah, GA; Cathryn O'Brien, Conway High School, Conway, AR; Barbara J. Orr, Ledgemont High School, Thompson, OH; Erico Ortiz, Riverside University High School, Milwaukee, WI; Dale Parcell, Concord Community High School, Elkhart, IN; Wendy L. Passeso, Exeter Area High School, Exeter, NH; C.I. Perez, Joseph A. Foran High, Milford, CT; Barbara S. Phillips, Cuyahoga Valley Christian Academy, Cuyahoga Falls, OH; Nanette Pontones, Columbus South High School, Columbus, OH; Dorothy Rahn, Milledgeville High School, Milledgeville, IL; Llyn Rainey, Mariner High School, Everett, WA; Estelle Rao, Bristol Eastern High School, Bristol, CT; Charlotte Reedy, Springfield High, Springfield, TN; John H. Reindl, Wayauwega-Fremont Schools, Weyauwega, WI; Sheryl Robinson, Northgate High School, Pittsburgh, PA; Alicia Rodriguez Bower, Snider High School, Ft. Wayne, IN; Joan R. Roth, Penn High School, Mishawaka, IN; Kate Rudloff, University School Milwaukee, Milwaukee, WI; Steve Saunders, Maranacook Community School, Readfield, ME; Nelson L. Schaeffer, Springhouse High School, Allentown, PA; Carolyn B. Schlak, St. Mark's School of Texas, Dallas, TX; Anita Schroeder, Totino-Grace High School, Fridley, MN; Anthony J. Schwab, Maryvale Sr. High School, Cheektowaga, NY; Bob Schwaller, St. Mary's High School; Joan Scott, El Paso High School, El Paso, IL; John E. Sellmeyer, Granite City High School, Granite City, IL; Ruth Serijan, Peabody Veterans Memorial High School, Peabody, MA; Kathleen Marie Skurka, Monsignor Donovan High School, Toms River, NJ; William Slike, Elco High School, Myerstown, PA; Katherine M. Smith, Belle Vernon Area Senior High School, Belle Vernon, PA; Kathy Spencer, Merrill Senior High, WI; Karen Steadman, Gonzales Union High School, Gonzales, CA; Tom Stephens, Aldus High School, Aldus, OK; Carolyn Sterling, Shawnee High School, Springfield, OH; Jay Strange, Spanish Fork High, Spanish Fork, UT; Lisa A. Thomas, Mannford High School, Mannford, OK; Karen Thompson, Clinton High School, Clinton, TN; Victoria Thompson, Academy of the Holy Cross, Kensington, MD; Kathy Thomsen, Lewis Central High School, Council Bluffs, IA; Ramon L. Valentin, Candlewood Jr. High School, Dix Hills, NY; Nicholas Varnava, Channel Islands High School, Oxnard, CA; Julia M. Walker, Morrow Senior High School, Morrow, GA; Loretta B. Walker, Lyme — Old Lynne High, Old Lyme, CT; Phyllis Wells, Petoskey High School, Petoskey, MI; Charles F. Wilson, Sequatchie County High School, Dunlap, TN; Suzanne Wilson, Bishop McGuinness High School, Oklahoma City, OK; Margaret Wilton, Deerfield High School, Deerfield, IL; Janice Winzinger, Cypress Creek High School, Houston, TX; Mardi Witte, Horicon High School, Horicon, WI; P.B. Wright, Stafford Springs, CT.

Photographs

All the photos in the textbook not taken by the author have been provided by the following:

Cohen, Stuart: cover (l, c), XIV (bc), 73, 255
Fried, Robert: 144 (tr), 145 (r), 166 (l), 184 (r), 219 (l, r), 228, 229, 234 (r), 245, 268, 271, 272 (tr, bl), 273, 285 (l, r), 312 (r), 327 (br), 342
Funston, James: Table of Contents (3 photos), XIV (c), 14, 70, 91 (l), 123 (cr), 134, 144 (bl), 149 (r), 162, 164 (r), 184 (l), 214, 232, 286 (r), 290 (r), 303 (r), 326 (l), 327 (tr), 346 , 348
Kraft, Wolfgang: cover (r), Table of Contents (2 photos), XIV (tr), 8 (t, bl, br), 10 (tl), 54 (l), 92, 127, 132, 159 (tl, tr, bl, br), 160, 161, 196, 201, 239, 254 (r), 277, 310
Peterson, Chip and Rosa Maria: 5 (tl, bl), 48 (l), 52, 54, 72, 87, 88, 106, 123 (cl), 145 (l), 164 (l), 181 (r), 185, 234 (l), 254 (l), 264 (tl, br), 309
Purcell, Carl: 107 (r), 141, 312 (l), 321, 323, 345
Simson, David: XIV (tl), 2, 4, (bl, br), 5 (tr, cr, br), 10 (br), 44 (l, r), 45 (l, r), 46, 47, 48 (r), 49, 50 (r), 66, 71 (l, r), 91 (r), 94 (tr) 105 (br), 107 (l), 111 (tl, br), 123 (tr), 125 (tl), 128, 202 (t), 213 (tl, tr, bl, br), 215, 220 (l), 230, 231, 240, 249, 250 (r), 251, 264 (tr), 266, 291 (l, r), 306, 317, 332, 343, 347
Skubic, Ned: 301 (r)
Slater Studio: 55, 149 (l), 195 (l), 233, 303 (l)
Teubner (Studio für Lebensmittelfotografie): 176
Varese, Raúl: 304 , 344
Viesti, Joseph: XIV (bl), 5 (clt), 10 (bl), 38, 50 (l), 51, 86 (t, b), 105 (tl), 111, (tr, bl), 124, 125 (br), 126, 166 (r), 180, 181 (l), 202 (br), 220 (r), 322, 327 (tl, bl)
Wagner, Rice Sumner: 263, 264 (bl)